从未名湖
到
新开湖

郑克晟师友杂忆

郑克晟 著

中华书局

图书在版编目（CIP）数据

从未名湖到新开湖:郑克晟师友杂忆/郑克晟著.
—北京:中华书局,2023.2
ISBN 978-7-101-16064-2

Ⅰ.从… Ⅱ.郑… Ⅲ.郑克晟–回忆录–文集
Ⅳ.K825.81–53

中国版本图书馆 CIP 数据核字(2023)第 003119 号

书　　名	从未名湖到新开湖:郑克晟师友杂忆	
著　　者	郑克晟	
责任编辑	白爱虎	
责任印制	陈丽娜	
出版发行	中华书局	

（北京市丰台区太平桥西里 38 号　100073）
http://www.zhbc.com.cn
E-mail:zhbc@zhbc.com.cn

印　　刷	三河市中晟雅豪印务有限公司
版　　次	2023 年 2 月第 1 版
	2023 年 2 月第 1 次印刷
规　　格	开本/880×1230 毫米　1/32
	印张 17¾　插页 13　字数 420 千字
国际书号	ISBN 978-7-101-16064-2
定　　价	88.00 元

郑克晟(1931年9月14日—2022年12月25日),祖籍福建长乐,生于北京。著名明清史专家。1951—1955年就读于北京大学历史系,毕业后至中国科学院历史研究所(现中国社会科学院古代史研究所)工作,1963年调至南开大学历史系。历任中国科学院历史研究所研究实习员、助理研究员,南开大学历史系(历史研究所)讲师、副教授、教授。1989—1994年任南开大学古籍与文化研究所所长、全国高校古籍整理委员会委员。郑克晟教授主要从事明清史教学和研究,曾参加《明史》点校工作,任中国明史学会顾问。已出版专著《明代政争探源》《明清史探实》《明清政争与人物探实》,合著《清史》(上编)、《中国古代史》、《中国古代史史料学》、《中国通史参考资料》(古代部分第八册)、《明清史资料》、《郑天挺学记》、《郑天挺纪念论文集》等,发表学术论文百余篇。

1928年张耀曾、郑天挺、梁漱溟等亲属摄于北平小酱坊胡同23号院张耀曾家。前排左起：王亚权（王劲闻次女）、张宁珠、张馨珠、张惠珠、张丽珠（张耀曾的四个女儿）、张元达（张耀曾之子）、郑雯（郑天挺长女）、柴志澄（即站立者，张耀曾外甥，柴东生之子），中排左起：王劲闻（郑天挺表姐夫）、郑少丹（郑天挺弟弟）、张耀曾、梁漱溟、王尔荣（张耀曾干儿子）、郑天挺、柴东生（张耀曾五妹夫），后排左起：王劲闻夫人、张佩芬（张耀曾三妹）、赵玟（张耀曾夫人）、张佩蘅（张耀曾七妹）、黄靖贤（梁漱溟夫人）、×××、张佩文（张耀曾五妹）、周俶（郑天挺夫人）、×××

1935 年郑天挺、周俶夫妇合影

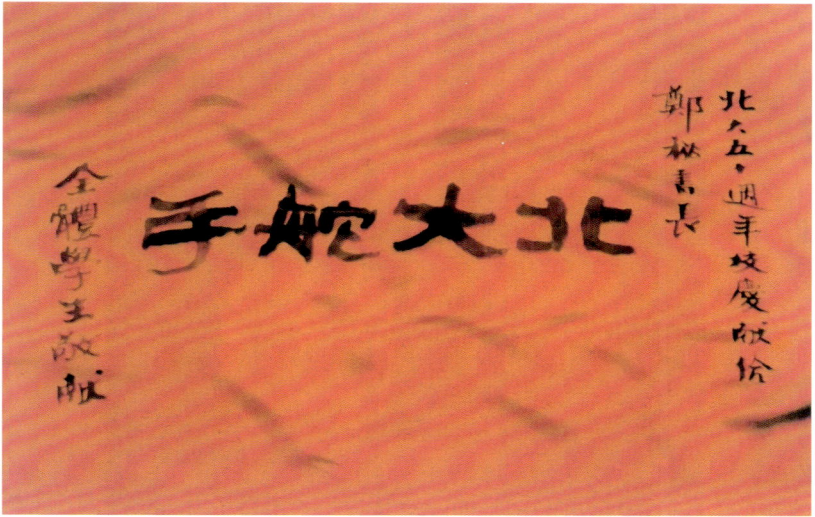

1948 年 12 月北大五十周年校庆，北大学生自治会以全体学生名义献给郑天挺"北大舵手"锦旗

郑天挺与罗常培

郑天挺《发羌之地望与对音》手稿

1980 年 8 月郑天挺在首届明清史国际学术讨论会上

郑天挺与家人合影。前排左起：郑天挺、郑克晟，后排左起：傅同钦、郑泰

1986 年 7 月 28 日大连清史国际学术讨论会上郑克晟、冯尔康合影

1993 年 8 月 27 日郑克晟与师友合影。左起：刘泽华、冯天瑜、韦庆远、郑克晟、孙文良

1986 年 12 月 10 日郑克晟在荷兰参加学术会议，于海牙王宫前留影

1986 年 12 月 20 日郑克晟访问西德，与王敦书合影

1987 年 9 月 6 日郑克晟与日本学者山根幸夫合影

1995 年郑克晟主持日本学者岸本美绪学术讲座

1991年郑克晟参加香港明清史国际学术讨论会。左八为郑克晟

1993 年郑克晟访问哥伦比亚大学

2001 年 8 月 11 日参加 "纪念魏建功先生诞辰一百周年暨《魏建功文集》出版学术研讨会"。左起：郑克晟、任继愈、郑克扬

2019年9月10日郑克晟与陈生玺在"纪念郑天挺先生诞辰一百二十周年暨第五届明清史国际学术研讨会"期间合影

2019 年 9 月 10 日郑克晟在"纪念郑天挺先生诞辰一百二十周年暨第五届明清史国际学术研讨会"上致词

2019 年 10 月 26 日日本学者夫马进拜访郑克晟、傅同钦

2020年9月22日参观北京大学校史馆"史学大师——郑天挺先生生平纪念展"。前排左起:郑犁(郑克扬长女)、马建钧(北大校史馆馆长)、魏挹湘(郑克扬夫人)、郑克扬、郑克晟、傅同钦、黄培(郑晏次女),后排左起:×××、×××、×××、郭建荣(北大校史馆研究员)、郑光(郑克昌长子)、封越健、郑泰(郑克晟次子)

郑克晟、傅同钦与家人合影。左起：郑中霖（郑泰之子）、长子郑春、傅同钦、郑克晟、次子郑泰、二儿媳刘秋红

2009 年 9 月 19 日弟子恭祝郑克晟、傅同钦八十大寿。前排左起：封越健、刘淼、杨艳秋、龚小峰、傅同钦、郑克晟、顾颖、方志远、秦贤宝、杨勇，后排左起：雷炳炎、肖立军、方广岭、姚育贵、王心通、孙卫国

2022 年 9 月 14 日郑克晟生日与傅同钦合影

郑天挺家族谱系图（部分）。编制：封越健、黄珩、黄培

梁、陆、张、郑、董五家亲属关系图

梁宝书

- 长女 □□ 夫陆仁芑
  - 长子 嘉云 — 绍□ — 子徽麟
    - 长女陆昭正
    - 三女陆□叁
    - 四女陆□□
    - 次子陆□同
    - 长子陆大同
  - 次子 嘉会 — 绍训 — 女陆禾方
  - 四子 嘉晋 — 绍治 — 子陆杉 — 子陆大有
  - 七子 嘉蒙 — 绍祁 — 子子徽芜（凯哥）
    - 绍鄂 — 子徽愚（连哥）
    - 绍廊 — 子小鲁
  - 长女 嘉年 夫张士魏
  - 次女 嘉坤 夫郑叔忱

张其仁

- 子承光 长子士铨
  - 长子梁济 独子
    - 长女张莹珏
    - 原配黄湘贤 长子焕鼎（凯铭）
    - 继配陈芬（无出） 次子焕鼎
    - 次女焕绅（谭铭）
    - 妻子培恩 长子培爱
      - 长女铁宁元
      - 次子铁宁华
      - 女蒙彤乐东
- 次子士魏 妻陆嘉年
  - 长女坤和（早殇）
  - 长子耀曾 妻赵愈曾（君西）
    - 长女安守珠 夫魏重庆 — 子魏耀生（Larry Wei）
    - 女魏安君（Andrea Wei）
    - 次女馨珠 夫伍汉民
    - 三女意珠 夫王惠释 — 女王绍民
    - 四女丽珠 夫唐有棋 — 女王昭慈
    - 次子恒曾（宽熙）
    - 次女佩芬
    - 五女圆珠（早殇）
    - 子荟澄 夫柴乐生 — 女张昭华 昭达
    - 三女佩文
    - 四女佩蘅
- 三子士杉

郑虞

- 妻陆嘉坤 夫郑叔忱
- 女 □□ (郑三姐)
  - 夫力铭东 女□□
  - 子维枫 — 长子行伯法
    - 次子行伯径
    - 三子家铭伯径
  - 继配郡氏（无出）
  - 子董毅刚 女董刚
  - 妻无出 □□

编制：封越健、黄培、黄圻

目　录

第二辑　师友风义

附录三 郑叔忱陆嘉坤事略

第一辑　过庭之训

郑天挺传略

一

郑天挺，原名庆甡，字毅生，1899年8月9日（阴历七月初四）生于北京。他原籍福建省长乐县，祖居福州城内西门街。他的父亲郑叔忱，字宸丹，光绪十六年（1890）进士，多年在清政府翰林院任职。光绪二十年（1894）做过顺天乡试的同考官，庚子（1900）以后又到奉天（沈阳）做过一年多的学政。后以丁忧回到北京，在京师大学堂（即北京大学前身）做过短时期的教务提调（教务长），于1905年病逝。母亲陆嘉坤系广西桂林人，亦通经史，热心于教书。自丈夫死后，由于家庭生活，她应傅增湘之聘，到天津担任北洋高等女子学堂总教习。当时女子还没有到社会上工作的风气，许多亲友不赞成她去，她未听劝阻，孤儿寡母相携来津。但为时不及一年，即患病死去。

郑先生六岁丧父，七岁丧母，幼年时代与其弟少丹（一名庆珏）一起，寄居在表兄张耀曾（镕西）、张辉曾家，由表舅梁济（巨川）监护。1945年，他在《清史探微》前言中说"天挺早失怙恃，未传家学"，正是当时的实际情况。他自己经过多年的刻苦自学，认真钻研，方才得以在明清史学的一些领域中，取得了一定的成就，受到史学界同行的赞扬。

郑先生自幼生长在北京。小学先在闽学堂学习，后来又转到江苏学堂，直至毕业。清朝末年的学堂，还是以读经为主，不过读的方式与私塾不同了。除《书经》、《诗经》外，另加上修身、作文、算术、史地。中学先入北京的顺天高等学堂，辛亥革命后又到师大附中（北京高等师范学校附属中学）读书，是附中改组后第一班毕业生。

1917年郑先生考入北京大学国文学系。当时因学校离家很远，每日早出晚归，异常辛苦。他后来回忆当时的情况说："当时除学习本系课程外，还要旁听其他方面知识；除上课外，天天跑图书馆。那时北京住户尚无电灯，晚上除需完成每天的学业外，尚要抽空阅读《史记》及《资治通鉴》等书，每天一卷，从不间歇。"此外，每逢周末，还要与许多年轻人一起，到贵州老学者姚华先生家听他讲文章及金石文字，亦从不缺席。

郑先生在校期间，正值五四运动发生。他走出了书斋，与广大爱国青年一起，参加了运动，并在学生会任干事。同年11月，日军在福州残杀中国人民，并派海军陆战队登陆威胁。当时福州的学生曾愤怒地举行示威游行，全国掀起了反日运动，即"闽案"。这是五四运动的继续。北京的福建学生也起而响应，组织旅京福建学生联合会，抗议日军的暴行。郑先生也积极参加了这一运动，担任该会的主任干事，到街头讲演，宣传不买日货，并举办游艺会为学生联合会募捐筹款。当时会中还出版《闽潮周刊》，郑先生以"攫日"笔名写文章，宣传打倒日本帝国主义。

1920年春天，福建学生运动仍在进行。当时有十几个福建学生在北京组织了一个S·R学会（Social Reformation，意即社会改革）。北大的郭梦良（弼蕃）、徐其湘（六几）和郑先生；高师（师大）的张忠稼（哲农）、龚启鋈（礼贤）、刘庆平；女高师的黄英（庐隐）、王世瑛、高奇如、何彤；清华的王世圻；师大附中的高仕圻；铁路学校的郑振铎；汇文中学的林昶都参加了。大家都想共同学习些社会改革的新思潮和新东西，但因即将毕业，无形中而瓦解。

1920年，郑先生大学毕业后，接受厦门大学聘约，参加该校的筹备工作，次年4月开学，在校讲授国文，并兼任图书部主任。当时厦门大学的校址尚在集美。与先生一起任教的有周予同先生等人。

1921年暑假后，郑先生考入北京大学国学门作研究生，研究古文字学。当时研究所很自由，不必常来，也可以在外工作，在校也只是看书而已。每隔一段时间，研究生与导师集会一次，大家见见面谈谈。导师都是著名的学者，陈垣先生就是其中之一。一次在龙树院（在宣外南下洼的一座古刹，介于窑台和陶然亭之间）集会上，陈先生说，现在中外学者谈汉学，不是说巴黎如何，就是日本如何，没有提中国的。我们应当把汉学中心夺回中国，夺回北京。当时这几句话对郑先生影响最深。

是年秋天，郑先生在北京与周侬结婚。周系江苏泰州人。两人婚后感情甚笃，故自周侬1937年春病逝后，先生未再结婚，直至逝世。

这时郑先生因建立家庭，生活负担加重，除作研究生外，尚需在一些大、中学校教书，以补家用。1922年秋起，郑先生还在法权讨论委员会担任秘书。法权讨论委员会是讨论收回法权的，会长是张耀曾。当时会中曾保存了大批中外文献及一些外交档案。他在阅读这些文献中，增加了很多知识，扩大了视野。他注意到了领事裁判权问题，并以该会名义撰写了《列国在华领事裁判权志要》一书，于1923年8月正式出版。这部书是郑先生第一部学术著作，是在张耀曾指导、鼓励下完成的。书中首先就帝国主义在中国设立领事裁判权的侵略行径加以揭露；认为外国对此问题的著述大多为在中国设立领事裁判权进行辩解，没有涉及实质问题。事实上，这个问题除表明系"强者（帝国主义）蔑视弱者（殖民地国家）一语而外，殆更无重大之根据也"。此外，该书又就帝国主义在华领事裁判权之沿革、内容及中国撤废领事裁判权之经过，作了详尽的叙述。书中认为领事裁判权明确确定立于条约中，系1843年（道光二十三年）中英五口通商条约第十三款，但语意尚较为含混，随后数年又与美、法、意等国订约，则领事裁判制度已于此时期明确确立，这时"我国已全失其治理外人之权"。书中第五章《领事裁判权之弊害及撤废之必要》，又列举种种事实，揭露领事裁判权侵害中国主权、紊乱中国之治安秩序、轻视中国人民权利、妨害经济及一切文明事业之发达，等等，主张领事裁判权必须撤废。该书出版后，颇获好评。法学家刘师舜曾撰文，称道过此书。

1924年，郑先生研究生毕业，先后任北京大学预科讲师及浙江省民政厅秘书、广东省建设委员会秘书、教育部秘书等职。

二

1930年冬，郑先生在南方工作几年之后回到北京大学任教，1933年后任中文系副教授兼学校秘书长。尽管每天行政事务冗杂，占去了大部分时间，但他仍然利用晚上时间认真备课并从事科研工作。当时他在中文系讲授古地理学、校勘学等课程，并编有古地理学讲义，由北大出版社印刷，受到师生好评。他为了搞好校勘学的课程实习，利用晚上的零碎时间，每天校勘《世说新语》数页，从不间歇，甚或春节期间也不间断。郑先生在任课的同时，还利用校勘的方法，写出了《杭世骏〈三国志补注〉与赵一清〈三国志注补〉》及《张穆〈月斋集〉稿本》等论文。前文通过杭、赵有关《三国志》的两书进行校勘比证，证明赵书所征引的史籍多于杭书七八倍，而雷同者则少，从而证明赵一清是清中叶一位"捃摭益富，考订綦详"的学者，而非"攘美窃名之流"的文抄公。1936年，郑先生还在史学系兼课，讲授魏晋南北朝史。与此同时，郑先生还应范文澜、李季谷之约，在北平女子文理学院任教，讲授中国近三百年史。他侧重清史的研究，实奠基于此时期。他觉得清初摄政王多尔衮是一个值得研究的人物，他是满洲入关后的实际统治者，也是清朝统一中国的奠基人。于是先后撰写有关多尔衮的论文数篇，如《多尔衮称皇父之臆测》、《多尔衮与九王爷》、《墨勒根王考》等。其中《多尔衮称皇父之臆测》一文，发表在北大《国学季刊》六卷一期，引起了史学界的重视，颇获好评。一些学者认为，该文是用最习见、最平正的材料，得出最恰当的结论，影响颇大。

"一二·九"运动中，北大许多主张爱国抗日的学生，被政府当局逮捕。郑先生对被捕同学极表同情，并以北大负责人的身份亲赴公安局办理交涉，要求无条件保释被捕学生出狱。先后几经交涉，警方终于被迫将爱国学生释放。郑先生热爱学生、热爱学校的精神始终是一贯的。早在1926年3月，北洋政府教育总长章士钊非法解散北京女师大时，作为该校兼任教师的郑先生即与全校师生进行抵制，抗议解聘，并与鲁迅、许寿裳等人另觅校址为学生上课。"三一八"惨案时，北大学生死三人，其中两名是郑先生的学生；女师大所死二人，也是他的学生。尤其是女师大刘和珍同学，家极贫穷，上有母，下有弟，一衰一幼，很值同情。郑先生在参加3月25日上午为女师大死难学生召开的追悼会后，除对执政府制造流血事件表示抗议外，并写信给郑奠（介石）先生，发起一些教师为死难家属募捐。当时许多人都支持此议，踊跃捐献。郑先生这种爱护学校，爱护学生的思想在以后的日子里，更加得到证明。

三

1937年，郑先生任北大中文系教授仍兼学校秘书长。是年7月7日卢沟桥事变。这时校长蒋梦麟、文学院院长胡适等人全不在北平。此后不久，学校其他负责人亦纷纷南下，于是学校的行政重担，都落在郑先生的身上。当时一些汉奸文人，与日寇狼狈为奸，企图力阻爱国师生南下。郑先生与其他院校负责人一起，天天研究如何应付新的情况，局势异常严峻。北大的几位老教授如孟森、马裕藻等人，亦经常一起商议对策。当时北平在日寇包围下，情势危急，而留校的学生都是经济极困难的。于是郑先生与一刘姓同学商议，在校中学生款内每人发给二十元，使他们从速离校。所以到7月28日北平沦陷时，校内已无学生。此后，郑先生与其他教授一起，不顾个人安危，独自苦撑危局数月。11月17日，当他妥善地安排了全体教职员撤

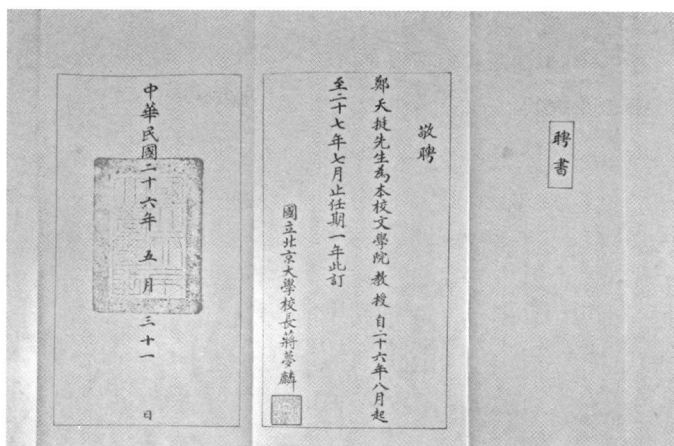

1937年5月北京大学聘郑天挺为文学院教授

离后，留下了年幼的五个子女，个人只身南下。他与罗常培、罗庸、魏建功等人先到天津，然后乘船经香港转广西至长沙。当时长沙已由北大、清华及南开三校联合建立了长沙临时大学。郑先生除担任原行政工作外，改任历史系教授，讲授隋唐五代史。不久学校再度南迁，在昆明成立西南联合大学，郑先生任联大历史系教授。1939年，北大恢复文科研究所，他担任副所长，负责研究所的日常事务。当时昆明市区经常遭受日机轰炸，每天警报不断。郑先生在"警报迭作晨昏野立之顷"，除忙于学校行政及教学工作外，还肩负培养研究人才的任务。于是文科研究所由昆明市区搬到离城内二十里许的乡镇龙头村宝台山上。这里虽然设备简陋，但集中中研院史语所及北大的许多图书资料，任意选读。研究生每天奋发读书，苦心钻研，经过几年以后，他们都成了文史哲方面的教学、科研骨干，有的很快即成为著名的学者。

郑先生到昆明不久，由于联大校舍不足，联大文法学院暂设滇南重镇蒙自。他除了讲授隋唐五代史外，还注意到对西南边疆地区（如西藏、云南）史地的研究，先后写出了《发羌之地望与对音》、《〈隋书·西域传〉附国之地望与对音》、《〈隋书·西域传〉薄缘夷之地望与对音》、《历史上的入滇通道》等一组文章。其中"发羌"一文，系郑先生在读《新唐书·吐蕃传》过程中，发现发羌可能即是西藏土名 Bod 之对音，于是用唐代的有关史籍，以地理证发羌之地望，以古音证发字与 Bod 可相对，从而得出了发羌即 Bod 的对音之结论。郑先生写完此文后，曾就正于陈寅恪、罗常培、魏建功、邵循正诸人，并得到了他们的鼓励和赞许。陈寅恪先生曾为之订正梵文对音及佛经名称，罗常培先生曾就音韵学方面提供了有关证明，邵循正先生又据伊斯兰语为之补充译文，这使郑先生非常高兴。当时的蒙自，虽然地处偏僻一隅，但教授们对两人住一屋从无怨言；且共桌吃饭，饭后共同散步；并经常得以聚集一堂，对一些学术问题时有磋商。所有这些，都对远离家乡的郑先生，带来了不少快慰。

1939年，郑先生开始在联大讲授明清史。当时青年学生激于爱国热情，都想更多地了解中国的近世史，尤其瞩目于明清时期，故选修该课的同学多达一百数十人，盛况空前。但他更多注意的还是清史。清代的满洲发祥于我国的东北。而这时东北早已沦陷，且建立伪满洲国。为了针对日本帝国主义侵占我国东三省而制造的"满洲独立论"等谬说，他先后写出了《满洲入关前后几种礼俗之变迁》（1942年）、《清代皇室之氏族与血系》（1943年）等重要论文，用大量的历史事实，证明清代皇室包含满、蒙、汉三族的血液，在入关前就和内地在政治、经济、文化方面有着密不可分的关系，是中华民族大家庭的一员。他在《血系》文中一开始即写道："近世强以满洲为地名，以统关外三省，更以之名国，于史无据，最为谬妄。满洲出于建州左卫，为女直支裔，即唐之靺鞨，周之肃慎，乃中华历史上宗族之一，清朝入关后散居中原，更不可以一省一地限之也。"入关后满、汉两族的文化调融，相互影响，更使两族人民间的关系日益密切，这绝非政令的强制所能造成的，有力地驳斥了日本侵略者的谬论。此外，他这时所写的《清代包衣制与宦官》（1943年）、《清史语解》（1943年）等，都是清史研究领域中的重要学术著述。其中《清史语解》一文，因清史本身问题太多，考订一事需查阅很多书籍，费时亦多。如"释巴图鲁"条，曾从《清史稿》中摘取例证一百多条，从而证明其说之不谬。后来因为时间关系，仅释约十余条即告中辍。

　　抗战中期后的昆明，物价飞涨，民不聊生，教授中大多入不敷出，更不必说职员和学生了。那时闻一多、唐兰及郑先生等十几名教授，曾联名出示告白以卖字、刻印取酬，以辅助生活费用之不足。1943年夏，他的长女郑雯由北京前往西南联大外语系上学，走到洛阳被困。郑先生因而向出版社借了一些钱，以佐其路费。后来为了偿付欠款，乃将一些清史论文搜为一集，以《清史探微》为名，于1946年春在重庆出版。"探微"是郑先生自谦的话。他原想把论文集定名为《清史然疑》、《清史稽疑》或《清史证疑》，后来觉得还是《清史探微》名字响亮，故名。他在这部书的叙目中写道："右近年读清史所作杂文十二篇，次为一集以求正于当世。天挺早失怙恃，未传家学，粗涉载籍，远惭博贯。比岁僻居无书，蓄疑难证，更不

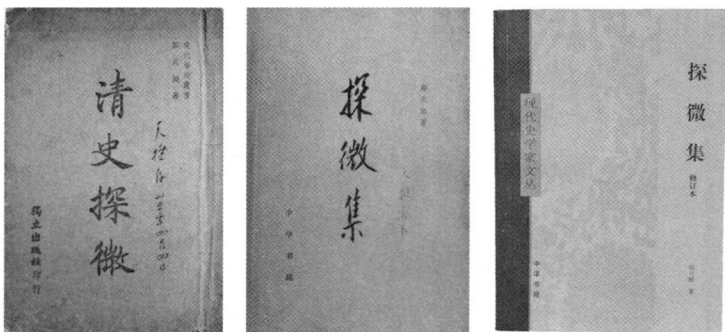

《清史探微》独立出版社1946年1月版，《探微集》中华书局1980年6月版，《探微集》(修订本) 中华书局2009年9月版

敢以言述作。独念南来以还，日罕暇逸，其研思有间恒在警报迭作晨昏野立之顷，其文无足存，而其时或足记也。通雅君子原其'率尔操觚'之妄，有以匡其违误，斯厚幸矣。"这是郑先生及其他教授在昆明的实际情况，使人不胜感慨。遗憾的是，此书出版不久，即1946年7月12日，郑先生的长女郑雯在上完西南联大外文系三年后，于北上复校中因飞机失事死于济南，时年二十三岁。

四

抗战胜利后，郑先生首先回到北平从事北大的复校工作，使该校于1946年顺利开课。这时郑先生仍任北大史学系教授、系主任和学校秘书长，校务异常繁忙。北平解放前夕，郑先生坚持留在当地，更好地维持和保护学校。当12月17日北大五十周年校庆之际，学校学生自治会以全体同学名义送给他"北大舵手"的锦旗。二十余年来，郑先生总是在危难的时候为北大工作，坚持保护学校，使它得以很好地运转，是北大当之无愧的功臣。

这时，郑先生还担任北大文科研究所明清史料整理室主任，负责主持北大所藏的明清档案的整理工作。

北大保存明清档案始于1922年。当时因知道历史博物馆还保留一部分没有卖掉的档案，唯恐失散，于是北大向政府申请将这部分明清档案拨归北京大学，然后由学校组织一些师生整理。当时郑先生正作北大研究生，他从一开始即参加了这项工作，并为此很受鼓舞。以后历年都在陆续整理。北京解放后，郑先生又以马克思主义作指导，继续对档案进行整理。20世纪50年代初期，明清档案的工作集中下列几项：一、已清缮的明题行稿，分类整理印行，未抄齐的补抄。二、整理题本的摘由，凡不明确、不详细的加以补充，并尽可能地指出每件内容的特点。三、过去整理题本，全按内容分类，有许多混淆不清，现在改按机关的职掌重新分类。四、系统地整理、研究本所所藏黄册——报销册及其他档案。于是先后整理出《明末农民起义史料》、《宋景诗起义史料》等书，都是利用这些档案，在他的带领下，与其他年轻同志一起，经过精心编纂而成。他利用明清档案撰写的《宋景诗起义文献初探》发表后，获得史学界的好评，曾被译成德文，引起国外史学界的注意。他在《〈明末农民起义史料〉序》中写道："北京解放以后，文科研究所罗常培所长深深感到，我们所藏这些已经整理出来的宝贵档案必须赶快公开，没有整理出来的档案必须加紧整理，以供大家利用，要使它从满足少数人的研究愿望，进入公开的随意广泛利用。"不难看出，郑先生这些话，既表明了他要加快这项整理工作的决心，同时也表现出他一贯大公无私，处处为别人着想的高风亮节，是多么难能可贵呀！1952年，北大的明清档案拨归故宫档案部保管，郑先生也离开北大，从此他就未再参加这项工作。

1949年1月北平解放后，郑先生任北大校务委员会委员、史学系主任，仍任学校秘书长。次年5月，他辞去秘书长职务。当时学校常委会曾表彰他担任北大行政工作十八年的成绩。随后他即积极参加各种社会实践。1951年，他先后到中南地区参观土改和到江西省泰和县参加土改。

五

1952年全国高校进行院系调整，郑先生被调到南开大学，任历史系教授、系主任。他不顾个人生活及其他方面的变化，愉快地只身来津任教。当时正值教学改革高潮，一切均无经验，须从头搞起。甚至教研室教授授课，都要通过先试讲，互相提出意见，往返多次；而他作为中国史教研室主任，凡逢教师上课，都必须亲自听课，不时指导。这一时期，郑先生除忙于系务及开会、谈话外，还为同学开设隋唐史、明清史、明史专题、清史专题及史料学等课程。郑先生在教学过程中，还经常向同学进行爱国主义教育。如他曾根据古代史籍中有关石油的记载，认为"说中国没有石油是无根据的"，为我国发展石油工业提供了历史根据。1956年，国外殖民主义者就侵略澳门四百周年而举行所谓"纪念"活动，粉饰殖民主义的罪恶，他立即在课堂上开讲"澳门的历史"一课，以确凿的史实，说明澳门被侵占的始末，鞭挞殖民主义。1959年，他就中印边界争端问题，运用确凿史料，证明麦克马洪线以南的广大地区，历来是中国的领土，而西藏人民是中华民族大家庭中不可分割的一员，并从南开大学图书馆中找出有关史料及地图，提供有力的历史证据。

1961年夏天以后，直至1966年6月，郑先生参加教育部文科教材的编选工作，任历史组副组长，主编《中国通史参考资料》（与翦伯赞合编）及《史学名著选读》。在这项工作中，他能团结其他院校的史学家共同工作，关系极为融洽，经常促膝谈心，交换看法。为了提高教材质量，把工作做好，他们彼此往返探研学术的信札甚多，可惜在"文革"时期许多都散失了。在这段时间内编成《中国通史参考资料》六册、《史学名著选读》五册，工作基本完成。1963年秋，郑先生还主持了《明史》校点工作，由中华书局具体负责。郑先生在校点工作中所作《明史零拾》若干册，亦在"文革"中散失不少。

郑先生在北京编选教材期间，还不断为高校历史系同学讲课，讲的内容多是有针对性的，大多围绕着怎样学习历史的问题。

他认为，学习历史的目的就是要寻求真理，因此要求"真"、求"用"、真用结合。所谓"真"，就是客观存在的现实，不是想象，不是道听途说。历史总是有前因后果，有来龙去脉。因此因果关系不能颠倒；时间先后不能错乱；历史是向前发展的，绝不能用后来的发展附会当时。至于求"真"，就是详细占有材料，研究事件是怎样发生的，经过及结果如何，一点点核实了，把事实真相反映出来。求"用"是指研究历史要有用，要研究历史事件对社会发展及生产发展的影响和作用，从而找出历史发展的规律性，总结出历史的经验教训，作为解决现实问题的借鉴。求"真"和求"用"两者是统一的，即事实真实、环境真实、因果先后真实，作到真用结合。而在方法上，则要求多看、多想、多联系。

郑先生向以治学谨严、精于比证著称。早年受教于黄侃、刘师培先生，对他的治学影响较大。他经常强调学习和研究历史要详细占有资料，而资料之所得就在于认真读书。他曾引陶渊明的几句诗："得知千载外，正赖古人书。圣贤留余迹，事事在中都（长安）。"前两句说明书的重要，下两句是说实际考察的重要。读书时要勤查、勤翻，首先是字书，由浅入深。他还强调读书要做到"博、精、新"三字，即"博览勤闻"，"多闻阙疑"，反对"孤陋寡闻"、"闭门自精"。无选择、无目的泛览书，是不易于专精的，因此这时他对高校同学强调要精读一本书。他认为："精读要一字不遗，即一个字，一个名词，一个人名、地名，一件事的原委都清楚；精读是细读，从头到尾地读，对照地读，反复地读，要详细作札记；精读一书不是只读一书，是同一时间只精读一本，精了一书再精一书；精读可以先读一书的某一部分；精读的书可以一人一种。"此外，"精读与必读还有不同，精读的书不一定人人必读，如有人可以专读《山海经》，但《山海经》不一定人人必读；必读的书可以精读而不一定人人精读，如《资治通鉴》"。他认为中国古代史书中，当然以《史记》和《资治通鉴》最负盛名。《通鉴》包括的时代更长，事迹更多，文字也是经过锤炼的。虽然多数取材于原来诸史，可是并不尽同诸史，而是有剪裁，有组织，兼采笔记杂说而又不囿于笔记杂说。《通鉴》的文字简洁，层次井然，容易抓着重点，没有芜杂、造作或生硬的地方。因此他主张大学生应比较深入地阅读该书。这期间他曾为南开大学历史系学生讲过《资治通鉴》。此外，他在讲课中还特别强调读书与写作相结合的问题，主张写文章精粹，短小精悍。

1962年，他应中央党校之邀，为该校学员讲授清史。他简明扼要地介绍了清朝入关之后到鸦片战争前这一时期的政治、经济、文化方面的情况，后来根据记录稿加以整理，于1980年正式出版，定名《清史简述》，后亦收入中央党校文史教研室资料组编《中国古代史讲座》（求实出版社1987年10月版）中。

六

1979年，他已八十高龄，仍然接受了教育部委托主办"明清史进修班"，并主编《明清史资料》的教材。他还亲自给学生上课，每周两次，从不间断，有时还连续讲授两三小时不休息。为了结合进修班的学习，他与进修教师一起，乘车到清西陵及紫荆关参观。他不顾旅途劳累，为学员就地讲述明、清历史。还鼓励学员到沈阳、承德等地方多看看。这年夏天，他不顾夏日酷暑，写出了《清入关前满族的社会性质续探》一文，对1962年他撰写的《清入关前满洲族的社会性质》一文在理论上及史实上都有新的阐明。

郑老应中华书局之约，把他几十年中的部分著作，汇为一集，于1980年夏天出版，定名为《探微集》。该集收辑了郑先生的文史论著四十三篇，其中有关清史的专著二十余篇，是文集中的主要部分。集中还包含了不少解放后所写的考订文章，其中可以《关于徐一夔〈织工对〉》一文作为代表。在20世纪50年代中期，《织工对》被学术界用作研究资本主义萌芽的珍贵资料。但引用者多不提首先利用该史料的是吴晗先生。因此，郑先生在《织工对》一文一开始写道："二十年前，吴晗先生首先介绍了徐一夔《始丰稿》中的《织工对》。"这就含蓄地批评了一些人不尊重别人的研究成果。其次《织工对》中所叙述的情况，是在元末还是明初，是丝织业还是棉织业，学者没有取得一致的看法。郑先生的文章即为回答这两个问题而作。他翻检徐一夔《始丰稿》一书的编排体例，发现是按年分组排列，前三卷成于元至正二十七年（1367）以前，《织工对》收在第一卷，应是元末之作，而那时徐正居住杭州，有可能系同织工谈话而记录成文。然后他又以词汇学的方法考证文中"日佣为钱二百缗"的"缗"字，系元末对一千钱的习惯用语，不同于明初称一千钱为一贯。他还从元末明初钞币贬值的不同情况，说明"日佣为钱二百缗"应是元末的现象，而不会是在明初。然后他以对史料的细致鉴别，终于得出《织工对》是写于元末，叙述当时丝织业情况的结论，具有较强的说服力。关于《探微集》的书名，他在《后记》中写道，"今天的成果，只这样一点，真是惭愧之至"，"我把这本小书，仍称《探微集》，既表明书的内容微不足道，也表示我学无所成的惭愧"。这正是郑先生为人谦虚的表示。

1980年8月，郑先生发起并主持的南开大学明清史国际学术讨论会在天津召开。应邀参加会议的有美国、日本、澳大利亚、瑞士、联邦德国、民主德国、香港等八个国家、地区及国内的代表共一百多人，提交大会论文七十多篇，郑先生在会上以《清代的幕府》为题，作了扼要的发言。文中对幕府的来源、地位、政治作用及发展状况，作了全面而系统的论述，影响很大。1985年底，一位台湾地区著名的明清史学者曾说："我最近才看到郑先生《清代的幕府》一文，写得真好。"这篇论文发表在《中国社会科学》1980年第6期。

郑先生自1979年以来，还担任《中国历史大辞典》的主编工作。尽管年事已高，事情较忙，但他根据从事多年的教学、科研经验，提出了许多好的建议，为团结一致搞好这项工作，打下了基础。1980年4月，中国史学会恢复活动，郑先生被选为该会的常务理事、主席团成员。1981年5月，并任中国史学会执行主席。同年夏天，他还参加国务院学位委员会会议，担任历史组的主持人。在会上评议出全国第一批招收博士研究生的学者。

郑先生一贯热爱教育事业，坚持再忙也要多教课，教好课，从1921年开始登上大学讲坛，一直到病故的1981年上学期，始终坚持在教学第一线。他对于教学六十年如一日地认真负责，一丝不苟，讲课前总是认真备课，并不因教了一辈子书已经"驾轻就熟"而无须准备。他在解放前后培育了不少专家学者及史坛新秀。如曾任宗教研究所所长任继愈、民族研究所副所长傅懋勣、北京大学考古学教授阎文儒，南开大学历史系教授王玉哲、杨志玖等等，都是他早年的学生。可是提到这些专家教授时，他却总是说：他们当年在北大文科研究所学习的时候，名流风会，大师云集，他们受教于语言学家罗常培、古文字学家唐兰、哲学家汤用彤，历史学家向达、陈寅恪等许多名家。他们的成就，系受益于名师，同时也是自己勤奋努力的结果。他总是那样谦虚笃实，最不肯邀功；而他的学生对他，始终如一地尊敬与爱戴。

郑先生1963年春担任南开大学副校长，1979年10月又被重新任命该职。1981年10月，在南开大学为他举办的执教六十周年庆祝大会上，同意他的请求，免去他副校长职务，改任顾问，同时对他六十年来的教学业绩给予了很高的评价。郑先生对这次大会深为感动。他在会上表示，要"身处第二线，心怀第一线"，今后仍然要把教学和科研工作做好。

郑先生于1964年及1978年先后当选为第三届、第五届全国人民代表大会代表，还担任中国政治协商会议天津市委员会副主席。1980年及1981年连续被评为天津市劳动模范及特级劳动模范，并于1980年10月以八十一岁高龄加入了中国共产党，实现了他多年的夙愿。

郑先生严于律己、平易近人，一贯乐于助人，尤其对年轻后学更是爱护备至。不仅在学业上孜孜不倦热心培养，在生活上亦乐于助人，这被传为佳话。郑先生为人谦虚谨慎，廉洁奉公，不尚浮华，不图虚名，生活俭朴，道德高尚。他长期负责行政工作，在龌龊的旧社会中，洁身自好，一尘不染。他在西南联大任总务长期间，历尽艰辛为学校筹集经费及其他生活必需品，博得师生拥护；在北大担任校方负责人时，宁肯自己出钱私赁房屋，而不住公家宿舍；自己未出过国，但经他推荐和用其他方式协助而出国的教授、学生比比皆是，他总是把方便和荣誉让给别人。他中年丧偶，操家自持，长期过着独身生活，但从来乐观。处于逆境中，既不怨天尤人，也不自卑气馁。在十年动乱中，子女被下放农村，生活无人照顾，他亦泰然处之，不以为意。他积累数十年的卡片，在十年浩劫中大多散失，他并不灰心，仍然日夜勤奋，从头作起。尽管年事已高，但对教学、科研工作，坚持不懈，直至1981年上半年，他仍坚持在教学第一线上，为学生讲授史学研究法的课程。

郑先生身体素来健康，每天坚持散步，数十年如一日。1981年下半年，他工作异常繁忙，连续参加了几个会议。暑假中，在开了一个月的会之后回津，学校安排他去海滨休养，他也未去。1981年10月，他去武汉参加纪念辛亥革命七十周年学术讨论会，并在会上发言。11月，郑先生还在关心南开大学设立明清史研究中心事，并为这一计划亲自起草报告。他还计划在天津召开第二次明清史国际会议，并为这一工作操劳。12月14日，郑先生在参加全国人代会后，急于回津参加《中国历史大辞典》的明史、清史分册编委会议及十七日在津召开的中国史学会常务理事会。不料在京期间即已感冒，下车后抵家即觉发烧。12月17日住院治疗。终因积劳成疾，竟至一病不起。1981年12月20日中午，郑先生因上呼吸道衰竭，不幸病逝，终年八十二岁。

郑先生去世后，教育部部长蒋南翔同志发来唁电说："郑天挺教授是我国著名的史学家。在长期执教中，为培育我国史学人才竭尽心力；对中国史学的研究，特别是明、清两代史的研究，作出了重要贡献。在国内外史学界享有很高声誉。政治上，郑天挺同志热爱党，热爱社会主义，不断随着时代的进步而进步，从一个民主主义者发展成为无产阶级的战士、光荣的共产党员。他在垂暮之年仍壮志满怀，为在南开大学建立明清史研究中心而积极努力。他的不幸逝世，对我国教育事业和史学界都是一大损失。"

（原载《文献》1989年第4期。略有修改增补）

博览勤闻，多闻阙疑

——学习父亲郑天挺先生的治学精神

郑天挺先生不幸因病去世了，这不仅使史学界失去一位道德高尚、诲人不倦的师长，同时也使我们的家庭中失去了一位循循善诱、和蔼慈祥的父亲。

自他老人家去世后，我思绪万千，不时潸然泪下。回忆起他多年对我们的教诲，深感有负他对我们的企望，每思及此，真是惭愧万分。在这里，我仅就他在治学方面的几个片段写在下面，以表达对他的怀念。

一、精读一本书

郑老向以治学谨严、精于比证著称。他经常强调学习和研究历史要详细占有资料，而资料之所得就在于认真读书。他强调读书要做到"博、精、新"三字，即"博览勤闻"，"多闻阙疑"，但他更强调的还是要精读一本书。

郑老读书非常认真，经常反复地读一书。例如《东华录》，这本是极寻常的书，他也反复阅读。读《圣武记》时，也是如此。在20世纪60年代时，他凡见到不同版本的《圣武记》就买，然后对照着认真阅读。那一时期，他常至外边作报告，提倡精读一本书。他说："精读要一字不遗，即一个字，一个名词，一个人名、地名，一件事的原委都清楚；精读是细读，从头到尾地读，对照地读，反复地读，要详细作札记；精读一书不是只读一书，是同一时间只精读一本，精了一书再精一书；精读可以先读一书的某一部分；精读的书可以一人一种。"又说："精读与必读还有不同，精读的书不一定人人必读，如有人可以专读《山海经》，但《山海经》不一定人人必读；必读的书可以精读而不一定人人精读（如《通鉴》）。"他还特别强调了读书与写作相结合的问题。他不仅这样说，同时也是这样做的。果然，由于那个时期的大学生着重基础知识，根底好，后来都取得了不小的成绩，今天他们大多成为史学新秀。

二、写文章要精粹

郑老经常说，"文章要写得短些，精粹些，要画龙点睛"。翻开他所著《探微集》可以看出，他的文章以短者居多。抗战初期他刚到云南不久，对西南边疆史地发生了兴趣，连续写出了《发羌之地望与对音》、《〈隋书·西域传〉附国之地望与对音》、《〈隋书·西域传〉薄缘夷之地望与对音》以及《历史上的入滇通道》等文，每篇少者一千余字，多者不过四千余字。其中《发羌》一文发表在《史语所集刊》八本一分，全文仅三千余字，得到当时学术界好评。1942年左右，罗常培教授曾将该文向有关学术机构推荐，原定授予较高奖，但以文字短少，只能降等获奖。他听到这个消息后非常气愤，认为文章质量的优劣难道非看长短吗？因而加以拒绝。

他在1940年所写的《〈张文襄书翰墨宝〉跋》，全文不过两千字，而他对该文比较满意。他前几年有一次还谈到这篇文章，认为该文主要是解决在没有任何线索的情况下，如何从中找出线索，从而解决一个人究竟为谁的问题。这也是过去的治史方法之一，不能不知道。他还写有另一篇短文，是为罗常培教授论著所写的序言，即《〈恬盦语文论著甲集〉序》。文章不过一千多字，其中把清代一些著名学者所作的序跋加以重点考察，将其优点及特长逐个加以指明，认为许多文章的好坏，都可从书中的序跋文中得知，序跋文字"包罗万有"，"古人精蕴，往往而在"。因此，他认为每读一史书，应先看序文，从而即可知道该书的价值。1939年，他从魏建功先生处看到四川乐山《重修凌云寺记》的拓本。他注意到该碑列衔之第一名"□王驾前"四字，认为□字应系"国"字，第二字王字上画微低，应为"主"字，即"国主驾前"四字，从而证明孙可望不仅自号为"国主"，即他的部下"亦以国主称之"，"此所谓'国主

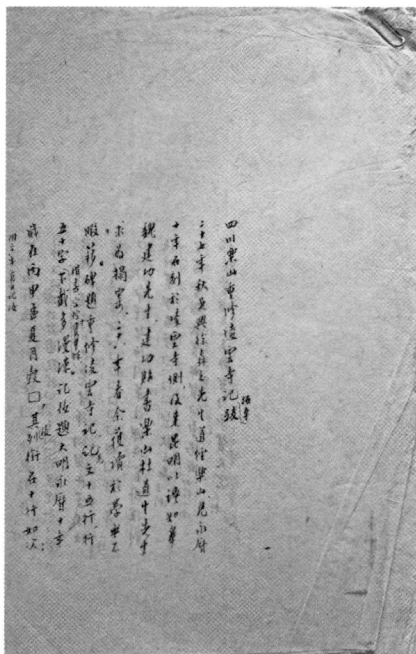

郑天挺《四川乐山〈重修凌云寺记〉拓本跋》手稿

驾前’即可望麾下也”，说明孙可望称“国主”及“‘驾前’二字之专属可望，不仅一时一地为然，其所称由来久矣”。说明孙可望早即专横跋扈如此。这篇文字也不长。

他写的稿子非常清晰、认真，也不喜欢别人替他抄。他认为自己抄稿也是改稿的一部分。除非时间确实来不及，他总是亲自誊写。

三、教学工作一丝不苟

郑老不仅治学谨严，从事教学亦非常认真，一丝不苟。过去我经常认为，老人家教了一辈子书，成绩卓著，讲堂课大约无须准备。这种想法真是大谬不然。他的晚年姑且不论，即在20世纪60年代初期，他每次备课也都是异常认真，从不应付。

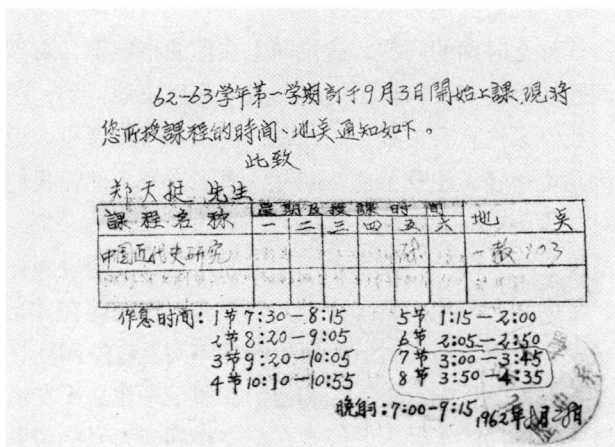

1962—1963年第一学期郑天挺在北京大学历史系讲授中国近代史研究课表

记得1962年秋天，他那时住在北大编写文科教材，我在北京工作。一次下午他要为北大同学讲课，我才注意到，每逢他下午讲课，中午则仍然备课，从不休息。不仅在北京如此，到了天津，讲课亦是如此。一般情况，每逢上课之先，他经常手执卡片，翻来覆去思索；看完一遍，又站起来在屋中蹓蹓，然后回过身来看，几乎每次都这样。备课如此，阅卷时亦同样认真。记得1952年夏天，他在北大为史二同学阅明清史试卷，每张卷子都要反复看多次；评分时也是再三斟酌，从不马虎。1978年南开明清史的研究生复试，他阅卷时也是反复翻看，有时已经打了分又有改动。

四、关心年轻人成长

他对年轻同志也爱护备至，从不忽视。20世纪60年代初期，他的一位研究生和他关系很好，不时侃侃而谈。郑老一向注意清代雍正时期的问题。这位同志在他的指导下，对雍正时期诸问题涉猎甚多，取得了可喜的成绩。后来他谈到，在昆明时就曾让大家注意有关雍正的问题，但认真研究者少。后来倒是清华几位年轻人注意了这一问题，成了专家。他让我们今后还应对这段历史深入研究。

不仅如此，即使是原来素不相识的年轻人，他也同样热情鼓励，帮助和启发他们学习历史。几年前，郑老曾在《光明日报》发表一短文，对当时研究历史的方向问题有所阐述，得到了一些年轻人的反响，以后又和他们在通信中建立了友谊。有一位昆明粮食局的年轻人，经常在信中得到老人家的帮助。这位同志本也要报考南开的明清史研究生，后来又改变主意，考

1981年郑天挺带领研究生到十三陵考察。左起：汪茂和、白新良、郑天挺、王处辉、林延清

入中国社会科学院的研究生，向他表示歉意。他认为本应如此，毫不介意，日后仍然对这位同志不时指导和勉励，使这位年轻人非常感动。还有一位上海的工人，1978年投考他的研究生，经过初试及口试后，成绩均佳。到了复试时，这位同志可能答题时稍有疏漏，成绩不太理想。他并没有将这位同志优先录取。后来这位同志考入另一大学作研究生，他还特地向其导师介绍，认为在那里学习比在他的名下当研究生更合适。他老人家永远是这样谦虚、笃实，令人尊敬。他的这种高尚品德和献身教育的精神，无疑是值得我们学习的。

（原载《社会科学战线》1982年第3期）

三十年风风雨雨

——郑天挺与北京大学

　　郑天挺（1899—1981），字毅生，福建长乐人。1917年考入北京大学国文系，1920年毕业。1922年考入北京大学文科研究所国学门作研究生。1924年留校工作，历任讲师、副教授、教授兼北大秘书长等职。在西南联大期间，任历史系教授兼西南联大总务长、北大秘书长、北大文科研究所副所长。1946年后，任北京大学史学系教授兼系主任、秘书长等职。郑天挺自1933年至1950年任北大秘书长，历时十八年，是20世纪三四十年代北大的重要负责人之一。1952年院系调整调至南开大学，任历史系教授、系主任、副校长、顾问、全国人大代表等职。

　　郑天挺青年时代进入北大，步入老年走出北大，先后三十多年的北大生活，风风雨雨，岁月沧桑，留下一些雪泥鸿爪。我们根据郑先生遗留的日记、信件、回忆资料等，选取部分历史片断，写出《郑天挺与北京大学》，含北大轶事，以纪念这段岁月，并深切地缅怀郑先生。

一、考入北大国文系

　　1917年夏，郑天挺考入北大国文系。他在回忆这段学校生活时曾说：

北大录取后，很快就入学。同班三十二人，年龄参差不齐，有的三十多岁。和我同样年龄的约占一半，最小的只有十七岁（罗庸）。这些同学各有所长，大多有"不可一世"之概。我自知根底差，只有加倍努力，迎头赶上去。所以这时我除学习本系课程外，还要旁听其它方面知识，并须每天熟读史书。每天除上课外，天天跑图书馆，真是"两耳不闻窗外事"，连报纸都很少看了。即或偶尔一看，也是把它当成历史故事看。

一九一八年，我十九岁。这时北大的同学很活跃，有三种不同方面的刊物出版：《新潮》、《国民》、《国故》。但我们班的同学却仍然各自埋头读书，很少参加活动。记得有一人给《国故》送了一篇稿子，受到同学揶揄，大家都自命清高，认为投稿是自己炫耀才识，颇不以为然。我很受这种思想影响，后来不敢、也不愿以自己文章就正于人，因而亦就很少写文章。班上的其它同学，也多如此。

在北大同学中，这时较熟的有郑奠、罗庸、张煦、罗常培（长我一班）等人，他们都是异常用功的，给我鼓励很大。此外还有邓康（中夏）、许宝驹、杨亮功、萧槃原、王友颐、许本裕（惇士）、彭仲铎等。

从这年开始，我又在贵州老学者姚华先生家听他讲文章，讲金石文字。同听讲的有俞士镇、王翼如、罗承侨（惠伯）、汪谦（受益）、周一鹤等十几人，每周末晚间一次。①

---

① 郑天挺：《自传》，见冯尔康、郑克晟编《郑天挺学记》，生活·读书·新知三联书店1991年4月版，第374—375页。

二、在学时积极参加五四运动

　　1919年，郑天挺仍在北大学习。这年5月爆发了轰轰烈烈的五四运动。在这次运动中，他也走出了书斋，参加了学生会的工作。他曾代表北大到天津南开中学联系了一次，并走向街头，作了一些宣传活动。到了11月，日本帝国主义在福州残杀中国人民，并派海军陆战队登陆威胁。当时福州的学生曾愤怒地举行示威游行，北京福建籍学生也起来响应，组织旅京福建学生联合会，抗议日本的暴行。他也积极参加了这一运动，到街头讲演，宣传不买日货，并为学生联合会募捐筹款，举办游艺会等。当时会中还出版《闽潮周刊》，他曾用"攫日"笔名写文章，宣传打倒日本帝国主义。在会中还曾向北洋政府外交部多次请过愿。

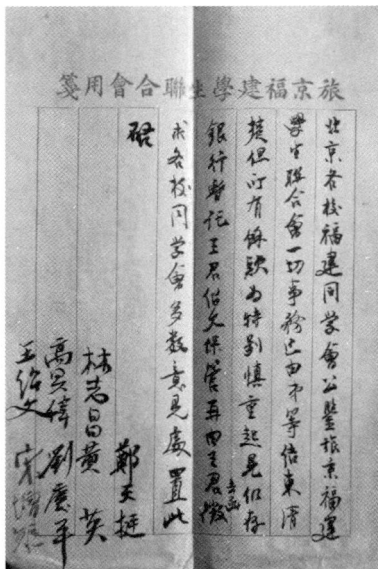

旅京福建学生联合会公函

　　五四运动及福建学生运动（即"闽案"）时，和他常在一起的有郭梦良（弼藩）、徐其湘（六几）、朱谦之、郑振铎、黄英（庐隐）、许地山、龚启鉴（礼贤）、张忠稼（哲农）、刘庆平、高兴伟等人。大家都是福建人，其中郑振铎还是他的本家侄子，以后过从亦多。

1920年春天，福建学生运动仍在进行。这时有十几个福建学生在北京组织了一个S.R（Social Reformation）学会，意即社会改革。除了朱谦之、许地山外，前面说的那些人都参加了。另外还有女高师几个人，北大有郭梦良、徐其湘和他，师大（当时称高师）有张哲农、龚礼贤、刘庆平，女高师有黄庐隐、王世瑛、高奇如、何彤，清华有王世圻，师大附中有高仕圻，铁路学校有郑振铎，汇文中学有林昶，共十四人。这个会并没有公开。大家原想共同学习些社会改革的新思潮和新东西，但因为很快即到暑假，大多数人都毕业四散了，无形中就瓦解了。这个会没有组织形式，没有负责人，仅是各人按姓名笔画用英文字母排列个次序。朱谦之也是北大的福建同学，颇有才气，看书也多，他当时是无政府主义者，不谈社会改革问题，所以没有加入。郭梦良后来与黄庐隐结婚①，在上海法政大学任过教务长，1925年即病死。

三、在北大时的几位学长

郑天挺同班同学中对他帮助最大的是郑奠（1895—1968），他字石君，浙江诸暨人，人极忠厚，事母至孝，因年龄较大，同学尊称他为"老大哥"。

---

① 郭与黄于1924年1月13日在上海结婚，当时郑先生曾撰联向他们祝贺。联曰："积三载同心，宿愿始偿，趁吉日良辰一罄衷素；结百年好合，旧盟重沥，正新梅艳雪交映园庭。"盖他们两人三年前以文字订交，久欲婚而未果，此联全系纪实。

1923年左右，经他介绍，郑天挺到北京高等女子师范学校（简称"女高师"，后改为"女师大"）讲授人文地理，1926年"三·一八惨案"中牺牲的刘和珍即是他们的学生。刘家境贫寒，上有母，下有弟，急待救济。3月25日女师大师生为刘等人举行追悼会后，郑天挺即与郑奠共同发动为死难家属募捐等事。

郑奠在学业上对郑天挺帮助亦大。1926年，某一次他向郑天挺出示日记，内中分养生、进德、治学、事务、见闻、杂识诸栏。后来郑天挺所记日记内容大多依他的规范。

郑奠在20世纪30年代北大国文系的地位已极高。1934年国文系改组，由胡适任系主任，而主持系务的就是他。

抗战开始时，郑奠适逢回到家乡，因照顾老母，乃在家乡办抗日中学，未随北大其他教授去西南联大。当时家乡条件艰苦，他一无所畏，为抗战办学竭尽全力。抗战后在浙大教书，北大曾多次约他回校，终因故未成。1952年，浙大文科取消，他到中国科学院语言研究所工作。由于他抗战八年与北大脱离关系，又多年未能安心从事研究，加之又僻居家乡，故声名随被湮没。

郑天挺同班最小的是罗庸（1900—1950），字膺中，北京人。1922年，郑天挺与他及张煦（怡荪）三人同入北大研究院国学门为研究生。他亦是20世纪30年代北大国文系教授，后任西南联大及北大中文系主任。罗庸有才华，学习亦刻苦。早在20世纪20年代末，他即在中山大学任教，声名甚著。但晚年笃信佛学，著文较少，且不愿发表。1946年，三校复员，他独自留在昆明师范学院任教，1949年又应梁漱溟先生之聘到了重庆勉仁学院教书，1950年即因脑溢血病逝。

张煦也是郑天挺同班的，后来又与郑先生同为研究生。他一辈子专治藏学字典，抗战后一直在四川工作，晚年时字典终于出版。他对郑天挺也诸多鼓励。抗战前郑天挺在《国学季刊》发表《多尔衮称皇父之臆测》一文，影响极大。张语郑曰：这篇文章是以最习见的材料，得出最公允的结论。抗战爆发后，他听说北大要南迁昆明，力劝郑天挺注意南诏史的研究。

郑天挺班上还有一位同学朱谦之。他与郑天挺同岁，因为都是福建人，所以熟识。朱读书多。当时李大钊先生任图书馆长，说："图书馆的书，都让朱读光了。"1924年，福建同学张哲农任福州一中校长，郑天挺与郭梦良、朱谦之一起去那里教书。朱当时的妻子杨没累是学音乐的，一心爱着他。杨有严重的肺病，对朱备多关怀，一心扑在他的身上，结婚不久就去世了。朱当时号情牵，不知与其夫人有无关系。

郑天挺同班的还有一位是邓康，即邓中夏。大学临毕业前，邓康曾给郑天挺来信，鼓励他一起研究社会主义，他曾复信表示同意。但当时研究社会主义的人五花八门，他的认识也很模糊。因而在复信中批评一些假社会主义者，如罗家伦等人，说："罗还动手打拉洋车夫，这算什么社会主义！"郑天挺当时只看见了贫富的悬殊，同情贫者，但并没有研究社会主义。

此外，比郑天挺高一班而关系又最为密切的是罗常培先生。他们两人是同年同月同日生（1899年8月9日），交往甚深，感情甚笃。两人毕业后同在北京一中教书。1927年在杭州浙江民政厅，1928年在广州，长期一起共事，尤其自1934年暑假后，罗由南京中央研究院史语所回北大，更是朝夕相处，彼此非常了解。郑天挺不喜写文章，或写后不愿发表，每次都是在罗常培鼓励及催促下方才发表的，"七七事变"后，他们一起苦撑危局，直到最后保护全部教授安全离开北平顺利到达长沙为止。在昆明，他们同居一楼，同食一厅，1941年夏又同赴四川，饱尝了"蜀道难"的苦楚。1942年冬，郑天挺患伤寒症，他每天都来问候；每逢警报，他则必来郑天挺室中相伴，不忍弃去。这种情谊，颇令郑天挺感动。正如郑天挺在他所著《恬盦语文论著甲集》序中所说：

> 余与莘田生同日，长同师，壮岁各以所学游四方又多与共，知其穷年兀兀殚竭之所极；每深夜纵论上下古今，亦颇得其甘苦……病中三逢警报，余固莫能走避，而莘田亦留以相伴，古人交情复见今日，序成归之，有余愧焉。[1]

罗常培勤奋好学，对人诚恳，为人很正直，因此大家称他为"罗文直公"。但他有时又过于直爽，常厉声责人，因此一些学生和年轻教师背后送其雅号为"罗长官"。

郑、罗二人的情谊，是北大人所共知的。

四、读研究生整理明清档案

1922年秋天，北大研究所国学门（后改文科研究所）成立，郑天挺和张煦、罗庸都入所读研究生。他的研究题目是

---

[1] 郑天挺：《清史探微》，北京大学出版社1997年7月版，第167页。

1925年2月14日北京大学研究所国学门同人为陈万里送行合影。左起：叶浩吾、沈尹默、马衡、林语堂、徐炳昶、陈垣、钱稻孙、陈万里、容庚（钱稻孙右后）、李玄伯、袁复礼、朱家骅（袁复礼右）、沈兼士、常惠、张凤举、郑天挺、胡适

《中国文字音义起源考》，由钱玄同先生指导。当时研究所很自由，不必常来，也可以在外工作，在校也只是看书而已。每隔一段时间，研究生和导师集会一次，大家见见面，谈谈。当时陈垣先生也是导师之一。一次在龙树院（一座名刹，在宣外南大洼，介于窑台和陶然亭之间）集会上，陈先生说，现在中外学者谈汉学，不是说巴黎如何，就是说日本如何，没有提中国的，我们应当把汉学中心夺回中国，夺回北京。这几句话当时对郑天挺影响最深。陈老大郑十九岁，郑每称他先生时，他总是逊谢，表现出一位受人尊敬而又谦虚的学者的风度。

郑天挺在读研究生期间，在研究所加入了"清代内阁大库档案整理会"，参加了明清档案的整理工作。这无论对国家、对他个人都是一件大事情，奠定了他以后从事明清史研究的基础。

明清档案原存故宫内阁大库，清末因大库失修渗漏，屡经迁移。民国初年，教育部设立历史博物馆于国子监，将大库迁出而未送还的档案交其保藏。1916年历史博物馆移至午门，这批档案也移于此处。1921年，教育部与历史博物馆因经费困难，将这批档案之完整者保存一部，其余约八千麻袋全部卖给西单大街同懋增纸店，代价四千元。纸店打算将这些档案送到定兴县纸坊重造粗纸。此事为罗振玉所知，于1922年2月，用一万二千元将之买回。与此同时，北京大学研究所国学门知道历史博物馆还保留一部分，于是年5月呈请当时的政府，命历史博物馆将这些没有卖掉的档案拨给北京大学，交研究所国学门同史学系组织委员会代为整理。5月下旬得到允许，几经交涉，7月这批档案才由历史博物馆陆续移运到校，共计六十二箱又一千五百零二麻袋。郑天挺在这年7月下旬参加了这一有意义的工作。当时他曾把这件事特别记录下来，现抄录如下：

（1922年）七月二十六日（壬戌年六月初三乙未）水曜日（即星期三）

上午至北京大学整理档案也。

民国成立，前清内阁档案移至教育部历史博物馆，近复移至大学整理。大学因设专员司之，余与其列。今日余整者为雍正题本，即奏折也。有可记者数事：

一、题本皆白折无格。前汉文（多小楷或宋体字）后满文。本至内阁，摘由粘于后，而后进呈。皇上则朱批或蓝墨批于首。

二、朱批诸字字体整齐，近赵孟頫，亦有甚劣者。

三、满洲诸臣题本亦皆称臣（如刑部尚书德明等），与旧闻概称奴才者不同。

四、京中各部均方印，总兵亦方印，而巡抚反长方印。

更有一事最有趣者：今日见一雍正十三年十一月初九日云南提督蔡成贵，奏贺雍正即位表文中云"近奉到即位恩诏"云云。按雍正在位止十三年，此表到日恐帝崩久矣。但不知贺表何竟迟至是时方发，而即位诏何至是而至也。

他参加这项工作历时不长，就为别的事情所代替。

五、1930年代在北京大学

与蒋梦麟的关系

蒋梦麟（1886—1964），浙江余姚人，留学美国十年，获哥伦比亚大学哲学博士。他1917年回国后至六十岁前，基本是在北大做领导工作，也是蔡元培校长办学的好帮手。

郑天挺与蒋本无深交，只是一般师生关系，听过他讲授教育学的课。1928年，由于北洋政府欠薪严重，北大亦于此时改组，郑天挺乃辞去北大预科讲师一职，于是年春与罗庸先生一起到了杭州，当时蒋正任浙江大学校长，由于北大同学蒋养春、陈伯君、郑奠等人的推荐，郑天挺乃于是年暑假后至浙大任秘书。时蒋梦麟已至南京任教育部长，浙大校务由秘书长刘大白代理。1930年初，教育部筹办第二次全国教育会议，蒋及刘大白（时已任教育部次长）又邀郑天挺到教育部负责筹办。1930年底，蒋改任北大校长，郑天挺又回北大，任校长室秘书，并在国文系兼课。

参加李大钊同志葬礼

1933年春，北平各界市民为李大钊安排安葬仪式，蒋梦麟始终与事，郑天挺也负责接洽一些具体事务，并捐了款。送殡的那天，许多教授都去了。大家都看到地下党以北平市民革命各团体名义送给李大钊的一块碑，碑的正上方还刻有斧头镰刀。当时校方几个负责人感到，如果不把这块碑妥善处理，必然招致当局的干预，反而会给安葬造成麻烦，于是就把这块碑埋在地下了。

1933年就任北大秘书长

20世纪30年代的北大，蒋梦麟任校长（无副职）。学校的机构设置为三院、两长。三院为文、理、法学院，文学院院长胡适，理学院院长刘树杞（1935年病故，由饶毓泰继任），法学院院长周炳琳。两长为教务长（原称课业长）和秘书长。教务长樊际昌主管教务和教学，秘书长负责校务行政和总务。

1933年暑假，北大秘书长王烈（地质系教授）辞职，由校长蒋梦麟暂兼。11月28日，由于学校浴室突然倒塌，不幸压死学生邹绵昌，重伤叶祖灏、陈仰韩二人，引起了学潮。蒋校长急忙物色秘书长。法学院院长周炳琳推荐由郑天挺担任，蒋征

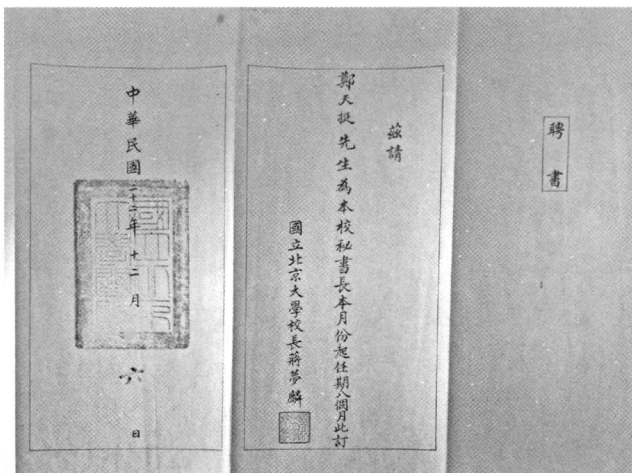

1933年12月北京大学聘郑天挺为秘书长

得胡适、刘树杞、马裕藻、刘半农诸教授同意，遂于是年12月正式任命。

老北大的"三大建筑"

1933年，郑天挺任秘书长后，首先受命主持修建图书馆、地质馆及灰楼学生宿舍三大建筑。三个建筑工程一起上马，事务异常繁忙。郑天挺每天都亲赴工地监督施工，许多问题现场商议，就地解决。学校襄助工程建筑的还有沈肃文。

北大的"三大建筑"是当时了不起的高级工程。图书馆庄重典雅、质朴明快，内部陈设先进，书桌的木料、尺寸，台灯的款式、距离，大多参照美国国会图书馆的模式，施工要求极为严格。建筑之质量、图书之收藏，在当时北平各大院校中堪称一流。土木工程由公兴顺承建，投资13.8万元。灰楼学生宿舍每室8平方米，附壁橱2平方米，每室住一人，住房条件优越。基建投资共11.1万元。

1935年8月27日验收图书馆工程。10月10日下午2时北大新图书馆和地质馆举行落成茶话会，在图书馆顶层招待中外人士，到会三百余人，盛况空前。灰楼学生宿舍亦已建成。

营救"一二·九运动"被捕学生

北大是全国著名的最高学府，也是革命的据点之一。郑天挺热爱教育事业，保护进步青年。1935年"一二·九"、"一二·一六"运动中，北京大学许多主张爱国抗日的学生被国民党当局逮捕、打伤。郑先生身为北大秘书长，积极站在学校第一线，同国民党当局据理力争、交涉，并利用各方面的关系，营救被捕者，慰问受伤同学。据12月17日查明：校中受伤学生共9人，被捕者5人。当日下午，郑先生与教务长樊际昌同往协和医院探视受伤学生。12月19日下午，郑先生赴警察局将被捕同学5人先后无条件保释出狱。

郑天挺与樊际昌（左）

据香港中文大学王德昭先生回忆文章略称："一二·九运动"起来后，坚决主张抗日的同志结成了同志。"一二·一六"的清晨，北大的示威队伍尚未集合，我在去西斋的途中被捕，与被捕的同学同囚在前门警局。其中有史学系巫省三、外语系李俊明等人，我们这次被捕是（郑）毅生师以学校负责者的身份，把我们保释出去的。记得有一天，管牢的叫我们北大的几个学生出去，我们以为又要提审过堂了，但出去却见（郑）毅生师在外面，营救我们出狱。[①]

郑天挺爱国进步之举，赢得了广大师生的尊敬。

"七七事变"后保护师生安全转移

1937年7月7日，"卢沟桥事变"发生。1937年暑假，原定北大与清华大学联合招生，考场设在故宫，时人戏称为"殿试"。当时北大的桌椅都运至故宫，招生试题已在北大红楼地下室印好。一切招生准备工作基本就绪，却因"七七事变"而中辍。

"七七事变"时，校长蒋梦麟去南方开会，不在北平。次日，文学院院长胡适也离开去庐山开会。不久，学校其他负责人纷纷南下，于是北大的一切工作全由郑天挺负责。当时，北平形势异常危急，各国立大学的负责人及教授代表天天开会，紧急研究对策，而蒋校长离北平后久无音信，对学校下一步如何处理，大家茫无所知。当时，北大学生离校返乡走了一部分，留在学校的学生大都是经济上非常困难的。于是郑天挺决

[①] 王德昭：《铿然舍瑟春风里——述往事忆郑天挺毅生师》，载《郑天挺学记》，生活·读书·新知三联书店1991年4月版，第58页。

定，在校学生每人发给20元（相当于两三个月生活费），使之南下或返乡而安全离校。故到7月29日北平沦陷时，北大校内已无学生。

日寇进入北平后，郑天挺面对敌人的威胁迫害，做到了临危不惧、沉着镇定，不顾个人安危，与日伪斡旋。当时北大办事处在二院，郑先生每天上班办公如旧。8月某日，日本宪兵搜查北大办公室，校中人已极少，办公室只先生一人对付，情况异常紧张。日本宪兵在办公室内发现抗日宣传品，问是谁的办公室，郑先生说："是我的。"他们看了一下，似乎不大相信，因为当时北平各单位的负责人早已逃散一空。

8月9日，是郑先生38岁生日，又恰逢阴阳历同日。这次的生日过得极不寻常。

生日的前一天，他的表姐夫力舒东大夫因听到传闻说日本人要逮捕他，急忙雇辆汽车把他强拉到自己的私人诊所尚志医院（在西长安街）三楼病房躲避，并关照护士好好照看。郑天挺住了一夜，因次日还要和清华同仁商议南下之事，乃于次晨悄悄离开医院。

生日当天，先在欧美同学会开会。会后，郑天挺与罗常培同去东单一小饭馆吃饭，共度寿辰。缘罗、郑二人系同年同月同日生，既是北大同学，后又在一起工作，相知甚深，感情甚笃。而今国事、校事、家事交织在一起，百感交集，相对唏嘘。是日，他的姑夫董季友也来家看他，知他正在校内外紧张奔忙，乃在他的案头上写了"鸿冥"二字，促他远走。

9月9日，胡适从南方给郑天挺来信，劝其与罗常培、魏建功等一些人留在北平读书，认为"此是最可佩服之事"，"鄙意以为诸兄定能在此时期埋头著述，完成年来未能完成的著作"。又言经济问题已托浙江兴业银行"为诸兄留一方之地,以后当可继续如此办理"等语。信是用隐语写的,言辞恳切。大家收信后,一方面感到欣慰,但又模糊不解,急切等待校方消息。

9月以后,陆续传来南方信息:北大、清华、南开三校决定南迁联合组成长沙临时大学,指定张伯苓、蒋梦麟、梅贻琦等11人进行筹备工作。

10月,北大正式派人北上接教授南下。10月底款到,郑天挺负责把钱分送每位教授家中,敦促北大同仁陆续南下。11月17日,郑天挺与罗常培、魏建功、陈雪屏、罗庸、周作仁等教授离平赴天津,这已是最后一批了。

到了天津,住在租界的六国饭店,这里是北大南下的交通站。当天下午钱稻荪从北平追来,劝郑天挺不要走,说一走北大就要垮,要为北大着想。郑天挺当即严词拒绝,并辩论很久。钱是北大日文系教授,与日本人关系密切,后来当了伪北大校长。

从天津乘湖北轮至香港,经广西辗转到了长沙,到长沙已是12月24日。不久,学校又准备迁至昆明,改称西南联合大学,这是1938年1月批准的。

郑天挺负责保护北大师生安全撤离北平,博得师生的赞赏。罗常培在1948年北大五十周年纪念特刊中所撰《七七事变后北大的残局》一文这样写道:"在这四个多月中间最值得佩服的是郑毅生。自从'七·二九'以后北大三院两处的重责都从集在他一个人的身上。他除去支应敌寇汉奸的压迫外,还得筹划员工的生活、校产的保管和教授们的安全。别人都替他担心焦急,他却始终指挥若定,沉着应变。一班老朋友戏比他为诸葛武侯，他虽逊谢不遑，实际上绝不是过分的推崇。""由'七·二九'到十月十八日他每天都到学校办公，并且决不避地隐匿。到十月十八日那天，地方维持会把保管北京大学的布告挂在第二院门口，他才和在平全体职员摄一影，又在第二院门前地方维持会布告底下单独拍了一张小照（见北大50周年校史展览），以后就不再到校。"当时一些报刊，如湖南《力报》1937年11月1日至10日，连载《沦陷后之平津》一文，述及"北大之秘书郑天挺支柱艰危，如孤臣孽子，忍辱负重"云云。上海的《宇宙风》杂志等，都对郑先生当时这种不畏艰险、苦撑危局又富于正义感的爱国精神予以肯定。

六、西南联合大学时期

1940年任西南联大总务长

1938年7月，西南联合大学在昆明成立。由北大、清华、南开三校校长蒋梦麟、梅贻琦、张伯苓任常务委员。原定主席由三校校长轮流担任，一年轮换一次。首届由梅贻琦担任。后因蒋、张不常驻昆明，实际上常委会工作始终由梅主持。联大机构设置为五院、三长。五院为理、文、法、工、师范；三长为教务、总务、训导。下设中文、外语、历史、哲学、政治、法律、经济、社会、算学、物理、化学、生物、地质、土木、机械、电机、化工、航空、教育等25个系。招生办法为西南联大统一招生（唯研究生仍由三校分别招收，不属联大范围）。三校教授由三校聘任，并转报联大加聘，即为西南联大教授。西南联大除三校教学人员外，还有联大自聘教授。

三校在昆明各设办事机构，各有其校务会议、院长、系主任、教务长、秘书长等。郑天挺仍兼任北大秘书长。

郑天挺在长沙临时大学及西南联大已正式转入历史系任教，讲授隋唐五代史。多年来冗杂的行政工作，费去了他很多宝贵的治学时间，他希望能更多地从事教学及科研工作。

1938年暑假，联大文法学院由蒙自迁回到昆明，教学秩序正常后，郑天挺即向蒋校长提出辞去北大秘书长职务，蒋表示理解。而当时担任联大常委会主席的清华大学校长梅贻琦，对郑天挺非常赞赏，多次希望他担任联大行政工作。1940年初，联大总务长沈履去川大，梅及联大一些人一致盼望郑天挺担任此职，态度诚恳。郑天挺一再拒绝，而常委会于1月9日通过了决议，聘书也送来。北大领导人为照顾三校关系催促上任，郑天挺遂于2月从命就职。当时物价飞涨、物资匮乏，总务工作开展艰难，且三校的工作人员正处于磨合期，亦有不少矛盾。郑先生对人谦逊，多方疏通，总务工作得以步入正轨。后来，清华大学理学院院长吴有训由重庆回昆，当着梅、郑及其他教授的面赞誉郑天挺说：现在内地各大学无不痛骂总务负责人，只有西南联大例外。

主持北大文科所及与陈寅恪的交往

1939年5月，北大决定恢复文科研究所，所长傅斯年、副所长郑天挺。傅事情多，不常在昆，由郑先生主持文科所工作。文科所聘陈寅恪、傅斯年、汤用彤、杨振声、罗常培、罗庸、唐兰、姚从吾、向达、郑天挺等为导师。其中，值得一提的是陈寅恪。陈系清华教授，按西南联大的规定，研究所由三校分设，导师、研究生均各自负责。陈入文科所乃是傅斯年及郑天挺特别聘请的。

陈寅恪是中外著名学者，学贯中西，诚为20世纪以来之史学泰斗。他在柏林大学研究梵文时，即与傅斯年熟识，回国后在史语所共事，关系更深。陈长郑天挺九岁，是他的师长。陈之父陈三立先生与郑之父郑叔忱亦相识，可谓世交。抗战前，陈老先生曾为郑天挺书写"史宬"之横幅，郑先生一直高悬书房之中。在蒙自时，陈与郑天挺等人同住在歌胪士洋行楼上。到昆明后，陈亦与郑天挺、傅斯年、汤用彤、姚从吾、罗常培等同住在青云街靛花巷北大文科研究所（此前为史语所）楼上。大家经常来往，交谈涉猎甚广。陈对郑天挺在北大《国学季刊》发表的《多尔衮称皇父之臆测》一文甚为称赞。陈谈到当时中山大学吴宗慈教授原有一文，反驳孟森教授有关孝庄太后下嫁多尔衮之疑的种种观点，已发表在该校之《史学专刊》中。后吴见到郑论述后，悔其原作之不足，乃在后记中特别标明之。在蒙自时，郑天挺读《新唐书·吐蕃传》，疑发羌即西藏土名Bod之对音，乃草成一文，名《发羌之地望与对音》。写完之后随即就正于陈寅恪，头天晚上送去，次日下午陈即送还，并为订正梵文对音及佛经名称多处。陈对该文表示赞许。

在北大文科研究所，陈寅恪培养了汪篯、王永兴等隋唐史专家。汪、王以后都在北大历史系任教。1946年10月陈寅恪因目疾难以复明，给时任北大史学系主任的郑天挺写信："因目疾急，需有人助理教学工作。"而汪篯此时正在长白师院任教，亦曾多次写信给郑天挺，希"遇有机缘时，予以提携"，"名义、待遇，在所不计"。郑天挺为感谢陈寅恪与北大文科研究所的情谊，又为了照顾陈先生的身体，遂想方设法于1947年将汪篯调回北京大学任史学系教师，而做清华大学陈先生的研究助手，薪金待遇全部由北大支付。

蒋梦麟辞去北大校长职务

蒋校长是有办学经验与行政才干的，1930年后对振兴北大也是有成绩的。抗战后，北大与清华、南开合办西南联大，他退居二线，让梅贻琦校长任常委会主席。这一期间，他闲来无事，一是练字，二是写自传《西潮》。他与北大诸教授心情一样，希望抗日胜利后，再使北大振作。1944年9月8日，他招待北大全体教授茶会，谈战后复校事，计分三点：一、政策；二、人才；三、准备。他说：

> 外间对于复员问题，惟重派员准备，不知准备一事虽难实易、虽重实轻，且须视环境（如敌人退却是否毁灭，战后是否迁都，何人先入城）而定。最要者仍为政策与人才。关于政策，师（蒋梦麟）提出保持自由传统、提倡科学民主两点，将来必须使科学应用于思想、于组织、于人事。至学科则注意外国语及数学，外语以英语为主，德、俄为辅。关于人才，则尽力网罗，兼容并包。此皆自来之传统也。并言树人（饶毓泰，理学院长）、今甫（杨振声，文学院长）行时（此两人去美）已嘱其留意新进，并与适之（胡适）师商云云。[1]

可见，蒋是有学术眼光的，这也得到大多数教授的认可。但他本人情况却有变化。

---

[1] 郑天挺：《郑天挺西南联大日记》，俞国林点校，中华书局2018年1月第1版，2022年7月第6次印刷（本书引用《郑天挺西南联大日记》，如无特别说明，均为第6次印刷本），第934页。

抗战胜利前夕，北大人事上发生了一个大变化。1945年6月，北大蒋梦麟校长去重庆任行政院秘书长，此事引起北大同仁不小的波动。早在年初，蒋去美国考察教育，遍访美国东部、西部、中部和北部。北大教授们曾希望他此次访美能洽购一些仪器、图书，并物色新教授，以对胜利复校的北大建设有所裨益。蒋在美期间即应就秘书长之职。此事他事前既未与北大任何人商量，事后又不来信与教授们解释，引起一些人的不满。直到6月末，他就职后，才给郑天挺一信，说他仍可兼任北大校长。而西南联大常委事，拟请北大法学院长周炳琳先生代理，北大事务拟请郑先生偏劳。

6月底，北大教授会讨论此事，会议上教授（含郑天挺）咸主张根据《大学组织法》大学校长不得兼职的规定，既从政就不能兼任大学校长，蒋应辞职，建议在美国的胡适先生任北大校长。在胡未回国前，一些教授则主张应由周炳琳、汤用彤、郑天挺三人中之一人代理校长。但三人均表示无意此职。

与此同时，在重庆的傅斯年先生对蒋出任秘书长一事颇为气愤，曾面陈蒋应辞去北大校长之职。据1945年6月30日傅给周炳琳、郑天挺的信中写道："先与（蒋）孟邻先生谈，初谈大吵大闹，直可入电影。第二天他来了，说我们用意极善，极可感。请（胡）适之担任（北大校长），在他无问题。孟邻先生此一态度，至可佩也……"7月8日，蒋校长给郑天挺信中也谈及此事："弟决去职系采孟真之建议，盖当时尚未闻有公然之攻击。孟真来行政院，彼一启口，弟便怒骂之，彼亦怒目相报。孟真去后，弟便深感其言之忠直。越日趋车还谒，告以其偏见中有真理，真理中有偏见，决采其意见而感谢之。厥后，愈思而愈感其忠诚。"事后，两人友好如初。

9月份，教育部宣布任命胡适为北大校长，傅斯年为代理校长。

郑天挺对蒋去重庆任职之看法

郑先生知蒋去重庆任职之消息，得之周炳琳。据《郑天挺日记》1945年5月28日：

> 枚荪（即周炳琳）言：重庆消息，宋子文（时任行政院院长）将请孟邻师为行政院秘书长，师已允之。余疑其不确。果有此事，未免辱人太甚，不惟个人之耻，抑亦学校之耻。师果允之，则一生在教育界之地位全丧失无遗矣。①

到了六月中，陈雪屏（联大教授）自重庆开会回昆，得到了确切消息。《郑天挺日记》6月10日：

> 十二时雪屏还，言孟邻师任行政院秘书长事，传甚盛。宋在美确有电来，今宋已正式任命，恐更难辞。重庆看法与我辈异。近日各部事均由院作最后决定，其职甚重，故必老成硕望者任之，且宋将来必时常在外，镇守之职尤要，故多盼师能就此。然余意此事究系幕僚，职事与政务官不同。且师年已六十，若事事躬亲，亦非所以敬老之意。若裁决其大者，则必需有极精强部属，求之旧人，可

---

① 郑天挺：《郑天挺西南联大日记》，第1050—1051页。

谓一无其选。余绝不能更为此事也。为师计，殊不宜。[1]

6月21日：

> 急索报读之，（蒋）盖与宋子文同乘专机昨日直飞重庆，未停昆明也……至才盛巷治事，晤蒋（梦麟）太太，谈（她）今晨得蒋师电话，嘱其往渝，后日可成行。随谈外间谣言（案：有传言任外长者，有言任教长者），余谓此次与宋同归，必难摆脱。宋于财政虽感兴趣，但近方以外交而活动，未必即肯让出外交，外间所传未必可信，且尚有雪艇（王世杰）在希冀其位也。教育可能较大，但交通未出缺，骝先（朱家骅）先生未必动，则秘书长一说最可能。但此是事务官，未免太苦。且师十五六年前已作过部长，此时（北大）校长地位不低，何必更弃而作秘书长哉？蒋太太言，至渝必劝之不就，但甚愿能改作部长云云。[2]

6月22日：

> 作书上孟邻师，托蒋太太明日带渝。书谈三事：
> 一、同人属望甚殷，此次回国未能先到昆明，应来书向同人有所表示。
> 二、为将来复校方便计，联大以仍用委员制为宜。
> 三、提胡适之师为继任人。

①郑天挺:《郑天挺西南联大日记》，第1054—1055页。
②郑天挺:《郑天挺西南联大日记》，第1057—1058页。

又作书致孟真（傅斯年），说二、三两点，请其向骝先先生一言。与枚荪谈久之，亦以二、三两点为然。[1]

七、胜利复员后的北大

返北平接管北大

1945年8月，抗日战争胜利，全国人民欢欣鼓舞，昆明街头游行庆贺，鞭炮齐鸣。像郑天挺这样远离家庭八年只身来昆明的人，即将全家欢聚，其内心之喜悦更不待言。此时，北京大学派郑天挺回北平接收校产，筹备复校。当时北大教授对战后北大之振兴，均抱极大期望，临行前教授们对郑亦一再嘱托，此前傅斯年由重庆转来教育部对他的建议及郑所送复校意见的批文："北京大学历史既久，成就尤多，对国家之贡献更大，以其过去历史与基础应为国内最健全之大学，战事结束后，便当使之恢复并须扩充，成为世界第一流大学"，"关于战后恢复北大规划，拟将马神庙（包括第三院在内）划并附近房屋与地皮加以扩大，添设医学院与附属实习医院。至农、工两院则以旧北平大学农工两院址加以扩充为宜"[2]。8月末，郑天挺北上，9月初到重庆，由于机票紧张，教育界人士排不上队，在重庆、南京候机各一个月，11月初才飞抵北平。这时北平各大学正在上课，不能接收，只好等待学年终了。

1946年暑期，在胡适校长、傅斯年代校长等各方面的努力

---

①郑天挺:《郑天挺西南联大日记》，第1058页。
②郑天挺书信影印件（未刊）。

下，先后接管了东厂胡同、翠花胡同作文科研究所，又接管了老国会大厦和国会街宿舍作为北大四院和出版社，还在学校附近接管了中老胡同、翠花街、东四十条、府学胡同、南锣鼓巷等十余处房产作为教授职工宿舍，以后又接管了伪北大医、农、工三学院，并在西安门接管了伪治安军总署房产，又由善后救济总署弄来250张病床，开办了北大医院。北大乃由文、理、法三个学院扩充为文、理、法、农、工、医六个学院。教师、学生、校舍等都是成倍增加。农学院内设十个系，还有几个规模很大的农林场。医学院设备齐全，专家云集，教授阵容极强，如马文昭（病理）、胡传揆（皮）、林巧稚（妇产）、关颂韬（脑）、吴朝仁（内）、钟惠澜（内）、诸福棠（儿）、刘思职（生化）、毕华德（眼）等。并在此期间，于府右街北新建一颇具规模的北大医院。

1946年北大复校

1946年暑假，北大复校。校长胡适是蜚声中外的知名学者、社会名流，从事政治活动，暇时研究《水经注》，不管学校的具体事务。北大不设副校长，而设秘书长、教务长、训导长，由三长代行校长的部分职责。其中秘书长尤为重要，是北大的"不管部长"，负责处理校内外的事情，实际上是这座名闻遐迩的最高学府的"大管家"。

北大复校、扩校任务艰巨，全校几千人学习、生活、校舍、吃饭等等，加之物价飞涨，经费拮据，任重事繁，郑先生肩上的担子很重。早晨八时准时到校，晚上暮色苍茫才能回家，早去晚归，风雨无间。办公室里经常高朋满座，应接不暇，办公桌上两台电话铃声不断。郑天挺工作那么繁忙，待人接物却总是和蔼近人、从容不迫、有条不紊，效率很高。白天忙于治校，每晚在家看书备课、著书立说，直至深夜，从无闲歇。

郑先生对教授们的困难，都尽力设法解决，甚至校外教授的困难，也一视同仁。清华教授陈寅恪因患眼疾，希北大原来研究生王永兴能支援一时，郑即刻支援。魏建功抗战后离北大去台湾推广国语，回北平公干，无处可住，希郑帮忙。郑即回信"舍间及北大均可下榻"，以后郑把自己住宅挤出房子借魏居住四个月。进步学生要创建子民图书室，他亦"默许"和支持，在红楼给了教室、书架桌椅，并专门接装特殊照明灯，为此"子民图书室"负责人特聘郑天挺为导

1947年5月郑天挺参观北大进步社团"北京人社"在北大图书馆二层举办的五四史料展，与参展人员合影。前排右一郑天挺，右二民盟负责人刘清扬

师。1947年为发扬五四精神，学生进步社团"北京人社"举办"五四史料展"，郑先生积极支持，并作具体指导。1948年为发扬北大光荣传统，纪念蔡元培先生逝世八周年，北大师生在民主广场举行盛大集会，会上郑先生把"民主、科学"大旗授给了青年学生。

1948年秋胡适校长为感谢郑先生的辛劳，百忙中在东厂胡

同专门设家宴祝贺郑先生五十岁生日，日前他亲笔用特大信封写了邀请信。家宴二桌，一桌为北大老友，另一桌是胡太太等女宾和郑的子女。

保护学生安全

解放战争时期，郑天挺出于对学生的爱护，曾以各种方式，支持北大学生反对国民党政府的斗争。每当爱国进步学生遭到迫害时，郑天挺总是以北大负责人的身份，多方奔走，并利用各方面的关系，一次次救援进步学生。

1948年，国民党准备武装镇压进步学生，颁布《戡乱治罪条例》。4月的一个夜晚，国民党特务黉夜闯进北大校园撕壁报，闯教授宿舍，砸家具，捣乱破坏。北平警备司令部下令逮捕学生，声称将武装冲进北大进行搜捕。学生紧急动员，针锋相对，形势十分严峻。当时北大学生自治会代表、现中国史学会会长戴逸在回忆郑天挺的文章中写道："我们当时的策略是：团结全校师生，也要争取学校当局能和同学站在一起。刚好校长胡适不在北平，郑天挺教授是学校的实际负责人，我和他多次恳谈接触……郑先生的态度十分明确，决不交出一个学生，并用一切手段阻止军警入校。""他怀着正义感和高度的责任心，同北平警备司令部周旋，为保护学生的安全，竭尽全力。"[1] 由于北平各校师生员工的团结一致、坚持斗争，国民党政府只得暂时退让，没有武装入校，避免了一场流血冲突。

1948年暑假发生了"八·一九"大逮捕事件，大批进步学生被列入黑名单。戴逸写道："我的名字也被列在黑名单上，

---

①戴逸：《我所了解的郑天挺教授》，载《郑天挺学记》，第361—362页。

当时，我放假回到了南方，对北平和学校中的情况一无所知，从报纸上看到了被通缉的消息。不久，我的父亲接到了郑天挺教授的一封信，告知我被通缉的消息，叮嘱我善自躲藏，不要住在家里，以免搜捕。信中还说今后的生活和前途，等待事态平息，他可以设法介绍职业。以后，我和组织上取得了联系，经过一些迂回曲折而前往解放区。但郑先生的来信是我在被通缉以后从北平得到的第一个信息。"①

为学潮事，郑天挺于是年4月致在南京开会的胡适校长："北大有自由批评之传统，外间颇多误解，今后处境将益困难……大学有其使命，学术研究应有自由，如无实际行动，在校内似宜宽其尺度，若事事以配合（"剿总法令"）为责，奉行不善，其弊害不可胜言。"②郑天挺对北大的自由、民主的传统一向是爱护的，也是代表北大教授的意愿的。

八、保护校产，迎接解放

反对北大南迁

1948年秋，辽沈战役胜利结束后，北平、天津已处于解放军包围之中，国民党政权濒于垮台。10月，教育部长朱家骅曾派督学主任段先生来平，联系北大、清华及其他国立院校准备仿照抗战时的办法，迁往南方安全山区（如浙、皖一带）。朱也给胡适打电报促劝北大早下决心。郑天挺和其他教授都认识

---

① 戴逸：《我所了解的郑天挺教授》，载《郑天挺学记》，第362—363页。
② 中国社会科学院近代史研究所中华民国史组编：《胡适往来书信选》下册，中华书局1980年8月版，第393页。

到国民党政权绝无前途，不愿与其同归于尽。当胡校长与郑天挺及一些负责人商议此事时，郑天挺表示迁校是不可能的。理由：一、当时通货膨胀物价一日数变，即使领到搬迁费也不敷用；二、运输工具缺乏；三、无适当地方及校舍；四、抗日战争时期南迁图书、仪器均损失很大，清华、南开亦有实例。郑天挺是管行政的，又有过去的经验教训，经他这样一说，大家也深以为然，何况经过八年抗战，还没有安定两年，谁愿意搬迁再折腾呢？段先生住了几天，又到天津去了一次，见无结果，就回南京了。

与此同时，时任农村复兴委员会主委的蒋梦麟也到北平，向北大一些负责人及教授表示了对时局及办学的看法。他认为时局很糟，锦州一失，北平就保不住了。不过他说："我们是办学的，谁来我们都是办学，共产党来了，我们也是办学，北大也还是北大。"[①]当时北大一些负责人，大多是同意这番话的，郑天挺当然也不例外。

1948年12月15日胡适校长走了，临行前留个条子：

锡予、毅生两兄：
今早及今午连接政府几个电报，要我即南去。我就毫无准备的走了。一切的事，只好拜托你们几位同事维持。我虽在远，决不忘掉北大。

弟胡适　卅七、十二、十四

---

①贺麟：《我和胡适的交往》，见北京市政协文史资料委员会编《文史资料选编》28辑，北京出版社1986年9月版，第169页。

胡适校长走后，北大校务由汤用彤、周炳琳及郑天挺三人小组负责维持。是时北平已处于解放军包围之中，和平谈判正在进行。这时国民党派飞机接北平教育界的知名人士南下，名单是傅斯年在南京开的，人员有四类：1.各院校馆行政负责人；2.政治关系必离者；3.中央研究院院士；4.学术上有贡献者，共几十人。理、工、医较多，文科极少，法学院没有。傅斯年信中所开名单（第一批）为：李宗恩（协和医学院院长）、孟继茂（协和）、林巧稚、钟

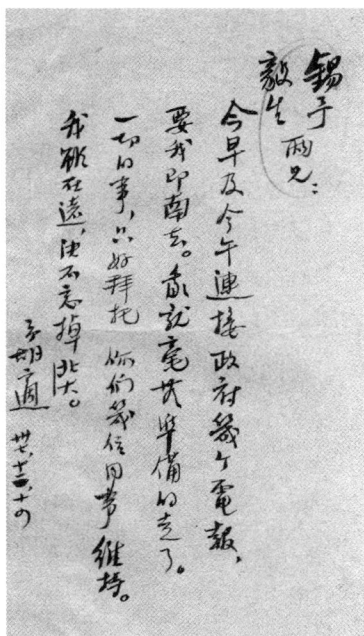

1948年12月14日胡适南下前给汤用彤、郑天挺留信

惠澜、胡传揆、马文昭、吴朝仁（以上北大医）、汤佩松（清华农学院长）、俞大绂、林传光（北大农学院）、施嘉炀（清华工学院长）、马大猷（北大工学院长）、陶葆楷（清华）、赵忠尧（清华理学院长）、饶毓泰、江泽涵、许宝騄（北大）、华罗庚、钱思亮（北大）、朱光亚、傅鹰（北大）、汤用彤、郑天挺（北大文学院）等三十余人，后来又陆续增加，均由傅出面写信及电报催促，并托清华校长梅贻琦、师大校长袁敦礼和郑先生代为接洽。他还多次写信打电报，让

郑天挺速飞南京。但当时郑天挺已决心留在北平，迎接解放。

北大五十周年校庆送先生"北大舵手"锦旗

1948年12月17日是北大五十周年校庆，学校举行了纪念会。为了筹备这次校庆，学校已做了充分准备，出版了不少学术论文集及纪念论文集。未过几天，学生自治会以全体学生名义送给郑天挺一面锦旗，题了"北大舵手"四个字。郑天挺深受鼓舞。

学生自治会不仅献了锦旗，而且写了致郑先生的长信：

> 敬爱的郑秘书长：在炮火连天中，面对着艰险的局面，您倔强地坚守自己的岗位，维护学校秩序，保障同学生活、安全和学习……您这种爱护学校，爱护同学，临难不苟的精神，是无上光荣的，您为维护祖国文化尽了最大的努力。全北大同学不会忘记您，全中国人民不会忘记您，全中国后代子孙也不会忘记您。今后局势必日益紧张，而您肩上的负担，亦必日益沉重……全北大的同学诚恳希望能共同渡过目前的危难……①

同日讲助会、史学会等团体、向达等教授致郑先生信函中，也表达了同样的感受。讲助会信中写道：

> 局势骤变以来，全校校务及师生安全端赖钧座筹划保障，辛劳备至，敝会同人兹特谨致慰问之忱。自胡校长南

---

① 王学珍、郭建荣主编：《北京大学史料》第4卷，北京大学出版社2000年版，第1107页。

飞后，钧座肩荷益形沉重，敝会同人决尽力支持，俾校务得顺利推进，师生安全得能完全保障也。①

史学会等八团体信中说：

> 今后日子一定会更艰苦，我们将更需要您的照顾和指导，我们深信您一定永远和我们在一起渡过这一危难。②

向达、杨人楩、郑昕等老友来访留信言：

> 弟等至此，亦无他意，唯愿我兄以北大为重……学校今日正在风雨飘摇之中，仍望秉七七事变之精神，一切以保全学校为先。③

这时华北城工部通过各种渠道做了郑先生工作，同时发给各机关人员通告，让大家好好保护人民财产。解放区石家庄的北大同学也给郑天挺写信，鼓励他看好北大的家。当时学校民主墙上贴出郑先生回答同学的谈话，郑先生表示自己决不走，一定和大家一齐保护好学校，并说自己一生最注重"敦品"，即信守诺言，决不会说不走又走了。郑先生这一谈话公布后，在北大上上下下起了很大的稳定作用。④当时郑先生依然坚守

① 王学珍、郭建荣主编：《北京大学史料》第4卷，第1108页。
② 王学珍、郭建荣主编：《北京大学史料》第4卷，第1107页。
③ 王学珍、郭建荣主编：《北京大学史料》第4卷，第1106页。
④ 张守常：《怀念郑天挺先生》，载封越健、孙卫国编《郑天挺先生学行录》，中华书局2009年6月版，第94页。

岗位，每日上班。这样，北大在全校师生共同配合及保护下，校产并未受到任何损失。

解放前后

1949年1月，傅作义将军托邓宝珊将军出面，通过《大公报》记者徐盈代邀请北大汤用彤、周炳琳、郑天挺及杨振声在邓家吃午饭，探询教育界意见。大家一致认为，必须保全北平，以民意为依归（意即和平解放）。邓亦表示了相同的意见。过了几天，傅作义又约了更大范围的人在中南海座谈，郑亦参加，大家亦多如此表示。1949年1月底，正式宣告：北平和平解放。当天下午，傅作义召集各大学及其他机关负责人宣布此事，并说第二天早晨有飞机飞往南京，愿走的仍可以走。郑天挺坚决不走，他决定保护学校，迎接解放。此后，他把北大的物资、财产、仪器、图书等完整地移交到人民手中。

2月，解放军入城，文管会召集各校代表开会，北大由汤用彤及郑天挺参加。5月，文管会接管北大，成立校委会，任命郑天挺为校委会委员、秘书长、史学系主任，并指定为常委会书记（郑自1934年刘半农逝世后一直担任北大行政会议书记。这一职务在北大至关重要）。10月1日新中国成立，郑天挺参加了开国大典，内心无比喜悦，他感到自己今后该学的、该作的事情实在太多了。

1950年5月，郑天挺辞去已担任十八年的北大秘书长职务，专任史学系主任及文科研究所明清史料整理室主任。北大校委会对他十八年的辛勤工作评价甚高，正式给予表彰。

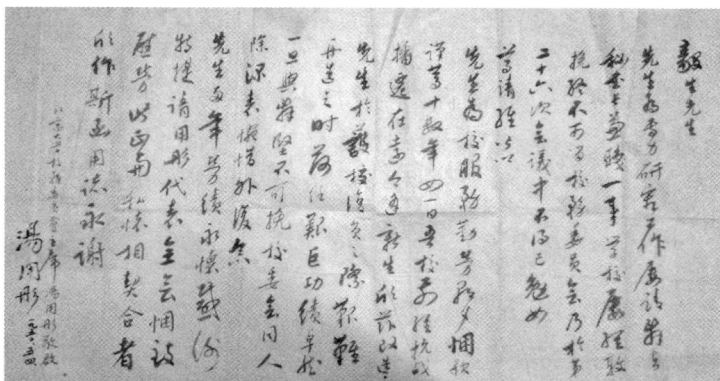

1950年5月4日北京大学校务委员会主席汤用彤代表学校致函郑天挺，感谢郑天挺担任十八年秘书长之劳绩

九、坚守教学第一线

几十年来，郑天挺在北大虽担任繁忙的行政工作，但自始至终坚持教学与研究，从未间断。他在北大上学时，受黄侃、刘师培的学术影响很大，重视史料，工于考证。1930年代，他在中文系讲授古地理、校勘学等课程，继又在史学系讲授魏晋南北朝、隋唐五代史等课程，不仅讲课且大多编有讲义。1938年后，他即侧重明清史的教学与研究，写出了大量有影响的论文，很为当时学人所称道。如《多尔衮称皇父之臆测》、《杭世骏〈三国志补注〉与赵一清〈三国志注补〉》等，均刊于1930年代北大《国学季刊》之首篇。抗战期间，他为了针对日本侵略我国东三省而制造的"满洲独立论"等谬说，先后写出了《清代皇室之氏族与血系》、《满洲入关前后几种礼俗之变迁》等重要论文，用大量史实，证明清代皇室包含满、蒙、汉

三族的血统，关系密不可分，是中华民族之一员："近世强以满洲为地名，以统关外三省，更以之名国，于史无据，最为谬妄。满洲……乃中华历史上宗族之一。"这就有力地驳斥了日本侵略者之谬论。这些论文均收集于他的论著《清史探微》中。除明清史外，他还在史学系讲授清史研究、历史研究法、传记研究、中国目录学等课程。解放后，他在北大时间虽短，但仍开设了元明清史及中国近代史等课，并利用北大的明清档案，主编了《明末农民起义史料》、《宋景诗起义史料》等书，对开展我国农民战争史的研究，起到了一定的作用。

1952年高等学校院系调整，郑天挺奉调南开大学，任历史系教授（一级）、系主任、副校长，1980年代又任校顾问。1980年，当选为中国史学会主席团成员、执行主席，1981年任国务院学位委员会历史学科评议组组长，直至1981年冬病逝。

郑天挺是我国著名的历史学家、教育家，在学术研究上具有深厚的功力。他博通中国历史，尤精明、清两代。他对历史地理、史料学、校勘学、音韵学等学科，也有深入的研究，作出了引人注目的贡献。他的学术著作主要有《清史探微》、《探微集》、《及时学人谈丛》、《列国在华领事裁判权志要》、《清史简述》等。1960年代，他还主持校勘标点了卷帙浩繁的二十四史之一的《明史》，并在1961年夏，参加教育部文科教材的编选工作，任历史组副组长，主编了《中国通史参考资料》（与翦伯赞合编）十册及《史学名著选读》五册、《明清史资料》两册。

（原载封越健、孙卫国编《郑天挺先生学行录》，中华书局2009年7月版。本文署名郑晏、郑克昌、郑克晟、郑克扬。有修改补充）

郑天挺先生与史语所

——兼谈抗战时期中研院史语所与北大文科研究所

先父郑天挺先生，字毅生，福建长乐人，1899年生于北京。郑先生自幼丧失父母，未传家学，他的旧学知识，系在学校及自修而成。

郑先生1920年（民国九年）毕业于北京大学国文系。在校期间及以后共事多年的好友有：郑奠（石君，1895—1968）、罗庸（膺中，1900—1950）、罗常培（莘田，1899—1958，长一班）、张煦（怡荪，1893—1983）等人。毕业后又与罗庸、张煦一起就读北大研究所国学门，从师于钱玄同先生，并在北大预科教书。

20世纪30年代后，郑先生在北大国文系任教，讲授古地理及校勘学等课程，同系中有罗庸、郑奠、罗常培诸先生，时称"二罗"、"二郑"。罗常培先生系史语所老人，1934年刘复（半农）先生去世，才把他请回来。他与郑先生同年同月同日生，关系甚笃，共事亦长，彼此无话不说。

抗战爆发后，郑先生转入北大史学系，1946年至1952年并兼任系主任。1952年后，至南开大学任教，任历史系主任、副校长。

郑先生行政事务繁忙，1933年至1950年任北大秘书长十八年；在西南联大时又兼任总务长六年，备极辛劳。

一、郑先生的治学方法与史语所的学风相近

郑先生出身北大，在学校读书任教三十余年。北大与史语所关系本来就密切，而其治学方法与学风亦大多相似。

郑先生治学谨严，精于考证，完全继承了乾嘉以来朴学实事求是的治学传统。他晚年时曾说："在大学时还是受黄侃、刘师培老师的影响深。"他研究学问扎扎实实，一般不愿写文章；有时已成之稿，亦藏之箧笥，不愿示人。他的佳作《多尔衮称皇父之臆测》，就是如此，是被罗常培先生再三督促下，才拿出发表的。而文稿一经写出，文字简洁，论断独到，每多为同行所称道。下面谨举他早期几篇论文为例，以见一斑。

《臆测》一文是郑先生的早年著作。20世纪30年代初，北大史学系孟森先生著有《清初三大疑案考实》一书，其中"太后下嫁"亦为疑案之一。主张"下嫁"论者的主要论据之一，是顺治称多尔衮为"皇父"。孟老不同意此说，谓多尔衮皇父之称，犹之汉人之呼尚父、仲父，不能作为"太后下嫁"之证明。此论一出，也有不少人表示怀疑。郑先生也不同意"太后下嫁"说，他继孟先生之后，作《臆测》一文，依据大量史料，兼及史语所、故宫及北大明清档案，说明"皇父摄政王"是当时的一种爵秩，是为酬报有大功勋之亲王的，即"摄政示尊于国，皇父示尊于家"，多尔衮即因此由亲王、"叔父摄政王"，进而尊为"皇父摄政王"。而这种称谓亦与其左右希旨阿谀，满族之旧俗有关，而"决无其他不可告人之隐晦原因在"。

这篇文章刊载在当时北大《国学季刊》之首篇，扉页尚配有相关文书及摄政王印等。文章发表后，在清史领域中颇有影响：孟心史先生对文中所述极为赞成；老友张怡荪称赞此文是以最习见的材料，得出最公允的结论。中山大学历史系吴宗慈老教授刚刚写好一篇与孟老意见不同的文章，及见《臆测》一文后，对陈寅恪先生说，"看到'郑文'后，本想修改一些看法，然已来不

郑天挺《多尔衮称皇父之臆测》

及，只好在文章之后附上几笔"，云云。

与此同时，郑先生还在另一期《国学季刊》首篇中发表《杭世骏〈三国志补注〉与赵一清〈三国志注补〉》一文，这是郑先生用校勘学方法写出的文字。

清中叶以来，一些学人对清代著名学者赵一清颇多误解，认为其著作中有抄袭之嫌。郑先生则认为，看一位学者有没有学问，还应当看看他的其他书写得如何？于是拿"杭书"及"赵书"进行校勘比证，结果证明"赵书"所征引的文献，多于"杭书"七八倍，"捃撍益富，考订綦详"，从而证明赵一清是清代有学问的学者，而不是"攘美窃名之流"的文抄公。

抗战之前，孟森先生曾致函张之洞幕僚许溯伊（同莘）先生，询问张之僚佐"燕斋"为何许人？许复信，认为"燕斋"大约是广东盐使"瑞璋"。收到回信时，孟老先生已归道山，

信转到郑先生手中。郑先生依据《张文襄书翰墨宝》中之信札，发现信中之"燕斋"与"蒋大人"为同一人。于是写出《〈张文襄书翰墨宝〉跋》一文，举出五证，证明"燕斋"应即当时署两广盐运使之蒋泽春。郑先生这一结论，只能告慰于孟先生九泉之下了！但这篇考证文字，郑先生比较满意。他在晚年曾说："这就是在没有什么线索的情况下，如何找到线索、如何进行比证，从而得出较满意的结论。这是最起码的考证方法，年轻人不能不知道。"

抗战后郑先生至蒙自，曾讲授隋唐史，并注意西南边疆史地问题，先后写出《发羌之地望与对音》等一组文章；其中"发羌"一文影响更大。

《新唐书·吐蕃传》中提到吐蕃是"发羌"的后裔。郑先生在读该传中，发现"发羌"很可能即是西藏土名Bod之对音。于是用唐代有关史籍，以地理证"发羌"之地望，以古音证"发"字与Bod可相对，从而得出"发羌"即Bod对音之结论。此文原名《发羌释》，经罗常培先生改定为今名，并就稿中有关音韵学方面提供了证明。陈寅恪先生对此文观点亦表示同意，并为之订正梵文对音及佛经名称；邵循正先生又据波斯文为之补充译文。此文发表在《中央研究院历史语言研究所集刊》第八本第二分中。

二、北大文科研究所与史语所形同一家

北大在"七七"抗战不久先迁长沙，与清华、南开组成长沙临时大学。1938年春，三校又迁昆明，成立西南联合大学。但三校仍有各自独立的科研机构。

1938年秋，时任北大史学系教授兼秘书长的郑天挺先生正因事在上海。他曾写信向北大校长蒋梦麟建议多点，以求北大之复兴。他认为欲求北大之复兴，必须注意四方面之问题：一曰加强干部；二曰吸引人才；三曰提倡研究风气；四曰派遣学生留学。其中第一点，因文学院院长胡适远去美国，并任驻美大使，估计短期难以回国，因此向蒋校长建议，最好以傅斯年或杨振声先生（曾任山东大学校长）继任文学院长，以加强实力。

此建议蒙蒋校长同意，于是询求傅先生的意见。傅先生表示不愿任北大文学院院长，后乃请杨振声先生继任。

这时的史语所，在傅斯年先生带领下，也与北大一起由长沙迁至昆明。史语所人员不多，但书籍不少，且多善本，这给北大师生以极大的帮助。20世纪30年代中史语所的人员，大多系北大出身，又有傅先生的关系，因此，与北大形同一家，北大文科研究所与史语所更是如此。

傅先生原是北大国文系1919年（民国八年）毕业生，与罗常培先生同班，高郑先生一班。20世纪30年代，史语所一度在北平，傅先生亦在北大史学系教课，并不断物色高材生充实史语所。

1939年5月，北大决定恢复文科研究所，由傅先生主持，担任主任。北大文科研究所主任大多由文学院院长兼。当时文学院院长胡适先生虽任驻美大使，但文学院院长的名义尚保留，傅先生实际亦是代胡先生主持工作。傅先生事情太多，对研究所难以全面兼顾，于是他就拉郑先生任副主任，协助工作。是年夏天，北大文科研究所正式招生，先后招过两次。

北大文科研究所的导师有傅斯年、陈寅恪、汤用彤、杨振

任北京大学文科研究所导师时与学者恳谈交流。左一傅斯年，左七俞大
綵，左九毛子水，左十吴晗，左十一郑天挺

声、唐兰、姚从吾、罗庸、罗常培、向达、郑天挺等先生；董
作宾、李方桂、丁声树先生，亦系所外导师。专家学者济济一
堂，使北大与史语所俨然一家。

　　北大文科研究所在昆明城内青云街靛花巷三号租用一座三
层共十八间房的小楼，这座房子本是史语所租的。北大几位
导师如陈、汤、姚、罗常培及郑、向诸人都住在楼内，傅先生
如来城内，也住于此，每人一间。当时研究生亦住在楼内，食
堂、图书室皆在其中，切磋问题极为方便。每当茶余饭后，都
是闲谈及探讨问题的最好机会，尽管条件比较艰苦，大家钻研
学问的热诚始终高涨。当时傅先生与郑先生即要合纂新的《明
书》，两人详列目次，期以五年完成。只因战事紧迫，史语所
又迁四川，计划乃搁浅。

昆明城中敌机轰炸频繁，史语所还在昆明北郊龙头村宝台山响应寺租了一些房子，所中的同仁即在此处工作，所内图书亦存放于此，阅读非常方便。每当敌机盘旋，轰炸频作，山中读书作业，从未间歇。北大文科研究所的师生，亦同样在此从事撰述，可谓美不胜收。

三、北大文科研究所的所务活动

傅先生对研究生的入学考试非常严格。每逢口试，他多参加主持。众导师亦就某一问题向考生反复询问，直至考生语塞为止。然尽管所问严格，其目的并非要求全答，而是在测验考生之知识面，亦非单纯之下马威，故意刁难。

研究所经常请一些所中导师及专家来所报告，如汤用彤、闻一多、刘文典等教授均在邀请之列。1941年，夏鼐先生由英归国，到了昆明，亦曾被邀演讲。同年夏天，老舍先生亦来所中作报告，并在研究所住了几天。英国学者李约瑟、休士到昆明，均曾在所下榻。

1942年后，所中还派向达先生去敦煌参加西北考察团事宜，这是北大与中央研究院的合作项目，是郑先生特别关心的一桩事。1942年2月6日，郑先生即给傅先生一信，询问向先生行期。信中道："西北考察事如何？向公等何时成行？甚念。"[1]郑先生的日记中亦谈过此事。1943年1月17日，"锡予（汤用彤先生）来，示以觉明（向达先生）敦煌来书，随与之长谈（北大）文科研究所发展事，余意，语言调查可在云

---

① 台北"中研院"史语所傅斯年图书馆存档Ⅲ1069。

南……若历史考证，此后惟敦煌一路。其未广布、未研究之文献甚多。且其地为国际学术界所注意，关涉甚多，影响甚大。此后北大文研（文科研究所）之发展，舍此莫由。今觉明开拓于前，吾辈正宜追踪迈进"。①又，1943年10月11日，郑先生亦致向先生信，劝其仍赴西北考察，并表示"所得古物，北大不争取，但保留研究权；如有需要参考时，其它机关应充分供给"云云。②

此外，即文科研究所诸生留校工作事，郑先生对当时陈寅恪先生之隋唐史研究生汪籛爱护备至，希汪能留在北大任教。

汪籛当时是陈寅老的学生，郑先生也以导师名义协助指导。陈老1940年6月离开昆明后，汪又由郑先生继续指导。1942年2月6日，郑先生曾为汪留校事致函傅先生征求意见：

> 汪籛人甚聪明，根柢亦好。但生活不甚有规律，用功时或至通宵不寐，不用功时或竟数日不读书，以故论文尚未作好。弟个人颇觉其将来可有希望，前言之汤公（用彤），欲俟其毕业后留之北大，不知兄意云何？③

1947年，汪先生果来北大史学任教。直至1966年，"文革"初期被迫害致死。

---

① 郑天挺：《郑天挺西南联大日记》，第659页。
② 郑天挺：《郑天挺西南联大日记》，第752页。
③ 台北"中研院"史语所傅斯年图书馆存档III1069。

四、史语所迁川

1940年3月5日，中央研究院院长蔡元培先生病逝于香港，当时在昆明的北大及史语所同仁感到非常震惊。那天晚上，一些人正在蒋梦麟校长家中闲谈，钱端升先生忽然来了，说："刚刚听到香港广播，蔡先生去世了。"

蔡先生去世后，研究院及史语所的同仁总不免有些各自的想法，有时还或多或少有些悲观。在一次闲谈中，傅先生及李济先生均流露出"树倒猢狲散"之情绪。当时郑先生也在座。他闻后颇多感慨地说："孟真、济之皆目前国内第一流的学者，尚且如此，真是国家学术机构之不幸。"

由谁继任院长，是大家最关心的问题，许多人选自然都在大家考虑之中。其中有人主张由北大蒋梦麟校长继任的。陶孟和先生就私下对郑先生说："看来这次梦麟先生应当出来了。"

1940年秋冬，日本侵华战争日紧，处在昆明的西南联大及史语所等面临着新的搬迁。政府原让西南联大再迁，遭到学校教授的反对；只在四川叙永设了分校，让这年刚入学的新生前去上课。史语所则决定迁往四川李庄，傅先生也于1941年1月飞川，筹划一切。从此他一直未来昆明，直至抗战胜利后，他才重回昆明，这时他已是北大代理校长了。

史语所迁川后，由于当时局势紧张，北大又缺少书籍，郑先生很为文科所诸生的培养前景担忧。他曾一度主张北大文科所可暂时依于史语所，以使诸生得以更好培养。他在1940年9月7日，曾在致傅先生信中谈及此事："此外尚有一事，即北大研究今后所址，非追随史语所不可。此事已数向兄言之，而兄皆似不甚以为然。但细思之，北大无一本书，联大无一本书，若与史语所分离，其结果必致养成一班浅陋的学者。千百年后探究学术史者若发现此辈浅陋学者，盖我曹之高徒，而此浅陋学风为北大所轫始，岂不大糟！弟亦知若此十余人追随史语所离开联大，在史语所，在吾兄均增加无穷麻烦，但此外实无他策。弟意万一史语所与联大不能在一地，而研究生必须随史语所者，北大可每年或每学期，请一位教授随同前往，俾稍减史语所之麻烦，并负其他事务责任。兄意如何？如兄意以为可行，则此时即可准备起来也。"①

此事当然涉及问题甚多，史语所的负担也太重，但后来傅先生还是允许四位先生去了李庄。

史语所迁川后，在昆明靛花巷及龙头村的房子就移作北大文科研究所利用了。汤、罗、郑几位先生一直住在靛花巷，直至抗战胜利（罗于1944年11月离昆明赴美）。北大文科研究所研究生任继愈、马学良、刘念和、李孝定四先生亦随史语所同往四川。1941年6月，郑先生与罗先生还特意到李庄史语所去看望他们及他们的导师，为这四位的论文答辩做些准备工作。罗先生所著《蜀道难》一书，对他们这次访问史语所，也有较详细的叙述。

由于史语所迁川过于仓促，与云南省政府关系弄得有些僵，以后诸如民族、语言调查等事项，交涉时还以北京大学出面。1941年8月7日，那廉君先生致马学良先生信说："关于向云南省政府索取护照一事，当由弟呈告傅所长。傅所长之意，以为本所去年迁川时，与云南省政府（关系）弄得非常之坏，如由本所或本院出名向其索要护照，必遭碰壁。故不如请

①台北"中研院"史语所傅斯年图书馆存档I1248。

兄商请郑毅生先生，借用北京大学名义，由北大函咨云南省府发给护照，并请其转饬禄劝县政府予以保护及协助，不但成功性较大，且以在滇之机关请求之，自易办到。此事请径函郑先生，恳郑先生饬人一办。或托任又之（继愈）兄特请郑先生，均无不可也。"三四十年代的北大与史语所，确实是彼此不分的。

本文承蒙台北"中研院"史语所傅斯年图书馆提供信件复印件，特此致谢。

1961年郑天挺与陈垣合影

（《郑天挺先生与史语所》原载杜正胜、王汎森主编《新学术之路——"中央研究院"历史语言研究所七十周年纪念文集》，台湾"中央研究院"历史语言研究所1998年10月版；《中研院史语所与北大文科研究所——兼忆傅斯年、郑天挺先生》原载布占祥、马亮宽主编《傅斯年与中国文化》，天津古籍出版社2006年3月版。本文系此两文合并）

郑天挺与中华书局

郑天挺（1899—1981）先生自1930年后，即担任北京大学及西南联大历史系教授、系主任、文科研究所副所长。1952年院系调整，郑先生由北大调至南开大学，任历史系主任；20世纪60年代后，任副校长。

20世纪50年代后期，金灿然先生调至中华书局，任总经理兼总编辑。他原是北大史学系1936级学生，与郑先生有师生之谊，关系甚笃。因此，郑先生遂与中华书局的关系日益密切，经常有业务往还。

郑先生与中华书局的关系，大致可以分为三个时期：

一、1961年3月至1963年7月，即在北京组织及编选教育部文科教材时期；

二、1963年9月至1966年6月，点校《明史》时期；

三、"文革"以后时期。

一

1961年3月初，郑先生和南开历史系杨生茂先生前往北京参加文科教材编写会议之预备会。参加历史组会议的有翦伯赞、周一良、齐思和、邓广铭、杨向奎、黎澍、陈翰笙、白寿彝、田珏以及南开大学的郑、杨等人。会议以翦伯赞为组长，郑先生及周一良为副组长，田珏为秘书。这次会初步确定了文科教材的内容及计划安排。随后在4月中，又在北京正式召开文科教材编写会议。除原参加预备会者外，金灿然先生及全国各地学者如唐长孺、方国瑜、蒙思明、金应熙、何兹全、傅衣凌、黄云眉、韩儒林、尹达、马长寿、冉昭德等人均参加。灿然先生对当时的文风和学风是不满意的，认为当时许多文章作得不通，"三结合"实际只是学生在做，教师参加的少；教师对学生要求不严格，不敢坚持真理。今后不仅要严格要求学生，同时也应当严格要求教师。他的一席话，博得了与会老教师的共鸣。灿然先生还强调当时的一些学术问题，应当提倡争论。如封建土地所有制问题、资本主义萌芽问题，"魏晋封建说"等，都不能避而不谈。同时他在会上还强调必须深入了解历史事件及典章制度，应当让学生看懂古书，了解中国几千年的变迁。因此，他对会上决定编选《中国通史参考资料》第一至第八册，以及《中国史学名著选读》六册（《左传选》、《史记选》、《汉书选》、《后汉书选》、《三国志选》、《资治通鉴选》）的计划非常支持，并主动承担了这些书由中华书局出版的任务。他还强调了历史系学生应具备史部目录学的知识，史学应先搞史学名著介绍等。灿然先生性格爽朗，平易近人，对一些事又心直口快，敢于议论；干起事来勇于负责，因此一些老教师多乐于和他接近。

就在这次会上，郑先生被确定主编《中国通史参考资料》（与翦伯赞合编）八册及《史学名著选读》六册，同时并负责主编《中国通史参考资料》第八分册（清代部分）。

《中国通史参考资料》第一至第二分册的主编是北师大何

兹全先生，第三分册主编是武汉大学唐长孺先生，第四分册主编是中山大学董家遵先生，第五至第七分册的主编，分别由邓广铭、韩儒林、傅衣凌三先生担任。《史学名著选读》的主编，分别由四川大学徐中舒（《左传》）、西北大学冉昭德和陈直（《汉书》）、山东大学卢振华（《史记》）、华东师大束世澂（《后汉书》）、四川大学缪钺（《三国志》）、山东大学王仲荦（《资治通鉴》）诸先生担任。会议将近结束时，中华书局等四单位还举行座谈会，征求历史组与会先生关于出版方面的意见，灿然先生也参加了。

会议开完后，为了工作方便起见，郑先生在这一两年期间，一直住在北京，负责教材方面的审稿工作，并与有关作者经常商酌问题。

郑先生对待工作从来是认真负责的。尽管当时在"帽子"满天飞，"棍子"随处见的情况下，编辑资料不无顾虑。如选帝王将相材料怕被人说是突出英雄（因而《史记》、《汉书》不选汉高祖及萧何、韩信等传），选涉及少数民族资料怕被人说是诬蔑少数民族，等等。但他既然将任务承担下来，就专心致志搞下去，其他考虑就不屑一顾了。

郑先生在此期间与其他作者互相商榷的信件是非常之多的，可惜在"文革"中许多已散失。现在我将其中一小部分抄录如下，以见其梗概。

1961年8月25日致复旦周予同先生：

> 顷上海寄来尊选《历史文选》清样，注释精确扼要，而解题尤见概括之审，非淹贯大师不能办此，拜服，拜服。《史通》校注之想，弟怀之四十年。性既疏惰，旧时

又奔走衣食不能得善本，蹉跎无成；近已嘱杨翼骧为之。浦二田于刘书诵习尚熟，但识见太陋，且有妄改处，诚如尊论，实不足观。刘子玄书有创有因，有批判有继承，学者多赏其创而忽其所因，遂疑刘氏之前无史学，非笃论也。然刘氏于因袭前贤处，既未一一说明，非饱学如兄者莫能抉示，此则尤盼随时见教者也。

1961年9月13日致函缪钺先生：

九月二日信收到。《三国志选》注释五事，完全赞成，即请进行。

加注后篇幅增多，减选几篇固然可以减轻纸张负担，但如能维持原选篇目，或更能见陈志之全。弟所以不忍割爱于蜀先主、吴主孙权、姜维、吕蒙诸传者，一由于诸人均是三国时最重要之历史人物；一由于可以稍正读史规避帝王将相之偏。（《刘备传》可以反映入蜀前情况；《诸葛传》反映入蜀后；《姜维传》反映蜀后期；孙权可以代表东吴，《吕蒙传》可以与今日提倡读书相配合。人民群众是历史的主人，并不排除个别杰出人物在历史上所起作用。个别人物包括帝王将相。不是提倡而是不要规避。）但考虑甚不周全，可能是个人偏见，仍请裁定。

1962年3月15日致王仲荦：

承示《通鉴选》字数共约十二万字。党锢之祸以《后汉书选》有党锢列传，避免重复，不再选。全书选录魏孝文帝变法、隋灭陈、唐破东突厥、贞观论治、安史之乱、黄巢起义、契丹灭晋七篇，弟均赞同，至佩藻鉴。翦老现在苏州，当即送请决定。在复信前，是否即请吾兄先嘱助手按选目进行。

来教示及安史之乱可能压缩为二万字左右。果尔，不知能否将节省之两万字加选汉魏或南北朝一二段，或有叙述纂修目的之"臣光曰"。前此讨论时，或谓编年史最好用全卷抽印办法，与主题无关部分亦不删节，如某年月日"日有食之"之类，以便学生得窥史籍全貌（原定选隋唐二十卷，其理由亦在此）。当时未深入讨论，亦未作决定。吾兄必有高见，尚乞见示。吾兄感染肝炎，闻之甚念。近来已否稍痊？济南有无特殊供应？休养条件是否适宜？并盼便中见示。如需此间代为商洽，亦请不必客气。系中已为配备助手协同进行，极慰。但仍盼多加珍摄，多加休息，切请勿以增加劳累（可交助手先搞），至盼，至盼。

1962年6月23日致冉昭德、陈直先生：

拜读大著《汉书选》新稿，仰见揭谦，弥增钦佩。现拟即行付印，已送请翦老核定。承示封面标题三种形式，拟采用第二种。以去年决定不用集体名义出书，而书局又不愿封面人名太多也。《董仲舒传》"终阳以成岁为名"，语不易解，诚如来教。然除尊释外，亦难更得他说。为学生易于了解计，或将文句再加简化。如将"但春秋到底还是用'以生育长养为事'的阳而不是以'主刑杀'的阴来名岁"，简化为"但春秋到底还是用阳来名岁而不是以阴名岁"，不知高明以为何如？仍候裁示，以便交印。《汉书选》说明不在手边，容取回后寄上。

1962年7月27日致董家遵先生：

隋唐五代史参考资料，闻尊处甄选已毕，略加简注即可完成，至深欣慰。现各校需用孔殷，催促颇急，尚请于八月底以前交下，以便可以克期出版。暑假伊始，助手等如有困难，即请示知，以便由此间婉商学校设法。假期本不应以工作任务麻烦各位老师，惟兄与诸位新学期开始，必有新任务。如能乘暑假之便多请几位助手完成，俟开学再设法补假，不知是一办法否？

往时傅衣凌先生盛道吾兄博学洽闻，为乡邦之最，至深倾慕，幸祈不时赐教。

郑先生在主编《中国通史参考资料》及《史学名著选读》的同时，文科教材历史组还曾有过编写中国断代史的计划。1962年4月，历史组曾确定撰写中国断代史纲要九种，即先秦史纲要（徐中舒）、秦汉史纲要（翦伯赞）、魏晋南北朝史纲要（唐长孺）、隋唐五代史纲要（汪籛）、宋辽金史纲要（邓广铭）、元史纲要（韩儒林）、明史纲要（傅衣凌）、清史纲要（郑天挺）、民国史纲要（邵循正）等。为此，郑先生当时曾给各册主编分头写信，其中道：

此间近有编辑中国断代史计划，分九册，每册三十至三十五万字，定名为××史纲要。内容、论点及编排，全由主编者自定。九册只求衔接，不求论点一致。合之可以成为一套断代史，分之亦可以独立各成一书。期以两年半完成，一九六四年出齐。其中××史一册，咸推吾兄主编。九册分期如下……如有不妥，尤盼教正。

随后，郑先生又在是年六月廿一日致书徐中舒先生。其中道：

《先秦史纲要》一书，荷承惠允撰述，告之同仁，均深感慰。倘蒙于大著《左传选》定稿后即赐着手，尤所殷望。资料、时间、助手等，如安排须此间代为商洽，仍乞随时函示，以便请部中联系。

这项计划，虽然大多未能完成，但编写教材及中华书局各位先生的热情，是非常可贵的。

通过编选教材的作者之不断努力，以及中华书局的积极配合，在短短的几年中，《中国通史参考资料》已完成并出版古代部分第一、第二、第三、第四、第八、共五册，第七册也在1966年以前付排，但原稿及校样均于十年动乱中在中华书局遗失，故未能出版；近代部分第一、第二共两册；《中国史学名著选读》之《左传选》、《汉书选》、《后汉书选》、《三国志选》、《资治通鉴选》共五册，均在"文革"前由中华书局出版。其他未及出版的书，有些也已完稿。

今天我们回忆起这段历史时，就会感到：郑先生以及金灿然先生等人，想在当时做一些事，是多么不容易呀！

二

早在20世纪50年代末，中华书局就确定了出版"二十四史"点校本的规划，由赵守俨先生具体负责。赵先生当时不及四十岁，年轻有为，对年长学者极尊敬，故深得老先生们厚爱。

南开大学历史系早已答应承担《明史》的点校工作，由郑先生主持。但由于他事情太多，很难分神专心点校。其他各史的点校情况，亦大多类似。因此中华书局乃有将各地专家集中该局、全力以赴、争取尽快完成"二十四史"点校工作之想。于是，郑先生在初步完成教材审阅工作后，乃于1963年9月底，

1965年春"二十四史"点校诸史家合影于颐和园。左起：罗继祖、汪绍楹、郑天挺、刘节、张维华、卢振华、卢振华夫人

居住在中华书局西北楼招待所，专心从事《明史》点校工作。与他一起居住并参加其他史点校的人，尚有山东大学王仲荦、卢振华、张维华先生；武汉大学唐长孺、陈仲安先生；中山大学刘节先生；吉林大学罗继祖先生，以及山西教育学院王永兴先生。此外，如在北京工作的冯家昇、翁独健、傅乐焕、刘乃和、汪绍楹诸先生，亦每人各校一史，虽然不住书局，每次开会总会聚集一堂。

郑先生在中华书局居住的近三年时间，工作是紧张而愉快的。工作之余的生活是多样的：有时与诸老同至街头食豆浆；有时则于饭后漫步于公主坟畔；有时则随傅振伦先生学习八卦拳；或与诸先生互赠诗文，鉴赏字画及善本珍籍；或与家人子孙团聚，等等。近年，罗继祖先生曾回忆那段往事时写道：

> 毅老（郑先生字毅生）和我连屋而居，共案而食，日得数见。当时住局诸君以毅老年龄最长，因共推为祭酒。毅老体质甚健，晬面盎背；对人态度寓和蔼于严正之中，言笑不苟；谈起学问来，虚怀若谷。
>
> 公余，三五相聚闲话，有时涉及校点中问题，有时上下古今，无所不谈。唐先生好购古画，张先生好搜罗乡邦文献，他们常逛琉璃厂和宝古斋，我有时也同去，有所得，拿回来共同欣赏。毅老虽没有这种嗜好，但如遇到有关清朝掌故的东西，也特别注意。记得有一次谢刚主丈拿来一卷《宣南吟社图》，毅老即借去，想藉以考一考林则徐有没有参加宣南吟社的事。[1]

---

[1] 罗继祖：《忆郑毅老》，载《南开史学》1983年第1期，第47页。

《明史》标点工作原由南开历史系林树惠、朱鼎荣、傅贵九三先生承担，继由郑先生全面复核修正。郑先生对《明史》点校工作异常细心，充分体现了老先生对整理史籍的认真负责态度。他在中华书局期间，在点校《明史》过程中，曾以札记形式写有《明史零拾》数十篇，打算《明史》点校完毕后，再整理成书。这些札记，所存已不完整。现将个别片段摘录如下，以见一斑。

《明史零拾》一：

> 王鸿绪两次奏进《明史稿》所言修史经过，均为王氏本人参加修《明史》之经历，后人以为《明史》始修于康熙，大误。《世祖实录》已数见修史事。

> 王鸿绪两次进《明史稿》，均言熊赐履先之独进史本，是《明史》尚有熊本。与王本有何异同，待考。但本纪必系单独撰成，以王氏于康熙五十三年进书只有列传，奏中言熊本在前也。

《明史零拾》五：

> 《明史》卷二十《神宗纪》，隆庆六年六月"罢高拱"，宜作"高拱罢"。纪文前后均无此体（页一下）。此条《史稿》不载，或雍、乾史臣所加。

> 万历十六年四月，"振江北、大名、开封诸府饥"（页九下）。此事《史稿》不载。语颇费解。如为诸府并列，则江北非府名；如非并列，则大名、开封不在江北。或江北诸府及大名、开封也。

《明史》不如《史稿》。万历十年五月免孔子等后裔赋役事，是其一证。《史稿》说明先师、先贤、功臣，比较易于明白。

《明史零拾》二九：

《明史稿》讳建州不讳辽东，《明史》并辽东而讳之。《史稿》纪十四，嘉靖四十二年八月乙亥，"辽东总兵官杨照"云云（二十一页下），《明史》卷十八《世宗纪》只称"总兵官杨照"（十一页下）。《史稿》记四十三年闰月己卯，"寇犯辽东"（二十二页上），《明史》则不载。待多录例以考之。

《明史零拾》三一：

影印《明熹宗实录》至七十九卷而止，即天启七年五月。其下不列卷，有七月至十二月，独缺六月。其毁似出于清人，不在冯铨也。所谓"宁锦大捷"，"奴子大挫于宁，三败于锦"，详情尽在其间，而努尔哈赤所由死也。

《崇祯本纪》记载歧异最多，两卷校记几至三百条，自然由于无实录，诸家记载不一。但由此可证关于明末私人记述，必须详细比证甄辨，以孤证立论甚危险。

《明史零拾》五二：

明代地方亦互相牵制，布政司民财，都司掌兵固矣。

然而布政司只管有钱粮之田土，而土司之有实土不纳钱粮者仍归都司。都司既有军、有民、有土，患其权大又设行都司以分其势。布政与都司同治，而行都司则分治于外，亦牵制之意。当详论之。

尽管这几年中，中华书局安排了得以安心业务工作的条件，但政治气候却在不断变化，因此《明史》的点校工作，不能不受到严重干扰。什么"批判继承"的座谈会，批判"海瑞罢官"的座谈会，"清官"的座谈会，"让步政策"的座谈会，等等，纷至沓来。不准备不行，不发言更不行，发了言见了报更担心，形势真是逼人呀！就这样，郑先生在1966年6月8日离开中华书局，奉命回南开大学参加"文化大革命"。

三

"文革"后期，中华书局的"二十四史"标点工作又重新开始。由于南开不同意，郑先生失去了最后参加《明史》点校的机会。然而，赵守俨及王毓铨等先生仍然与郑先生不断取得联系，以期将《明史》点校工作顺利完成。郑先生也对此毫不在乎，仍然兢兢业业，认真提出一些重要建议。如在三校时，对《明史》卷二三九，关于"银定歹成"校记，郑先生建议：

> 原校样"银定歹成"，或加顿号作"银定、歹成"，或不加，不很一致。"银定歹成"在卷二一《神宗本纪》已见，不记如何标点，似可一查。案卷三二七《鞑靼传》，"天启三年春，银定纠众再掠西边，官军击败之。

明年春，复谋入故巢……其年，歹青以领赏哗于边，边人格杀之"。歹青与银定分列，似以加顿号为宜。

又如对《明史》卷二五九《袁崇焕传》之校记，郑先生谓：

> "袁崇焕字元素，东莞人。"案《崇祯实录》卷三、《国榷》卷九一崇祯三年八月癸亥条都作"藤县人"；《明进士题名录》万历己未科也作"广西梧州府藤县民籍"，是此处东莞应作藤县。但《明史稿传》一三一《袁崇焕传》已作东莞人，清乾隆《一统志》及广东省县志均以袁崇焕列入广东广州府人物之内。三校原稿已将此条改为藤县人，建议只作校记，不改原文。

在明初官名中"参事断事官"间应不应加顿号的问题上，有人也表示拿不准。郑先生也以《明太祖实录》、《洞庭集》等书为例，认为应当断开。郑先生和其他先生一样，对《明史》点校的出版，都是认真负责的，同时也是虚心的。

1980年8月，郑先生发起的明清史国际学术讨论会在天津召开。应邀到会的国外、国内代表共一百多人。中华书局的李侃及赵守俨先生也应邀参加。与此同时，中华书局出版了他的《探微集》及《清史简述》二书。

《探微集》是郑先生的一部论文集，共收解放前后所写论文四十三篇，是在原《清史探微》的基础上扩大而成的。早在20世纪60年代初，人民出版社负责同志即劝郑先生将《清史探微》扩充出版，态度甚恳挚。并说："论文集最重要，以此看水平。郑先生如不带头，别人更不敢写。郑先生年纪已大，如

1979年12月《探微集》中华书局发稿单

不给我们留下点东西，未免可惜。"后来中华书局赵守俨先生也屡次催促此事，并建议可分两部分出版，解放前者名曰《采微集》，解放后者名曰《求正集》。由于当时准备不及，该书未能出版。1979年以后，中华书局经与郑先生多次接洽，始行出版问世。

《清史简述》原是郑先生1962年在中央党校讲课时的记录

稿。当时该校负责人通过翦伯赞、金灿然等人联系，约请高等院校的一些教授，到该校讲授中国通史，郑先生担任清史部分。该校在1964年曾将此记录稿铅印数百本以为教材，并赠送作者一百本。但书印出后，"大批判"之风已至，因之外面流传甚少。中华书局认为该讲稿对有关清史的基本知识，能提纲挈领地加以介绍，因之劝由书局出版。郑先生也欣然同意。

郑先生对中华书局的出版工作是非常关心的。早在20世纪50年代末，书局决定陆续出版《清代史料笔记丛刊》时，即不时向书局有关同志介绍这方面的稀有抄本。书局同志也经常以一些抄本向郑先生征求意见，往来密切。1979年秋，郑先生撰文纪念吴晗先生，谈到了吴辑的《朝鲜李朝实录中的中国史料》一书。中华书局李侃先生见到此文后，立即回一信，告诉郑先生该书即由书局出版。

中华书局与郑先生的关系是密切的，郑先生对中华书局也是有感情的。郑先生去世前，国务院古籍整理出版规划小组成立，随后又制订了《古籍整理九年规划（1982—1990）》，中华书局承担了更多的而且是大部头的出版项目，任务较前更加繁重了。这是一个新的起点。1981年12月，家中收到聘请郑先生担任国务院古籍整理出版规划小组顾问的聘书时，郑先生刚刚离开人间！否则他也一定会乐于对古籍整理工作，竭尽其菲薄之力的。

一九八六年八月九日完稿于天津

（原载《回忆中华书局（下）》，中华书局1987年2月版）

我追随郑先生研读点校本
《明史》三校稿

　　我自1955年在北大历史系毕业后，即分配到中国科学院历史研究所工作。当时领导非常开明，见我们基础差，读书少，所以主要安排我们多看书。我第一次通读五百册《明实录》（"梁本"），就是在这个时候。1963年初，为了照顾孤身的父亲，我和爱人傅同钦调来南开，我被安排在历史系明清史研究室，主要工作是校勘《明史》，包括本校及他校。父子"同城"，殊觉不便。校勘工作相当枯燥乏味，对我这三十出头的人来说很有思想负担。但郑先生等人对待《明史》标校认真负责的精神，深深打动了我，使我羞愧万分，决心追随他们努力工作。

　　南开明清史研究室早已答应承担《明史》的点校工作，其标点原由林树惠、朱鼎荣、傅贵九三位先生承担初点，再由郑先生全面复核改正。后来我和汤纲、王鸿江同志也参加部分工作。但由于郑先生事情太多，很难分神专心点校。其他各史的点校情况，并多类似。因此中华书局乃有将各地专家集中该局，全力以赴，争取尽快完成"二十四史"点校工作之想法。于是郑先生乃于1963年9月底，居住在中华书局西北楼招待所，专心从事《明史》点校工作。

郑先生对《明史》点校工作极为细心，充分体现了老先生对整理古籍的认真负责态度。但那些年中，政治气候总在不断变化，越来越左，点校工作不能不受到严重干扰。当时为了突出以"阶级斗争"为纲，什么关于"批判继承"的座谈会，批判"海瑞罢官"的座谈会，关于"清官"的座谈会，关于"让步政策"的座谈会，等等，纷至沓来，郑先生都要参加。不准备不行，不发言更不行，发了言见了报更是胆战心惊，形势逼人，老知识分子的日子真不好过呀！记得在关于"清官"的座谈会上，他在揭露了诸多"清官"不清的事实后，也谈到了地主与农民在一定时期可能有共

郑天挺"二十四史"点校发言要点

同利益，如兴修水利即是如此。会后去吃饭时，冯友兰先生即对他说，他举此例有"合二而一"之嫌（当时正批判杨献珍之"合二而一"论）。他听后也深悔"言多必失"。就这样，郑先生在《明史》点校未完成的情况下，于1966年6月8日悻悻离开中华书局，奉命回校参加"文化大革命"。回校后他即被关进"牛棚"，失去自由，精神上备受折磨。

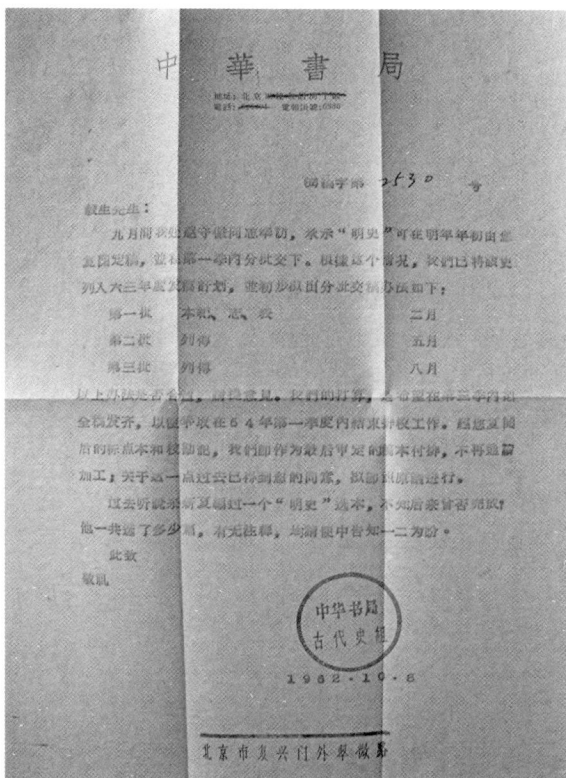

1962年10月8日中华书局为《明史》点校致郑天挺函

20世纪70年代后，"二十四史"的点校工作又重新开始。由于当时历史系不同意中华书局的聘请，郑先生失去了最后参加《明史》点校的机会。然而负责此项工作的赵守俨、王毓铨、周振甫先生仍然与他不断联系，希望他对《明史》的三校多提意见，以使《明史》点校工作顺利完成。对此，郑先生出以公心，仍然兢兢业业，认真提出了一些重要建议。这已经是1973年4月的事了。

　　我于1973年8月初在全家去农村插队落户四年后，又回到了南开历史学系，随后也参加了《明史》点校后的三校审阅工作近半年。这段时间，我对郑先生在工作中一丝不苟、一心为公、不计个人得失，以及他对史籍的渊博知识，都有更深的认识。"二十四史"点校工作，既无名（不列点校人），也无利（无稿费）。但参加这一工作的诸多老先生，从无怨言，而是一心扑在工作上，要把此工作做得更好。

　　我最近还在家中检出郑先生在此期间所记的"复校异议"之工作本，约百余页，内中全是对《明史》点校中三校校样的意见，凡数百条。现举数例，以见一斑：1.关于断句：如在三校中，对《明史》卷二三九，关于"银定歹成"校记。郑先生建议："原校样'银定歹成'，或加顿号作'银定、歹成'，或不加，不很一致……案卷三二七《鞑靼传》，'天启三年春，银定纠众再掠西边，官军击败之'。明年……歹青以领赏哗于边，边人格杀之'。歹青与银定分列，似以加顿号为宜。"又如：在明初官名中有"参事断事官"字样，在参事之后该不该加顿号，有人表示拿不准，写信问郑先生。郑先生以《明太祖实录》、《洞庭集》等书为例，认为应当断开，嘱我写信回复。2.关于《明史》原文之径改问题：《明史》卷二五九《袁崇焕传》之校记，郑先生谓："'袁崇焕字元素，东莞人。'案《崇祯实录》卷三、《国榷》卷九一崇祯三年八月癸亥条都作'藤县人'；《明进士题名录》万历己未科也作'广西梧州府藤县民籍'，是此处东莞应作藤县。但《明史稿》传一三一《袁崇焕传》已作东莞人，清乾隆《一统志》及广东省县志均以袁崇焕列入广东广州府人物之内。三校原稿已将此条改为藤县人，建议只作校记，不改原文。"又《明史》卷八十《食货四》，有"于量召商中淮、浙、长芦盐以纳之，会甘肃中盐者，淮盐十七，浙盐十三"。原稿据甘肃中盐并无长芦，曾将"长芦"二字删去。郑先生认为这是两回事，甘肃中盐是另一回事，《明史》不误。于是建议将"长芦"二字添入。3.关于校记所引史籍：《明史》卷四十《地理一》，关于北京各城门改名时间问题，校记中曾引《嘉庆重修一统志》，郑先生认为该书出于《明史》之后，不便引用，建议删掉。事实上，郑先生就为这一条史料曾遍查明英宗《实录》，证明改名时间当在正统二年八月至四年四月间。

　　总之，郑先生对《明史》点校工作，从来是认真负责的，同时也是非常虚心的。他的意见都有"建议"、"似"等字样，从来是商量的口气，即是证明。郑先生的这种认真负责的工作态度，使我深受教育，永生不忘。

（原载《南开学报》1999年第4期）

忆郑老与明清档案的二三事

　　中国档案学会顾问、我国著名的明清史学家郑天挺教授，因患急病于1981年12月20日中午与世长辞了。这不仅是史学界难以弥补的损失，同时也是档案学界和明清档案工作的一个重大损失。

　　郑天挺同志系福建长乐人，生于1899年。1920年在北京大学毕业后，曾在北大任讲师、教授、文科研究所副所长等职。1952年调至南开大学，任历史系主任、明清史研究室主任、副校长，1981年10月改任顾问。郑老生前还担任天津市政协副主席、中国史学会主席团执行主席、天津历史学会理事长、《中国历史大辞典》主编，同时被选为第五届全国人民代表大会代表及天津市第九届人大代表。郑老于1980年10月参加中国共产党。

　　郑老一贯关心档案工作，尤其是对明清档案有着深厚的感情。

　　早在1922年夏天他作北大国学门研究生时，就首先参加了整理明清档案的工作。记得1950年暑假，我拿到了家中一本1922年商务印书馆印的日记本，其中所记不多，不过一两页。他看到了其中的一页，感到十分珍贵，就对我说："这页日记要好好保存下来。"我答应了。日记是这一年（民国十一年）7

月26日（阴历壬戌年六月初三）星期三所写。现将全文抄录如下：

上午至北京大学整理档案也。

民国成立，前清内阁档案移至教育部历史博物馆，近复移至大学整理。大学因设专员司之，余与其列。今日余整者为雍正题本，即奏折也。有可记者数事：

一、题本皆白折无格，前汉文（多小楷或宋体字）后满文。本至内阁，摘由粘于后，而后进呈。皇上则朱批或蓝墨批于首。

二、朱批诸字字体整齐，近赵孟頫，亦有甚劣者。

三、满洲诸臣题本亦皆称臣（如刑部尚书德明等），与旧闻概称奴才者不同。

四、京中各部均方印，总兵亦方印，而巡抚反长方印。

更有一事最有趣者：今日见一雍正十三年十一月初九日云南提督蔡成贵，奏贺雍正即位

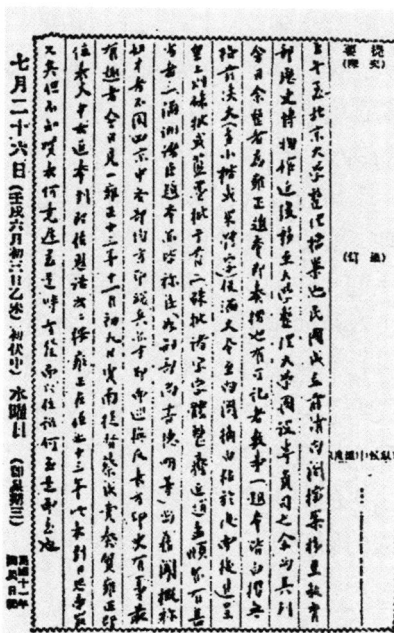

1922年7月26日郑天挺整理明清档案日记

表文中云"近奉到即位恩诏"云云。按雍正在位止十三年，此表到日恐帝崩久矣。但不知贺表何竟迟至是时方发，而即位诏何至是而至也。

这确实是有关整理明清档案的较早记录。今天我们读到它，还会感到郑老对明清档案感情之淳朴而深厚。真是，时间已经整整过去六十个年头了。

郑老所整理的这部分明清档案，就是他老人家在《〈明末农民起义史料〉序》（已载入《探微集》）中所说的，即"几经交涉，七月（引者按：指1922年）这批档案才由历史博物馆陆续移运到校，共计六十二箱又一千五百零二麻袋"①。从这以后，因为郑老多年在北京大学任教，讲授明清史，又兼任过文科研究所明清史料整理室的负责人，因此这部分档案总是和他的教学、研究工作分不开。

解放以后，郑老以马克思主义作指导，继续对档案进行整理。20世纪50年代初期，北大文科研究所先后整理出《明末农民起义史料》、《宋景诗起义史料》等书，都是利用当时在北大存放的明清档案，在他的带领下，与其他年轻同志一起，经过精心整理编纂而成的。他在《〈明末农民起义史料〉序》中又写道："北京解放以后，文科研究所罗常培所长深深感到，我们所藏这些已整理出来的宝贵档案必须赶快公开，没有整理出来的档案必须加紧整理，以供大家利用，要使它从满足少数人的研究愿望，进入公开的随意广泛利用。"又说："一九五〇

---

① 郑天挺、孙钺等编：《明末农民起义史料》，中华书局1954年第2版，《序》，第16页。

年五月四日，我们将所中收存的档案举行了一次小型的明末农民起义史料展览，承观众给我们很多的宝贵意见和鼓励，并且建议我们将展览的史料全部印行。"[1]这些话，充分表达了郑老愿意把档案尽快整理出来，以供研究者充分利用的迫切心情。这种大公无私、处处为别人着想的精神，是多么难能可贵呀！

1952年高等学校院系调整，他奉调南开大学历史系任教授兼系主任，北大文科研究所的档案也全部上交。由于繁忙的教学任务及工作地点的变迁，郑老对明清档案不可能再如以前那样关心了，但他仍对这些档案怀有依恋之情。他对明清档案集中拨归故宫档案部保管的办法，非常赞成，认为是得到了"更适当的处置"。

1961年以后，郑老参加了高等学校文科教材的编写工作，长期住京。尽管当时明清档案保存在西郊，查阅不太方便，但他仍在不断地关心这部分档案的整理和应用。

1963年12月4日，他应邀到中央档案馆明清档案部，给该部的同志作《清史研究和档案》的报告。这个报告经过整理，发表在《历史档案》杂志1981年第1期。文中内容异常丰富，联系广泛。他在报告中特别强调要以整理历史档案带动清史的研究。他认为，清史研究是中国历史研究中薄弱的一环，"专著最少，研究最少"，因此"必须重新来搞，必须加强"，"这与整理历史档案分不开"。如果"把历史档案与历史研究结合，一起推动，就可以用整理历史档案带动清史研究"。接着他还谈到了清史的分期、特点和值得研究的问题。他认为，整理清史档案的人，只有结合这些特点、分期和值得研究的问题

---

① 郑天挺、孙钺等编：《明末农民起义史料》，《序》，第22、23页。

来进行整理，才能使清史档案和研究结合得更加紧密。这次报告在上午和下午共进行了五个小时。讲完了，他又在馆内参观。他在参观后异常兴奋，认为"馆中设备极新，工作成绩亦甚大，见之狂喜"。

1964年8月15日，他又一次到中央档案馆作有关乾隆皇帝的报告。那天他起得很早，我陪他一起乘坐6点左右的火车由津去京。下车后他本可以先到中华书局招待所休息，但他不肯，乘车径往城外。那次报告是专门为中央民族学院六一级满文班同学听的，因为该班同学正要参加乾隆朝满文档案的整理工作。是日下午2时，中央档案馆裴桐同志和中央民院马学良教授都来了。郑老的报告题目是《清代史上的乾隆时期》。报告共分三个部分：一、十八世纪三十年代——九十年代的国际大事；二、乾隆时期的分期；三、乾隆时期的特点。在谈到第一个问题时，他提到了1789年的法国大革命，这是出现在乾隆时期的事；也提到了英国出现的产业革命和美国独立运动；最后则谈到欧洲在文化上的启蒙运动，资产阶级革命派反对封建主义残余。他把乾隆二十五年（1760）作为中线，加以分期，认为乾隆的前二十五年中国国势达到了顶峰，后三十五年则微微有下降趋势，嘉庆元年（1796）以后则走向下坡路。他把重点放在第三个问题。他认为，乾隆时期中国的经济又有进一步的发展，统一的多民族国家更加巩固，对外关系更趋频繁，国内阶级矛盾更趋尖锐。接着，他用大量丰富的史实，详尽地阐述了乾隆这一时期的诸多问题。这次报告，给与会者及民院同学以深刻的印象，反映甚好。

最近几年，他虽然年迈，但精神矍铄，劲头十足。他对第一历史档案馆出版的《历史档案》刊物非常支持，不仅自己写

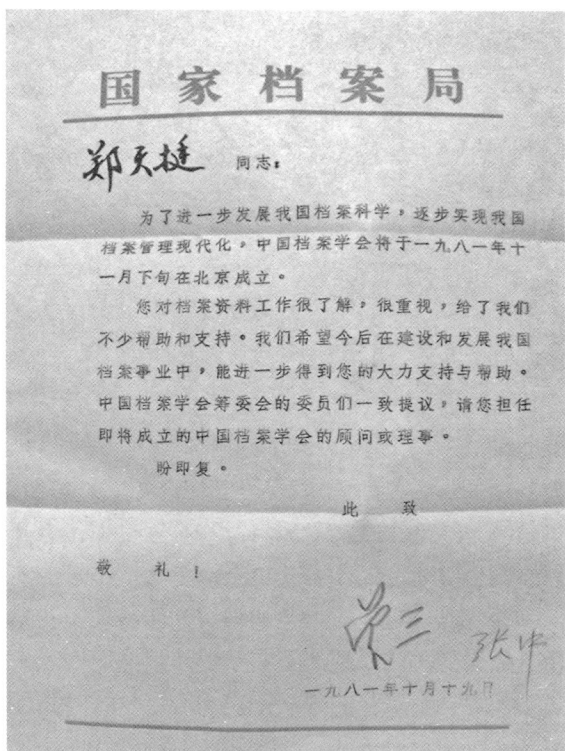

1981年10月19日国家档案局曾三、张中邀请郑天挺担任中国档案学会顾问或理事函

稿，而且也劝其他同志写稿。他每每与我谈及明清档案，并说他愿意晚年在档案馆得一居室，以便就近更好查阅档案，进行历史研究工作；同时还可向一些年青同志传授整理档案的捷径，进行具体指导，以便与清史研究工作更好配合。可惜这个愿望没能实现。当他改任南开大学顾问后仅仅两个月，就病逝了。

在他逝世前不久，他收到曾三同志和张中同志的来信，约请他担任中国档案学会的顾问。他收到信后极为高兴，当即复信，表示赞同。1981年11月21日下午，他接到北京的电话，询问定在23日下午召开中国档案学会成立大会的开幕式他能否参加。他一方面极想参加，但手头又有一些事未了，因而不能参加。23日这天，天未亮他即起身，我想他一定有事。当我急忙起身到他的房间后，他对我说："我们（明清史）研究室的工作与档案分不开，我今天下午的开幕式实在去不成，你能否去一趟？"我当即应允。由于时间短暂，他仓促写个简短的贺信，要我带到中南海怀仁堂会场，并说："你到北京说明一下情况，我26日要去北京开全国人代会。到时候问一下他们的电话号码，以便与他们随时联系。"我都一一照办了。可惜他到京后，由于事情较多，居地很远，又因11月30日正是人代会开幕的日子，所以中国档案学会的闭幕式也未能参加。不过他在这次会上，还同其他代表一起，对清史的编写和明清档案的整理和利用，表示了极大的关注，提出了有关建议。然而他老人家哪会想到这已是他对档案工作的最后一次关心了。这时离他的逝世时间已不及十天。

郑老的去世，使我既失去了培育我多年的慈父，又失去了孜孜不倦、循循善诱的严师。但我深信，他老人家多年从事和关怀的明清档案工作，一定会随着全国社会主义现代化建设事业的发展，不断取得更优异的成绩。

（原载《档案工作》1982年第2期）

"老骥伏枥，志在千里"

——忆父亲最后所关怀的几件事

　　1981年12月20日清晨5时，我在医院病房陪伴着父亲刚刚起身。父亲缓慢而亲切地问我：你为什么起得这样早？为什么睡觉未脱衣服？我闻后不觉泪下，因为我知道正是他老人家这最后的一个夜晚，基本是未成眠的。6点钟，护士送来了体温表，他还仔细地端详了半天，让我把表再甩几下。表试过后，他看了又看，对我说：是三十六度七吧？他似乎放心了……事实证明，他在临终前几小时，头脑尚如此清楚，对我尚如此关怀，无微不至。可是万万没有想到，这竟是他对我所说的最后几句话了。

　　1981年下半年父亲的工作特别多，会议不断。暑假期间，学校领导劝他到北戴河休息，他因为要去北京开会，没有同意；8月初，他开完会归津，领导又多次劝他前往，他认为气候已不太热，自己可以不必去，还是以让给别人去为好。在这些问题上，他总是这样谦虚，把方便让给别人。实际上，数十年来，他就从来没有利用假日到哪儿去休息过。

　　1981年10月，他到武汉参加辛亥革命学术讨论会。会后又紧接着回天津参加10月17日南开大学为杨石先教授和他的执教业绩庆祝活动。在这次会上，领导上同意他多次的请求，辞去了副校长的职务，改任顾问。但他却仍然老当益壮，干劲十足；"身处第二线，心怀第一线"①。下面，我仅通过他临终前所最关心的几件事，看看他在晚年是如何认真对待工作的。

一、拟赴厦门参加郑成功学术讨论会

1981年10月底，我收到厦大历史系林仁川同志信，谈到傅衣凌先生正因病住院休养，因而嘱他写信给我，邀请郑老参加定于1982年2月在厦门召开的郑成功学术讨论会。当我把信交给他老人家阅后，他非常高兴，立即嘱我回信，愿意参加。同时他还及时地把这一消息告诉在南开和他一起进行研究明清史的日本东北大学寺田隆信教授，相约偕行。11月下旬，我又收到傅先生信，其中说："住院二月，服用漳州名药片仔癀，炎症已愈，惟体力稍亏，在调摄中。福建省委原定于明年二月间在厦门召开郑成功学术讨论会，规模较大，并邀请部分国外学者参加。殷望郑老莅临指导，为会议增光。顷又接通知，因筹备不及，拟延到五六月间举行，俟确定后，当再函知。寺田隆信教授前有信给弟拟于明年一二月间来厦事，已托林仁川同志去函足下，请代为转达……嗣知郑成功学术讨论会将于二月间在厦召开，因告寺田先生如能结合郑成功学术讨论会偕同郑老前来，一切将较为方便。现因情况变化，寺田先生愿于一二月间来厦，仍表欢迎。此请便盼代为转告。顷悉全国政协将于月底在京开会，弟拟参加。郑老当会出席人代，届时当争取机会向郑老请教会议召开事，余不赘。"

---

① 此语系父亲在南开庆祝杨老和他的教学业绩会上的答词中的一句话。

1981年4月应邀参加厦门大学六十周年校庆。左一傅同钦，左三郑天挺

收到信时，我未在家，父亲亦将赴京开会，事情很多。我原想将此信内容告知寺田教授，谁知父亲告我，他早已转告寺田先生了。他办事之认真、不拖拉，我真是万万赶不上的。厦大是父亲青年时代工作过的地方，时常思念；郑成功问题也是他在教学和研究工作中非常注意的一个专题，因此他对福建召开此会，一直非常关心和支持，并表示一定参加。可惜他遽归道山，这个愿望未能实现。

二、在南开设立明清史研究中心

父亲在11月下旬去京开会的前几天，曾召集李宪庆、南炳文、陈振江、冯尔康等同志，连续开过几次会，商议拟在南开大学历史系设立明清史研究中心，以利开展工作。他在百忙中尚亲自草拟《南开大学历史系成立明清史研究中心初

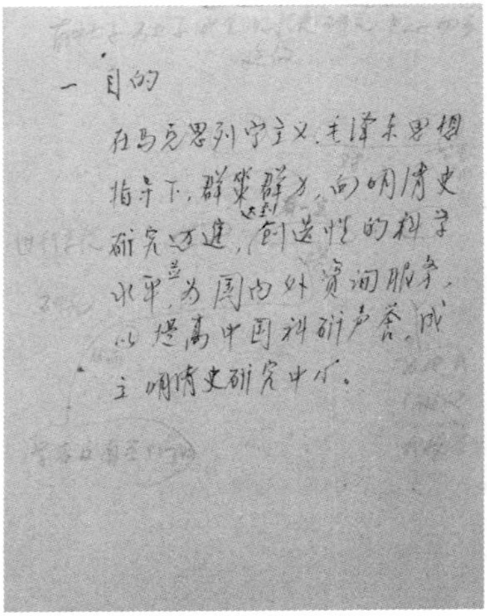

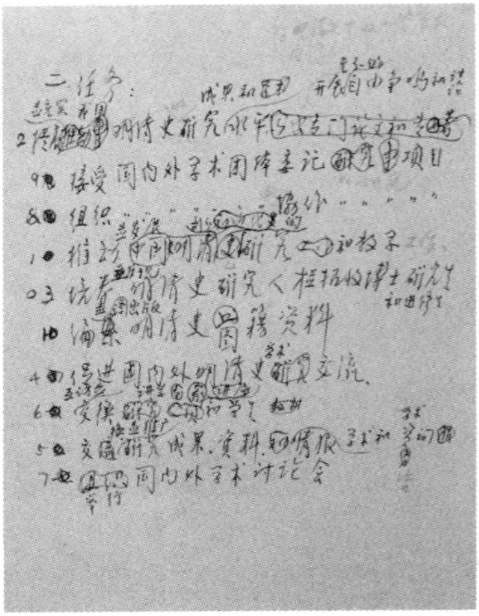

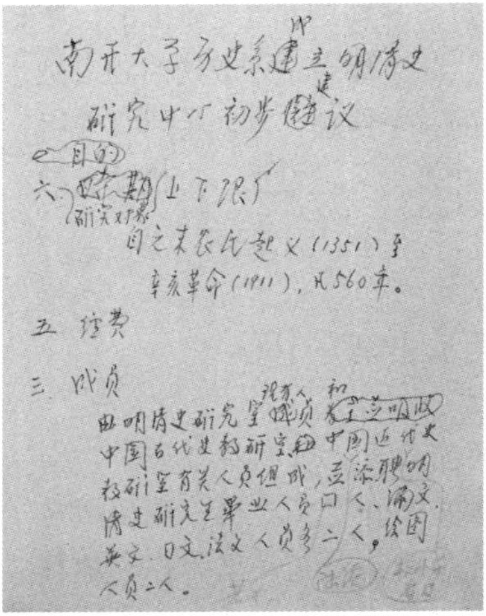

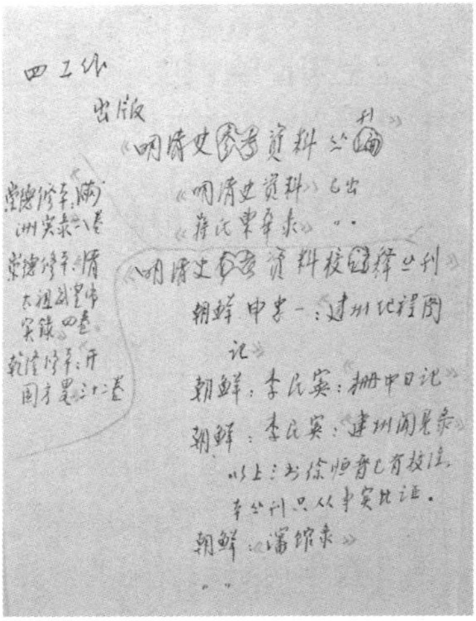

郑天挺草拟南开大学成立明清
史研究中心建议手迹。其中铅
笔为郑克晟笔迹

步建议》。内容包括设立目的、任务、成员、出版、经费及研究内容等六项，几乎无一遗漏。临去京前尚屡屡惦念此事，要我把情况随时告他。他在11月26日到京后，立即给我一信，告诉他的地址。信中说："到京，汽车开到站台，未见郑春。坐汽车行45分钟到（八大处）北京军区第一招待所，住八十五楼一一二号……交通不便，看来无人来，亦不能去看人。"12月3日早上，他又写一信，还是谈这件事。信中写道："昨与蒋南翔部长谈设立明清史研究中心事，他认为可以，盼转知李、南、陈、冯诸同志即将计划商定，由系报校转部，以早为宜。报部时最好专人去一趟。另给魏先生一信，盼转交。研究所领导处请李、南两同志一谈。匆匆不多写。"我收到信后，当即向系内魏宏运主任汇报这一情况，请他们赶快将材料报部，以使这一计划能更快得到批准。当父亲12月14日回津后之次日，系中同志向他再次谈及此事时，可惜他已抱病在身，力不从心了。

三、历史大辞典明、清史分册会议

父亲对《历史大辞典》工作一向热心、负责，尤其对明、清史分册工作会议的召开，特别关怀。1981年12月10日，两分册同志在天津开编写会议时，他正在北京开会。会议前，尽管他在京住地较远，交通不便，但他仍然与辞典负责人胡一雅、曹贵林等同志联系多次，深感对此会不能及时参加，表示不安。他在11月30日曾给我一信，内中说："（人代会）十三日闭幕。历史辞典十日开会，我须请假几天，盼告一雅、贵林、罗明诸同志。戴逸同志不知来否？到会同志得便还是来系中讲同志们：

　　现在我把同志的案一下，对《历史辞典》的筹备情况。

　　目前，我国除了综合辞书外，还没有一本中国译历史辞典。这是人人关心感到失望的事。我们为

史主这书是更感到的慌急呀。就我个人来说，从二十年开始我就想望这样一本书。1952年、1956年、1975年史学界同志不断提出了这一要求。南开大学曾于1958年集体编写过国四一次，规

里成只是一般的几个之说也未完成。这种要求在我个人心里是我多年的愿望了。

只有在今天全国制定了本全国历史学发展规划新要，把它纳入通

过大家讨论，通力协作，才有实现我的希望。从去年专区在天津开会之后，高了应实这一本历史辞典专点项目，社合科了院务要研究所有关全研究所又于78年十月去北京请示高等学校也多次查读开会。

1979年3月郑天挺在中国史学规划会议上介绍《中国历史大辞典》筹备情况手稿

讲，可与系中一商。"他老人家在13日大会闭幕后，原在京还有几次座谈会，他为了急于赶回参加历史辞典会，乃于14日上午即由京赶回天津。12日他又匆忙写了一信，这是他给我的最后一封信了。我把信中内容全部抄录如下："我已买好十四日上午九时余京津车票，大约十一时后可到。与何炳林同行。辞典会已开，我只能参加后半段，殊歉，望向同人致意，到津即往参加。"可惜的是：父亲14日中午到家后即病，吃饭仅吃稀食，下午即发烧，因而历史辞典会议始终未能参加。16日下午，历史辞典会已结束，与会同志多人来南开历史系作报告，他还深以不能亲自接待为憾。同时又在惦念次日即将在天津召开的中国史学会常务理事会。当然，尽管父亲是执行主席，而这个会也同样因为他病情严重，须住院治疗而未能参加。这不过是他去世前几天的事了。

1979年《中国历史大辞典》部分编委合影。左起：史念海、韩儒林、邓广铭、张友渔、郑天挺

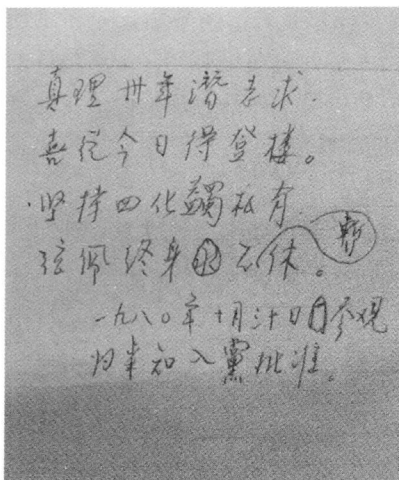
1980年10月郑天挺入党后赋诗

父亲身体素健，很少得病，更少卧病在床，因而对自己身体估计过分乐观，不免有所大意。他在近几年，由于在政治上不断进步，参加了中国共产党，因而对工作更加认真，热情满怀。1980年10月17日，父亲光荣地加入党组织后，曾赋诗抒怀，表达了他晚年的雄心壮志。诗云："真理卅年潜志求，喜从今日得登楼。坚持四化蠲私有，弦佩终身誓不休。"他老人家从来就是这样不知疲倦地勤奋工作，壮心不已。

正如蒋南翔同志发来的唁电所说："郑天挺同志热爱党，热爱社会主义，不断随着时代的进步而进步，从一个民主主义者发展成为无产阶级的战士、光荣的共产党员。他在垂暮之年仍壮志满怀，为在南开大学建立明清史的研究中心而积极努力。他的不幸逝世，对我国教育事业和史学界都是一大损失。"是的，父亲一生热爱教育事业，他的那种为了教育事业和四化建设而忘我劳动的革命精神和对工作的极端负责任的高贵品质，是永远值得我们学习的。

（原载《中国古代史论丛》1982年第2辑，福建人民出版社1982年12月版）

郑天挺教授大事记

1899年（清光绪二十五年），一岁

8月9日（农历七月初四）出生于北京，名庆甡，字毅生，入大学后改天挺。

1905年（光绪三十一年），七岁

父郑叔忱于是年秋病逝，年四十二。叔忱先生系福建长乐县人，字宸丹，光绪十六年（1890）进士，后任庶吉士，长期在翰林院任职。1902年任奉天府丞，后丁忧回北京，在京师大学堂（即北京大学前身）任教务提调（教务长）。

1906年（光绪三十二年），八岁

母陆嘉坤在天津病逝，年三十八。嘉坤先生为广西桂林人，出身于官宦之家，书香门第。1895年与叔忱结婚，育有三子一女。叔忱死后，由于家庭生活，她应傅增湘之聘，到天津担任北洋高等女子学堂总教习。为人富正义感。因视友人疾而被传染白喉，不治逝世。旋姐姐郑庆珠及弟弟郑庆喆均先后去世。家中只剩下他及一位比他小五岁之弟弟郑庆珏（郑志文），字少丹。由于俩人年龄太小，寄养在姨父母家中，由表舅梁济（巨川）监护，并由表兄张耀曾（时留日）、张辉曾对他们进行教育。

1907年（光绪三十三年），九岁

入京师闽学堂读书。班中人少，停办。

1908年（光绪三十四年），十岁

改入江苏学堂读书。春季始业。

1909年（宣统元年），十一岁

闽学堂成立高小，复回该校读书。次年因经费不足停办。当时学校仍以读经为主，如读《书经》、《诗经》等，但读的方式已与私塾不同，另加修身、作文、算术、史地等课。此时期与同学杨健、庄绍祖、周一鹤等熟识。杨系广东香山人，当时印不少图片，反对葡萄牙侵占澳门。庄系福建惠安人，亲友华侨多，传来了不少反满言论，对郑先生影响均大。

1911年（宣统三年），十三岁

考入顺天高等学堂一年级。高班者有梁漱溟、张申府、汤用彤等人，同班者有李继侗。课程较深。高班同学反对列强瓜

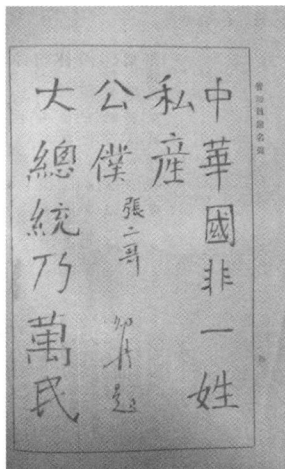

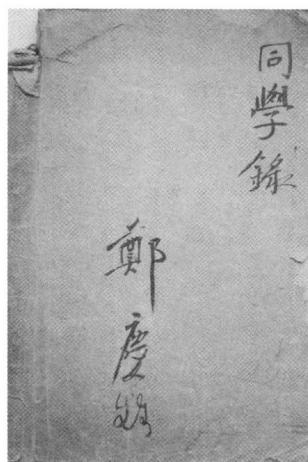

宣统二年（1910）《京师闽学堂同学录》及郑天挺在同学录上所题联语。张二哥为表兄张辉曾

分中国，曾发动组织军事练习，称练兵操，先生亦参加。秋，武昌起义，学校停办。

1912年（民国元年），十四岁

与弟弟单独赁房过活。

夏，考入北京高等师范学校附属中学（即师大附中前身）读书，直至1916年毕业。读中学期间，对郑先生刺激最大的，即1915年5月7日日本向袁世凯提出二十一条的最后通牒。全国掀起反日高潮，抵制日货。郑先生亦参加反日活动。

1917年（民国六年），十九岁

考入北京大学国文系。当时北大考场每一教室放入天然冰一块，以防考生中暑，被传为佳话。时北大校长为蔡元培，文科学长为陈独秀，老师中有马裕藻、钱玄同、马叙伦、蒋梦麟、胡适诸人。

1918年（民国七年），二十岁

埋头读书。同学熟识者有罗庸（膺中）、郑奠（石君）、张煦（怡荪）、罗常培（莘田，长一班）等人。此外，班中尚有邓康（中夏）、许宝驹（昂若）、杨亮功、萧禀原（钟美）、王友颙、许本裕（惇士）、彭仲铎等人。

是年开始，听贵州老学者姚华讲金石文字，每周末晚间一次。同听者有俞士镇、王翼如、罗承侨（惠伯）、汪谦（受益）、周一鹤等十几人。后先生曾为姚老先生写《〈莲华盦书画集〉序》（1934）。

1919年（民国八年），二十一岁

仍在北大读书。是年爆发五四运动，走出书斋，参加学生会工作。曾代表北大至南开中学联系，并走向街头，参加游行及宣传活动。

11月，日本帝国主义在福州残杀中国人民，并派海军陆战队登陆威胁。当时北京的福建同学为了响应福建人民，组织旅京福建学生联合会，游行示威，抗议日军之暴行。郑先生积极参加这一运动，到街头讲演，宣传不买日货，为学生联合会筹款，举办游艺会等。会中出版《闽潮周刊》，郑先生以"攫日"笔名写文章宣传打倒日本帝国主义。当时一起参加反日活动的福建同学尚有郭梦良（弼蕃）、黄英（庐隐）、徐其湘（六几）、朱谦之、郑振铎（西谛）、许地山、谢冰心、龚启鎏（礼贤）、张忠稼（哲农）、刘庆平、高兴伟等人。其中郑振铎系郑先生本家侄子。

1920年（民国九年），二十二岁

春，福建学生运动仍在进行。在京的福建学生组织S.R学会（Social Reformation，意即社会改革），参加者有郭梦良、徐其湘、

郑天挺（以上北大）；高师（师大）有张哲农、龚礼贤、刘庆平；女高师有黄庐隐、王世瑛、高奇如、何彤；清华有王世圻；师大附中有高仕圻；铁路学校有郑振铎；汇文中学有林昶，共十四人。由于是年暑假郑先生及许多人均大学毕业，学会活动不多。

秋，在北京右安门外买地葬父母。

1921年（民国十年），二十三岁

春，陈嘉庚筹办厦门大学，以邓萃英为首任校长。郑先生亦参加筹备工作，任助教兼图书馆主任。同事有何公敢、郑贞文、朱章宝、周予同、刘树杞等人。是年夏，更换校长，郑先生亦离去。

秋，与张煦、罗庸考入北大研究所国学门为研究生，由钱玄同等人指导。

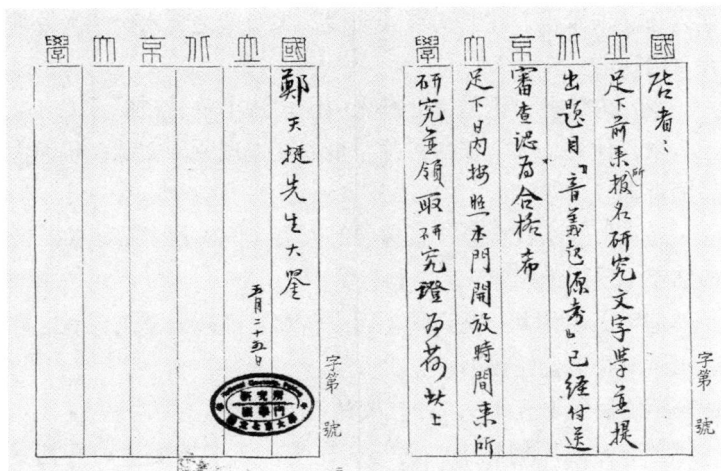

1922年5月25日北京大学研究所国学门致函郑天挺，其研究题目"音义起源考"审查合格

秋，和泰州周俶女士结婚。周生于1897年，人极贤慧。

1922年（民国十一年），二十四岁

在北京女子高等师范学校（女高师）、市立一中等校教书。

秋，任法权讨论委员会（会长张耀曾）秘书。该会系政府机构，主要工作系翻译中国法典为英、法文，并筹备收回帝国主义在中国的领事裁判权。

1923年（民国十二年），二十五岁

夏，长女郑雯、次女郑晏同日生。

在法权讨论委员会会长张耀曾指导下，依据会中一些外交档案，撰写《列国在华领事裁判权志要》一书，以该会名义于是年8月正式出版。

1924年（民国十三年），二十六岁

1月19日，赴安徽会馆参加戴东原二百年纪念会。有胡适、梁启超、朱希祖、沈兼士诸人演说。朱辨戴之《水经注》并非袭自赵一清。

春，为法权讨论委员会撰《中国司法小史》初稿。

秋，任北京大学预科讲师，授人文地理及国文课。仍兼女高师讲师。

是年，随法权会会长张耀曾等人去大同等地考察司法。

1925年（民国十四年），二十七岁

是年仍在北大、女高师（后改名女子师范大学）任教。在法权讨论委员会任秘书。

1926年（民国十五年），二十八岁

春节时在厂甸购书，遇马衡先生，云书摊卖清内阁档案甚多。

3月，北洋政府教育总长非法解散女师大，全校师生抵制。

鲁迅、许寿裳等人另觅校址上课，郑先生亦参加此行动。

执政府制造"三·一八"惨案，屠杀学生。3月25日郑先生参加女师大追悼会，以示抗议，并发动一些教师为死难家属募捐。

夏，长子克昌出生。

1927年（民国十六年），二十九岁

是年，北洋政府欠薪严重，发薪不过一二成。

6月，浙江民政厅长马叙伦邀去该厅任秘书。马原拟邀先生为科长，因先生晚到，且无实际工作经验，乃改现职。同在厅中工作者有罗常培、毛彦文等人。不久马辞职，命先生代拆代行，负责移交。旋即回京。时北大已被北洋政府改组，法权讨论委员会亦被解散，失业半年。

1928年（民国十七年），三十岁

3月，与罗庸先生一起至上海、杭州，见到蔡元培、鲁迅、马叙伦、蒋梦麟诸先生。

4月，在杭参加国立艺术院开学典礼，蔡元培、吴稚晖、蒋梦麟演说。

应表兄梁漱溟之邀，于5月由杭至广州，任广东政治分会建设委员会（兼主任李济深，代主任梁漱溟）秘书。时友人傅斯年、罗常培、丁山、顾颉刚等人均在广州中山大学。

在会中先后听梁漱溟"乡治十讲"。梁之"乡村自治"计划，在省中未获通过。

夏，弟郑少丹毕业于北平民国大学。

9月，由广州至杭州，任浙江大学（校长蒋梦麟已任教育部长，校务由秘书长刘大白代）秘书，文理学院讲师。

1929年（民国十八年），三十一岁

除在浙大外，尚在浙江地方自治专修学校（负责人马巽）讲授中国现代法令课，编有讲义。

是年，西湖博览会开幕，为教育委员。

1930年（民国十九年），三十二岁

2月，应蒋梦麟及刘大白（时任政务次长）之邀，任教育部简任秘书，负责筹备3月召开的第二次全国教育会议。

冬，蒋辞教育部长职，改任北大校长。先生亦随之回北大，任校长室秘书，并在预科讲授国文课。

是年，弟郑少丹赴日，就读于明治大学法律系。

1931年（民国二十年），三十三岁

9月，次子克晟出生。旋"九·一八"事变，日军侵占东北。先生命克晟又名"念沈"。

1932年（民国二十一年），三十四岁

是年初，与刘树杞等人去南京接回为反对日本侵略东北而南下示威的北大同学。

弟少丹等留日学生，为抗议日军侵华，愤而回国。后在上海法院任书记官。

1933年（民国二十二年），三十五岁

春，参加李大钊老师葬礼。

12月，任北大秘书长，中文系副教授。时文学院院长胡适、法学院院长周炳琳、理学院院长刘树杞，课业长为樊际昌。

是年始，在北平大学女子文理学院（院长范文澜）讲授中国近三百年史。

1934年（民国二十三年），三十六岁

1月，三子克扬生。

春，北大开始修建图书馆、地质馆、灰楼学生宿舍。先生日日视工程进度。

5月底，参加故宫博物院马衡院长游园招待会，观赏太平花。

夏，北大国文系改组，胡适兼系主任。先生为国文系同学讲授古地理学。

7月，北大国文系教授刘半农患回归热病逝。旋罗常培先生由史语所来国文系任教。

1935年（民国二十四年），三十七岁

5月，至中山公园来今雨轩，参加益世报筹办《读书周刊》事。到者有胡适、傅斯年、顾颉刚、罗常培、罗庸、钱穆、姚从吾、赵万里、吴俊升等人。毛子水主编。

同月，参加北平文史学者欢迎法国汉学家伯希和晚宴，由傅斯年、陈寅恪主持。

9月，至中山公园参加溥心畬夫妇书画展。

10月，参加学校图书馆、地质馆落成茶话会，招待中外人士，到者共三百余人。灰楼宿舍亦于次月完工。

12月，保释北大被捕学生五人出狱。

本年度为国文系学生讲授校勘学。

1936年（民国二十五年），三十八岁

是年初，弟郑少丹至南京商标局工作。

本年为史学系学生讲授魏晋南北朝史。

本年撰写《多尔衮称皇父之臆测》、《杭世骏〈三国志补注〉与赵一清〈三国志注补〉》诸文。

1937年（民国二十六年），三十九岁

春，妻周俶难产逝世。先生深受刺激，为悼死者，从此不

再续娶。

7月，日军大举侵华，"七七事变"，平津陷落。陷落前，由先生设法，使北大学生均离校。此后，北大、清华教授经常开会商对策。

8月，日本宪兵队搜查北大二院校长室，先生独自与之周旋。

9月，收藏晖（胡适）来信，劝先生诸人留平读书。但先生等人仍决定南下。

10月，先生行将南下，诸师友周作人、溥雪斋、刘抱愿（志敔）、李祖荫、王访渔、汪子舒、贺麟、张煦、罗庸、赵延泰、溥佺、溥佐等，均题诗赠画留念。其中罗庸书写《满江红》词，鼓励"待从头收拾旧山河"；贺麟则曰："宋时南渡之祸，复演于今日，兹当行将南渡之时，谨录朱文公感事诗二首志别，且寓他日北旋之望云尔。"亦对抗战胜利颇具信心。

11月，北大、清华、南开合组长沙临时大学正式上课。先生与罗常培、罗庸、魏建功、陈雪屏等人离平去长沙临时大学。临行前多次看望重病的孟心史（森）先生，殷殷惜别。先生保护学校师生安全南下，得到全校师生之赞扬，当时长沙《力报》、上海《宇宙风》等报刊均有报道。

12月，在临时大学由中文系转至历史系，任教授，讲授隋唐五代史。

1938年（民国二十七年），四十岁

是年初，孟森教授在平去世。

3月，临时大学又迁昆明，名西南联合大学。由蒋梦麟、张伯苓、梅贻琦任常委，梅为常委会主席。师生分头由长沙至昆明，步行团四月底至昆。

西南联大文法学院暂设蒙自，由南开杨石先、清华王明

之、北大郑先生负责筹办。

春，弟郑少丹回北平。南京陷落后，少丹落难于芜湖、湘潭、上海间。此时始回到北平，照顾家庭。

夏，开始注意西南边疆问题，撰《发羌之地望与对音》等文，并向陈寅恪、罗常培、魏建功、邵循正等人征求意见。

北大史学系师生召开孟森教授纪念会，先生撰《孟心史先生晚年著述述略》。文后记曰："余初意为心史先生作传，继欲改作遗事状。后与钱宾四（穆）先生商，专述晚年著作，遂成此篇。原有短序录存于此：'孟心史教授卒经年。北京大学史学系师生将集文纪念，索传于余。余求先生行述久而未获，因用龚定庵（自珍）《杭大宗（世骏）逸事状》例，条举所知于次。载笔之士，或有取焉。'天挺志于昆明才盛巷寓庐。"①

表兄张耀曾先生去世，年54岁。先生由云南辗转赴上海为之料理后事，凡两月，而未能回家省亲。

是年，开始讲授明清史，并涉及分期问题。此外尚开史部目录学等课。

1939年（民国二十八年），四十一岁

5月，北大决定恢复文科研究所，由中研院史语所所长傅斯年兼主任，郑先生为副主任。陈寅恪、傅斯年、杨振声、罗常培、罗庸、汤用彤、唐兰、姚从吾、叶公超、郑天挺、向达为导师。所址在城内青云街靛花巷3号及北郊龙头村宝台山响应寺两处。与史语所一起，形同一家。时陈、汤、郑、罗常培等均住靛花巷，傅、向来城内亦住此处。

10月，与梅贻琦、杨振声、陈雪屏等人乘火车去呈贡，看

---

① 郑天挺：《郑天挺西南联大日记》，第158页。

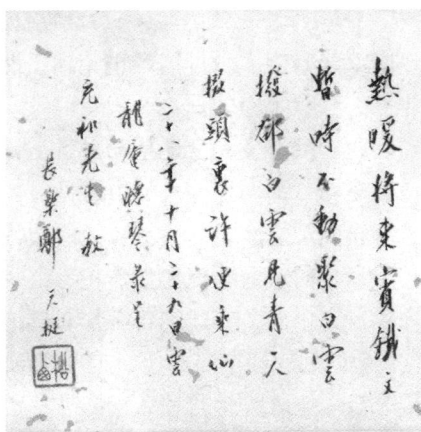

1939年10月29日听琴后郑天挺赋诗赠张充和

望吴文藻、谢冰心夫妇新居。这里风光秀丽，"远望滇池，彩叠数色"，至晚则"月色绝清，万顷溶溟，似灯而静"。次晚众人又听郑颖孙抚琴，张充和唱昆曲，尽兴而归。

是年，原拟与傅斯年纂辑新《明书》，拟定三十目，期以五年完成，因战事未成。

1940年（民国二十九年），四十二岁

是年初，任西南联大总务长。

夏，撰《〈张文襄书翰墨宝〉跋》一文。草就，即言："此文在辨许同莘致孟心史书，以'燕斋'为瑞璋之误，而定为蒋泽春。此事本无关宏旨，然其方法或可为初学考证者之一助也……首就《书翰》内容考订为（张之洞）督粤时所作；再就书翰所述之事与奏稿参证，知其为光绪十一、十二年所作；再就书翰内容与称谓，知'燕斋'之姓氏为蒋，曾署盐运使，于是就其时察其官，审其姓，遂得蒋泽春之名。"[1]此事缘于吴相湘先生在北平琉璃厂购张之洞之信札，求心史先生题记，孟老乃函许问"燕斋"其人。

冬，日军侵越南，云南局势骤变，史语所迁川，西南联大

---

① 郑天挺：《郑天挺西南联大日记》，第286页。

于四川叙永设分校，容纳一年级学生。

1941年（民国三十年），四十三岁

5月至8月，与梅贻琦、罗常培至四川公干。至南溪县李庄史语所，与所中诸公商议北大任继愈、马学良、刘念和、李孝定论文答辩事；至成都参观四川大学及华西、齐鲁、金陵三大学，并至武汉大学参观；至重庆洽谈公务；顺游峨眉山。

是年，在联大讲授隋唐五代史、明清史，在云大讲隋唐五代史。

1942年（民国卅一年），四十四岁

7月，在华山小学为云南省地方干部训练班作"明清两代滇黔之发达"演讲。计分叙论、区域分合、人口、土田、交通、矿产、盐、科举、改土归流、结论十部分。结论为：滇黔之发达在明清较前代为胜；明清滇黔之发达较之他省有过之。讲稿已佚。

12月，在联大文史讲演会作"满洲入关前后几种礼俗之变迁"讲演。

年末，患斑疹伤寒，在宿舍休养，并得师生照顾。同舍罗常培先生一日数来看。故先生在《〈恬盦语文论著甲集〉序》中谓："余与（罗）莘田生同日，长同师，壮岁各以所学游四方又多与共，知其穷年兀兀殚竭之所极；每深夜纵论上下古今，亦颇得其甘苦。用敢逴其愚陋，弁言卷首，为读者告。"

"此集清抄既竟，莘田以十二月十七日付之剞劂，以申敬于国立北京大学，会余病失期。病中三逢警报，余固莫能走避，而莘田亦留以相伴，古人交情复见今日，序成归之，有余愧焉。"正是说明两人的亲密关系及罗对他的爱护。

是年，在云南广播电台作"中国之传记文"的演讲。

1943年（民国卅二年），四十五岁

1月，与汤用彤议北大文科研究所计划。主北大文科研究所历史考证方面，应以敦煌研究为主。

春，与西南联大教授姚从吾、雷海宗、邵循正等人至重庆，参加全国历史大会。

夏，长女郑雯由北平辗转洛阳、重庆来昆明，考入西南联大外语系上学。

1944年（民国卅三年），四十六岁

1月，在西南联大历史系晚会作"清代包衣制与宦官"之讲演。

4月，在西南联大文史讲演会，作"清代皇室之氏族与血系"之讲演，并驳斥"满洲独立论"之谬说，强调："近世强以满洲为地名，以统关外三省，更以之名国，于史无据，最为谬妄。"

6月5日，《清国姓爱新觉罗得姓臆测》发表于昆明版《中央日报·文林副刊》。

暑假，应大理县志编纂会之邀，先生随西南联大、云大师生赴大理学术考察。共分八组，由罗常培领队。文史组尚有徐嘉瑞（组长）、游国恩、周定一、田汝康、吴乾就、王年芳、李俊昌等人。历时三十五天。其间，在大理三塔寺为干训班作"中国民族之拓展"讲演。计分：一、中国之移民；二、中西移民之不同；三、展拓之三方面；四、中国民族拓展的精神与贡献。听者千人。讲稿佚。

9月，应何炳棣、丁则良、王逊主持之十一学会约请，作"大理见闻"之讲演，讨论热烈。

10月29日，撰写《近百年来的中国建军》论文在《中央日报》（昆明版）发表。

1945年（民国三十四年），四十七岁

1月，为云南文化界作"明代之云南"演讲，分绪论、范围、行政、形势、人口、土田、财富、交通、文化、结论十部分。讲稿佚。

4月，弟郑少丹在北平病逝。少丹先生回平后初未工作，为照顾全家糊口，后在国立华北编译馆（馆长瞿兑之）任编辑；北京大学法学院讲师。未成婚。

4月，《清史探微》序写成。其中道："天挺早失怙恃，未传家学，粗涉载籍，远惭博贯。比岁僻居无书，蓄疑难证，更不敢以言述作。独念南来以还，日罕暇逸，其研思有间恒在警报迭作晨昏野立之顷，其文无足存，而其时或足记也。"

6月，北大校长蒋梦麟任行政院秘书长。为《中央日报》（昆明版）6月3日撰写《六三纪念献辞》专论。6月3日系禁烟日。

8月，为昆明裕滇纱厂作"清末洋务"之演讲。讲稿佚。

8月，抗日战争胜利，北大、清华、南开三校筹划迁返，成立三校联合迁移委员会，以先生为主席。

8月底，奉教育部命，至北平接收北京大学。因候飞机，9月3日飞渝，11月4日始达北平，与家人团聚。

9月，胡适任北大校长，傅斯年为代理校长。

11月，成立北京大学校产保管委员会于北平，由先生主持。后杨振声、郑华炽、曾昭抡、俞大绂均加入。

任北平临时大学补习班（主任陈雪屏）第二分班（文学院）主任。复约请陈垣、萧一山、董绍良、孔云卿（史）、俞平伯、孙人和、孙楷第、顾随（中文）、陈君哲、林宰平（哲）、陈福田、蒯淑平（外文）等人讲课。济济一堂，令人称羡。

任《经世日报·读书周刊》主编。该报尚有《禹贡周刊》
（主编顾颉刚）及《文艺周刊》（主编杨振声）。

1946年（民国卅五年），四十八岁

1月，所著《清史探微》由重庆独立出版社出版，内包括
近年所作清史论文十二篇。次年9月再版。

3月，至协和礼堂参加原北大地质系教授葛利普（美人）
追悼会。为宗教仪式，极肃穆。

7月，长女郑雯搭飞机由上海回平，在济南空难，不幸逝
世，时年二十三岁。彼由西南联大即入清华外语系四年级，品
学兼优。先生极感悲痛。

7月，胡适就北大校长职。文学院院长汤用彤、理学院院
长饶毓泰、法学院院长周炳琳、医学院院长马文昭、农学院院
长俞大绂、教务长郑华炽、训导长陈雪屏、图书馆馆长毛子
水。先生仍任秘书长。

夏，任故宫博物院专门委员。

12月，北大西语系学生召开郑雯同学追悼会，教育系讲师
严倚云等讲话。先生代表家属致答谢词。

是年，在北平广播电台作"如何读书"讲演。

1947年（民国卅六年），四十九岁

是年夏，北大工学院（院长马大猷）开始招生。至此，北
大成为当时北平包括文、理、法、农、工、医最完备之综合性
大学。

11月20日，在《益世报》发表《琉球必须归还中国》一文。

是年讲授明清史、清史研究等课，并在一些报刊撰写
社论。

1948（民国卅七年），五十岁

2月，为《周论》撰写《明清两代的陪都》一文。

4月，为学潮事，先生致在南京开会的胡适校长："北大有自由批评之传统，外间颇多误解，今后处境将益困难……大学有其使命，学术研究应有自由，如无实际行动，在校内似宜宽其尺度，若事事以配合（"剿总法令"）为责，奉行不善，其弊害不可胜言。"

8月，先生五十寿辰，北大胡适等二十六位教授为其祝贺，先生及家属均参加。

是年春夏，北平警备司令部多次要逮捕进步学生，先生出面阻拦，明确表示：绝不交出一个学生。并用一切办法阻止军警入校，坚持保护学生安全，设法使之离校。斗争取得胜利。

10月，教育部派督学主任来平，促劝北大南迁，遭先生及其他教授反对。

12月，解放军包围北平。

12月15日，胡适校长飞南京。北大校务由汤用彤（文学院院长）、周炳琳（法学院院长）及先生负责。先生致电胡先生，建议上、中、下三策：上策回北大，中策去澳讲学，下策去美。

国民党派飞机接北平知名教授南下，除少数人走外，先生及大部分教授均拒绝南下。先生决心保护校产及师生安全，迎接解放。

12月17日，北大五十周年校庆，学生自治会以全体同学名义，向先生献"北大舵手"锦旗，表明对先生之尊重及先生几十年在北大之地位并对北大之贡献。自治会致函郑先生并言：这种爱护北大的精神，"全北大同学不会忘记您，全中国人民不会忘记您，全中国后代的子孙也不会忘记您"。

是年，先生讲授明清史、历史研究法。

1949年，五十一岁

1月，北平和平解放。

5月，北平文管会接收北大。任命先生为北大校委会委员（常委会主席汤用彤）、秘书长、史学系主任。

是年夏，次女郑晏毕业于辅仁大学社会系。

1950年，五十二岁

4月，辞北大秘书长职。校委会表彰先生十八年行政工作之劳绩。仍任史学系主任，及文科研究所（所长罗常培）明清史料整理室主任。

是年夏，长子克昌毕业于南开大学经济系。

是年先生讲授中国史（四）元明清史，中国近代史（上）。

购买廿四史一部（"老同文"本）。

1951年，五十三岁

2月至5月，参加教育部门组织的中南区土改参观团。先生任团长，曾炳钧（清华政治系主任）任副团长。

10月，北大中文（四年级）、哲学（三、四年级）、史学（三、四年级）组成土改工作团，到江西吉安地区

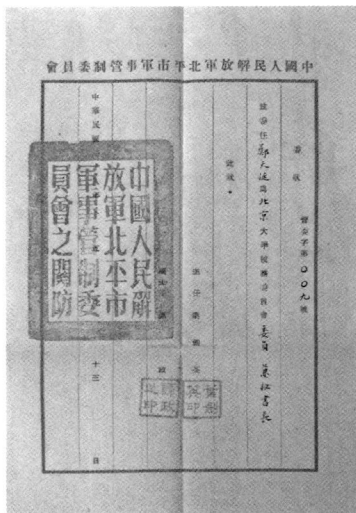

1949年5月13日北平市军管会任命郑天挺为北大校务委员兼秘书长

参加土改，先生任团长。

是年，由北大、清华历史系及中国科学院近代史所共同编辑《进步日报》（原《大公报》）之《史学周刊》。先生为该刊撰写近代史论文多篇。

1952年，五十四岁

上半年，参加北大"三反"、"五反"、"思想改造"、"忠诚老实"运动。先生被指定做重点检查。

5月，开始上课，仍讲授元明清史。

6月，先生主编之《明末农民起义史料》，由开明书局出版。先生为该书写序。1954年3月改由中华书局再版。

8月下旬，随学校工会组织去青岛休息。

9月上旬，院系调整，先生及原清华大学历史系主任雷海宗奉调至南开大学历史系。先生任系主任兼中国史教研室主任；雷先生任世界史教研室主任。故时人云，南开历史系为"小"西南联大。

任《历史教学》社编委，并为该刊撰写多篇论文。

12月，在南开上课，讲授隋唐史。

1953年，五十五岁

1月，先生原在北大主

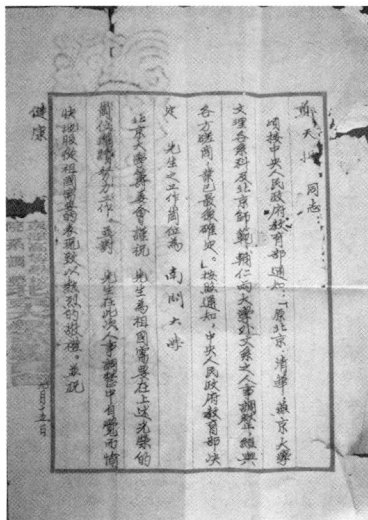

1952年9月院系调整，郑天挺奉调至南开大学

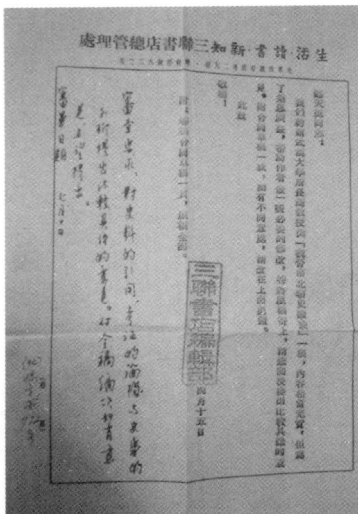

1954年三联书店约请郑天挺审查《魏晋南北朝史论丛》函

编之《宋景诗史料》，由开明书店出版。

春，当选天津市人民代表。

率历史系一年级学生至北京历史博物馆参观，承沈从文先生接待。

夏，至颐和园看望病中休养之老友罗常培先生，并同庆五十五岁生辰。老友郑奠亦参加。

9月，至北京参加全国综合性大学会议，任历史组负责人。后在《人民日报》撰文谈教育改革之体会。

冬，为三联书店审阅唐长孺《魏晋南北朝史论丛》一书。

当选为天津市历史学会会长。

1954年，五十六岁

7月，至北京参加全国高校文科教学研究座谈会，任历史组负责人。

暑假，自上海购买百衲本二十四史一部。先生虽藏书不少，但始终无力购买二十四史。至此已有二十四史两部，一部仍留京。

是年，讲授元明清史、史料学等课。

10月，《宋景诗史料》改名为《宋景诗起义史料》，由中华书局再版。

撰写《马礼逊父子》等文。

1955年，五十七岁

夏，身体不适，经常流鼻血，不知病因。但仍坚持工作。讲授明清史、史料学等课。

夏，次子克晟毕业于北京大学历史系。

1956年，五十八岁

2月，至北京列席全国政协会议。

参加中科院历史研究所学术委员会议，为该所学术委员。

夏，至京出席全国高校教材会议，任历史组负责人。

评为一级教授。

10月，南开校庆，举办科学讨论会，先生做"关于资本主义萌芽问题"的报告，着重探讨《织工对》的年代问题。

是年，明清史研究室成立，先生为主任。

研究生陈生玺入学。

1957年，五十九岁

撰写《关于徐一夔〈织工对〉》一文，于《历史研究》发表。

是年讲授明史专题、明清史等课。

1958年，六十岁

春，全校教育革命，学术思想遭到大字报批判。先生对"左"的倾向不能适应，一度萌生退休念头。

夏，三子克扬毕业于北京航空学院三系。

12月，罗常培先生病逝。先生赴京吊唁，异常伤感。

1959年，六十一岁

夏，老友章廷谦、马巽、陈伯君、郑奠等在京为其祝寿。先生为六十周岁。

是年，注意中印边界文献，写《麦克马洪线不是合法的中印国界线》一文（内参）。

1960年，六十二岁

6月，参加全国文教群英会，为特邀代表。

先生仍过单身吃公共食堂之生活。是时正值生活困难时期，先生身体亦受影响。

是年招研究生。冯尔康、倪明近、彭云鹤、赵涤贤入学。

是年讲授明清史专题、《资治通鉴》选读等课。

1961年，六十三岁

3月，参加全国文科教材会议，任历史组副组长（组长翦伯赞）。此后一直住北京，从事文科教材选编工作。仍不时回津，为研究生上课。

在京期间，经常去各高校历史系讲演，强调要"精读一本书"。研究生夏家骏入学。

秋，为北大历史系学生讲清史专题。

1962年，六十四岁

2月，至厦门参加郑成功收复台湾三百周年讨论会，并在厦大及福建师院做学术讲演。回京经过上海时，又与黎澍等人访问复旦大学。

8月，应北京历史学会邀请，在北京历史博物馆作"论康熙"的报告。

是秋，在北大历史系讲清代专题，侧重清代晚期诸问题。

在南开大学学术讨论会上，作"关于满洲族入关前社会性质"的报告。

12月，南开历史系教授雷海宗先生病逝。先生极悲痛与惋惜。

1963年，六十五岁

次子郑克晟及妻傅同钦调至南开大学。郑克晟原毕业后分配至中国科学院历史研究所，研读明史，来南开后，在明清史研究室工作。

3月，任南开大学副校长。

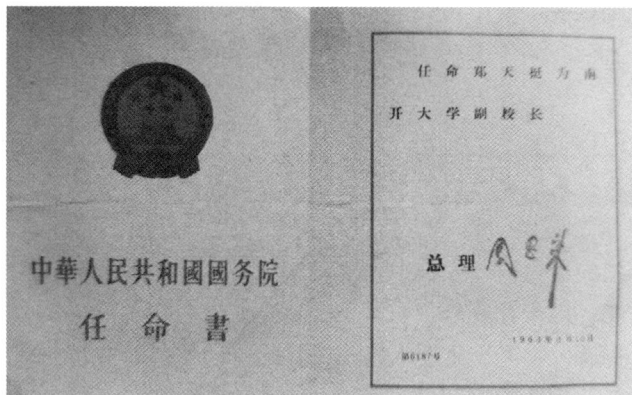

1963年3月国务院任命郑天挺为南开大学副校长

7月，文科教材告一段落，回校。两年间主编（与翦伯赞合）《中国通史参考资料》十册（其中第八册清史资料，系先生及几位明清史研究室同仁自编），《史学名著选读》五册。

9月，中华书局将标点二十四史的专家集中于北京。先生乃至京住中华书局西北楼招待所，集中精力标点《明史》，并作《明史零拾》笔记。

10月，参加中科院哲学社会科学学部扩大会议。

是年，为南开大学学生讲中国近代史专题，为北大历史系学生讲清史专题。

1964年，六十六岁

春，在南开与诸教授讲中国文化史专题。

夏，辞历史系主任，由吴廷璆先生继。

至沈阳参加满族史讨论会，同去者有白寿彝、翁独健、傅乐焕、谢国桢、王锺翰等人。

冬，参加第三届全国人大会议，为人大代表。

1965年，六十七岁

是年仍在中华书局标点《明史》，受政治气候影响，进展较慢。

1966年，六十八岁

6月，"文革"开始，被南开领导人责令回校。后即遭到严重迫害，入牛棚，失去自由。精神上乃至肉体上备受折磨。所存书籍、稿件、教学资料、文物、信件、日记、照片全部被抄，损失极重。

1967年，六十九岁

仍属"牛棚"重要人物，每日除劳动外，即被勒令写"交待材料"，仍遭迫害。

1968年，七十岁

夏，由原住房迁至一九平米向阴小屋，单人居住。工宣队进校，受迫害尤甚。历史系办"活人展览"，先生居首，此种最伤害人心灵的迫害，"文革"期间亦不多见。

1969年，七十一岁

是春，获"给出路"政策，改住一十二平米向阳房，每月生活费一百五十元。是冬，随全校师生至河北完县劳动。仍不时受审查。

1970年，七十二岁

5月，由河北完县返校，仍无自由。时在京家人均受株连，遭受审查。

6月，次子克晟全家下放天津西郊插队落户，户口全迁，成为人民公社"新社员"，亦系受牵连之故。其时受此"待遇"者，历史系有八户。

夏，先生至天津郊区大苏庄劳动，管理已较缓和。

1971年，七十三岁

是年南开开始招生。下半年先生的"问题"得以逐步缓解。先生开始注意清代边疆问题及丝绸之路之史料。

中华书局来函要求先生仍去京继续标点《明史》，遭南开拒绝，致使先生失去最后标点之机会。

秋，随历史系教师至故宫参观"金缕玉衣"展。

1972年，七十四岁

仍侧重研读东北边疆史料，并对钓鱼岛史料予以关注。为中国近代史年轻教师讲课。

春至秋，先生已开始审阅《明史》标点稿件。

秋，随历史系古代史教师参观周口店"北京猿人"展。

1973年，七十五岁

春，随历史系古代史教师至北师大历史系座谈。未发言。

春，中华书局赵守俨等人仍要求先生审阅《明史》标点之三校稿。先生仍认真负责，做《复校异议》笔记，凡数百条。历时一年完成。

夏，至天津市参加中国历史地图之审阅工作。

次子克晟全家由农村回南开。

1974年，七十六岁

夏，参加天津市"儒法斗争"座谈会，凡两天。此系先生"文革"以来第一次在天津文教界露面。

始恢复正常工资，"文革"以来所扣工资亦发还。

冬，至北京师院审阅《中国近代史知识手册》。

1975年，七十七岁

3月，随历史系教师至中国历史博物馆参观，并至中华书局看望老友。

11月，随历史系古代史教师至北京参观。次日随历博所备车至京郊香山脚下之演武厅、俗传正白旗曹雪芹故居参观。途经梁启超墓、樱桃沟（周家花园）、卧佛寺、香山、黑龙潭、明景泰陵、白家疃、圆明园等处，均下车参观。先生虽累，但情绪仍高。

1976年，七十八岁

7月，唐山地震，天津亦波及，先生及家人在室外住塑料棚约两月。

1977年，七十九岁

春，至抚顺参加《清代简史》讨论会。与会者多为从事清史研究之年轻学人。

冬，当选为第五届全国人大代表。

1978年，八十岁

6月，去武汉参加教育部召开的全国文史教育会议。

11月，《光明日报》载南开郑天挺等人平反之报道。

1979年，八十一岁

春，去成都参加中国社科院召开的历史科学规划会议，途经西安。

5月，随天津市政协去庐山、井冈山等处参观。

秋，受教育部委托，主办明清史进修班，为学员讲课，主编《明清史资料》上、下册，并至清西陵参观。

是年，为研究生及留学生讲课。

冬，重任南开大学副校长。

在津召开《中国历史大辞典》首次会议，由先生任该书总编。

任中国社科院历史研究所兼任研究员。

1980年，八十二岁

3月，至京参加中国史学会代表大会，当选为中国史学会主席团成员。

夏，先生之《探微集》及《清史简述》两书，由中华书局出版。《探微集》中包括先生所撰论文四十三篇。

当选为天津市政协副主席。

8月，由南开大学主办国际明清史讨论会，到中外学者一百二十多人，盛况空前。先生提交《清代的幕府》一文，博得与会者称赞。会后编出八十万字之论文集。先生决定：按论文性质排列次序，自己论文亦列其间。

至太原参加中国历史大辞典会议，会中决定分册主编制。

秋，随天津市政协去重庆参观。

加入中国共产党。

近年所招研究生白新良、汪茂和、林延清、王处辉、何本方于此前入学。

1981年，八十三岁

4月，至厦门大学参加六十周年校庆，并讲演。

5月，至上海参加历史大辞典会议。任中国史学会执行主席。

暑假，参加教育部学位评定委员会议，为历史组组长；国务院学位评定委员会，与夏鼐同任组长。

10月，至武汉参加纪念辛亥革命七十周年学术讨论会，代表中国史学会致辞。

10月，南开大学举办先生执教六十周年纪念会。先生辞副校长，改任学校顾问。

1981年10月南开大学举行庆祝杨石先郑天挺执教六十周年大会。右一天津市市长胡启立，右三郑天挺，右四杨石先

11月，为甘肃《少年文史报》题词："后来居上"。

12月20日，先生在津病逝。先生自京开全国人代会后即患感冒，回津不及一周而病逝。天津市举行向先生遗体告别仪式，市长胡启立等人参加。国务院副总理方毅、教育部长蒋南翔等均来电悼念。

1982年

2月，中国社科院等单位，在京举行纪念会，对先生逝世，表示哀悼。刘大年教授等发言。《人民日报》、《光明日报》发表白寿彝、傅衣凌等文章，悼念先生。《中国史研究》发表张政烺所写怀念先生之文章。

《南开学报》辟专栏，发表戴逸教授等纪念先生论文。

7月，《明清史国际学术讨论会论文集》由天津人民出版社出版。

12月，天津社科联及南开大学举行先生逝世一周年纪念会。
1988年

3月，《人民日报》发表冯尔康所写纪念先生文章。
1989年

8月，先生主编《清史》（上编）由天津人民出版社出版。此后1994年香港中国图书刊行社、1999年台北昭明出版社、2003年台北知书房出版社分别出版。

12月，南开大学举行先生九十冥寿暨逝世八周年纪念会，校长母国光等人发言。
1990年

3月，《郑天挺纪念论文集》由中华书局出版，由全国史学界著名学人撰写研究论文。范曾作画，缪钺题词。
1991年

4月，《郑天挺学记》由三联书店出版。书中包括史学界同仁及先生弟子所写纪念文字。书末附先生所写自传。
1992年

12月，先生所著《清史探微》收入《民国丛书》第四编，上海书店出版。
1998年

北大百年校庆，《北京大学学报》第3期发表《郑天挺与北京大学》一文。校史展及其他不少文字亦怀念及赞扬郑先生在北大之功绩。汤一介编《北大校长与中国文化》（增订本）一书，刊有常建华所写《历史研究在于求真求用——郑天挺教授与北大》一文（北京大学出版社1998年5月出版）。台湾史语所编《新学术之路："中央研究院"历史语言研究所七十周年纪念文集》刊有《郑天挺先生与史语所》一文（台北："中央研究院"历史语言研究所1998年10月出版）。

1999年

夏，台湾《传记文学》发表吴相湘、郑克晟所写纪念先生百年文章，并附照片（6月第74卷第6期，8月第75卷第2期）。

7月，先生《清史探微》由北京大学出版社出版，列入《北大名家名著文丛》。2011年北京大学出版社再版。2002年台湾云龙出版社列入《中国史研究丛书》再版。

《南开学报》第4期辟纪念专栏，纪念先生百年诞辰。

8月30日至9月3日，为纪念先生百年诞辰，南开大学举行"明清以来中国社会国际学术讨论会"，并在会中举行先生百年纪念会及先生塑像揭幕仪式，到中外学者百余人。何兹全（书面）、任继愈、王锺翰、杨志玖等学者均发言。会前，何鲁丽、戴逸、夏家骏诸教授为先生百年题词。会议拟出版论文集及纪念先生之文集。

10月，《北京大学学报》第5期发表郭建荣纪念先生百年之文章。

《清史论丛1999年号》发表陈生玺及曹贵林所写纪念先生百年之文章（河北教育出版社2001年5月出版）。

2000年

3月，先生等主编《中国历史大辞典》汇编本由上海辞书出版社出版。2007年8月、2010年9月、2018年8月再版。

6月，南开大学历史系、北京大学历史系编《郑天挺先生百年诞辰纪念文集》由中华书局出版，内包括回忆先生文章二十余篇，学术文章三十余篇。

2002年

9月，先生所著《及时学人谈丛》(《南开史学家论丛》之一)由中华书局出版，并于2003年4月在北京人民大会堂举行首发式。

2005年

7月，先生《清史简述》(图文本)由中华书局重版。

2006年

是年，郭建荣、杨慕学编著《北大的学子们》，其中包括郭建荣所写《郑天挺——明清史大家》一文(中国经济出版社1月版)；钱理群、严瑞芳主编《我的父辈与北京大学》一书，内中包括郑嗣仁所写《三十年风风雨雨——郑天挺与北京大学》一文(北京大学出版社11月版)。

近年何炳棣及何兆武等教授所撰回忆文字，均称赞先生在西南联大时之教学及为人。

2007年

5月，南开大学历史学院开始筹备先生诞辰110周年纪念活动，拟整理出版先生学术卡片，成立先生学术卡片整理小组，以常建华教授为负责人，由王力平教授负责隋唐五代史讲义、王晓欣教授负责元史讲义、孙卫国教授负责明史讲义、常建华教授负责清史讲义的整理工作。后又增加历史地理学讲义、法制史讲义，由孙卫国教授负责整理。

2009年

7月，封越健、孙卫国编《郑天挺先生学行录》由中华书局出版，收录与先生有亲身接触之学者纪念文章及论文九十七篇，并附录《郑天挺教授大事记》、《郑天挺教授生平论著索引》。

9月，北京大学历史系、中国社会科学院历史研究所、南开大学历史学院、南开大学中国思想与社会研究哲学社会科学创新基地在天津联合举办"纪念郑天挺先生110周年诞辰暨中国古代社会高层论坛",约一百二十位来自各地的学者参加。

9月,先生《探微集》(修订本)由中华书局出版,列入《现代史学家文丛》。

9月,王晓欣等整理《郑天挺元史讲义》由中华书局出版。

2011年

5月,先生主编《清史》上编由天津人民出版社重版,与南炳文主编《清史》下编同时出版。

8月,南开大学历史学院、北京大学历史系、中国社科院历史所编《中国古代社会高层论坛文集:纪念郑天挺先生诞辰一百一十周年》由中华书局出版。

12月,王力平等整理《郑天挺隋唐五代史讲义》由中华书局出版。

2014年

8月,先生《清史探微》由商务印书馆出版,列入《中华现代学术名著丛书》。2017年再版。

10月19日,首都图书馆、商务印书馆主办"百年学脉——中华现代学术名著"系列讲座第一讲在首都图书馆举行,由郑克晟演讲"清史学的开创者——郑天挺"。

2015年

8月,先生《清史简述》由北京出版社出版,列入《大家小书》丛书。

2017年

5月,先生《清史简述》由文津出版社出版,列入《跟大家读中国史》丛书。

11月,孙卫国等整理《郑天挺明史讲义》三册,由中华书局出版。

2018年

1月，俞国林点校《郑天挺西南联大日记》二册，由中华书局出版。出版后陆续入选"2018年度中国30本好书"（中国出版协会）、"中版好书2018年度榜"、"第五届中国读友读品节指定书单"（中国出版集团公司）、"2018年度十大好书"（第十九届深圳读书月）、"百道好书榜"（百道网）、"华文好书榜"（腾讯新闻文化频道）、"2018年度新京报好书入围书单"等多家图书排行榜，2019年获第九届"中国出版集团出版奖·综合奖"及第十四届"文津图书奖"社科类推荐图书。至2022年7月已第6次重印，共印刷27500册。

3月17日，南开大学历史学院和中华书局联合举办"郑天挺先生新刊遗著发布会"在津举行，来自中国社会科学院、广东社会科学院和多家高校与新闻出版单位四十余位学者参会。

11月，中共云南省委宣传部与中央新影集团联合出品，徐蓓执导之《西南联大》纪录片在中央电视台播出，片中表彰先生对西南联大之贡献，并采访先生家人。

2019年

9月9—11日，南开大学召开"纪念郑天挺先生诞辰120周年暨第五届明清史国际学术讨论会"，海内外近二百位学者出席会议。南开大学副校长王新生、国家清史编委会副主任朱诚如、中国社会科学院学部委员暨历史研究所原所长陈祖武、南开大学荣誉教授冯尔康、美国哈佛大学副教务长暨东亚语言文明系讲座教授欧立德，以及南开大学历史学院负责人、先生家属代表等出席开幕式。

9月，孙卫国编《郑天挺文集》由南开大学出版社出版，收文六十篇，附录《郑天挺自传》、《郑天挺先生学术年谱》，列入《南开百年史学名家文库》。

9月，孙卫国等整理《郑天挺历史地理学讲义》由中华书局出版。

本年，云南省委宣传部、腾讯影业和润禾文化传媒出品，高翊浚、王鹏执导《我们的西南联大》40集电视连续集拍摄完成。其中先生由演员李博扮演。

2020年

7月，先生主编《清史》上编及南炳文主编《清史》下编，由上海人民出版社出版，列入《中国断代史系列》。

9月1—27日，北京大学校史馆推出"史学大师郑天挺——郑天挺先生生平纪念展"。展览分为"诗书传家、学以报国"、"负笈北大、因缘际会"、"教以为生、求真求用"、"实心任事、鞠躬尽瘁"四个部分，以图文与实物相结合，通过线上线下展厅，展示先生爱国爱校、潜心学术、奉献教育、鞠躬尽瘁的一生。

2021年

8月，由北京出版集团有限公司出品，北京星艺海文化传媒有限公司承制的《大家小书·郑天挺》在北京卫视老故事频道、上海东方卫视纪实频道、金鹰纪实频道、中国教育电视台、海南媒体等媒体以及爱奇艺等网站播出。

9月，常建华等整理《郑天挺清史讲义》三册，由中华书局出版。

（原载《郑天挺先生百年诞辰纪念文集》，中华书局2000年6月版。有增补修改）

郑天挺先生生母

——天津近代女教育家陆嘉坤

陆嘉坤（1869—1906）字苻洲，广西桂林人，生于仕宦之家。自幼笃于诗书，十岁随父陆仁恺至山东粮道任，见识较广。1895年与郑天挺先生之父郑叔忱结婚，生二子庆甡与庆珏。庆甡字毅生，即郑天挺（1899—1981）。郑叔忱字宸丹，光绪十六年（1890）进士，在翰林院任职。后在京师大学堂（北京大学）做教务提调。1905年病逝，年四十二岁。陆嘉坤表兄梁巨川是梁漱溟的父亲，两家关系很好，祖父临终前曾托梁巨川照顾孤儿寡母。

祖父死后，家境清寒，陆嘉坤不顾亲友反对，1906年春携幼儿来津教书。时海内初倡女学，但女子还很少到社会上去工作。天津是洋务运动的发源地，接受新生事物较早。傅增湘在天津创办北洋高等女学堂，自任监督。经友人介绍聘陆嘉坤为该校总教习，负责筹办校务。陆嘉坤到校后即召集全体学生讲话。她说："吾国女界沉沦久矣。残害肢体，锢塞聪明，不知时事之艰难。其所以致此者，女学不兴之故耳。女学不兴，不仅徒害一身已也，实且贻害于家族社会。一国之间，女居其半，女学不兴，则国直半教国耳。当兹学术竞进，以半教之国与教育普及者较，盖无不败者。且国家方倡新学，纵男子已皆有得，而其母、妻、姊妹率皆愚顽不化，与学校教育相背而驰，中国前途乌可望乎！诸君远道来学，务以勤勉自治为意。"听者均受感动。

时女学初兴，一切规则尚不完备，陆嘉坤博取各地女学及男学章程，参考日本女学之大要，亲自厘定校规、课程、自习、赏罚等，一时尚称完备，各地女校竞相借鉴。

陆嘉坤善作诗，操古琴。为人正直，乐于助人。1906年天津一学校教员吕女士途触电车受伤，手腕成残疾。陆与吕不相识，但出于同情好义，乃上书地方官吏，认为电车司机藐视人命，车祸屡出，应当严惩肇事者。政府乃接受教训，车祸大减。是年秋，同校薛夫人全家患白喉，陆嘉坤前往省视，遂致自己及家人感染，病势甚危。梁巨川闻讯，由北京赶往天津探望，又重受托孤之命。陆一病不起，9月病逝天津，年三十七岁。遗著《初日芙蓉楼吟稿》，多已散失。时郑天挺七岁，弟弟二岁，二人寄养梁家，巨川成为他们的监护人。

1950年初，梁漱溟到北京定居，清理家中旧物，发现陆为梁巨川夫人写的团扇面及祖父为梁巨川所书折扇，奉还父亲，并写了热情洋溢的跋文："右陆荇洲表姑为先母所书团扇面，又表姑丈郑宸丹先生为先父所书折扇面。先父母既故，并经先兄凯铭装裱藏于家。愚一向奔走在外，甚少宁家，比以全国解放，自蜀中北返。春暇检理旧物，乃得见此两帧。以表姑乙未年（1895）六月作书计之，盖五十有五年矣。此不独大局变化不知若隔几世，即就我两家言之，从亲长以至同辈，其得健在者，亦唯愚与毅生表弟二人而已，可胜感慨。毅弟早失怙恃，其先人手泽，存者不多，特举此以归之，愿

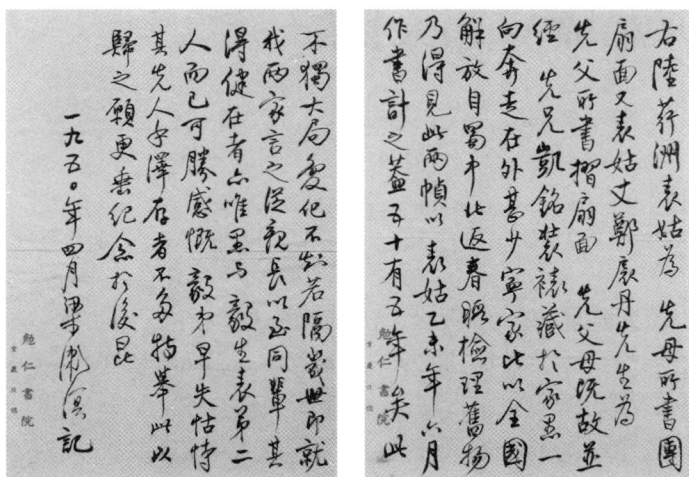

1950年4月梁漱溟手书陆嘉坤郑叔忱扇面跋

更垂纪念于后昆。"可惜二扇面由于"文革"动乱，早已无存了。

　　父亲郑天挺因受父母遗教，通文史，爱教育，曾任教北大、西南联大、南开大学历史系、并担任南开副校长等职。1981年病逝，年八十二岁。

（原载《天津文史》1992年第2期）

梅贻琦与郑天挺

1999年是先父郑天挺（1899—1981）先生百年诞辰纪念。他在"七七事变"时任北大教授兼秘书长，负责留守北平，保护北大师生安全撤离古都，前往长沙临时大学。1938年初，又随三校师生由长沙撤至昆明，任西南联大历史系教授。1940年初并兼任西南联大总务长，直到抗日战争胜利。梅贻琦先生则一直任西南联大常委会主席。梅、郑二人在联大共事五六年，互相配合，关系一直很融洽。

联大行政效率改进委员会

抗战前郑先生任北大秘书长多年，行政事务冗杂，百事缠身，大大影响了他的教学及科研时间。到联大后，北大蒋梦麟校长（时任西南联大常委）退居二线，联大校务由梅先生主持。时郑先生向蒋校长提出不任行政职务，专心教学，得到蒋的同意。1939年4月，蒋校长跟郑先生说，一些联大教授对学校行政效率有意见，故学校决定组织行政效率改进委员会，让一些教授参加，也让郑担任委员。郑先生一听，就觉得这样的组织本非治本之策，未必能有所作为，不过既已成立，如能贡献些意见以备参考还是好的，因之也就同意了。

过了不一会儿，梅先生忽然来了，对郑说："刚才已商量决定，请你当主席。"郑大为吃惊，立刻表示拒绝，并向蒋校长报告此事。蒋也认为以不任主席为好。郑乃再向梅先生力辞，梅不允。郑先生态度极坚决，急告联大秘书章廷谦，请他将梅之手谕送还改派。然而此事并没有影响两人关系。

同访吴文藻谢冰心夫妇

1939年10月底，梅、郑及杨振声（今甫，联大中文系教授，校常委会秘书主任）、陈雪屏（教育系教授）四人至呈贡看望吴文藻（云大教授）、谢冰心夫妇的新居。当时他们一家为了躲避空袭，移住在这里的一个小山上。呈贡离昆明很近，火车行驶近一个小时，四等车来回票价一元三角。呈贡车站离县城尚有八里路，乘马亦要一小时。吴、谢一家即住该县东门（就日门）山上之华氏墓庐。大家一起稍休息后，即由主人陪同绕山头一周。这里风光秀丽，"远望滇池，彩叠数色，不辨为云、为岚、为光、为水、为山、为田！"至晚饭后，则"月色绝清，万顷溶溟，似昼而淡，似灯而静"，确是乡间难得见到的景致。当晚郑、陈二人即住吴寓，梅、杨先生则住龙街郑颖孙先生寓所。

次日，由"朋友第一"的吴、谢二先生带领，大家又出县南门（文明门）乘马十八里至乌龙浦游玩。"登山而望，前临昆池，西山屏列，风景大似南京燕子矶。"宾主在此共进野餐，别具风味。是晚众人又在郑颖孙处听其抚琴，及张充和女士昆曲，尽兴而归。

又次日晨10时，由女主人导游龙井。大家同出北门（朝京门），越公路东北行，即见一亭，其旁即泉，全城饮水全赖此泉。中午食饺子后，郑、陈二人因次日有课，于下午即乘火车返昆明，梅、杨二人仍留呈贡。

此次旅行，大家不仅饱览此地的风光，会见了老友，同时也得到很好的休息。唯一不足者，即梅先生行路中不小心蹩了脚。

坚持郑先生任联大总务长

1939年12月，联大总务长沈履决定去川大任教务长。事前沈即向郑透露此讯，并言梅先生深盼郑继任此职。郑先生表示万万不行，并向蒋校长表明此意，得到蒋之理解。次年1月，郑先生其他友好均不赞成郑担任此职。一位同楼住的老学长劝郑不就的态度尤为坚决。他说，目前学术领导（指各院院长）皆属他人，而行政领导均北大人任之，外人将以北大不足以谈学术。且行政职务招怨，学术领导归誉，若怨归北大，而誉归他人，将来学校地位不堪设想。郑先生对此老之意见极同意且赞赏，于是乃向常委会去函，表示总务长之职绝对不就。不料校常委会仍通过，沈履又来劝驾，谓人事、经费均无问题；同时梅亦表示，即来找郑详谈。郑怕梅来，乃到处躲避。然梅先生仍来挽劝就职，态度极殷切。郑先生乃坦然表示，所以不就总务，"并未谦让，亦非规避，尤非鸣高"，不过欲乘此时多读读书，认真教课，并致函常委会表明态度。未几，常委会议仍主挽留，并派黄子坚、查良钊、杨振声、施嘉炀、冯友兰诸先生再来劝驾。且留函称："斯人不出，如苍生何？"而此时傅斯年、周炳琳、杨振声等人又怕伤及北大与清华的感情，一反

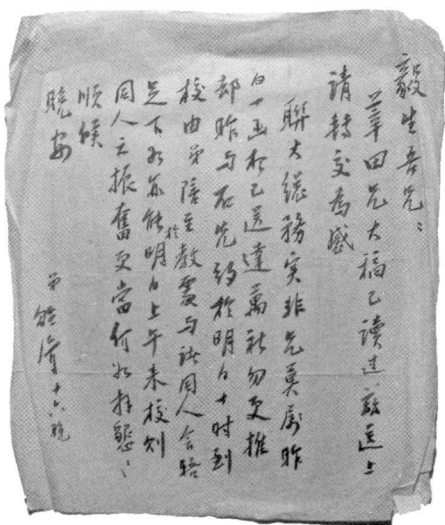

1940年1月16日梅贻琦邀请郑天挺任西南联大总务长函

原来态度，复劝郑先生就任。周炳琳并谓，在目前局面下，只好牺牲个人，维持合作。在这种情况下，郑先生乃向梅先生表示，愿维持此职至是年暑假，并表示可在开学后就职。而梅先生在谈后却向同人言，郑先生今天即就职。于是郑先生乃成为联大之总务长。

郑先生挽劝梅先生

1940年夏，德军侵占法国后，安南（今越南）形势突然紧张。当时政府密令西南联大等校亦迁四川。此事在讨论时意见不甚一致，且运输费用亦大（郑先生估计须二百万元），困难重重。而一部分教授在讨论时也对学校行政效率有意见，希望能加改善，甚至会外尚有人主张应增设校务长者，郑先生对此事不以为然。他认为，如果谁不称职，尽可撤换。梅先生处此困难中，觉得异常疲倦，想去呈贡休息一二周。郑先生也向梅表示，一俟学校校舍问题解决后，即辞去总务长职。

8月底，梅先生去呈贡休息。行前给郑写信，谓已辞常委会主席。郑大惊，于是复梅一函，表示梅先生若去，"则天挺当立即离去"，并表示将去呈贡慰留。与此同时，蒋梦麟校长亦请郑先生亲自去呈贡，代表他本人向梅先生致意并挽留。

9月3日，郑先生与罗常培先生去呈贡吴、谢宅，郑当面向梅表示蒋校长挽劝之意，并谓："在三校合作局面下，一人去留，关系甚大，希望不再言辞。"梅先生表示："近日倦甚，提不起精神。"郑说："可多休息几天，即可恢复。"郑与梅先生谈完后，当日即回昆明。未几天，梅先生也回昆明，仍然认真处理校务，一切如常。当然，郑先生处此情况下，一时也不好再提辞总务长事。

同去四川公干

1940年秋，日军侵占越南，云南局势骤然紧张。当时在昆明的其他学术机构，如中研院史语所及北平图书馆等大多迁川，联大也在四川叙永设立了分校，接纳一年级新生。1941年夏，昆明形势已趋缓和，且分校设立太远，诸多不便，于是联大常委会决定叙永分校停办。梅、郑二人乃就赴川公干机会，去叙永慰问师生，并告知暑假后迁回昆明。

这次同行的还有罗常培先生。他们三人此行三个月，饱尝了战时"蜀道难"的滋味，还仓皇遇到多次警报，历尽辛劳。但也苦中有乐，看望了不少老友新知，访问了史语所及四川大学、武汉大学及金陵、齐鲁、华西大学等十几处学术机构，并顺游了峨眉山。

这次旅行，使梅、郑二先生增进了了解，关系更加密切。尤其是梅先生的谦虚，待人诚恳，有修养，处处迁就人的学者风范，给郑先生留下极好的印象。

回昆明不久，罗先生写《蜀道难》一书，就是叙述他们这次旅行的，并请他们共同的好友谢冰心女士作序。

梅先生工作一斑

梅先生一向工作认真负责且极细致。1945年2月，梅先生离昆赴川公干，临行前给郑先生信，谈到校中未了之事，即如工警之裁减，工役伙食之津贴，甚至连一些教室之桌凳未搬，壁报张挂之墙壁已修好等，均一一交代清楚，不厌其烦。

1946年三校北上复员。10月，一批联大箱子北运至平，梅即嘱按四校（北大、清华、南开、联大）分开拨交，并在是月25日函告郑先生，请按时照料。信中所述各点均安排得极为细微，如什么箱子装错了，什么箱子是个人书籍等，一一标明清楚。最后说"点交各校之箱件号码及总数，及有无损毁情形，向各校取得收据，由彼等交迁（运）委（员）会，以清责任"等。

梅先生一向注重节约。1946年9月末，梅校长夫妇打算请胡适（北大校长）、傅斯年（北大代校长，刚卸任）、陈雪屏

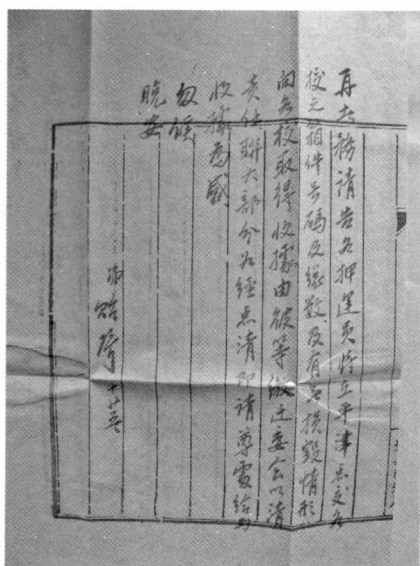

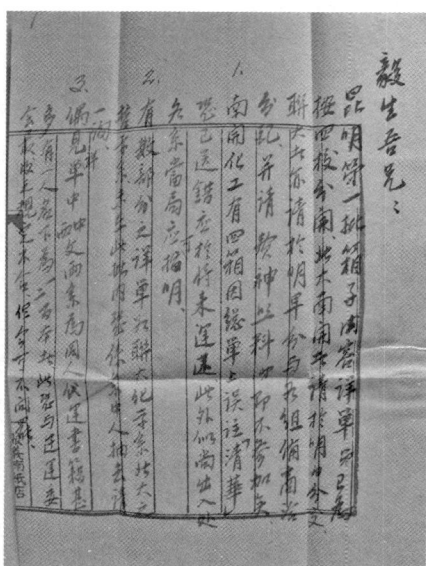

1946年10月25日梅贻琦致函郑天挺

（北平临时大学补习班主任，刚卸任）夫妇及杨振声、郑先生等人在城内骑河楼39号清华同学会吃饭，欢送傅斯年夫妇回南京。梅先生函告郑先生，请代烦陈雪屏家之厨师烹做，并称，应"在不太讲究而又不埋没厨师手艺之原则下"为之，最后表示："琐碎奉渎，甚感不安，惟于明日多敬一杯，以表谢意耳！"梅先生工作细致周全，却又寓于幽默之中。

2000年10月11日

（原载《校友文稿资料选编》第7辑，清华大学出版社2001年4月版）

陈寅恪与郑天挺

陈寅恪先生系中外著名学者，学贯中西，诚为20世纪之史学泰斗。郑天挺先生亦系我国著名的历史学家、教育家，在北京大学、西南联大、南开大学任教六十年，在学术研究上具有深厚的功力。陈先生长郑先生九岁，是他的师长，或亦可说系师友之间。陈之父陈三立先生与郑之父郑叔忱先生清末曾共过事，可谓世交。抗战前，陈三立老先生曾为郑先生书写"史宧"之横幅，郑先生一直高悬书房之中。但陈、郑两人的熟识，还是在西南联大及北大文科研究所期间。

一

1938年3月初，郑先生与其他教授由长沙至昆明后，北大、清华、南开合组之长沙临时大学已改名为西南联合大学。联大刚到昆明，校舍不敷，决定文法学院暂设蒙自。蒋梦麟校长乃派郑先生（时任北大史学系教授兼秘书长）等人去蒙自负责筹备。筹备就绪后，就陆续迎接师生来校。

蒙自系滇南重镇。光绪十三年（1887）被辟为商埠，设有蒙自海关、法国银行、法国领事馆。清末时，法人修滇越铁路（河内至昆明），原拟经蒙自，遭当地士绅之强烈反对，乃改经碧色寨。从此，蒙自经济大受影响，一蹶不振。故当时由昆明至蒙自，快车须五小时先至开远，下车吃饭后，再坐车五十分钟才至碧色寨，然后再换碧个（旧）火车，又半小时多始能抵蒙自，费时须一天。如车慢及行晚，还要在开远住一夜，次日始能到，甚为不便。

当时陈老及郑老都住在蒙自之歌胪士洋行。歌胪士为希腊人，原开有旅馆及洋行。洋行临街，约20年代即已歇业。当时洋行内尚存有不少洋酒，一些清华教授见到，十分高兴，当即开怀畅饮。当时住在洋行的教授尚有闻一多、陈岱孙、李卓敏、陈序经等人。陈老到蒙自比较晚，未带家属。晚饭后大家一齐散步，陈、郑都来参加。有时齐至军山，有时在住地附近，还一起去过蒙自中学参观图书馆。离开蒙自时，即7月23日，陈、郑及诸教授还曾去该地之黑龙潭游玩，往返十五里，历时数小时。

战时大学教授的生活，虽然较前大不相同，但大家共住一楼，两人一室，大多单身，同桌共饭，彼此关系更为融洽。陈老与郑老亦然。当时郑先生在联大亦教隋唐史，致力西南边疆史地之研究。他读《新唐书·吐蕃传》，疑发羌即西藏土名Bod之对音，乃草成一文，名《发羌之地望与对音》。写完后随即就正于陈寅恪先生。头天晚上送去，次日下午陈即送还，并为文中订正梵文对音及佛经名称多处。陈先生对该文极为赞许。此外，陈先生对郑写的《多尔衮称皇父之臆测》一文亦很称赞。陈谈及当时中山大学吴宗慈老教授原写有一文，反驳孟森教授有关清初孝庄太后下嫁多尔衮之疑的种种观点，并即发表在该校之《史学专刊》中。后吴见到郑先生论述后，颇悔其原作之不足，然已来不及，乃在文中后记中特别标明之。陈老虽系师长，但与郑先生两人互相敬重，交谊日深。

二

西南联大的三校迁至昆明后，仍拥有各自独立的科研机构。当时局面已相对安定，教授们均希望重要科研机构尽快恢复。

1939年5月，北大决定恢复文科研究所，由史语所所长傅斯年先生主持，任主任。当时中研院史语所亦在昆明，人员不多，但书籍不少，且多善本，这对北大师生进行研究，亦极有利。北大文科研究所主任向由文学院院长兼任。当时院长胡适已任驻美大使，但院长名义尚保留，傅先生实际亦是代胡先生主持工作。傅工作太多，且经常去重庆，于是他就拉郑先生为副主任，协助工作。

北大文科研究所的导师有陈寅恪、傅斯年、汤用彤、杨振声、罗庸、罗常培、唐兰、姚从吾、向达、郑天挺等；董作宾、李方桂、丁声树等亦系所外导师。专家学者济济一堂，俨然一家。并在是年夏即开始招生，共招两次。

十名导师除陈老外均是北大文、史、哲三系的教授，陈老是傅先生及郑先生特别聘请的。

陈先生在柏林大学研究梵文时，即与傅先生熟识，回国后在史语所共事，关系更深。陈先生在1939年夏去香港候船赴英讲学，因正值欧战爆发，未能成行，乃于是年10月20日回到昆明。是时研究所汪篯、王永兴两先生已投入其门下，在陈老指导下进行隋唐史之研究。

北大文科研究所设在昆明城内青云街靛花巷3号一座小楼中。楼共三层，每层六间，原系史语所租用。该楼一楼系师生各自的食堂及学生住处。郑先生住在二楼西屋中间，傅先生在郑之北，郑屋之南为学生读书室。罗常培先生住在郑屋对面，仅几步之隔。陈老及汤用彤、姚从吾等先生则住在三楼。

郑先生是1939年10月24日迁入所中的，当时三楼陈先生等人尚未迁入。郑先生曾这样形容靛花巷3号周围的环境：

> 室中面西有窗一，临空院，院中有修竹一丛，正当窗际，举头可见；日对清节，益吾心神当不少也。晚饭后同寓多出门，独坐读书，惟远处蟋蟀微鸣，别无音响，静极。

未几天，陈老即迁入此楼中，一直住约八个月，始离昆再赴香港。

陈老当时身体尚好，亦系一个人来昆，兴致亦高。师生同住一楼，感情融洽。他与郑先生等人或一起饭后至翠湖步月，或一起在田野间躲警报，或诸人至外会餐，或同在楼中进餐后一起聊天。陈老知识渊博，熟于掌故，海阔天空，其乐也无穷。

陈老是1940年6月17日离开昆明的。临行前的一个下午，他坚邀郑先生与他一起至昆明戏院看京戏，汤用彤及邓广铭先生也一同前往。

陈老是汪篯及王永兴两人的主任导师，郑先生亦以导师名义协助指导。陈老走的那一天，正是汪篯考试的日子，故陈老请郑先生为汪出题，郑先生也因而未能去车站亲送陈老离昆。

为了反映当时的学习状况，现把郑先生为汪所出试题写在下面，以见一斑：

一、述李唐族姓之所自；

二、沈东甫《唐书宰相世系表订讹》，其体例若何，其得失若何，试详论之；

三、《新（唐）书·世系表》名位显著之人，往往下无子姓，即有亦不过一二传。或谓五季散乱之后，人多假托华胄，欧公意在谨严，故存其父祖，删其子孙，其说果足据乎？试举例以明之。（原注：此李莼客说，见光绪十年九月十九日日记）

四、有唐氏族长孙、窦、武、裴、萧、崔、卢诸家，先后显晦之故，能略述之欤？

陈老离昆至香港后，又未成行，乃决定在香港大学任教，陈为此专门写信告郑，郑先生深憾不已。

三

1946年暑假后，西南联大解散，三校复原，陈先生又回到了清华任教。是年10月，陈先生因目疾难以复明，异常焦急。他给当时担任北大史学系主任的郑先生写信，要求支援助手。信中道：

毅生先生史席：弟因目疾，急需有人助理教学工作。前清华大学所聘徐高阮君，本学年下学期方能就职。自十一月一日起，拟暂请北京大学研究助教王永兴君代理徐君职

务，至徐君就职时止。如蒙俯允，即希赐复为荷。岢此，
顺颂
著祺！

弟陈寅恪敬启三十五年（1946）十月卅日

从此，王永兴先生即回清华任教。而陈老的另一学生汪篯先
生，此时正在吉林长白师院教书，对北方严寒极不适应。他多
次给郑先生写信，希望仍回北大教书。他在1947年4月9日给

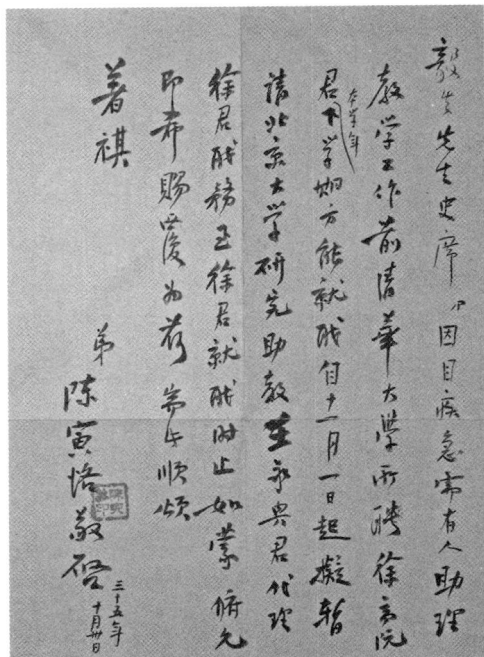

1946年10月30日陈寅恪致郑天挺函

郑先生的信中这样写道："自来吉林，十旬瞬届……关外奇寒，去冬特甚，经常在零下三十度左右，尤甚时竟至零下三十八度……坚冰在须，亦属常见之景象矣……虽燃壁炉，仍未能免（于奇寒侵袭）也。"继言教学工作奇忙，"益感心力交疲，精神全竭，以是亦大少研读进益之余暇。长此以往，必致孤陋寡闻，不能复振，宁不可哀？！故企盼吾师遇有机缘时，予以提携为感"。并表示："名义、待遇，在所不计。"郑先生原即对汪先生印象不错，1946年春天即有意将汪不日调回北大。现在，郑先生为感谢陈老对北大文科研究所的情谊，又为照顾先生的身体，遂想方设法将汪先生于1947年调回北京大学，担任史学系教师，而做清华大学陈先生的研究助手，薪金待遇全部由北大支给。

在此期间，陈老对汪先生的助手工作也是非常满意的，1948年5月，陈老在给郑先生的信中充分表明了这一点：

毅生先生大鉴：敬启者：去岁之夏，弟拙著《元白诗笺证》中《长恨歌》一篇，曾托由汪篯君整理。当时除稔知其熟于唐代史实外，又觉其思路周详，文理缜密，甚为叹赏。近以另篇《新乐府笺证》一稿急于付印，颇觉其整理工作殆舍汪君莫属，故仍请汪君任之。此稿共分五十余节，约占拙作《元白诗笺证》全书之半。不特篇幅甚长，排比不易，兼又每节前后救应尤费推敲。汪君自从事整理以后，殚竭心力，无问昼夜，日间辄与弟商讨斟酌，改订增补，用功既勤，裨益尤大。昨据汪君言，前接洽北大职业时，先生曾促其速行完成研究院（指北大文科研究所）毕业论文。近月余之时间，已以全神贯注于弟之文稿，而此稿之杀青尚须时日，深虑先生以其论文未成，致有斥责，且或影响及于其暑假晋级或续聘之前途。窃以汪君自借住弟处以来，于今行将一载，弟深悉其深宵攻读，终日孜孜，而察其史料之熟，创见之多，亦可推见其数年来未尝稍懈，诚足当所谓好学深思者。至其论文所以未能于近日完成之故，实由于全力整理弟之文稿，致行搁置。用敢特为证明其事，甚望先生有以谅之，并稍宽假其呈缴论文之时间，俾其安心为感。以弟所知者而论，其为弟整理文稿所费之工力，实已不下于撰写论文一篇。而其作为研究院毕业论文之用者，其大旨则久曾与弟讨论，深以为可，或不致有负先生提擢奖拔之苦心也。耑此奉恳，敬颂著安！

弟陈寅恪敬启　　五月十七日

四

陈老于1949年至岭南大学任教，又以目疾，故与郑先生来往较少。1952年院系调整，郑先生又于是年10月奉调南开大学，任历史系主任兼中国史教研室主任。与他同来南开的原清华大学历史系主任雷海宗先生任世界史教研室主任。这些变化，陈老当然是知道的。

20世纪50年代初，全国高等院校教师思想改造不断升温，其中多以不点名的方式批评陈老。说什么"目前尚有人在研究杨贵妃入宫前是否处女"云云，以揶揄之。郑老多次闻此后，亦觉奇怪，不太相信陈老会"闲逸至此"。1953年5月19日夜晚，郑先生向同系之谢国桢先生借到陈老之《元白诗笺证稿》一书。读后，写下了如下的读书笔记。现将全文记录如下：

晚读陈寅恪先生《元白诗笺证稿》，极精。近来学者每举寅老考证杨太真入官是否处女为史学界之病态，颇多诋娸，具有诋娸之意。两年前首闻×××于大会中言之而未举其名；其后又闻某首长谈之（忘记是××还是×××）。当时未见寅老书，而心疑寅老何能"闲逸至此"！前日××又诟病及此，今日小组×××亦举以为言。适见谢国桢有此书，乃假之以归。穷一夜之力毕之。书印于一九五〇年十一月，为《岭南学报丛书》之一。凡六章，附论五篇。书前，谢公题记曰："陈寅恪师寄周一良函云，《元白诗笺证稿》分赠诸友留一纪念。然京洛耆英、河汾都讲，闻皆尽捐故技，别受新知，故又不敢以陈腐之作冒昧寄呈。《霜红龛集·望海》云：'一灯续日月，不寐照烦恼。不生不死间，如何为怀抱。'感题其后：'不生不死最堪伤，犹说扶余海外王。同入兴亡烦恼梦，霜红一枕已沧桑。'"

所谓考证太真事，在第一章"长恨歌"中，盖考太真入官始末，因而辨及朱彝尊《曝书亭集》五十五《书杨太真外传后》，所据《旧唐书》五十一"后妃传"："（开元）二十四年（武）惠妃薨"之误（应为二十五年十二月丙午薨）。朱氏以为太真在二十四年惠妃卒后即入官，未尝先至寿王邸，故以张俞《骊山记》所言"妃以处子入官"为可信。陈氏辨武惠妃卒于二十五年十二月，太真为道士最早亦在二十六年正月二日，或如《新书》所言在二十八年

十月，不能在二十五年正月也。陈氏之辨仅此。但有朱氏
"妃以处子入宫，似得其实之论，殊不可信从也"一语。
此章凡十八页，约二万余字（所占字数为二万六千字，有
空格）。谈太真入宫者三叶，约三千字，而兼涉他事。不
应举此为病。书中考证社会生活及工业技术尤精，更不应
抹煞其工力也。

由此可见，即使是在当时那样的学术批判唯恐不及之大环境
下，郑先生也是最了解陈先生的，他对陈此书的评论，也是很
中肯的。

五

1953年初冬，汪籛先生代表科学院约请陈老担任历史二所
所长谈僵一事，郑先生因在天津，对此一无所知。但陈先生发
怒后给北大诸熟人的复信，曾表明请向达先生将事情原委转告
郑先生。后来陈师母又去信告向，不必转陈，以免事态扩大。
郑先生是从向师信中略知其一二的。是年12月6日，向先生给
郑先生的信原文如下：

毅生先生左右：上月科学院派汪籛去广州，邀请寅恪先
生北上。不料汪君抵粤后语言不慎，以致寅恪先生大怒，
血压增高。最近致书锡予（汤用彤）、心恒（邵循正）、
（周）一良三先生及弟，痛斥汪君，大发牢骚，其致弟及
一良函末，并属将情形特告先生（指郑），而陈师母另函
又谓不必将函转陈。锡予先生亦同此意，谓如此可以不

至广为宣扬云云。（其实陈先生致汤、邵、周及弟共二函，俱已原件交科学院矣。）用陈梗概，尚祈詧鉴，幸甚！幸甚！敬颂

道安！

弟向达谨上　十二月六日

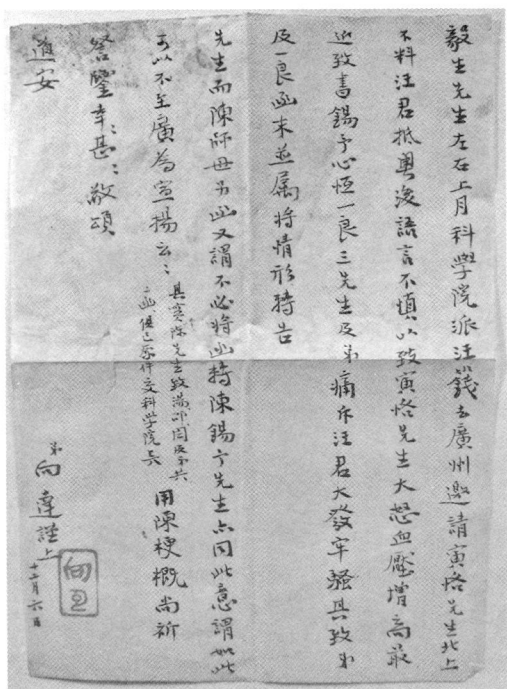

1953年12月6日向达致函郑天挺，转告汪篯触怒陈寅恪事

此事原与郑先生无关，而陈先生把郑先生视为莫逆至交，于是才提出把情况告知郑先生，陈、郑友谊，可见一斑。

1956年暑假，陈先生女公子陈美延考入南开大学化学系。郑先生得知此事后，异常兴奋，当即给陈老去一电报，希望陈先生亦来南开旅行并讲学。陈先生得电后，乃于8月31日给郑先生来一信表示感谢，并言由于身体关系，难以北上。我现在也把此信抄录如下：

毅生先生左右：前年（1954）司徒（悦兰）先生返津，曾托代致鄙意，想已早达清听。今奉来电，感愧曷极，本当遵命，但以近数月来血压较高，中大又即开课，故不能旅行，尚希原宥是幸。小女美延新考入南开化学系，倘承教诲，尤感。专此奉复，敬请教安！

弟寅恪敬上　八月三十日

（杨）石先、柳漪（冯文潜）、伯伦（雷海宗）诸先生均请代致意。

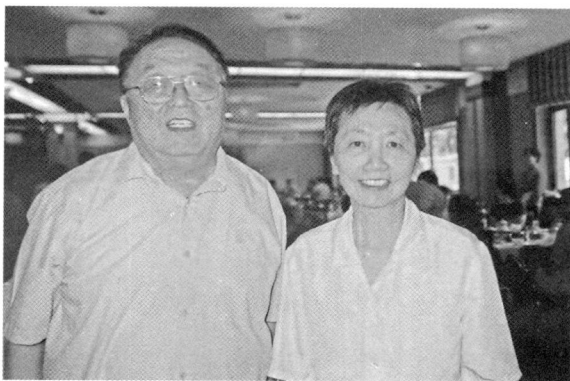

2003年8月16日郑克晟与陈美延在中央民族大学合影

南开郑先生邀请陈老讲学，出自诚意。陈先生出于健康原因，难以北上，自是实情。然而阔别多年的北京，陈先生就再也未能回去了。

1938年，陈先生在蒙自曾题写《残春》诗二首，其中曰：

> 家亡国破此身留，客馆（指歌胪士洋行宿舍）春寒却似秋。雨里苦愁花事尽，窗前犹噪雀事啾。

诗中道出了陈、郑及众多教授的心境，同时也表现了他们是如何在"群心已惯经离乱"（亦见同诗）中，仍然努力献身学术，建立彼此的情谊的。陈、郑两先生不正是如此吗！

（原载《陈寅恪与二十世纪中国学术》，浙江人民出版社2000年12月版。有增补）

1964年郑天挺在书房

忆向达师与郑天挺先生

一

向达师（觉明，1900—1966）与先父郑天挺先生（毅生，1899—1981）相熟于1939年。他们同是西南联大历史系教授。当时北大文科研究所刚刚恢复，由傅斯年先生任所长，郑先生为副所长，并聘请了北大诸多教授及中央研究院历史语言研究所的部分专家任研究所导师，向先生亦为导师之一。这时中研院史语所（所长傅斯年）亦在昆明，并运来了大批珍贵书籍。史语所的同仁大多出身北大，傅先生系两边所长，因而与北大文科所形同一家。史语所初在昆明青云街靛花巷3号租有一楼，共三层十八间房屋。因日机不断轰炸，另在昆明郊区龙头村建了不少平房。向师把家属安排在乡下，每周进城两次，住在靛花巷宿舍二楼，在郑先生隔壁，二人经常彻夜深谈，关系甚笃。当时向师还在联大讲授中西交通史等课。

1940年秋冬，日本侵华战争日紧，昆明形势紧张，史语所于是年冬由昆明迁至四川李庄，傅先生亦离开昆明。

由于北大及联大均缺少书籍，郑先生很为北大文科所诸生的培养前景担忧。他曾一度主张北大文科所可暂时依于史语所，以使诸生得到更好培养。

另一问题是西北考察团的事。这是北大与中研院的合作项目，是郑先生特别关心的一桩事，且已决定由向师前往参加。郑先生早就认定，北大文科研究所的发展，"语言调查可在云南；若历史考证，此后唯敦煌一路。其中未广布未研究之文献甚多。且其地为国际学术界所注意，关涉甚多，影响甚大"。[①]1942年2月6日，郑先生给傅先生写信，询问向师行期，信中道：

> 西北考察事如何？向公等何时成行？甚念。

关于这两个问题，傅先生在1942年8月20日回郑先生信中称：

> 觉明已到。具悉诸兄安好，至慰，至慰。昆明情形如此，尚（有）安全问题；而学风如此坏；生活如此贵，实有深切考虑迁移之必要也。然联大是一恐龙，走不动的。北大须趁早自为之地也。弟前陈各点，曾经（蒋）孟邻先生等考虑否？
>
> 此间情形，据觉明比较，（李庄）物价仅当昆明之半，或犹不及。其实此间为十年未有之大旱……而物价未大增，知川间之经济状况比滇为佳矣。

关于房子事，傅谓：

> 此地房子，李庄有一四十间者，似可容（北大文科）研究所全部。弟非如是主张，但以事实写供参考也。

---

① 见郑天挺：《〈向达先生纪念论文集〉序》，新疆人民出版社1986年版。

关于向师西北考察事，傅称：

> 至于觉明兄往西北事……闻系以北大薪而往。如然，则此事应作为北大、中博院（中央博物院筹备处）、敝所（史语所）三处之合作。是即由北大来一信，内云，向教授被邀往西北参加史地科学考察团之史学部分。此项工作，似应即作为三方合作……上写敝所及中博院筹备处寄弟……即由此上复，便成一案。这也算北大的科学工作罢。

郑先生对向师的西北之行是始终关怀的。他在1943年1月17日对汤用彤先生说，敦煌学的发展，"今觉明开始于前，吾辈正宜追踪迈进"。[①] 同年10月11日，郑先生又致书向师，劝其仍赴西北考察，并表示："所得古物，北大不争取，但保留研究权；如有需要参考时，其它机关应充分供给。"[②] 向师及其弟子阎文儒先生（1943年参加），在西北所进行的西北考察工作，一直持续到1945年抗战胜利后为止。

向师三年多的西北之行，成绩巨大，这可以从他的诸多著述中，以及他给中央博物院筹备处曾昭燏的二十九封信中得到证明。[③]

二

郑先生在前引向师《纪念论文集》序中，曾称道向师"为

---

① 见郑天挺：《〈向达先生纪念论文集〉序》，新疆人民出版社1986年版。
② 郑天挺：《郑天挺西南联大日记》，第752页。
③ 见南京师院（现南京师大）编《文教资料简报》第107—108期，1980年。

人戆直，是非分明，毫不宽假，而对人一善，又称道不去口"。这确实是他们彼此几十年之交谊，互相了解又互相敬重而得出的中肯评价。

正直、坦率、诚笃是向师的美德。不容否认，向师是有性格的，这在他的朋友中都会感觉到，甚至连他自己也承认。但此中是有是非的，是出于正义感而发的。1942年10月，向师在敦煌初见到张大千雇人在千佛洞描画，于"壁画年代推究，不无可取之处"，给予肯定。[①] 及后则见张氏描摹，"损坏画面"，又大为生气，乃写文投诸重庆《大公报》，主张千佛洞应收归国有，设立研究机构。这些建议都表示了向师的"是非分明，毫不宽假"。

就我个人而言，亦有一事，足以表明向师的性格。

1955年9月，我和妻子傅同钦于北大历史系毕业后，分配至中国科学院历史二所工作，当时向师是副所长。向师对我们非常关怀。时傅同钦已怀孕，而所中分配我们的住房却又湿又黑，对身体不利。向师知道后，非常生气，立即让所中另分我们一间原打字室的房子。1956年夏，南开大学鉴于父亲年事已高，一人在津生活不便，因此再次提出，希望我们调南开工作。当时南开大学历史系助教徐苹芳系我的老同学，他正因要照顾爱人关系而调往科学院考古所。因此南开即提出，希望徐调往科学院时，将我们调往南开，以为交换。但我当时思想另有考虑，总希望老人仍能回京工作，而我不太想去天津。一次，我对向师说："我觉得我还是不动为好。且父亲身体尚佳，

---

① 向达致曾昭燏第六信，见南京师院（现南京师大）编《文教资料简报》，第107—108期。

似乎尚不用照顾。"向师闻后极为不悦，严厉地说："你说的这些话，如果让你父亲听到，他会作何感想？"我自知说话冒失，深自悔悟。这恰恰是向师性格可贵之处。

向师对年轻人一向是关怀的。1947年秋，北大史学系教师宿白先生希望从事考古学研究。向师于9月29日立即给系主任郑先生一信，认为"宿君于史学研究已知门径，若能就其性之所近，施以适当训练，将来从事考古工作，或不无裨益。渠于绘画略有所知，亦能绘画器形，唯以未学素描……不知学校是否许其抽出一部分时间至（国立）艺专旁听学习素描？"

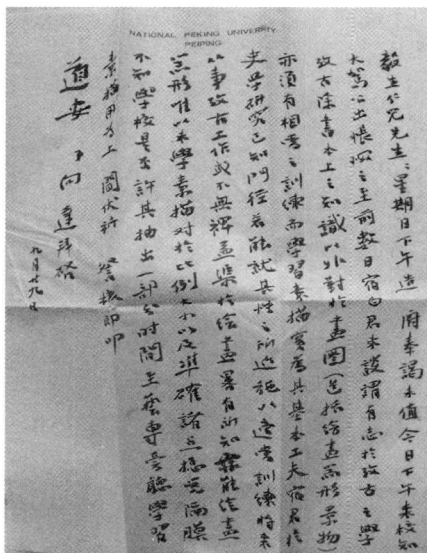

1947年9月29日向达致郑天挺函

向师也是重情义的。记得阎文儒先生在《怀念毅生师》文中说过，向达师"当日在敦煌率予（阎自称）发掘时，经常道及郑先生之为人，忠于友谊，倘无郑先生之推荐，亦不可能再莅敦煌（指1943年后），偕予西上也"[1]。

三

1942年汤用彤先生在给胡适先生信中，称向师是一位精力过人，学识丰富的史学家[2]，郑先生生前也多次向我们介绍向师学识渊博及其刻苦工作的经历，崇敬之心，溢于言表。

1955年，我曾聆听向师在北大历史系所讲的《史料学》课

1947年夏沙滩北大北楼前北大史学系部分师生合影。后排右二杨人楩，右五郑天挺，右六杨翼骧，右七邓广铭，右八张政烺，右九毛子水，右十一韩寿萱，右十二向达，前排右六邓锐龄

---

① 《郑天挺学记》，生活·读书·新知三联书店1991年4月版，第86页。
② 《胡适来往书信选》下册，中华书局1979年5月版，第554页。

程，每周一次，每次三小时。这是我第一次听他讲课，收获也最多。但因时代久远，现只能忆及几个片段。

一是，先生谈到他的研究方向及志趣时，是采取"人弃我取"的方式。意思是说，做学问不要赶时髦，应当一步一个脚印，在一些别人没有涉足过的领域，扎扎实实地下功夫，这样才能有所收获，有所创新。正如向师给曾昭燏信中所说：

> 达生平有一种脾气，无论作事、作学问，从不喜趁热闹。

二是对古代史料的看法。他在讲课时说，过去史家讲求"文约而事愈备"，或"事多文简"，其实这对我们历史研究者来说，是最头痛的事。举例说，过去《新五代史》出后，有人标榜系"事增于前（指《旧五代史》），文省于旧（仍谓《旧五代史》）"，我们最怕的是这个。《新五代史》作者欧阳修，是唐宋八大家之一，文字精练，但对研究历史的人读之，却造成不利。如果文字写得多些，对我们今天研究会更有好处。又说，《新唐书》修后三十年，吴缜即作《新唐书纠谬》反驳之，指出许多错误。当然《新唐书》、《旧唐书》各有短长；《新唐书》在叙述我国少数民族地区的史实，就比《旧唐书》为好。

三是对档案的理解。他说，狭义的档案只限于机关的；广义的档案，可以把一切文件均谓之。但是必须是原始文件才算档案，报纸不能算。并举例说，1949年10月1日中华人民共和国成立时的公告才应当算档案，拿来当时报纸印的公告，怎么能算呢？

四是从石窟艺术谈到中国社会长期停滞的原因。他说，中国封建社会长的原因，主要是生产技术的停滞。石窟寺壁画中耕牛犁田的画面，与今天基本一致，这不正说明中国几千年的社会是长期停滞的吗？

四

向师已离开我们四十二年，我们时时刻刻在怀念他。1981年春，阎文儒师希望父亲为纪念向师的学术论文集写一序言，父亲高兴地应允了。当时他对我说，抗战中向师在敦煌时给他很多长信，他一直妥

郑克晟、傅同钦夫妇

为保存，让我仔细查查"文革"后退回的信件。我反复查了多次，除见到几封与西北考察无关的信件外，其他一无所获。父亲也深感失望，但他还是把序文很快写出了。此后不久，父亲也溘然长逝。我在想：如果有朝一日我重新寻到了向师的信札，我一定再写一文，以纪念这两位最受尊敬的老人。

2008年12月2日于南开大学历史学院

（原载沙知编《向达学记：向觉明生平和学术》，生活·读书·新知三联书店2010年6月版）

魏建功与郑天挺在北大时的友谊

今年是魏建功先生的百年诞辰，我们深切怀念这位学识渊博的著名语言文学家。

近读吴晓铃《话说那年》[1]一书，其中多次提到魏建功先生，特别提及魏先生的《义卖藤印存》，并说郑天挺先生为之赞："其神清，其锋利，贞固其操，温其懿，君子佩之，劲以励其志。"

的确，魏先生在西南联大时就曾为郑先生用白藤刻过两印，收入《义卖藤印存》中。

抗战前的北大中文系（当时叫国文系）阵容强大。1934年春该系改组，系主任由文学院长胡适兼。同年夏，该系刘半农（复）教授又患回归热去世，于是教学骨干都是三十多岁的中年教授。当时少壮中

1938年4月8日魏建功为郑天挺所刻藤杖

---

[1]中国友谊出版公司1998年2月版《闲聊丛书》。

尚有罗常培、罗庸（时称二罗）、郑奠、郑天挺（时称二郑）、魏建功、唐兰诸先生。内中除唐先生系讲师外，其他都是教授。最初郑天挺先生与魏建功先生为副教授，故魏先生常与天挺先生笑谓："我们是'冠字'将军。"1937年暑假，郑、魏同为教授。

不久，"七七事变"爆发，郑先生负责学校师生安全南迁。同年11月17日，郑、魏及罗常培、罗庸、陈雪屏诸先生，一同经天津乘船南下。途经青岛市下船访问山东大学，方知胶济路已断。再上船至香港，又因粤汉路亦被敌机轰炸，乃乘船至梧州，取道广西贵县、柳州转桂林，由公路入湘，至12月14日始同至长沙。当时长沙临大中文系在南岳，郑先生已转历史系，在长沙圣经学院上课。

1937年12月14日抵达长沙临时大学后合影。左起：沈兼士、张庭济、郑天挺、魏建功、罗常培、罗庸、陈雪屏

郑先生自1933年担任北大秘书长，行政事务繁忙，耽误了许多教学及科研时光。魏先生则对他时加劝勉，认为中年教师

都殷切希望他能发挥更大作用。

1938年2月，长沙临大又撤至昆明，改称西南联大。郑先生又与魏先生等人同乘汽车由长沙出发，经衡阳入广西，出镇南关（今友谊关）至安南（今越南），再乘滇越路火车至昆明。他们一路颠沛，异常辛劳，但也顺游了不少地方。一次，即1938年2月16日在衡阳，途经一茶馆，客人较杂，郑先生见有孩童送水烟袋者，以大铜烟袋挨客进烟。客人以口承烟袋，送者旁立装烟点火，而客饮食谈笑自若，而喷吸已毕。郑先生对此向所未见，而魏先生及姚从吾（河南人）先生均谓其乡中均有之，乃业之最贱者。

1938年春，西南联大初至昆明，因校舍不敷，文法学院改在蒙自上课，当时魏、郑二人来往极多。

蒙自位于滇南，原商业极盛。城市集市极多，一般六日一大街（音gai，即集市），三日一小街，到街期当地苗人悉至，以物交易。一次，郑、魏二人赶集，适逢大集，西门内外苗人甚众。有三位妇女跣足着白色百褶裙，以白麻布三匹向布商易蓝布，未谐。魏、郑二先生乃与之攀谈，他们亦略懂汉语，最后以三元三角购买之。熟悉当地风俗的人说：这些妇女系倮倮（彝族之旧称）。郑先生特别注意这些妇女的服饰，认为与日人鸟居龙藏《苗族调查报告》中所述略有不同。

魏先生是江苏如皋人，郑夫人是泰州人，相距甚近。1937年初郑夫人因难产病逝，郑先生极为伤感。一次，魏先生请郑吃饭，魏夫人掌勺。烧了不少扬州菜，郑先生不由想起夫人，从不饮酒的他，借酒消愁，一下喝了许多杯。

1938年暑假后，联大教学秩序恢复正常。郑先生向北大蒋梦麟校长提出辞去行政职务，蒙蒋应允。当时郑即请魏先生为之刻藤杖二支,一曰"指挥若定",一曰"用之则行,舍则藏"。罗常培先生见后,以"危而不持,颠而不扶"相讥,即针对郑坚辞不任行政职务而言,当时大家情谊之深如此。

1939年3月,魏先生闻徐森玉先生提及四川乐山有永历十年(1656)重修凌云寺记碑,乃寄书乐山杜道生先生,求为拓寄。杜寄后,魏先生送给郑先生。郑乃张挂于墙上,留待考证。

该碑列衔之第一名为"□王驾前"之字,郑先生初定为"秦王驾前"四字。后越看越觉得"王"字之画微低,疑当为"主"字,而"□"字应系"国"字,即"国主驾前",从而考证出孙可望不仅自号为"国主",其所部亦对他以"国主"称之。所谓"国主驾前"即孙可望麾下。又结合其他碑记及相关史料,以正反两方面证明"国主"与"驾前"二字之专属可望已久,可知孙可望早就专横跋扈。此即郑先生在《四川乐山〈重修凌云寺记〉拓本跋》一文中所言,"此碑虽微,顾有可补史籍之阙者"[1]。

抗战中期,魏先生去四川白沙,在国立西南女子师范学院任教。1946年初,魏先生应台湾省推行国语委员会邀请,至台湾主持推行国语。这是一件很不寻常的事业。是年1月,西南联大及北大中文系主任罗庸在给郑先生信中即说:"建老已达申江候机飞台。倘环境顺利,亦一新事业也。"

1946年冬,魏先生到北平招聘"国语推行员"去台湾,应聘者甚多,轰动一时。记得我初中的国文教师许先生(许寿裳先生之子)就是这时去台湾的。魏先生由台湾来平前,郑先生

---

①郑天挺:《清史探微》,北京大学出版社1999年7月版,第172页。

即约其来北大。

　　魏先生在平期间即居住在郑先生家。先生当时住在西四前毛家湾1号东院及后院，有平房十余间。房东系著名经济史学家黄序鹓。当时黄先生已过世，委托他的堂弟收房租，房租低廉，几个月才来收一次。郑先生将自己所住的东院三间供魏先生居住。房子较小，夏日闷热，老舍先生1950年曾来此处，称之为"小闷炉"。魏先生早出晚归，并不常在主人家吃饭。1947年春节，郑先生请魏先生以及北大西语系潘家洵先生一起来过年，除家人外尚有北大西语系同学数人，节日气氛极浓，大家都很开心。

　　1947年3月中，魏先生公务已完准备回台，郑先生在后门

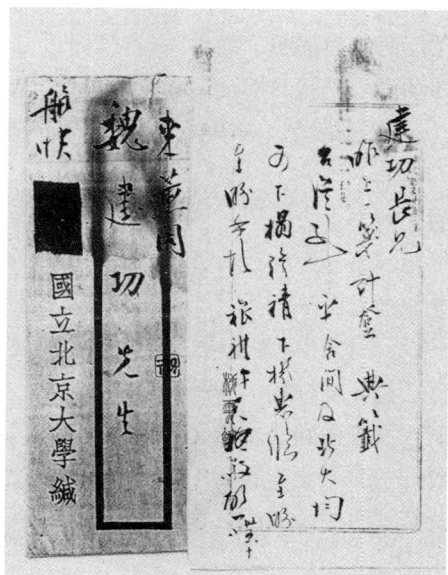

1946年10月郑天挺致魏建功函

桥灌肠店为魏送行，家人也都参加。灌肠是北京的一种美味小吃，当时以后门桥路东、路西两家最为著名。

魏先生在平期间，每晚大多忙于刻图章至深夜。临行前，郑先生幼子郑克扬请他刻印并题字，魏先生欣然允诺。可惜题字在"文革"时已丢失。所题内容大致是"民国卅五年十一月至次年三月，余为招聘教师事，假借郑庆甡学长前毛家湾一号'史宦'（此二字系陈三立先生抗战前为郑先生所题），少公子克扬既令余刻印，复索题字，因录杜甫《赠卫八处士》诗句（人生不相见，动如参与商。今夕复何夕，共此灯烛光……）以示吾辈'老'人心境"云云。事实上当时魏和郑都不到五十岁。

1948年暑假魏先生由台湾回到北大，赠送郑先生台湾草席一块，郑一直珍藏在家，舍不得用。

北大中文系在1946年复校后，增加了新生力量，如杨振声、游国恩、孙楷第、俞平伯、沈从文、王重民、唐兰、袁同礼等人。1948年魏先生及赴美讲学归来的罗常培先生亦于暑假后返校。其阵容之强，是不言而喻的。

郑先生存有原北大出版社在"七七事变"前夕所印《樵史通俗演义》一部。该书系由当时孟森老教授作重印序言，并就书中事实加以考证，论述极其详尽。后由于日军侵占北平，北大红楼为日本宪兵队占据，故印书全部遗失。1945年胜利后勉强汇集出两部，郑先生存其一。1949年，魏先生曾为此书书写题记，文曰"北大排印海内孤本《樵史通俗演义》。鄞马隅卿廉藏。原本今归大学，日寇侵入，印本散失，战后理得两部，此其一也。中华民国卅八年五月廿八日，建功题记"云云。

（原载《北京大学校友通讯》第32期，2002年6月）

忆商鸿逵师与郑天挺先生的友谊

一

孟森先生是20世纪30年代北大史学系的老教授，也是先父郑天挺（毅生，1899—1981）先生的师辈。郑先生对孟老治学谨严，好学不倦，老而弥笃的精神异常敬佩，当时并与孟老时以学问相往还。同时，郑先生继孟老之后，也在北大和西南联大从事明清史的教学和研究。1938年1月，孟老在北平去世。此后不久，郑先生即在昆明西南联大撰写《孟心史先生晚年著述述略》一文，对孟老的清史诸多著述，予以极高的评价，特别提出孟老的《明元清系通纪》"最为巨制，用力亦最勤"①。

1946年郑先生由昆明回北平不久，即闻孟老夫人在抗战八年中生活日窘，只靠将房屋一部分出租糊口。其中有一住户为日本人，依仗权势不按时交房租，弄得孟老太太极为焦虑，敢怒不敢言。尤其是当听到孟老之《明元清系通纪》原稿已有丢失，郑先生更觉不安，因之希望能将孟老的遗稿全部整理藏事，尽早出版。

商鸿逵师系孟门弟子，早在20世纪30年代即与郑先生相

---

① 郑天挺：《清史探微》，第177页。

识。孟老去世后，不仅已着手整理孟老的遗著，且对孟师母的生活等，多所关怀。郑先生知此情况后，异常兴奋，即于1946年4月在孟老太太家与商师见面，商议整理孟老遗著事，并表示可在北大出版社出版。从此，他们的交往日渐增多。

1950年，商师由中法大学转入北大史学系任教。郑先生时任系主任。于是他们交往更多了起来。商师对郑先生非常尊重，辄呼之老师。事实上，他们之间都是互相敬重的。

二

1951年我考入北大史学系。当时商师已在系中任教。我曾旁听过商师讲的中国通史，其中讲到东晋豪族的奢侈生活一节，至今印象深刻。当时商师举例生动，材料翔实，声音洪亮，极具吸引力，博得了同学们的好评。

1952年1月中，北大即已停课，开展"三反"运动。当时三、四年级同学及部分教师都去江西泰和参加"土改"，郑先生也是校长打电报由江西催回来的。

2月中旬以后，学校又开展"思想改造"运动，教师逐个检查思想，由少数年轻教师（含外系）领导同学（仅一、二年级几十位同学）向老教师提意见。商师和一些老教师在这场运动（当时叫"洗澡"）中，都蒙受了不少的委屈。

当时商师由于众所周知的原因，落得个"从来不老实"的"罪名"。处于那种情况下，他当时的压力，可想而知。记得在商师"洗澡"后，一位说话有分量的"观察员"对商师说："人民已是万分宽大，不好好坦白，不是不能教书的问题……"少数不明真相的同学也对商师直呼其名。

事实上，在这次运动中，商师及其他老师从一开始就抱着诚恳的态度，表示应好好"改造"思想，"交代"一切问题。当时商师与郑先生住得很近，两人散会一起回家，谈话中也是互相勉励，希望共同进步。

这次运动之后随即是院系调整。郑先生奉调至南开大学历史系。商师于三校合并后，一开始系中也确实未给排课。

1954年春节，郑先生回京过春节，并去北大中关园等处看望历史系诸先生。商师因去城内过节未在。次日，商师到城内来看郑先生，并拜年。这在当时学校已极少。他们一起谈了很多，如余逊师的病，商师编写古代史教材的感受等，极为兴奋。商师对当时系中未安排他教课事，亦毫无怨言。当然他们也谈到孟老遗著之整理。这些年，商师一直孜孜不倦地在整理孟老遗著。

三

1958年初，商师已将孟老遗著整理完毕，约郑先生写一序言。郑先生于3月5日高兴地写了序，其中对孟老著作的学术价值及其爱国思想予以充分肯定；并对商师的多年辛劳，表示崇敬。其中道：

> （孟老）卒后，由商鸿逵先生和其他几位先生点查遗稿，想出版而没有机会，封存起来已经十几年了。解放后，政府关心先生的著作，出版社也想重印，先生生前好友陈叔通复嘱商鸿逵先生校辑成编，在中华书局出版。

他在给商师信中是这样写的：

> 前奉大札，知《心史丛书》已由兄编校完成，即将付
> 印，欣慰之余，益增钦佩。

但郑先生仍有顾虑，他说：

> 近来出版诸书，颇少外人作序，若不需要或内容重
> 复，即请见示……寄还。

不难看出，郑先生的这篇序仍然持审慎态度，对孟老的学术成
就不愿谈得太多。因此在序言后仅谈："至于心史先生在史学
方面的贡献，我在一九三九年曾写过一篇《孟心史先生晚年著
述述略》（见《治史杂志》第二期），现在不重复了。"①一带而
过。后来这篇序及信均未发。郑先生在原信皮上写道："这封
信由于学校事多，迟迟未寄。"
　　今天想来，当时正值"反右"之后，南开也正处于"整
改"及批判资产阶级学术观点的热潮之时。当时学生批判老
教师的大字报铺天盖地而来，贴满大字报栏，美其名为"西
瓜园地"。北大的情况，当亦如是。在这种大的背景下，处
事素来小心谨慎的郑先生，他写的序不愿发也不敢发，自在
情理之中。

---

① 郑天挺：《及时学人谈丛》，中华书局2002年9月版，第499—500页。

四

1977年，形势已好，老知识分子又活跃起来。是年8月，郑先生在《光明日报》发表一篇小文章，提倡应更好地研究清史及近代史。发表后，引起一些人的回响。商师也在9月4日给郑先生一信，表示要编撰一部《清会要》。信中道：

> 我读到先生提倡研治清史和近代史的文章，颇受启发。我在（北大历史）系里提了一个建议，想编一部《清会要》，同志们多愿参与工作。拟就一个说明，特呈奉教正。南开明清史研究室有何专题计划，极愿一闻。

郑先生接到信后，非常高兴，当即回信表示赞佩与支持。从此，他们二人的学术往还，又多了起来。

1980年夏，郑先生在南开大学举办了第一届明清史国际学术研讨会，邀请了商师及许大龄先生参加。

五

1950年，商师由中法大学转任北京大学史学系副教授。但解放以后，商师就遭受不公平待遇；而北大和全国高校的职称评定问题，由于历史原因也停止了二十多年，所以到"文革"结束，商师还是副教授。到了1980年秋，商师为此事给郑先生一信：

> 今北京大学办理教授提职，专请吾师作我的推荐人，

并审阅论文，写出评语。此固属我的衷心愿望所寄，同时北大历史系也具此要求。于兹足见师与我学术传授渊源为人所尽知。

接着商师又谦虚地说：

> 回忆卅年前（指1950年代）我转来北大时，曾向师表示，此来愿作吾师助教。斯衷至今依然，每与同志道及，辄以为荣。（1980年10月26日致郑先生信）

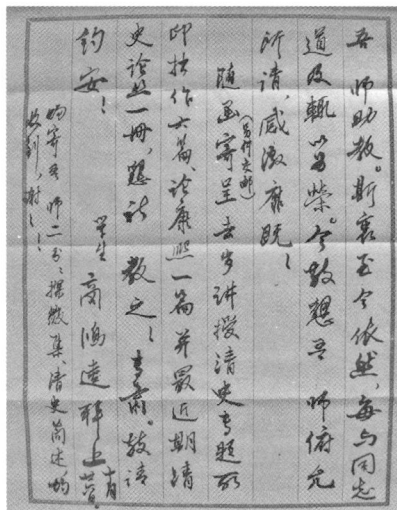

1980年10月26日商鸿逵致郑天挺函

是年11月14日，商师收到郑先生给他的推荐书后，给郑先生的回信中又这样写道：

接到您对我的推荐书，即交北大历史系提职评议小组。师对我过誉之处，实实不敢当，勉力以为，庶无愧师门而已。感激之情，非言可喻，容当后报。

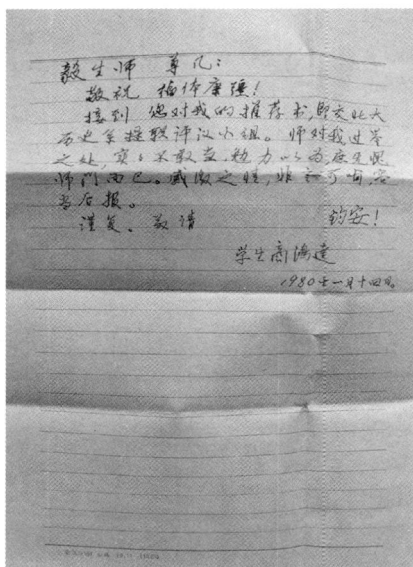

1980年11月14日商鸿逵致郑天挺函

1981年秋，郑先生的三位研究生毕业，郑先生也特约请商师及王锺翰、戴逸先生参加答辩会。他们认真地阅读了三位研究生的论文，提了不少问题，圆满地完成答辩工作。

1981年12月，郑先生去世，商师深感悲痛。他给我的悼信中说：

克晟同志礼次：握笔抚纸，曷胜悲悼！初传噩耗，未敢即信……及曹贵林同志返京，方获悉始末。老师身体素健，

以偶感寒疾，竟致不起，痛哉！我史学界失去一位好导师！使再康强数年，对我等受益必更大也。惟望
节哀持重，谨此慰唁！

商鸿逵拜　八一、十二、二八

尤其令人感动的是，郑先生去世后，他的82届及83届毕业的两位研究生的答辩工作，也都由商师及王锺翰先生负责完成。当时王、商二师都已七十来岁，仍不辞辛苦由北京坐硬席火车到津。这种热忱扶掖晚辈的精神，令人感动。当然这中间也包含两位先生对郑先生的情谊。

他们来后住在南开隔壁的天津大学招待所。一俟安排妥当，随即来到我家，向郑先生的遗像致意。

1983年夏，正值郑先生生前最后一位研究生毕业。我不忍再让商、王二老辛苦来津，于是建议商师，答辩最好在北大举行。商师及北大历史系都同意了，并顺利地完成了答辩考试。

会后，原我们应请他们二老，以示谢意。不料商师反而请了我们南开的人，真让我们心中不安。

商师对郑先生的情谊是如此深厚，如此真诚，是我们晚辈应更好学习的。他平日对学生的谆谆教诲，永远留在我们的记忆中。

2006年7月5日于南开大学东村

（原载《清史论丛》2007年号，中国广播电视出版社2006年12月版）

忆邵循正师与郑天挺先生

一

"七七"抗战后，邵循正（心恒，1909—1972）师与先父郑天挺（毅生，1899—1981）先生同任教于西南联合大学历史系。两人同为福建人，又都家于福州，故情感上倍觉亲密。

1938年春，西南联大文法学院暂设于云南蒙自。当时郑先生正讲授隋唐史，故关注西南边疆史地问题，先后写出《发羌之地望与对音》等一组文章，其中"发羌"一文影响更大。

《新唐书·吐蕃传》中提到吐蕃是"发羌"之后裔。郑先生在读该传中，发现"发羌"很可能即是西藏土名Bod之对音。于是用唐代有关史籍，以地理证"发羌"之地望，以古音证"发"字与Bod可相对，从而得出"发羌"即Bod对音之结论。

当时北大、清华、南开三校的教授生活有了很大的变化：共住一楼，大多单身，一二人一室，同桌共饭，共同散步、闲谈，关系极为融洽。

郑先生写好该文后，即求教于陈寅恪、罗常培、邵循正等人。陈先生曾为该文订正梵文对音及佛经名称，罗先生就音韵学方面提供有关证明，邵师则据伊兰（波斯）语为之补充译文。这种对学术问题时有磋商，彼此团结共勉的精神，实为学术界的一段佳话，难能可贵。郑先生在文章修改后，写了一段极为兴奋的跋语：

> 二十七年（1938）六月，余草此文毕，就正于陈寅恪、罗莘田（常培）、陈雪屏、魏建功、姚从吾、邵心恒（循正）、邱大年（椿）诸公。此文原题曰《发羌释》，继改今名，遵莘田、雪屏之教也。余初以"失范延"与"帆延"为古今地名之异，心恒据伊兰语为正之。译文以d对t，从吾举佛陀为证；稿中朱笔皆莘田所改；其反切及声类所属，皆傅君懋勣所查。此文缮正后，寅恪又为订正梵文对音及佛经名称（《大集经·月藏菩萨分》文中误作《月藏经》）多处，此稿不能觅也。寅恪对此说深赞许，尤增余兴趣与努力，并识之。
>
> 七月十六日晨，天挺在蒙自[1]

邵师当时尚不及三十岁，又精通多种语言，并得以与诸专家并列，说明邵师学问之渊博，令人崇敬。

二

1938年夏，联大文法学院自蒙自迁回昆明。与此同时，郑

---

[1] 郑天挺：《郑天挺西南联大日记》，第74页。

先生得知其表兄张耀曾（镕西，云南大理人，1885—1938）先生在上海去世。郑先生自幼系孤儿，幼时曾寄养在张家，故与张府中人关系极为密切。他决定去上海为其表兄料理后事。恰此时邵师亦拟北上探亲，于是决定二人同行。

当时由北向南至昆明，大多只能坐船经香港去越南海防，然后乘滇越路火车至昆明，一路备极辛劳。如北还，亦须经海防、香港搭船北上。

郑、邵二人自8月23日由昆明出发，26日下午才抵海防。30日上午由海防开船，船名太原号，属英商太古公司，常往来于上海、香港，上海、海防间，以运货为主。他们坐的是统舱，价安南币25.75元（当时安南币1元相当于国币1.7元）。统舱居最下，室热不堪，简直透不过气来。于是两人另以越币5元向茶房租帆布床，这样可以将床放至船尾甲板上，得以呼吸新鲜空气。但如遇雨则须移避。甲板上除船家外，尚有不少商贩由海防运至香港，其所携之鸡笼、鱼篓，时有恶臭，令人不堪。9月4日船至香港后，鸡笼鱼篓则无；而6日再上船后，甲板上突增旅客百余人，一无隙地，行走颇艰。旅客多江浙难民，妇孺为多。船中尚有妇女乞钱者，倍觉怜悯，二人乃周济之。9月10日船始达上海，合计共走十九天才至上海，其艰难可知。

邵师到上海后，还须坐船北上，于是入住沧州饭店十一天，于9月21日乘顺天轮赴天津转北平。此行省亲光路上计费去一月时间，所费亦不赀。

郑先生在上海逗留约两月，并未回北平看望子女，而是坐船在11月9日径回香港。11月12日在香港又碰见邵师，正准备由港转回昆明。

郑先生回到昆明已是11月22日，此行共三个月，而由上海经香港、海防回昆明亦走十四天。战时教授们南北往返之艰苦，于兹可知。

<h1 style="text-align:center">三</h1>

联大教授们单身的不少，时有聚餐，大多采取AA制，有时也聚于某人家中，状多愉快。一次，大概在1942年或1943年左右，大家餐后猜谜语。有人提议猜测抗日战争会何时胜利？这本是大家最关心的，故而大家踊跃参与，众说纷纭，有某人猜：明年我生日大约可以胜利；也有人猜，明年某个节日或可以胜利，大多猜的时间定在1944年以前。唯独邵师猜的是1945年10月10日。郑先生于是在日记中，把各自所述时间记了下来，看看谁猜的更接近事实。事后看来，还是邵师有眼光，估

1943级西南联大历史系毕业照。前排左起：孙毓棠、郑天挺、葛邦福（俄）、雷海宗、吴晗、王信忠、邵循正，二排左一何兆武（学生）

计得比较贴近。

邵师与郑先生经常长谈，或曰无所不谈。1944年春节，郑先生去北门街71号宿舍去看邵师。在其屋中，邵师忽问：外边传言你将出任林森大学校长（林原为国府主席，福建人，1943年刚去世，故传言将设立林森大学以纪念之，后未实现）？郑立即表示，此系谣言，不可信。并在当晚日记中写下对自己的评语：

> 余近年来读书自好，不求闻达；且与当轴暨林故主席一无渊源，何能征辟相及？纵有其议，疏惰之陋，更少储才，又何足以赴之哉！此事寸心甚明，非是客气也。[①]

四

1946年暑假，西南联大解散，郑先生回北大，任史学系主任，邵师回清华历史系任教。两人虽城里城外相隔较远，但北大史学系却每年都请邵师讲课，友谊长存。

解放后，郑先生仍主持北大史学系，而邵师则任清华历史系主任，两人的合作又趋密切。当时北大请邵师讲授中国近代史，邵师对郑先生说，讲中国近代史应我俩合作，你讲内政，我讲外交。这确实是个好建议，郑先生也认为：可谓佳配。可惜郑先生于1952年院系调整时，奉某人命，调至南开大学，两人的合作开课未能实现。

1951年6月底，一次在城内开会，郑先生碰到时在清华历

---

① 郑天挺：《郑天挺西南联大日记》，第796页。

史系任教的孙毓棠先生。孙说：邵师与历史系的年轻人在编辑中国近代史资料问题上意见不一，少壮主张系中合作，邵认为系委托个人，与系无干。前送稿费二百万（旧币），邵自收，未向系中言及，日前史学会人谈及始知之。郑先生让孙先生婉言告邵，注意此事。7月下旬，邵师与郑先生在城内开会，邵师谓已辞历史系主任，由周一良师继。第二天，郑先生又见到孙先生，孙说，邵师因中国近代史资料丛刊事，清华当局极注意，故不能不辞。年来细小之事积累亦多。周一良现正参加土改，已去信促归。未归前成立三人小组，由丁则良、孙毓棠、陈庆华组成，丁为召集人。

郑先生闻后，极觉惊讶与惋惜。他在日记中写道：

> 十年前，清华在昆明有少壮抨击元老之事，心恒为之领袖。今日（邵）以未能照顾年青朋友之意见致有此失，可惜之至。心恒学问为侪辈冠冕，又易于合作，于其去职，不胜惆怅。

言辞之间，郑老深表惋惜。郑、邵二人之情谊，跃然纸上。

2010年5月6日于南开大学东村

（原载戴学稷、徐如编《邵循正先生百年诞辰纪念文集（续编）》，2010年11月编印。2018年3月18日改正补充）

记一良师与郑老二事

一良师1963年暑假一天来南开大学北村宿舍看郑先生。当年周师为五十岁，穿着朴素而潇洒。他上穿老头衫（即带袖之背心），下着蓝色短裤，赤脚，下为黑色圆口布鞋，一派学者风度。他来是约郑老下学期再去北大历史系为学生讲清史课。

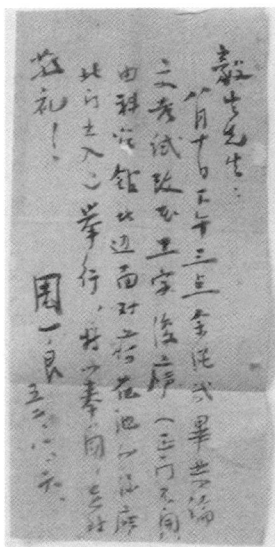

1952年8月6日周一良致郑天挺函

晚上，我家人陪郑老去劝业场一餐馆吃饭。不一会，忽见周叔弢先生（一良师之父）及其家人，后又见周师，还是如上午之穿着，他们全家亦在楼上就餐。

周师由北京至天津看望父亲，又看郑老，穿着随便，我一点未觉奇怪。学者就多如此。

又过了十五年，即1978年2月，当时郑老正和周叔弢先生一起参加全国五届人大一次代表大会，住在北京珠市口附近东方饭店，周与郑恰为邻居。一次周师又来看望周老。当时周师正因"梁效"事未完，所以后面还

1999年5月4日郑克晟拜访周一良

1970年代末郑天挺与家人合影。左起：郑泰、傅同钦、郑天挺、郑克晟

须一人跟着。周师来时，正因郑老门开着，知郑住其父旁，乃在看望周老后，顺便来郑老处看望。随便谈几句后，郑便对周说："我看你还得搞业务。"周师说："是呀！是呀，可我这种状况……"意即身不由己。后郑老回津后向我道及此事，我觉得郑老真挺会说，也恰中要害，在那种形势下，还能说什么呢。

2018年8月

忆王永兴先生与郑天挺先生的交谊

　　王永兴先生是20世纪40年代初北大文科研究所的研究生。北大文科研究所于1939年5月恢复，由傅斯年先生兼所长，家父郑天挺先生（1899—1981，字毅生）为副所长。当时所内聘请许多专家作为导师，有傅斯年、陈寅恪、汤用彤、罗庸、罗常培、杨振声、唐兰、姚从吾、向达及郑天挺诸先生。王先生与汪籛先生是陈寅老的学生，当时郑先生也教隋唐史，也是他们的导师之一。

　　关于北大文科研究所的情况，王先生在回忆郑老的文章中，曾有叙述：

　　　　我为研究生之时，学生与导师同住（昆明）青云街靛花巷小木楼中，粗知先生之生活。日间，先生在校办公室处理有关财务人事诸大端以及教课；夜间，在宿舍楼备课研究撰著，虽非通宵达旦，但深夜不眠乃经常之事。①

――――――――――

① 以下引王永兴先生回忆均见《忠以尽己，恕以及人——怀念恩师郑毅生先生》，载《西南联大北京校友会通讯》总第26期，1999年8月。

又曰：

> 以陈寅恪先生为首的诸大师传道授业著书立说⋯⋯天挺先生乃诸大师之一，他是精于清史的史学大师孟森先生的传人。

言语之间充满敬仰之情。

我们认识王先生是在1946年上半年。当时家父已由西南联大转至北平，负责北大接收工作。因当时北平沦陷区北大的学生已经上课，并成立北平临时大学补习班，郑先生任第二分班（文学院）主任。

第二分班由于郑先生德高望重，故请了许多专家来授课，单是历史系就有陈垣、萧一山、孔繁霭、董绍良、齐思和、赵万里等人。王先生恰于此时来到北京，家父也请他在二分班教课。王先生学者风度，一身正气，讲起课来异常认真，考试则特别严格，杜绝作弊事件的发生。郑先生在1946年3月25日日记中即曾写道："（上周六）第二分班四年级学生补习中国史考试，教员王永兴用隔位坐法以防学生有剿袭情事，学生不遵，多数退出考场，并阻挠其余同学考试，有一考试男生并被殴。"对于这种事情，郑先生当然也是支持王先生的，班务会议上，对违规学生"决议分别轻重开除学籍或记过"。①

同时，王先生与郑先生也经常谈论学术问题。据1946年4月14日家父日记载："王永兴来谈，以西晋何以国祚甚短为疑，

---

① 郑天挺：《郑天挺西南联大日记》，第1164页。

余以为或由于开国时无通盘策划，事事苟且，无开国规模与长治久安之经制也。永兴亦以为然，容详绎之。（王）又言：丁则良谓阀阅始自东汉。其说亦是。盖门阀之成，一在族大；一在通显久；一在婚媾多，东汉窦、马其例也。"①

1946年暑假，北大、清华复员后，王先生先留在北大文科研究所工作。这年10月，陈寅恪先生也已由国外医眼失败回到清华任教。当时陈先生目疾已很严重，而陈之助手徐高阮先生次年春始能来平。于是陈先生乃于10月底致函郑先生，希望能暂借王先生至他处工作。信云：

> 弟因目疾，急需有人助理教学工作。前清华大学所聘徐高阮君，本学年下学期方能就职。自十一月一日起，拟暂请北京大学研究助教王永兴君代理徐君职务，至徐君就职时止。

于是王先生乃去了清华历史系任教，担当陈寅恪先生助手。

解放后，由于1952年郑先生很快即至南开任教，故与王先生交往少了一些。但20世纪50年代后特别是1963年后，他们同在一起标点"廿四史"，共同住在中华书局西北楼招待所。那时，他们除了为标点工作共同磋商外，工作之余，还一起打打太极拳，饭后一起散散步。一次，王、郑二先生散步至翠微路中华书局入门处，郑先生指着门前数间整齐的平房，笑着对王先生说：1946年曾在此屋中与房屋买卖商会面，为北京大学或买或租房屋，商谈了一下午。后来，王先生在回忆郑老文章中

---

① 郑天挺：《郑天挺西南联大日记》，第1172页。

谈道：

> 我曾拜访过几位北大教授，其家属住房均甚良好（指
> 1940年代城内北大）。此类房屋多至百处，多为先生（当
> 北大复员时）主持或经手获得者……先生主持管理北京大
> 学经费数逾千万，数十年中无丝毫差异之事。在北京众多
> 高等学校教职员工之间，均谓出污泥而不染者，惟天挺先
> 生能之。一身正气，两袖清风，非仁人君子孰能为之。

中华书局每逢春天常组织他们去颐和园等处游览，诸老人
均感心情舒畅，工作愉快。而郑、王之间亦建立了更深的友
谊。一次，王先生回山西，郑先生恰去城内有事，未及相送，
郑先生在日记中都表示"深觉歉意"。从另一方面说，这时王
先生由于受到种种压力，变得比较消沉，但工作起来，仍是认
真负责，孜孜不倦。不久，"文革"开始了，郑、王二人的处
境是众所周知的，虽然各在一方，但师生的情感则是永远连在
一起的。

1976年7月底，唐山发生大地震，波及天津、北京。当时
正在山西的王先生知道后，十分着急，他忙着分别给郑先生及
王玉哲、杨志玖先生写信，表示关怀。信曰：

毅师：《人民日报》登载，唐山、丰南一带发生强烈地
震，并波及到天津市、北京市。看报之后，想到您和您全
家……致以衷心的慰问。

王先生的信，大家都收到了，但没有留下地址。这是王先

生最细心的地方，他不愿这些先生在忙乱中，再多费心写信。又过些天，他又让他的孩子到南开来看望。大家除感谢外，都提及没能回信致谢的原因。其实，王先生心里很明白。

1978年11月初，王先生调回北京大学。他很快告诉郑先生，并告知他在北大的住址。并称："这次调北大，您从各方面关怀帮助，我十分感谢。近期内拟去津拜谒请安，特先函禀。我的工作，系里正在商量，可能是带研究生。"又说："近一年来，我从事隋唐五代经济史资料汇编校注的编写，第一编即将完稿。问题和困难颇多，当向您面陈，请求教导。"不久，

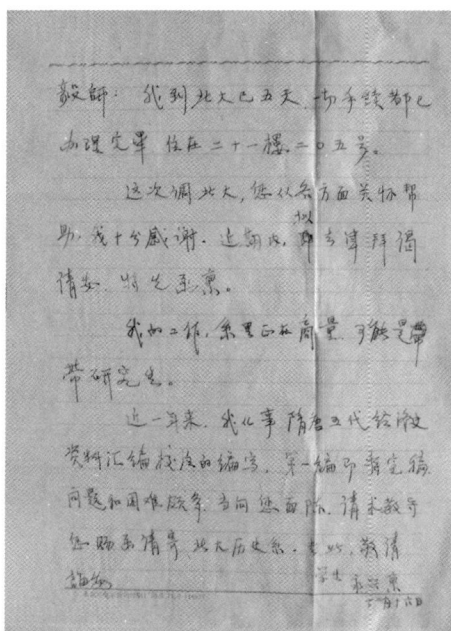

1978年11月16日王永兴致郑天挺函

王先生果真来天津看望郑先生。

这次会面，他们谈了很多。王先生回忆说：

> 先生（指郑天挺先生）似有意以其在昆明治北大文科
> 研究所之精神教诲我。先生命我详述四届学生之人数姓名
> 以及目前的工作情况，我一一禀告之，数十人均在高等学
> 校任教和高级学术研究机构从事研究工作。我的禀述有脱
> 漏或错误，先生补正之。最后，先生笑语曰："我们（指
> 昆明北大文科研究所）没出一个废品。"并语重心长地教
> 诲我说："你现在北大任教并主持敦煌文书研究室，也要
> 不出一个废品。"

当时，师生相谈十分愉快。自那以后，王先生多次来过南开，
最后一次是参加杨志玖先生的研究生答辩。一如往常，王先生
对研究生的要求同样是严格的。

1981年12月20日，郑先生病逝。王先生特致函于克晟，表
示哀悼。信曰：

> 惊悉毅师不幸逝世，我十分悲痛。从1940年以来，我从
> 毅师受教，他的德行、学识、文章，为举世敬仰，也是我终
> 生的楷模。在我悲痛地哀悼毅师的时刻，我要永远记住他老
> 人家在几十年中对我的教导，像他老人家那样为学做人，不
> 辜负他老人家对我的期待。特写此信，哀悼我敬爱的老师。
> 并向您和您全家致以亲切慰问。

王先生信中对于郑老逝世，悲痛之情溢于言表；而对于四十余

年来，与郑老的交谊，又表示了极大的敬仰与感激之情。

1983年以后，克晟和南开历史系同仁曾约请众多先生撰写对郑先生的回忆及纪念文章，王先生每多"努力撰写"（王先生信中语），并不管多忙，总是按时交稿，也让我们深切地感受到王老对郑老的怀念之情。

近些年来，我们经常去燕北园北大宿舍看望王先生夫妇，王先生经常提到西南联大、北大、清华历史系的往事，特别是提到他和郑老几十年的情谊，我们深受教益。王先生对郑先生的感情是真诚而朴实的，这种师生之间的友谊，最值得我们晚辈学习。

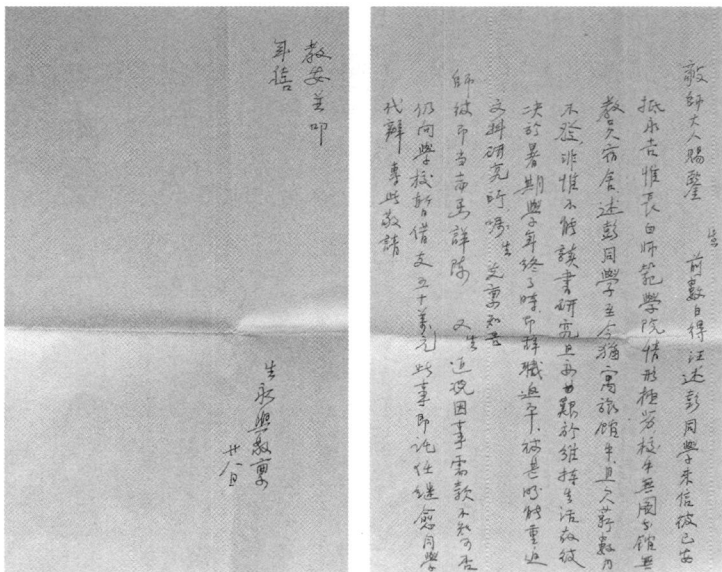

1946年1月28日王永兴致郑天挺函

附王永兴先生1946年1月28日致郑天挺先生信：

毅师大人赐鉴：生前数日得汪述彭同学来信，彼已安抵永吉。惟长白师范学院情形极劣，校中无图书馆，无教员宿舍，述彭同学至今犹寓旅馆中，且欠薪数月不发，非惟不能读书研究，且亦艰于维持生活。故彼决于暑期学年终了时，即辞职返平，彼甚盼能重返文科研究所，嘱生先禀知吾师，彼即当崇函详陈。又生近因事需款，不知可否仍向学校暂借支五十万元，此事即托任继愈同学代办。专此敬请

教安，并叩

年禧！

生　永兴敬禀

（一九四六年一月）廿八日

2009年4月6日于南开大学东村平房

（原载《王永兴先生纪念文集》编委会编：《通向义宁之学：王永兴先生纪念文集》，中华书局2010年6月版。本文署名郑克扬、郑克晟）

怀念何炳棣先生与先父
郑天挺先生

今年6月15日，南开大学举办纪念雷海宗先生诞辰110周年大会，我在会上得知何炳棣先生已于当月病逝，内心极觉沉痛。

何先生早年与先父郑天挺先生同在西南联大历史系任教，他属于出身清华且有才气之年轻教师。

1943年，他报考清华留美考试（七月出题，十二月发榜），由郑先生负责明清史之试题，试题为："清世宗严明英睿，深求治道，其于国计民生吏治治边设施若何，试分述之，并述其影响。"何先生于此题及"摊丁入亩"等试题答卷中"颇多创见"①，得到先父之称赞。

当时，何先生与丁则良、王逊等诸清华少壮成立"十一学会"，共同探讨学术问题，几乎每周都有学术活动。他们曾屡请郑先生去该会报告，郑先生苦于无合适题目，未能前往。正好1944年暑假，他与罗常培教授等联大师生去大理考察一月有

①见何炳棣自传《读史阅世六十年》，桂林：广西师范大学出版社2005年版，第168页。

余，乃于是年9月18日，即以"大理见闻"为题，在该会作一次演讲。会上先由何先生向大家介绍，郑先生讲完后，大家热烈讨论。

1945年，何先生赴美之后，与郑先生长期没有联系。只在1974年夏天，他应南开大学校长杨石先邀请，到校作了一次报告。会后应先父邀请，与历史系诸位老师一起吃了一顿饭，相谈甚欢。

1980年8月，先父主持召开南开大学明清史国际学术讨论会，这是"文革"以来，在正常的学术讨论会停顿了十数年之后，中国史学界召开的首次大型国际学术会议。这次会议筹办较晚，且会前对国际会议究应如何开法，毫无经验，因此郑先生多次写信，向何先生请教有关事宜。而何先生也自始至终协助郑先生筹划一切，其用心之勤，思虑之周密，令人感念。

1980年8月郑天挺与何炳棣在首届国际明清史学术讨论会上

会议筹备之初，何炳棣先生就为郑先生出谋划策，对邀请哪些代表、国际会议应该注意什么事项，何先生皆直言相告。1979年12月22日，何炳棣先生致函郑天挺先生曰：

毅生吾师：

本年十一月廿四日撰就、十二月七日寄出惠书，昨日拜读，立即长途电话与美国东西两岸明清史家两三位作初步接洽。原则上美国方面当极力赞助，并将筹派代表团十至十五人参加。贵校明夏召开之明清史学术报告会，每人宣读论文一篇或两三篇［原则上一人一篇］。现虽值年假，已有专业中人代向美政府设法筹拨旅费津贴。三数周内当有较具体报告。

祖国与西方文化隔绝已三十年，南开此举极切时需，惟筹备一国际性之学术会需有充分时间，被邀或主动参加之学人亦需要充分时间准备论文及申请津贴。但是，南大似应由吾师或杨校长尽速发出初步邀请书。美国方面暂由受业代筹。日本方面可由贵校贵系吴教授（即吴廷璆先生——笔者注）拟一名单。德国方面请南大径函以下三位：

Professor Herbert Franke

University of Munich

Munich, Federal Republic of Germany

Professor Wolfgang Bauer

University of Munich

Munich, Federal Republic of Germany

Professor Wolfgang Franke

University of Hamburg

Hamburg, Federal Republic of Germany
由以上三人筹划。

英、法两国专攻明清史者不多，容稍缓再建议名单。

澳大利亚有国立大学，经费充足，注重研究，可径函：

Professor Wang Guang-wu 王赓武

Director, Institute of Pacific Research

Australian National University

Canberra, Australia

Professor Stephen Fitzgerald

Department of Far Eastern History

Australian National University

Canberra, Australia
加拿大方面专业中人目前行踪尚待探询，但南大可先函林达克：Prof. Paul T.K.Lin, Director of Asian Studies, MeGill University, Montreal, Quebuc, Canada.

香港方面，吾师可径函北大老学生全汉昇及王德昭教授。全、王现均已退休，地址：香港九龙新界沙田香港中文大学历史系。可托全、王代洽新加坡及东南亚相关学人。

至于会议时间，愚意各国学人皆需要相当时日筹款、组织、写作……故六月太早，七月太热，八月较好，九月则又须准备秋季开课矣。故南大发出邀请信时即须定会期，总以八月前半，或第一周，或第二周为最宜。此外如旅舍接待等项亦必须早予妥筹。会期前后各国学人之旅游费用当然自理，但最好南大能代为安排（天津市外事局及旅游局分局事先及临时务必鼎力合作）。

邀请信中似亦须说明会议之"官方Official"语文，不妨以汉文、语为主，异国文字论文最好能先译成汉文，至少应附汉文摘要。

总之，南大此项国际史学会议在祖国尚系创举，如果成功，意义重大，用敢不揣固陋，初步建议如上。会期即使定在八月，时日已相当匆迫，邀请诸信，明年一月中旬或下旬发出，最好。年前呈上美洲作物传华始末一文，多蒙奖许，既感且愧。事实上，受业转攻上古史已逾十年，不治明清久矣。

雷师母事多承吾师及杨石先校长关照，感同身受。余俟陆续奉告。敬请

道安

景洛嘱代致候

杨校长处乞代致谢请安

受业何炳棣叩

一九七九年十二月廿二（日）

函中可见何先生对于此次会议之思虑周全，尽心尽力。邀请之外国专家名单基本上是他提供。郑先生收到此函，当即回复，既表感谢，也告知其会议筹备情形，并给他寄去邀请函。现郑先生函全文不可见，在他留存信函底稿的片段中，略有提及，其言："王德昭兄月前来津，面允必来，并提出关于

清代科举论文。全汉昇兄日前来信，现往日本讲学，未必能来。此次在京又晤香港赵令扬、牟润孙、李锷三教授，他们都说来，而牟润孙尚在筹款中。日本确定来者有岩见宏、寺田隆信，其余尚有十余人。加拿大、西德、法国、瑞士、奥地利亚请帖已照前函发出，并有增益。台湾托香港友人代邀，不敢径发，恐妨安全也。"告知何先生准备与会的一些代表的情况。

当时中国百废待兴，各种条件极差，对于举办国际会议来说，宾馆住宿就是一个大问题。1980年4月1日，何炳棣先生为了此事，特致函郑先生：

毅生吾师史席：

昨天将将写了复信，解说南开不必忧虑邀请名额的问题，因为即使发出三十封邀请信，事实上能应邀参加者也不会多到三、四、五位以上。因此，我建议把其余十几封信也一并航寄给我，由我代请。

最近对会期招待事宜，曾一再考虑。南开是否自己已建有招待所，是否每间房子内部都有卫生洗澡设备？您信中所说留学生宿舍究竟设备怎样？这一些问题我很多都不好意思明问。但再四考虑之后，为八月间避免可能的误会起见，我必须事前强调一点：被邀请学人类多已是成名教授，或中年或不久即将退休，无论美国人或是华裔，多年已不习惯"高级"学生式的生活。天津八月初极热，每人非单人房间不可，亦必需有洗澡卫生设备，最好还能有空调。会期住的问题如南大不能全部担负，事先似宜讲明，是否由与会外籍学人担负住费的一部分或全部。这些琐碎的事都要事先搞清楚，届时才可以避免误会，防止不满情绪的发生。和西方人打交道，一向就非得把最基本的安排细节讲清楚，而且费用方面谁应担负、担负多少这类也要一五一十毫不客气地先讲明白。您对这类琐事可请南大总务或庶务主任尽速详细航复，最感最感。

我在代发邀请信时，非常需要知道对会期住宿问题的详细安排。吃的问题不太大。会后旅游问题也不太大，可能大多数海外与会者没有时间、没有足够的钱去远程游览。火车好，票价也合理，但不易睡觉。飞机是国内票价的2.6倍，是世界上最贵的，多坐飞机也是坐不起（尤其是长距离）。旅游大体路线已经筹划了就够了。

愚意初次办国际性的史学会议，只要多少有些海外学人参加就很成功了，对下次筹办便能有很大帮助。国内集明清群英于一堂已是空前盛举，故成功可必。

我在美国代办邀请事，最需要知道的住宿方面的实际条件。余俟另详，敬请
道安

受业　炳棣叩
一九八〇年四月一（日）午

有便请通知南大英语系刘岱业先生，我八月间非常想见他。

经何炳棣先生提醒，郑先生就特别关照宾馆事宜，努力将其做得最好，满足各种与会嘉宾的要求，这对于成功举办会议是个基本保证。关于邀请外国代表事宜，在郑先生信函底稿片

段中，留有些许复函文字曰：

> 乃有十五位之请，后又恐兄在转时为难，遂寄足十八分，并函请曲谅！奉函敬悉各专家未必能全数范止，此间前议，实属过虑，复于日昨，遵示再寄呈十余分，想已收到矣。
>
> 此次国际讨论会，国内尚属首创。又知由吾兄多方协助，大家均认为不应与一般学术讨论会同样看待，仍请在美多为号召，多提论文（不限新作），不胜感盼。吾兄前此见示欲于"论丁"、"论亩"、"论绅衿"中选定一题，至为欣感，任何题均所欢迎，幸乞决定后早日示知。

随着筹备工作的推进，何炳棣先生更随时向郑先生汇报他在美国邀请与会代表情况，并提及虽因时间仓促，有些代表不能与会，但是大家都很关心此会，亦有美国学者会在其他时间，前往天津拜谒郑先生。1980年4月29日来信说：

毅生吾师史席：

另外若干份印好的邀请书申请表等件昨天寄到。

目前已接邀请通知的学人们几乎每人都在设法在极短期内如何筹款。内中已有数位回信不能赴会。幸而徐中约（Professor Immanuel C.Y.Hsu, University of California at Santa Barbara）先生电告五月中以该校访华团团员身份，将自北京托社科院秦副秘书长代洽，作一二日天津南开的访问，届时务希惠予接见为幸。按徐先生抗战末期卒业于燕京，不久即来美在哈佛攻博士，对十九世纪中国外交史贡献甚多，十年前并完成《近代中国的突起》(*The Rise of Modern China*)，由纽约牛津大学出版社出版，为英文中国近代史最佳课本（称之为标准著作，较为客气），现为 Santa Barbara 加州大学著名教授。

再六月间任叔永、陈衡哲先生的长女公子任以都要访沪、京，亦必过津拜谒。任为宾州州立大学历史系教授，以明清经济史为专长。并曾与其爱人孙守全（地质工程）合译详注《天工开物》。两位都是老朋友，虽因时间过分仓促，今夏不能与会，但口头报告美国明清研究情况必较开会时所能报告者更亲切详明。

另外，刘广京 (Univ. of California at Davis) 明夏返福州省亲，届时亦将北上晋谒。

总之，此番时日紧张，虽与会者少，但关心者多，以后中美史学界联系工作的加强，可以预卜。

景洛日有起色，大约再有一两月可以完全康复。

敬请

道安

受业炳棣叩

一九八〇年四月廿九（日）

数封函中提到"景洛"，乃其夫人邵景洛先生，当时不慎摔伤，行动受限，何先生担心郑先生挂念，故每每言其有起色。郑先生留存底稿中有较为完整的回信：

此次惠允赐临诸先生论文题目，亦乞提前见示。任以都教授为南大陈鹨教授（吴大任教授夫人）之姨甥女，前有函致陈鹗教授询问明清史讨论会会期，便中仍请力为敦促。美国明尼苏达大学与南开大学结为合作大学，已由校请其派人来参加（不在尊发请帖之内）矣。弟极盼兄先期来津指导一切，顷蒙惠允，极感，已为预定宾馆，来函谈及自费一节，万无此理，前已函陈，请不再客气。嫂夫人跌断骨盘，手术经过良好，至念且慰，近日想已完全康复，务盼双双莅止也。又南开拟刊行《南开史学》不定期刊，拟在大会期间出刊，切盼吾兄惠赐论文一篇，以为光宠。吾兄著作甚富，谅蒙慨允，旧日大作亦可，切盼早日寄来。

希望何炳棣先生提前来津，以便指导会议的召开，并向他为《南开史学》创刊号约稿。一个月后，1980年5月30日，何炳棣先生致函郑先生：

毅生吾师史席：

老早就该回答您四月下旬的信，只因要等候几十位美国明清史家的回信，又忙于看管跌断左股百日之内不能自由行动的景洛（校内、校外以及接待国内过路及访问学人，如王毓铨兄、北大周培源校长率领的访问团之类），所以事与愿违，迟迟不能握管。

在一二月间闻悉北京方面十月间将举行一国际宋元明清史会议，我就心知不妙。其实您去年十二月间发出十一月撰的信，读后我即感到时间太仓促。但当时极度热情地支持您的计划，又恐立即预先提出种种可能的困难供您参考会大大影响您和南开当局的积极性。当时觉得如果马上就办，也可能还不太晚，因此就立即表示全心全意的支持。我几十年来是自以"客卿"身份专心治学，不闻不问大学及学术诸组织权位等问题。1975—76（年）以唯一非美籍（原籍和种族观点言）的学人被选为六千多会员的亚洲学会的会长，完全是由于学术上知我的人很多，完全不是由于我的活动（当选前一年我因未交费已不是会员）。1976（年）下任之后我更避免参加任何校内校外的广义的专业的组织。因此，对学术界中权利和补助金等的支配和分配几乎事先完全不知道。最近五六周来才完全明了了社科院与美方Fred Wakeman（加州伯克莱）、Albert Feuerwerker（密西根州立大学）等人去年就有了默契，今秋十月开宋元明清会议。这两人，再加上十个左右的"内部"中人，就把美国半政府性所能补助旅行开会的款额都事先全部"分配"了！本年一月间与Wakeman通电话⋯⋯他一字也不提十月间的宋元明清会议。今春接到我代转的南开请帖的学人，除少数是早已"内定"十月间去北京者外，皆不能请到款，甚或部分的津贴。近年美公私立大学经济也日趋困难，所以非自行担负费用者无法参加八月盛会。我只向American Council of Learned Societies请求特别旅费津贴，要下月才知结果。即使批准也不过是自芝加哥到北京来回机票的半数。以国内旅游费用之高，两个月的访问（主要在京津，不外出游览）也要自贴三四千元美金。我情感、理智上完全乐意参加，所以无论请不请得到最低旅游的半数，都是一定参加。

此外，Michigan大学史系张春树教授早已请到今夏去罗马尼亚开史学会的补助，他已决定把这笔款项改用在参加南开的会议。另外，袁同礼先生的小儿子袁清，也可能和张采同样办法。

另外，还有琐事二节，恕我在此秘谈，以供您们今后的参考。第一，国际学术会议只有邀请，没有申请的，这是惯例。第二，学术会议很少有事先先交一百元美金巨额的。我在代发申请信时，对这两点都不得不代解释，指出国内对国际惯例不熟悉，千乞不要见怪，好在大家都是朋友，都了解。我和张春树、袁清等暂时不正式先交百元注册费，如到津后非交不可，那时再交。因为我们不愿开例，以后被美方朋友批评。

现在看来，事实上参加者已经很可观，日本、香港方面已经接受邀请者都是知名史家。美国能来者不多，但意义不小，而且刘广京、任以都、徐中约等多位都特别来信或来电，说明时间仓促，不能与会，但皆用另种方式表示支持。国内多位学人趁此时机与海外学人交换意见和情报，也还是创举。此番会议决不可以海外参加者少而失望。能有如此规模，不得不称为是相当的成功。

现亟待办理的事是：

①请南开马上通知旅游总局，尤其是专管美洲大洋洲的岳岱衡副局长，尽速通知祖国驻美大使馆，准许我和张春树教授的签证。我需要两个月：七月底到九月底。张教授（Professor Chun-shu Chang, Department of History, University of Michigan, Ann Arbor, Michigan 48105, U.S.A.）大约一个多月即可。这事要快办，否则来不及。

②我个人同时有信通知岳局长，我和他可谓是老朋

友，但他仍是需要南开的正式通知。

③我论文的题目是:《论丁》。文稿要六月底才能撰就，因三个月来身兼教授、车夫、佣人、厨子、过往接待者，不一而足。喘息粗定，即一气赶撰，绝对不误。

至于旅游，我和张春树都不参加了。我大概八月二三日由京到津，会后仍须返京。见此信后，千乞立即通知:北京东长安街旅游总局岳岱衡局长。请他批准我和张春树的访问，并请他尽快通知驻美大使馆。

余不一一，敬请

道安

杨校长乞代候

受业炳棣叩

一九八〇（年）五月卅日

因为时间紧迫，何炳棣先生希望尽快想办法，使其签证能够如期顺利办下来。1980年6月26日，为签证一事，再致函郑先生:

毅生吾师:

顷间接奉六月十九日航示。

四月十五航信，六月八日始达尊览，亦为无可如何之事。

两旬前曾上航函，要求南开立即通知旅游总局岳副局长岱衡，由岳电示驻美大使馆，批准受业签证。至今尚无消息，深恐再有延误则将不克参与盛会矣。千乞立即以最快最妥方式代请签证。

为万一计，受业即函冶金工业部，由该部名义上发邀

请，藉以签证，盖某副部长近年知棣甚深。然最妥仍由南
开赶办。

今年无法讲学，一切当面禀陈。

此请

道安

受业炳棣拜
一九八〇（年）六月廿六（日）

郑先生每每是接到信，即尽快回复，但只在残存回函底稿
中留下只言片语，并不全面。不过，此信封上郑先生写了这样几
句话："一九八〇年七月七日收到。信中所说两旬前来信立即通
知旅游局岳岱衡副局长批准签证一节，始终未见来信。已复，盼
先期来。"这里实际上是何炳棣先生的信出了问题，被拖延。在
5月30日信封上，郑先生有一行字："一九八〇年七月十六日收
到。邮戳同。五月三十日来信。"可见，收到5月30日的信竟然是
在6月26日信之后，这在当时也很正常，故而引起郑先生的疑惑。

郑先生主持南开大学明清史国际学术讨论会，于1980年8
月上旬如期举行，与会中外学者120人，盛况空前。这是"文
革"后"改革开放"初期中国历史学界召开的首次大规模的国
际学术讨论会，轰动学林，影响深远。这次会议也凝聚了何先
生的许多汗水。会议期间，何先生始终是愉快的。是年9月30
日，何先生返美后，立即给郑先生来信，其中道：

八月上旬得缘重瞻丰采，并聆雅教，至为欣慰。南开
此会甚为成功，尤属可贺……棣九月十七即返抵芝市，疲
惫已极。本待补撰《明清的丁》一文……今又已开学，拙

文竟无心情精力补撰矣。此中不得已之情，千乞鉴原为幸。
好在此文主旨廿年前已在拙著《人口史论》中以英文阐发。

1981年冬郑先生去世后，冯尔康教授和我编辑一本《郑天挺学记》，由生活·读书·新知三联书店于1991年出版。我们也约了何先生撰写文章。可能是我们约稿时没有写清楚，何先生竟

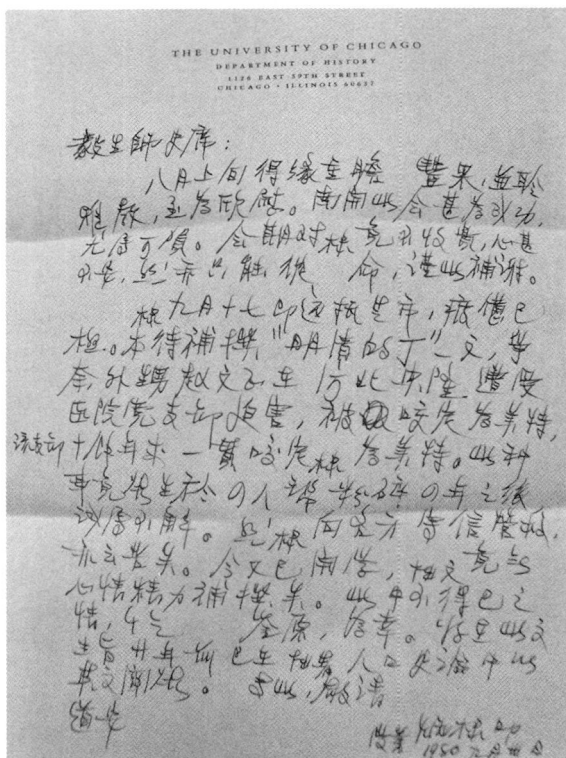

1980年9月30日何炳棣致郑天挺函

然写了一篇《鱼鳞图册编制考实》的研究论文，并写信给我说："时间虽然过于仓促，我确实用心地赶写了一篇明史论文，以纪念令先尊毅生先生。由于我对毅生先生的景仰，不敢不选一个比较重要的题目。"这篇文章的发表确也为《学记》增辉不少。

1993年9月，我去美国四月，因住美东，与何先生住处较远，未能及时探望。次年1月，临回国前，我给他打电话，并为不能前往拜访表示歉意。他在电话中向我谈及几点：1.1980年明清史会未能见面，冯尔康先生亦未能见面，甚憾。2.冯先生之《雍正传》否定夺嫡极是。此即过去郑先生之观点，他亦以为如此。3.王锺翰先生与他及另一位姓王的先生都是1938年燕大的研究生。认为王先生的"雍正夺嫡"说可参考及批评。又言：他又写了一篇关于鱼鳞图册的文章，拟寄给我们，过两周即可收到。4.某某写的《明代赋役制度》不行；郑先生的史料学写得好。如有文稿，他想设法在海外出版。最后并祝一路平安。他的话简明扼要，非常亲切，一句多余的话都没有。

在谈到冯尔康先生的《雍正传》时，看得出何先生对雍正评价的兴趣。这就不能不谈在西南联大历史系时，他对郑先生关于雍正评价的赞同。据郑天挺日记1945年3月10日记：

> 四时，蒋相泽来，清华研究生也。原从心恒（即邵循正，时为西南联大历史系教授）作贵州苗乱及改土归流论文。今日请改作雍正对政治制度之改革，请余指。余在班上讲雍正时代之重要屡矣，意欲北大学生中有人注意之，竟无人。去年何炳棣来谈，余述及此，炳棣甚兴奋，而以考取留美治西洋史，不能兼顾，再三向余言，必须有人切实注意之。炳棣与（何）鹏毓相稔，以为或劝其作之，亦

未然。今相泽来请，允之。又关于包衣制亦一好题目，余在历史系晚会尝发其端绪，今日相泽亦请作。[①]

可见，有关雍正的研究，自郑先生开始，历经数位学人的努力，最后终于由冯尔康先生完成《雍正传》，这也是何炳棣先生尤为关注的原因吧。

2000年，曾闻知何先生在撰写回忆录，后何先生发来打印稿，征求意见。是年12月，我把先父的日记片段复印，经由我在美的儿子用电子邮件发给他，先后两次，何先生在电话中深表感谢。

何先生是海内外著名史家，其所涉及研究范围既多且广。有人说何先生的论文从不作"二等"题目。如果他晚年真能多做他感兴趣的有关清史的研究，其成果必多惊人之作，则可断言。

哲人萎谢，士林同悲。谨以此小文怀念何炳棣先生兼及先父郑天挺先生。

2012年8月21日

（原载《中国社会历史评论》第14卷，天津古籍出版社2013年10月版）

---

① 郑天挺：《郑天挺西南联大日记》，第1014页。蒋相泽先生（1916—2006），1947年去美国深造，1951年回国，一直在中山大学从事世界史研究。何鹏毓，在西南联大及北大一直追随郑先生从事明清史研究，1946年去河南大学，曾参与创办《新史学通讯》（即今之《史学月刊》），20世纪50年代初即因病去世。

第二辑　师友风义

刘半农与白涤洲之死

1934年夏秋，北大两位语言学专家均因在外调查方言时，传染回归热，猝然去世。一位是国文系资深教授、语言文学大师刘半农（复）先生，另一位为后起之秀白涤洲先生。

刘半农先生卒时四十三岁（1892—1934），白先生卒时三十五岁（1900—1934）。

这年6月19日，半农先生偕助手白涤洲前往包头及张家口等地调查方言，郑天挺及魏建功等人前往西直门火车站送行。时郑、魏二人均为北大国文系副教授，郑尚兼学校秘书长。刘先生系两位先生的师辈，平时关系亦好。

刘、白二先生在调查方言二十天后，于7月10日回到北平。次日，郑先生去刘府看望半农先生，见他精神、气色如常，唯见他频频蹙额，似有所苦。郑问后，半农先生言："在张家口时发热，至今日仍未退烧。"郑又问："是否感冒？"刘言："不是，因为汗出得很多。"郑再问："是不是时令关系受暑呢？"刘言："亦不是。这两天便秘，尚须微泄。"郑先生因素无医学常识，又见先生精神尚好，未虞有他。岂料至7月14日下午3时，蒋梦麟校长家即来电话，言半农先生因病已逝世于协和医院。郑先生大惊。

郑先生去协和时，见蒋校长、胡适、马裕藻（幼渔）等人及刘先生介弟北茂先生均已先至。仔细问之，方知半农先生为是日上午10时半才入医院。经医生验血，发现有回归热之螺旋菌甚多，急用914注射液注射，时间已太迟，不及救而病逝。郑先生闻后，悲怆万分，且深悔自己不懂医术，如在三天前立即劝刘先生住院，或尚有可能挽回其生命。悲夫！悲夫！

7月16日早5时，郑先生再赴协和医院，胡适先生等人已先至。随后，蒋梦麟、沈兼士、陶希圣、郑奠、罗庸、白涤洲、魏建功、马隅卿、马裕藻、马衡、唐兰、徐森玉诸人均先后至。10时，棺殓毕，以汽车载棺，四周张青布围，上覆北京大学校旗，前置半农夫人花圈。棺枢初起，送丧者共挽之，即古所谓执绋。车辆前导以乐队及铭旌，题曰：国立北京大学教授刘复博士；下款：国立中央研究院院长、愚弟蔡元培敬题。旋车辆出发，众人又至沙滩北大第一院（文学院，即红楼）门前守候。由蒋校长献花圈，同人行三鞠躬礼。礼毕，棺枢送地安门外嘉兴寺停厝。下午6时，郑先生又往嘉兴寺吊唁半农先生。

7月21日，郑先生又至大阮府胡同刘宅商议半农先生身后诸事。到有蒋校长、胡适、李书华、沈兼士、马裕藻诸人。决议：由北大、北平大学、中法大学、辅仁大学、北平图书馆、国语统一委员会、故宫博物院、西北科学考察团八团体呈请政府褒扬、抚恤。呈文由郑先生起草，遗稿由魏建功先生整理，书籍暂存北大。

10月14日，在北大第二院举行刘半农先生追悼会，参加人更多，所送挽联亦多。

关于半农先生的死，郑先生事后说：6月19日半农先生出发时，刘的夫人及家人大大小小均前往西直门火车站送行。郑先生颇为奇怪，且有一种"不祥"的预感，只是未与任何人道及而已。

刘半农先生生前被推举为北大校务会议书记（秘书）。刘逝世后，此职务由郑先生代理。是年10月24日，该年度第一次校务会议，正式推举郑先生担任此职务。此职务在北大至关重要。郑先生担任此职至1950年。

白涤洲，名镇瀛，以字行，北京人，满族，时任北大研究院文史部助理，工作勤恳、扎实，很得胡适、刘半农先生称赞。是年（1934）暑假，北大研究院文史部改组，仅留下白先生及蒋经邦二人。

白先生与罗常培先生系挚友。1934年夏半农先生去世后，罗先生回北大国文系担任刘之全部课程。是年10月，白先生刚从陕西、开封再次调查方言归来，亦因发烧住院，由林葆骆大夫医治。医生开始认为系伤寒，实则亦为回归热。

郑先生与白先生虽相识晚，然亦熟识。白自称在北大预科时听过郑的课。10月10日，即白入院之次日，郑先生亦去林葆骆医院探视白先生。见白之气色尚好，而热未退。又次日，罗常培先生给郑先生打电话，谓白先生心脏衰弱，恐抗不住高烧。郑先生闻后极为忧虑。10月12日晨，罗先生又来电话，言白先生已于清晨4时病逝。郑闻后大惊，乃先至校领取白之是月薪津，交与罗先生备用。随后，又于是日下午6时，再至林葆骆之医院参加白先生之入殓仪式，复移灵至宣外法源寺。10月21日晨，郑先生及北大部分友好又将白之遗椟移葬至西便门外篱笆村墓地。灵车途经牛街、广安门大街及北线阁诸处。11月11日又开追悼会，郑先生等人均参加。

1928年郑先生在广州时，与罗常培先生过从甚密。罗经常提到白先生苦学力行之诸多事例。又谈到白曾为送罗之亲眷南下而请假。郑先生闻后，认为白是一位学业刻苦且重情谊的厚道人。

白先生亦与罗庸、魏建功等先生熟识。此次从生病到办后事，罗常培、罗庸"二罗"先生及魏先生均日日往视并照料一切。老舍（舒舍予）先生亲自由青岛大学赶来，齐铁恨先生则由南京来，一起送葬视孤。凡此，均令郑先生深深感动。

白先生逝世前一年冬天方续弦，原遗一子甫五岁，家中尚有老母及一兄靠他侍养。身后极萧条，情形甚惨。更可惜的是，他学识渊博，尚未及展布其才华而遽尔去世，尤为可惜。

10月24日，北大校务会议决议，依校例，刘半农先生恤金照最后月俸支一年；白涤洲先生恤金照最后月俸支两月。半农先生月薪四五百元，支一年，数目可观。白先生仅是北大研究院之助理，服务年限亦短，月薪不过几十元（60—80元），又仅支薪两月，其数目就少多了。

白逝世后，北平一语言文学杂志（忘其名）曾刊有白涤洲先生纪念专号，以示哀悼。

（原载《北京大学校友通讯》第34期，2003年6月）

我第一次见胡适先生

我大约见过胡适先生五六次。两次是他们夫妇一起来我家，一次是1946年冬，另一次当在1947—1948年。还一次是1947年五四史学晚会上做演讲，谈"五四"及妇女缠足等，大约谈了近一小时。还一次是大约在1948年春，老先生重感冒躺了一两天，他来家里看望。几次见他，他都穿长衫。最后那次应是1948年8月9日北大二十六位教授为郑老先生祝五十岁寿。

1948年4月郑天挺与胡适在北平市政府西花厅

胡先生是1946年7月底回北平，任北大校长的。我第一次见胡是在是年9月初第一个周六下午。那天是罗常培先生女儿罗坤仪与董式珪（同班生）结婚，地点在朝内大街路北之九爷府。那天天气挺好，九爷府的小礼堂可容二百多人，客人全满了。胡任证婚人，汤用彤及郑华炽为介绍人，男方主婚人为董之叔叔董绍良教授（时任北平行营参议，原西北大学历史系教授），女方主婚人因罗先生在美，故由干爹郑先生担任。开始是证婚人等上台，然后新娘由郑搀扶或曰新娘挎干爹之臂。在结婚进行曲之伴奏下，徐徐经后至前上台，伴奏者为一崇德中学学生操提琴，一笃志女中之音乐教师弹钢琴。胡先生是日亦着长衫，似乎未讲几句话，无非祝贺等话。最后请来宾致辞，初无人应，董、郑二主婚人乃下台请参加婚礼之傅斯年先生讲话，傅乃上台，说到当时教授的穷，说教授只能吃豆腐，亦可谓豆腐教授，惹得哄堂大笑。婚礼完成，大家都往外走，傅亦出去。当天去了不少教授太太，蒋梦麟夫人陶曾毅也去了，她们指着傅先生的衣服一起大笑，当时傅可能身体不好，临时从箱子内取出一件全是大褶子的浅色西服，就那么穿上了，也许是表示不在乎。

不一会儿，年长的客人到另一房间休息去了，东边屋子年轻人欢声笑语，新郎新娘切新婚蛋糕款待客人。记得蛋糕也是粉红色的，为生来第一次见，我和弟弟克扬拿着盘子不敢向前去取，还是郭宁然兄把他盘子中的拨给我们一些。尝后感觉蛋糕可真好吃呀！当时我已开始近视眼，100度左右吧！但看胡先生还算看清楚了，长得潇洒，学者风度，没架子，真是北大的漂亮的校长。傅先生则与之相反，又胖又黑，块头就有胡先生两个。

2002年3月14日

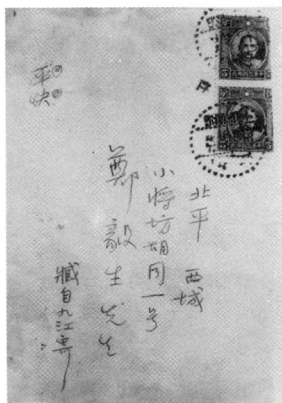

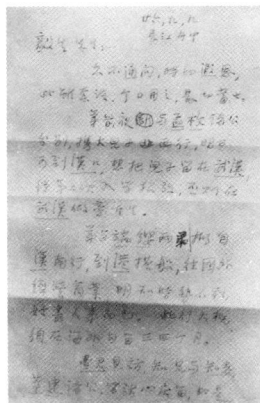

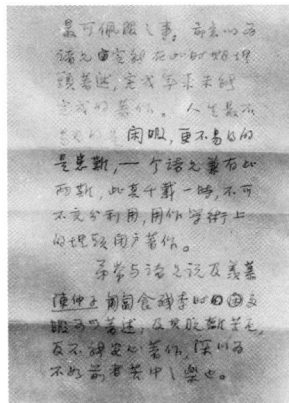

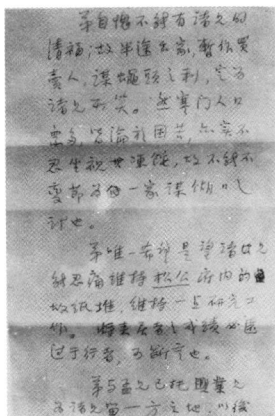

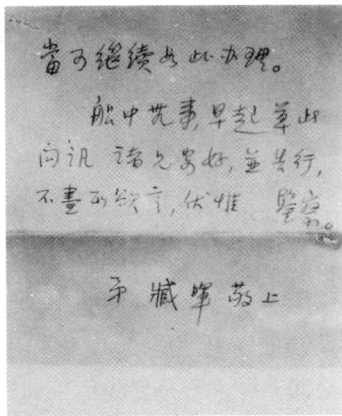

1937年9月9日胡适自九江致郑天挺函

北大复校时期的傅斯年

傅斯年先生与先父郑天挺先生系北大五四时期国文系同学，傅为民国八年（1919）毕业，高郑一班，与罗常培先生同届。

傅、郑的交谊

郑先生自1933年起任北大中文系教授兼秘书长。当时中央研究院历史语言研究所亦在北平，傅先生又在北大史学系教课，故与郑先生时相往还。1938年，史语所亦与北大同迁至昆明。北大与清华、南开一起组成西南联合大学，但各校仍有独立系统存在。史语所亦在昆明，因傅先生关系，与北大关系异常密切，形同一家。

1939年5月底，北大决定恢复文科研究所，蒋梦麟校长决定请傅先生任所长（当时称主任），并聘请陈寅恪、傅斯年、汤用彤、罗常培、罗庸、唐兰、姚从吾、向达为导师（时魏建功及钱穆先生已离校）。傅先生公务多，有时又不在昆明，难以全面兼顾。于是傅先生拉郑先生作副所长，协助工作。是年6月中，北大正式通过设立文科研究所。所中设宋史工作室及明清史工作室，分别由姚从吾先生及郑先生负责。这年暑假正式招生，以后又陆续招过几次。

傅先生在主持北大文科研究所期间，对研究明史颇有兴趣。1939年夏，他曾约郑先生一起，拟编辑新编《明书》。两人共同拟定二十四目，后傅先生又增为三十目，分头进行。原想五年完成，后因战事紧迫，事务冗杂，郑先生又自1940年春兼任西南联大总务长，傅先生又于1940年11月初迁往重庆，旋又患病，因之计划未能实现。

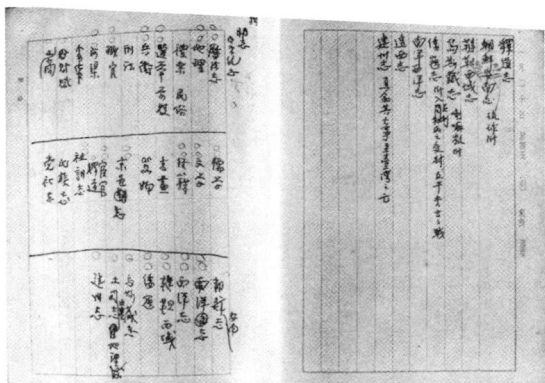

1939年夏傅斯年拟与郑天挺合编《明志》条目

　　傅先生给郑先生的信件不少，大多集中在抗战胜利之后即代理北大校长期间。时郑先生任北大史学系教授兼秘书长，负责至北平接收校产并筹备复校工作。这些信件有一部分已经散失，现保留约十几封，多关胜利后北大复校之事。现仅摘录数封，从中可见傅先生之爽直性格，并以纪念傅先生百年冥寿。

蒋梦麟接任官职

　　1945年6月抗战胜利前夕，北大蒋梦麟校长在访美途中忽被行政院院长宋子文找去做行政院秘书长，这对当时的北大同仁，引起了不小的波动。蒋早在是年春天即赴美国考察教育，遍访美国东部、西部及北部。北大教授们原希望他这次访美能洽购一些图书、仪器，并物色新教授，以为胜利后复员中的北大建设有所裨益。

不料他在美途中，即应允就行政院秘书长职。此事他事前并未曾与任何人商量，事后又不来信与教授们解释，而且自美回国经过昆明也未下机而径飞重庆，因而引起北大一些人的不满。法学院院长周炳琳（枚荪）对此事尤为愤慨，情绪异常激动，溢于言表。蒋校长于是年6月就任新职后，才给郑先生回过一信，略述就任经过，把自己比作："真乾隆帝打油诗中所谓'而今不必为林翰，罚你江南作判通'也。"并言宋子文主张他仍可兼北大校长及全国红十字会会长。而联大常委会事（时西南联大常委为蒋梦麟、张伯苓及梅贻琦，梅为常委会主席）拟请周炳琳代理，北大事务拟请郑先生偏劳。

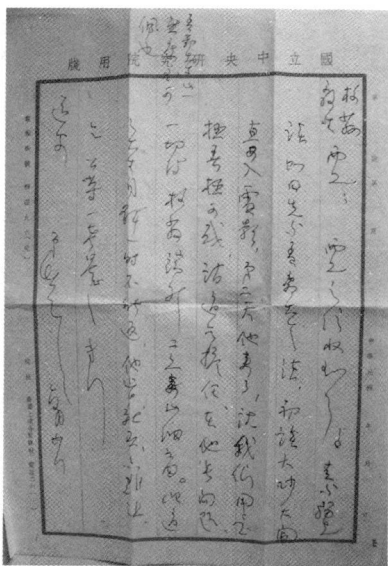

1945年6月30日傅斯年致周炳琳郑天挺函

但当6月底北大教授会议论此事时，周先生及其他教授咸主张，既然做官就不能兼任大学校长，而应由在美国的胡适先生任北大校长。但胡先生一时也不可能回国（此时胡在给毛子水教授信中表示，已应哥伦比亚大学之邀，讲课半年。并说："我此时忍心害理冒偷懒怕吃苦的责备，也许还可以为北大保留一员老战将，将来还可以教出几个学生，来报答北大。"），于是必须要请一位教授担任代理校长。周先生是坚决不可能干的，他在教授会后，曾上书蒋校长，表示要脱离北大，休假一年。大家一致劝解并挽留。于是代理校长又推文学院长汤用彤先生，汤亦表示不干，并说如逼之急，拟去成都，请假一年。于是有人又主张由郑先生代，郑先生亦拒绝。

与此同时，在重庆的傅斯年先生对蒋之出任秘书长，亦非常生气。他在6月30日给周、郑二人的信中道："先与（蒋）孟邻先生谈，初谈大吵大闹，直可入电影。第二天他来了，说我们用意极善，极可感，请适之担任（北大校长），在他无问题。孟邻先生此一态度，至可佩也。一切待（周）枚荪、（钱）端升二兄来此细商。但适之先生身体一时不能返，他肯就否，亦难决，乞公等考虑之。"

关于蒋、傅二人争执事，蒋在7月8日给郑先生信中，亦谈及此事。其中道："弟决去职（指辞北大校长）系采（傅）孟真之建议，盖当时尚未闻有公然之攻击。孟真来行政院，彼一启口，弟便怒骂之，彼亦怒目相报。孟真去后，弟便深感其言之忠直。越日驱车还谒，告以其偏见中有真理，真理中有偏见，决采其意见而感谢之。厥后愈思而愈感其忠诚。"事实上，傅先生的直言快语，虽使蒋校长暂时感到不快，乃致彻夜失眠，但蒋先生毕竟大度，于是两人友好如初。蒋、傅二人如此，蒋、周二人亦然。7月，周先生去重庆参加国民参政会议，与蒋校长亦"彼此友好如故，而未谈往事也"。

劝请胡适任北大校长

1945年8月抗日战争胜利，这给西南联大的师生带来了希望，也给在联大之北大同仁注一兴奋剂。昆明街头的市民和全国一样，到处游行欢呼，鞭炮齐鸣。像郑先生这样远离家乡八年只身在昆明的人，其内心之喜悦，更不待言。于是在互相谈话中，莫不以复校后北大之建设及人才之补充为虑。蒋校长亦表示，只要能回北平，大规模之北大，即包括文、理、法、农、工、医各学院，必能出现于故都。

傅先生在8月12日给郑先生的信中，亦表明了他的看法："北大问题，请胡（适）先生，不是办不到，要大家努力……我们应写信（分头写）劝驾去。"又说："北大复员后增设工、农、医三学院，弟意工学院不要与清华重复，我们只办建筑、水利两系。农、医学院，决不接受北平大学之老底子，我们从头办，说美国话系统的。"他还表示："校长解决后，便须积极聘人，先组织一委员会，乞兄（指郑）见示。"最后，他还充满信心地说："我们为北大，必须积极干去。目下只有胡先生（任校

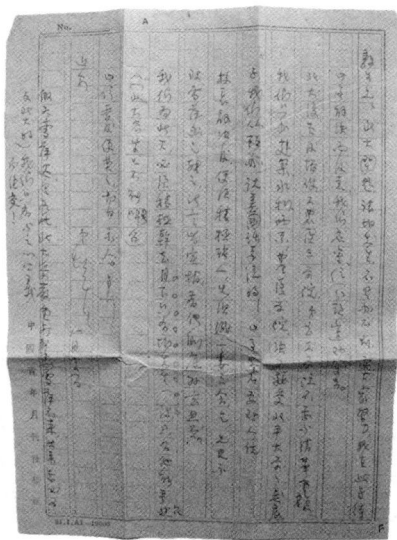

1945年8月12日傅斯年致郑天挺函

长）一法，只有他能号召人（北大名字也不能号召）。”

就在这时，当时之教育部已决定设立平津区教育复员辅导委员会，负责接收敌伪学校及文化事业机关。委员会成员原则上由各大学派一人参加。当时曾昭抡（化学）及周炳琳先生在重庆得知此讯后，咸主北大应由郑先生参加。于是曾先生急致函于郑先生，告知此事并促驾。不久，周先生由重庆回昆明，亦与郑先生议及此事，并说大家应劝驾，请汤先生代理北大校长。郑先生当然非常同意，并多次与汤谈及此事。但汤仍不同意，并反问郑先生：“你为什么不代？”

8月22日，傅先生也由重庆给郑先生一函，谈及此事，并表明他的看法。信中说：

> 咱们倒楣之极之后，乃发一批小财！所有旧北大的房子、东西，以及伪北大各部门（工、医、农），以及东方文化图书馆，以及其他原不属北平研究院可能有之物事，一齐由北大接收。所以我透漏这个消息给你。我们第一件，是推定赴北平的人。弟意兄最好，能多一人更好……此点弟必坚持，否则决不在此效劳了。兄去最相宜，因一切可以顺手。至于联大之事（时郑先生任联大总务长）管他去呢！反正有人办杂务的。此事兄切不可不好意思。

下面说：

> 适之先生（任北大校长）事，教育部早赞同，但尚有转弯之处。弟正为此努力，务必达到我们的目的而后已，犹盼愈速愈佳。所以我们现在必须选举一个复校建设委员会，

除三院长为当然者外，再举些位。我至今还是（北大）教授，也想运动一下，以免我在此间并无法律之根据也。一笑。

在谈到代理校长事时，他说：

代理适之先生之人，（周）枚荪提出（汤）锡予，弟等皆赞成。似乎孟邻先生有一信给教部，以兄代，因锡予不肯也。弟意，兄必作北方一行。而且此等有涉名誉之事，我们同学不可为之，将来学校之Key与Position（据点）都应该由不是北大出身之人为之（院长系主任），我们只是效劳。如此方可门户大开，承蔡（元培）先生之传统也。

傅先生这种有涉名誉，北大同学不可为之的思想是一贯的。早在1938年昆明西南联大刚成立时，他即劝姚从吾先生及郑先生不要做历史系主任，让别人做。

8月下旬，郑先生决定北上，并于9月初到了重庆。这时，教育部已发表胡适为北大校长，傅先生为代理校长。当时交通工具异常短缺，郑先生在重庆、南京各候机一个月，到达北平已是11月初了。随后，傅先生亦于次年4月到了北平。1946年7月，胡校长由美回国到达北平。傅先生又为北大"效劳"了几个月，于是年秋天回到南京。

傅、郑二先生及其他教授，为复员中的北大竭尽心劳，这种精神值得称道。更何况当时傅先生还是带病工作呢！

（原载台湾《历史月刊》1996年3月号）

忆夏承焘先生

　　浙江大学中文系老教授夏承焘先生，1961年4月在高教部召开教材会议时与郑天挺老先生同屋居住，当时他们住北京民族饭店，我也见过夏老。

　　会议结束后，原定不久还将集中起来搞教材，夏老认为，既然不久再来，干脆就不回杭州了，于是向负责会议的人述及此事。该人回答未说不行，但并不积极，何况说再集中究竟如何亦难说。当时郑老也听出来此意，而夏老为书呆子想法，坚持不走。后来果然虽可住民族饭店，却根本无人理，他大后悔。此次相识，郑、夏二人极谈得来。别时还同照一相，以为留念。二人并有书信往还。据《夏承焘日记》1961年4月25日记："午后迁居民族饭店六四九号，卧室甚舒适。与马汉麟同房。"4月28日记："长乐郑天挺同志来同房，南开大学历史教授，曾任教浙江文理学院，住过杭州。"4月30日又记："天挺同志介服蜂皇精，谓富滋养，可防血管硬化，降低血压，并介服磁硃丸。"夏老即"买得一瓶十包"。5月中，夏老到上海，6月1日夏老给郑老一信，"告来上海"。[①]郑老并将照片寄赠夏

---

① 夏承焘著，吴蓓主编：《夏承焘日记全编》第10册，浙江古籍出版社2021年11月版，第5854、5856、5865页。

1961年郑天挺与夏承焘合影

老。次年2月8日夏老收到郑先生信函并照片，2月11日夏老日记记："复郑天挺北京函，谢其寄照片，告雁晴已逝。"① 郑老存有夏老此信，全文如下：

> 天挺先生大鉴：北京别后记曾奉天津一函，计先生方还首都，未承謦入。昨诵手教，承惠影片，当永远珍袭以为纪念。焘南归留上海四阅月，返杭亦已四月，新年过四五日又开学矣。焘年来任文学研究室事，不多开课，惟科研任务亦复不轻。李君雁晴（笠）往年在南开，调复旦大学后即久病不痊，去秋已以肾病辞世。焘十余年不见，再见隔三十日遽闻其噩耗，先生闻之，当同兴忱。幸其儿女皆已成立，遗稿闻亦有人为整理，可告慰耳。匆匆奉复。并致敬礼！
>
> 弟夏承焘上二月十一日

---

① 《夏承焘日记全编》第10册，第5940、5941页。

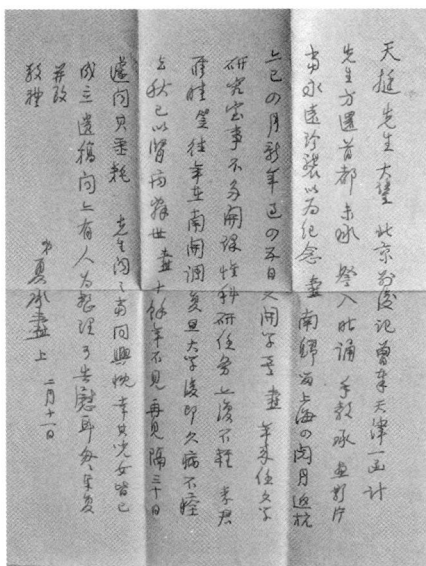

1962年2月11日夏承焘致郑天挺函

　　我第二次见夏老，已是1977年8月1日。当时我与王玉哲、杨志玖先生同住人民出版社。是日上午闻知夏老与夫人吴闻就住在朝内大街路南一楼内，与出版社近在咫尺。于是与王、杨及我老伴傅同钦四人去拜访他们。见面后他极高兴，吴闻知郑老与我们之关系，亦高兴极。我也知她是我们老同学吴思鸥的姑母，倍觉亲热。夏老还问及郑老身体如何，又问王、杨姓名，赠每人一本他写的诗词（油印本），并殷殷述及对郑老的思念。8月4日下午夏老并与夫人吴闻回访。此事在夏老日记中亦有记载[①]。我回津后还向郑老道及此事。后来夏老曾有信致郑老：

---

① 《夏承焘日记全编》第12册，第6935、6936页。

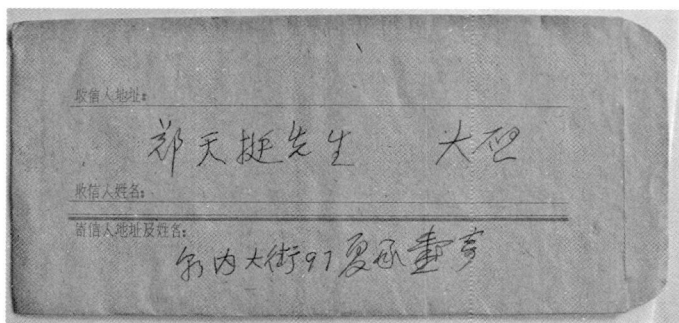

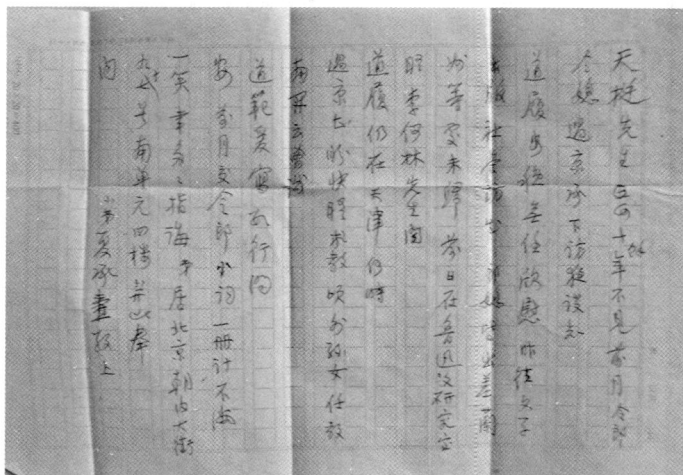

1977年夏承焘致郑天挺函

天挺先生：十余年不见，前月令郎、令媳过京承下访夜谈，知道履安稳，无任欣慰。昨往文学出版社答访，知郎、媳皆出差兰州等处未归。前日在鲁迅研究室晤李何林先生，闻道履仍在天津，何时过京，甚盼快晤求教。顷外

孙女任教南开，云曾识道范，爰写数行问安。前月交令郎
小词一册，计不满一笑，幸多多指诲。弟居北京朝内大街
九十七号南单元四楼。并此奉闻。

小弟夏承焘敬上

此信写信日期已失。夏老日记似未记。

我第三次见到夏老，在1981年8月底。当时我住在崇文门
中国社科院招待所，正巧遇到吴思鸥、谢刚（亦老同学，在
《南开学报》任职）二人。吴说正想去颐和园去看其姑母及夏
老，于是决定同往。

当时夏老夫妇住在颐和园最南头的藻鉴堂，该处为中国画
院租赁一个夏天，夏老因与画院有关系，故亦住此。

我们三人从颐和园西头一直往南，走很远才到此地。大家
见面后，道及往事，不料此时的夏老对郑老先生已全然忘记，
吴思鸥说了半天，还是想不起来，我不免尴尬。于是谢刚乃改
为向他约稿，他推找吴思鸥之父亲（即吴闻之兄）写。我见夏
老已无所谈，乃与吴闻先生至住处外看桃。当时桃已结极大，
从未有人偷摘，每个又大又红，均极可爱。

中午在他们住处吃炸酱面，倒很随便。其中一画家以一幅
画换得大鱼一条，做成溜鱼片让大家尝食，亦一趣事。后来三
人同回。吴思鸥亦觉夏老头脑有时不清。是年十二月，郑老先
生去世，年八十二岁。又若干年，1986年6月夏老亦病逝。他
二人年龄差不多，夏老生于1900年，小郑老一岁。

2018年7月

一位精力过人、学识丰富的史学家

——怀念向觉明师

我与觉明师第一次见面是在1947年4月中旬的一个星期日。那天北大文科各系组织师生前往卢沟桥参观，并约一些家属偕行。当时父亲郑天挺教授与向师同任教于史学系，因之亦带我们姐弟几人同往。那天，史学系的几位教授如向先生、张政烺先生、余逊先生、邓广铭先生、邓嗣禹先生等全去了，热闹非凡。向先生穿着一件长衫，面孔比较严肃，不苟言笑，但一望便知是一位博学多识的老教授，具有老北大的学者风度。

1951年我考入北大史学系，正式成了向先生的学生。但由于当时学校课程设置呆板，根本没有选修课，而向师又兼任图书馆馆长，社会工作很多，因此当时未能亲聆先生教导，平时接触并不多。

1954年秋，我写了一篇关于林则徐"销烟"问题的习作，到校图书馆借阅鸦片战争时的《澳门新闻纸》，意在参阅裨治文的一篇报道。那是一个下午，向师仍照旧上班办公。我向他说明来意后，他极热情，还把有关材料逐段逐句地向我讲解，解决了我的疑难。这种孜孜不倦的教诲，使我至今难忘。记得当时习作的内容，是在于说明林则徐的"销烟"与一般理解的"烧烟"不同，林用的是石灰及盐"销烟"，而并非火

1952年北京大学文科研究所师生合影。二排左二起：向达、唐兰、汤用彤、罗常培、金毓黻、郑天挺

烧。全文甚短，且偏于考证。写好后，我向他求正。不几天他把习作还给我，并批上意见说：文中的资料及论据是不错的，但"烧"字不可拘泥，如农民说把庄稼烧死了……（大意，原文已记不清）。这就实际批评我太抠字眼了。我想反正是篇习作，就放在一边了。但他的这种认真负责的精神，我仍然感激不已。

1955年9月，我与爱人傅同钦都分到中国科学院历史二所工作，当时向师正任二所副所长。我们入所不久，即临时住进一陋室中，又阴且潮。由于当时所内房子紧张，我们倒未提出更高要求。后来不知哪位好心人，向向师反映了我爱人正值怀孕的事实，先生闻后极为激动。他马上命腾出一间打字室，安排我们居住。不仅对我们如此，对其他的同志也一样。当时向师在历史二所系兼任，每周来两天，一般是周日晚上来城内（当时历史二所在东四头条一号），周二晚上回城外。每逢他周日进城时，总要买些栗子或其他吃食，与年轻人边吃边聊，关系极为融洽，对他们提出的要求大多有求必应。

1955年秋，向师在北大开设史料学课程，每星期四下午一次，每次三小时。这是我第一次系统听他授课，收获也最多。

向师的史料学课程除绪论外，一共讲了五章。绪论部分主要讲述史料学包含的内容，即金石学、年代学、考古学、文献学等等。另外还谈到他对这门课程内容的设想。他表示这个课应当讲：1.中国历史目录学，2.文献材料，3.档案，4.物质文化遗存，5.考古。还要讲佛教、道教、《道藏》等。这些方面，无疑都是向师的专长。

第一章讲目录学，主要概述中国古代文献三次大结集的意义，即《汉书·艺文志》、《隋书·经籍志》及《四库全书》及《四库全书总目提要》等。其中谈到《四库全书》的出现与商品经济、资本主义萌芽的关系，颇具特色。向师说，唐宋以后商业资本发展，成立了许多行会组织，有帮有会。从农村看，唐以后亦有社的组织，如兄弟社、亲情社、妇人社等。社有社章、社条，实即是经济互助组织。亦有自卫的性质，如抵抗西夏时，有弓箭社出现。这对封建统治者是不利的，中国历代统治者大多重农轻商，对商人痛恨，因之宋以后理学的发达，意在重新新的建立道德标准，以加强宗法观念，束缚人于土地上，"耕读传家久"。他们讲性、情、欲，即为让人压制自己的欲望，回到小农经济去，怕商业资本的发展。对知识分子，则强调八股文，严格加强控制。因为宋末以后，知识分子同样结社，明末更多，读书人也都参加，"以文会友"，同样具有政治性质。知识分子的这种社，实际也与商业资本发展有关，结社多的地方，大多在江南地区。因此清初统治者除利用科场案、奏销案等打击知识分子外，还大搞文字狱，使知识分子往往为一两个字就被杀头。同时一些对统治者不利的书籍尚大量存在，这对于清朝统治者是不利的。于是乾隆皇帝才利用这次机会进行整编。编纂《四库全书》的本意，即在于此。

第二章主要讲先秦时代的历史书籍，从孔子的《春秋》到先秦及秦代的毁书以及汉代的收拾残局，并述流传至今的几部先秦史书等。第三章系讲……①之档案等。第五章讲近五十年来新发现之史料，重点放在介绍敦煌文献及敦煌学的研究。这部分当然是先生课程的重点，也是先生研究问题的精髓。其中第四节石窟寺艺术及域外文字之发现部分，尤具特色。域外文字中重点介绍了西夏文及回纥文。先生说：过去搞金石的人，不注意收集突厥文及西夏文的碑刻，注意这方面的工作乃近代之事。西夏字又叫河西字，元代时曾用西夏文刻过《大藏经》。明朝中叶，一个商人见过一架子西夏文的书，几天看不完，后亦无人提此。20世纪初，帝俄军官在蒙古、青海、西藏考察，在西域□□□□□□②。西夏文有字典叫《掌中珠》，是研究西夏文的一把钥匙，有音有译。西夏人的族源及其发展情况，今天仍然未完全解决，而应继续深入研究。由于当时课程时间有限，向师的讲课内容不得不大大压缩。及今思之，亦觉可惜。

---

① 编者注：以下缺1页（400字稿纸）。
② 编者注：此6字文字模糊不清。

在听课过程中，我时常向先生请教。有几件事印象极深：

一是，先生谈到他的研究方向及志趣时，是采取"人弃我取"的方式。意思是说，做学问不要赶时髦，应当一步一个脚印，在一些别人没有涉足过的学术领域，扎扎实实地下功夫，这样才能有所收获，有所创新。

二是对古代史料的看法。他说：过去史家讲求"文约而事愈备"，或"事多文简"，其实这对我们历史工作者是最忌讳的事。又说：过去《新五代史》出后，有人标榜系"事增于前（指《旧五代史》），文省于旧（仍谓《旧五代史》）"，我们最怕的是这个。欧阳修是唐宋八大家之一，文字精炼，但对研究历史的人可造成不利。如果文字写得多些，对我们今天研究会更有好处。又说：《新唐书》修后三十年，吴缜即作《新唐书纠缪》反驳之，指出许多错误。当然，《新唐书》、《旧唐书》各有短长。《新唐》……①

……的信件以外，其他一无所获。父亲也深感失望，但还是把序文很快写出了。此后不久，父亲也溘然而逝。我在想，如果有朝一日我重新寻到了向师的信札，我一定再写一文，以纪念这最受尊敬的两位老人。

1987年6月18日于南开大学

我爱人现尚存有1956年2月3日向师史料学笔试题目一份，觉得尚有参考价值，附录如下：

---

①编者注：以下缺1页（400字稿纸）。关于向达先生讲授史料学的内容，还可参看本书《忆向达师与郑天挺先生》第三部分。

（一）每一个人述说自己对于史料学的认识，譬如说"学历史的人为什么要知道史料学"？以及"自己在准备学年论文和毕业论文时对于史料学的体会"，等等。

（二）过去资产阶级的历史学者对于我们祖国的历史，无论古代的和近代的，都采取一种虚无主义的看法，从事事不如人以至于根本怀疑。你们学了史料学，多少了解到中国历史史料方面的一点情况，从这一点上是否可以对那些历史虚无主义者进行简单的批判？

（三）从史料整理的角度上简单地谈一谈汉朝学者在这一方面的功绩。

（四）元朝纂修《宋史》，明朝纂修《元史》，时间都很短促，发生不少缺点，因此明清两代很多历史学者对于《宋史》、《元史》进行了批评、补修和另撰的工作。是否《宋史》、《元史》真的就一文不值呢？如其不然，试说理由。

郑克晟、傅同钦夫妇在泰山南天门

罗庸与郑奠教授

抗战前北大国文系教授中，除老师辈者外，少壮者有"二罗"、"二郑"及魏建功、唐兰等人。

"二罗"为罗常培（莘田，1899—1958）、罗庸（膺中，1900—1950）先生；"二郑"为郑奠（字介石，后改石君，1895—1968）及郑天挺（毅生，1899—1981）先生。

膺中先生及石君先生与先父郑天挺先生为同班同学，毕业于1920年北大国文系。大罗先生（常培）则早他们一班。但四人关系均甚好，凡事大家商量，无所不谈。

膺中先生为北京人，是他们班年龄最小且最具才华的学生，平时学习亦最刻苦。1922年，他还与张煦、郑先生（天挺）同入北大研究院国学门为研究生，关系更为密切。其后不久，膺中先生即在中山大学任教，且享有盛名。1930年后又回北大任教。唯身体一直不太好。

1934年夏，南京古物保管委员会想请膺中先生为秘书，罗找郑先生（天挺）商量，郑先生力阻之，罗即未往。

1935年11月，日军侵逼华北，北平局势骤然紧张。时国立院校负责人日夜开会，研究应变措施。膺中先生家即住在北大附近，郑先生（天挺）为了方便，天天去罗处吃午饭。一次，两位罗先生均在，问及校中情况。先父郑天挺先生除对学校图

1937年"七七事变"后北京大学部分教授合影于北平。左起：赵淞（数学）、周作仁（经济）、赵乃抟、罗庸、罗常培、毛子水、龙际云、郑天挺、陈雪屏、魏建功

书及秘书处（时郑先生兼北大秘书长）各部门有所布置外，即向"二罗"表明："如本人不能维持时，则交各主任；各主任不能维持时，则交之与校关系较深之老职员，俾校产不致损失。""二罗"均以先父之安全为虑。先父笑着说："有一语可相告，即此身绝不从贼耳！"说完，三人又相与大笑。"七七"事变后的北大情况，正是如此。

抗战后，膺中先生随北大师生由长沙临大又至昆明西南联大任教。西南联大校歌之歌词即出于罗先生之手，异常悲壮感人。

1939年，北大文科研究所恢复，"二罗"及郑先生（天挺）均任导师。膺中先生对研究生极为严格，一次在王明（哲学）先生口试中，独他发问最多。当时莘田及郑天挺均住城内靛花

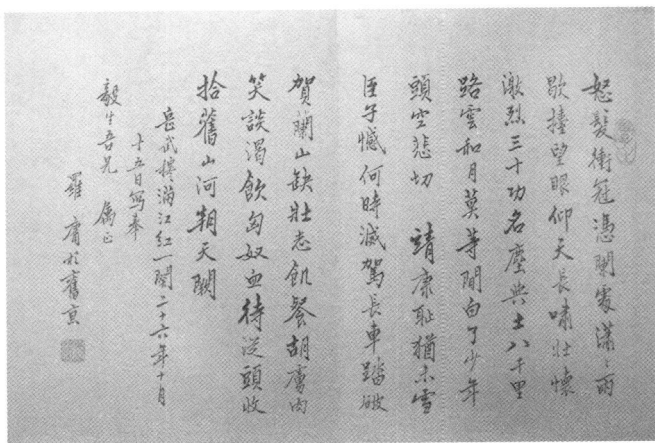

1937年10月15日罗庸为郑天挺书岳飞《满江红》词

巷3号北大文科研究所小楼单身宿舍中。该楼凡三层十八间房,郑天挺及莘田先生住二楼且为对门。同住二楼者尚有傅斯年、向达先生,三楼住陈寅恪及汤用彤先生。膺中先生因有眷属,全家住在岗头村乡间。

是年9月,罗庸先生约郑(天挺)、罗二人去其家吃饼。时大罗先生屋里正有客人。郑乃以便条"於陵陟弓於略居乞必郢"(膺中约吃饼)凡十字投之罗先生屋里。罗以"五可背故怯句七梗的盖些夜"(我不去,请代谢)十二字相答。两人谓此为密码电信,意即用反切以不示人知也。战时教授间趣事多类似。

1941年,膺中先生家中失火,损失甚巨。郑天挺先生等人去看他时,他表现甚为镇静,就跟未发生什么事一样。其多年之修养如此。

1944年11月，罗常培先生赴美讲学，所担任之联大中文系主任及北大中文系主任，均由膺中先生担任。1946年春节，时郑天挺先生已回北平。膺中先生致函郑先生说，已与汤用彤（北大文学院院长）商定，复员后之北大中文系拟请俞平伯先生为教授，让郑先生捎个口信，"询其意旨"。事后，俞先生来到北大，而膺中先生本人却并未回平，而留在昆明师院任教。其中一因，据说与个人宗教信仰有关。

膺中先生在1949年夏应梁漱溟先生之聘，至重庆勉仁学院任教。1950年春，即因血压高中风。郑（天挺）先生闻讯后即给他写信，劝到北京来治疗。他4月中旬在重庆回过一信，信之全文如下：

> 毅生兄赐鉴：三月十六日手教奉悉。弟自三月一日卧病，及今已四十余日，右半身不能动，腰部以下因久卧成疮，口舌转运艰涩，近中始觉渐有转机。十三日，又辛弟由昆明飞抵此间招呼弟疾，心中舒畅，病势因以减去不少。日内拟移住北碚医院，俟能起动时方可首途。祈转告友好，请释悬念为祷。专此奉达，并候近安！
>
> 弟庸敬上（一九五〇）四月十五日

不料来信不久，病势更重，终于在是年6月逝世，年仅五十岁。

罗先生系郑先生之挚友，其道德文章，令人仰慕；惜英年早逝，尤令人惋惜。

郑奠（石君）先生系浙江诸暨人，上学时在班中年龄较大，同学尊称他为"老大哥"。他亦乐于助人，尤其对先父帮助极大。

1923年左右，由于他之介绍，郑天挺先生至北京高等女子师范学校（简称"女高师"，后为"女师大"）讲授地理课。1926年"三一八"惨案，所死刘和珍同学即"二郑"先生之学生。刘家境贫寒，上有母，下有弟，急待救济。3月25日女师大举行刘和珍等人追悼会后，郑天挺先生即致函"老大哥"，请其代募赙金。次日，石君先生即来电话，对为死难家属募捐事极为赞成，乃各自捐助若干元。

石君先生对郑天挺先生学业上帮助亦大。1926年底，一次曾向郑先生出示他的日记，内中凡分养生、进德、治学、事务、见闻、杂识五栏。养生述身体状况；进德述涵养；治学记自修、教课；事务记交际、书牍，云云。郑先生阅后，深有启发。

石君先生20世纪30年代在北大国文系地位极高，处于高辈及少壮之间；学问亦甚扎实，令人敬佩。1935年北大国文系改组后，文学院院长胡适兼主任，而系中主事者即石君先生。

1935年，福建省主席有蒋鼎文继任说。蒋亦诸暨人，与石君相识。石君乃有荐郑先生任教育厅长说，而未对郑明言，仅在信中多加鼓励。后蒋之继任未成，其事遂过去。

石君先生是个孝子，每年都回家乡省视老母。1937年"七七"事变时，先生正在诸暨，又因侍母，故未随北大师生至西南联大。然抗战八年却一直在家乡办中学，宣传抗日，条件相当艰苦。

抗战胜利后，先生至浙江大学任教。当时浙大文科，亦享誉海内外，颇负盛名。

1948年，北大又希望石君先生回校教书，由郑先生写信致意。是年5月，先生由浙大回郑一信，其中称："奠少壮岁月全在母校（北大），今已垂老，宁忘欲返。顷承雅嘱，固自有动于中。唯念十余载来，人事推迁，贸贸然归，处境能否相得，殊觉悬揣。莘田兄今夏归国否，尤在念中……奠在此初无多恋，家务略事部署，子女求学得所，则行止尚可自如也。"

结果是，是年暑假罗常培、魏建功先生都已回北大，而石君先生却未北上。

1952年院系调整，浙大成为工科院校，石君先生应罗常培先生之邀，到中科院语言所任研究员。

1955年，我大学毕业后分配至中科院历史所。是年11月，院部组织去朝外"三八"合作社参观，其中带队者即院工会副主席"郑老"。时石君先生年正六十岁，一见即知系一位道貌岸然学者。经人介绍后，我向他问安。他摘下帽子让我看，但见头已光秃，余发已银白，称他"郑老"，确实名副其实。

1959年夏，石君先生及同年陈伯君、章川岛、马巽伯诸人在京为郑先生祝六十寿，石君先生对郑先生说，"二罗"已没了（均去世），就剩"二郑"了，意尚幽默。然当时的他也已步履蹒跚，老态备至了。

1963年3月，石君先生在报上见到郑先生担任南开大学副校长，异常兴奋，他仍如几十年来关照这位老"宗弟"一样，怀着内心之喜悦，当晚即乘车去老友马巽伯处通知此事。这种心情，别人确实是难以理解的。

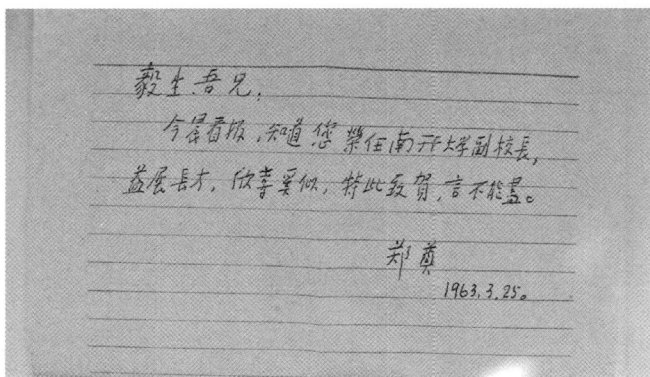

1963年3月25日郑奠致郑天挺函

郑克晟、傅同钦夫妇

　　石君先生因抗战时未在西南联大，故晚辈中人知之稍少，晚年心境亦不尽如人意。一位为了抗战而坚持在敌后办学的人，自己虽有着某些牺牲，其高风亮节，却值得大家称颂。

　　　　　　（原载《北京大学校友通讯》第35期，2003年12月）

回忆雷海宗先生点滴

我与雷先生相识于1953年。1952年院系调整，雷与郑老调来南开，当时教师人极少，住地又近，所以每来一次，雷家必请客。1956年夏，是教育部召开教材会参加人最多的一次，雷亦参加。7月初，我去西苑宾馆（在二里沟对面）找郑先生，亦见到雷先生。未过几天，会议安排去周口店北京人遗址参观，雷、郑均去，并路过卢沟桥时，合拍一照。当晚郑约雷去莫斯科餐厅，我亦陪去，吃的是份餐，大约一元或一元多，来

1956年郑天挺（右）与雷海宗（中）游卢沟桥

去均走路。时雷五十四岁，郑五十七岁。

1957年4月21日周日，历史所人同去地坛公园植树，中间有人拿来《人民日报》，见天津社会科学界人士发言，其中编者案即指出不同意雷之1895年恩格斯死后社会科学即未发展之观点。我看后一惊，生怕祸从口出，老头子也要倒霉。"五一"节老先生回京时，唐有祺亦向郑问及此事，当时知识分子之怕如此。

是年6月20日，我与同钦去济南、曲阜参观及阅视档案。6月28日凌晨经天津下车，在法国桥附近一客店睡几个小时，一夜才7毛，无被，仅有旧褥一，亦相当之脏。这次住杨石先家两夜。大约是29日晚在雷宅吃饭，雷极客气，喝啤酒，还向我敬酒。饭后谈及钱端升挨批之事，郑说："看来知识分子都应经历一次批判，钱就是因为1952年思想改造受保护，所以这次才挨批。"言下之意是说自己与雷1952年都挨批了，所以这次应无事。话后，雷未置可否！脸色亦无表情。事后一想，他此时仍是在嘀咕这次运动他究竟如何！

暑假时，在京见到王敦书，问他雷之事，他说雷无事。8月雷则戴了帽子。8月

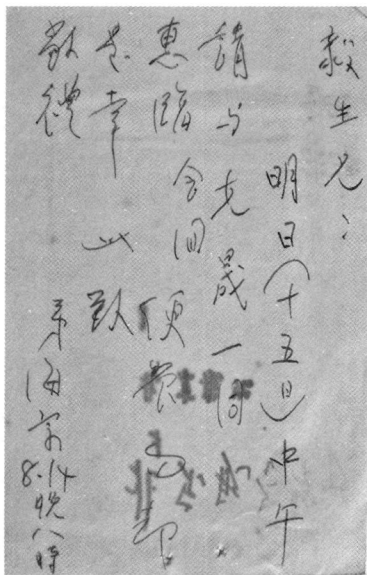

雷海宗邀请郑天挺郑克晟便餐条

底克扬弟来津，住北村二楼林树惠室，他见到老魏（魏宏运）。魏说："老先生开始有些温情，现在好了。"与此同时，罗常培给郑一封信，语气严重，大略说："反右"乃严肃之阶级斗争，必须端正态度，不可温情。必是有人告罗，郑对雷之温情也。当时在历史所食堂吃饭，《史学译丛》黄巨兴（亦在联大当过助教）问我："雷已经右派了，你父亲说

1952年郑克晟在府学胡同26号北大麒麟碑宿舍内假山上

错话没有？"我当无以作答，心中异常反感，心说：有你这样问的吗？当时曹贵林在旁，说郑老不会，那么谨慎的人不会的。

　　10月上旬，史学界批向达、雷、荣孟源、陈梦家、孙毓棠等"右派"分子。头一天我去了，心中多希望老先生能来，不久果见他与吴廷璆、魏宏运来了，才放了心，心想此一运动总算躲过去了。

2004年3月27日上午

忆裴文中先生演讲

中午看凤凰卫视近代疑案五则：一为汪精卫之死，二为吴佩孚之死，三为戴笠之死，四为郁达夫之死，五为"北京人"丢失之谜。由此想到裴文中先生。

第一次听裴先生讲演是在1951年12月27日晚，裴文中先生到北大北楼礼堂做报告，由向达师陪同，演讲对象主要是大一中国通史的各系同学，故历史系同学几乎无人去。北楼礼堂本来不大，那天挤得真是人山人海，水泄不通，连窗户上全是人，应当是文法科的一年级学生全去了。裴先生会讲，妙语如珠。裴先生大约名气大，说话也随便，侃侃而谈，什么提纲亦无，所讲内容谈到了喜马拉雅山问题，非常独到。但分析中国何问题我则忘了，我敢肯定这问题未在刊物上发表过。记得令人逗笑者是形容一个什么时说圆脑袋，裴对向师说，就像齐思和儿子的头一样，向师还点头同意。其实听众大半不知齐为何人。无疑，裴之演讲至今仍给我极深之印象。是日应当是个周四，我想没记错。

北大入学后我曾听过杨翼骧及商鸿逵讲的外系通史，各听一堂。杨讲的是商代，应是9月份。商讲的是魏晋南北朝，说统治者之奢侈。此外在10月份还听过郑老先生讲销烟、烧烟问题，好像也是仅听一堂，当然到南开后，听得就多了。

第二次听裴老讲演，应当是1963年夏天左右。当时黄为龙表兄告我，裴先生来天津了，是否应在南开讲一次。为龙表兄原在科学院古脊椎动物与古人类研究所工作，与裴先生同事，这年刚调到天津自然博物馆。一次正好总支书记魏宏运及副系主任杨翼骧先生都在。于是我们边说边走，当然主要是对魏说，杨先生似有不快，只在最后说了一句："好呀！"后来我才知裴老是九三成员，而杨亦为九三南开之负责人，他们在北京时即认识。

后来裴老来讲了，由杨先生陪同。讲的什么，反应如何，均已不记忆。好像裴说了一句：如我什么地方说错了，你们就找杨先生。杨亦微笑点头。

裴老与郑老亦熟识。1946年初，美国资深地质学家葛立普去世，裴老出面，希望葛葬于北大地质馆。当时裴要求甚急，认为郑老同意即可。郑则认为兹事体大，必须通过代校长傅斯年及北大教授会不可，于是连夜打电报予傅及汤用彤、周炳琳等，问题极快解决。解放后裴似是北大史学系博物馆之兼职教授，我已记不清。

2001年12月底前写
2006年11月25日又写

忆余逊先生

余逊教授，字让之（1903—1974），湖南常德人。他的父亲余嘉锡是辅仁大学的老教授，20世纪40年代任辅仁大学文学院院长、中文系系主任，是著名的目录学家，1948年的中央研究院院士。由于余老先生对余师管教过分严厉，致使余师性格也受到影响。

1947年春郑天挺在寓所宴请北大清华历史系部分教授后合影。左起：郑天挺、谢国桢、孙毓棠、雷海宗、邓广铭、周一良、向达、张政烺（身高者）、余逊、邵循正、杨人楩、孔繁霭、赵万里

余师1918年随父来到北平，1926年考入北京大学史学系，1930年毕业后任北大历史系助教。1934年，出版了《余氏高中本国史》(上海世界书局1934年初版，1936年重版)。我在上高中时，历史老师即介绍中国历史的课本，认为以余先生所著最好。1935秋，余师进入中央研究院历史语言研究所工作。

抗战期间，余师任教辅仁大学，讲授秦汉史。1946年北大复员，被聘为史学系教授，讲授秦汉史、魏晋南北朝史。

我于1951年9月考入北大史学系，余先生教我们史学文选及中国史（二）两门课，所以印象最深。9月13日开学，第一堂课本应是余逊先生之史学文选课，排在第三、四节。原说由马寅初老主持开学典礼，余逊师以为不会上课，故未来。但后来开学典礼又不开了。初由张政烺教授（苑峰，1912—2005）讲授先秦史，讲了四周，张师去江西泰和县土改，于是由余师接讲中国史二，即秦汉魏晋南北朝史。

余师为人谦逊，对同学极热情，毫无架子。他的课有详细的讲稿，笔体端正，讲课时慢而极为清楚，有系统，史料纯熟，非常适合初学历史的人掌握史实。初学历史的人，特别喜欢上他的课，笔记也容易记。他的国学根底强，讲史学文选课，课文全能背诵，同学佩服至极。好在当时同学都是初涉史事，水平很低，加之也不怎么看参考书，所以能把笔记誊清楚，就算好学生了。我在中学时全是抄黑板记笔记，到了大学，生怕笔记记不全，所以中国史及历史唯物论两课，都是先用白纸速记讲课内容，课后还须用同样或更多时间誊在本中，所以笔记显得清楚易懂。当时俞景海等同学专爱对我的笔记。记得当时周二讲之课，必周三前誊清，而周五、周六两次笔记，须周六或周日誊清，费时间不少。这种做法仅限于

1951年，到了次年也没那么多时间了。本来课讲到次年（1952年）1月中旬即应考试，但学校忽决定停止考试，改为"三反"运动的学习，而老教师则进行思想改造运动，人人过关。3月4日，余师继许多教授之后也作了思想检查，同学几无意见可提，勉强说他自信心不强，理论学习不够，或过分谦逊而已。事实先生乃一谦谦君子，从不张扬。他对魏晋南北朝史极有研究，讲到西晋"占田"、"课田"问题时，头头是道，还写过这方面的论文，很受好评。余先生讲西晋占田制给我印象深。他先说占田七十亩，课田五十亩，共一百二十亩。后又更正，说讲得不对，应当是如何如何！余先生实在是太谦逊了，亦反映出他很怕讲错，出岔子。在我们觉得，他是一位最好的老师。唯一不足的是，不太敢写文章。

1953年，他已五十岁，仍教秦汉魏晋南北朝史及史学文选两门课。那时正值教改高潮，老师思想负担重，且教课时数也超量，他体胖，平时血压高，终于在是年冬天一个晚上突然中风，后虽百般医治，身体仍未恢复。1955年我毕业后曾去看他，向他辞行，他还能认识我，但说话嚼字已不清。这样病又拖了二十年，延至1974年去世。

郑克晟在十三陵长陵祾恩殿

近年谈北大历史系教授时，极少道及余师，不免遗憾。希历史系诸学人，尽快介绍余师事迹，并且将其著述尽快结集发表，这是大家都希望的。

余师主要论著：

《民国十八九年国内学术消息》，余逊、容媛合撰，载于《燕京学报》第八期，1930年12月；

《二十年（一月至六月）国内学术界消息》，余逊、容媛合撰，载于《燕京学报》第九期，1931年6月；

《晒蓝本汉简释文》（北平，1936，通称为"晒蓝本"），劳榦、余逊合著，共计著录3055简；

《汉魏晋北朝东北诸郡沿革表》，载于《中央研究院历史语言研究所集刊》第六本第四分，1936年；

《读〈魏书·李冲传〉论宗主制》，载于《中央研究院历史语言研究所集刊》第二十本下册，1948年；

《早期道教之政治信念》，载于《辅仁学志》第12卷1—2期，1943年12月；

《南朝之北士地位》，载于《辅仁学志》第12卷1—2期，1943年12月；

《由占田课田制看西晋的土地与农民》，载于《进步日报》1951年2月16日；

《北宋抗拒契丹侵略的杨家将》，载于《进步日报》1951年10月19日；

《魏及西晋的土地占有形态和封建剥削》，《进步日报》1952年5月9日、27日；

《汉唐时代的中朝友好关系》，收入《五千年来的中朝友好关系》一书，开明书店1951年版。

回忆白寿彝先生

我早闻白寿彝先生大名，然以为他是马列主义学者。我们
1955年从北京大学历史系毕业，分配到中国科学院历史二所。
11月初分组，傅同钦去明史组，组长为白先生，副组长为王毓
铨先生，当时青年人有张兆麟、傅同钦、刘重日、周远廉、安
守仁、林鸣凤六人。白先生每周来两次或一次。其培养青年人
的办法，先让年轻人看《明史纪事本末》，再读《皇明经世文
编》，此书当时全国仅五部，读时采录其中要点，大家都觉得
其内容极丰富。次年初白老又让我们剪一套《天下郡国利病
书》，亦收获极大。同钦认为白、王二老非常厉害，而所内又
以培养张兆麟、傅同钦为重点。当时我在隋唐组，又在谭其骧
先生处研究《新唐书·地理志》，以《地理志》所述对照"杨
图"（杨守敬《历代舆地图》），亦有收获，并撰一文《试论
〈新唐书·地理志〉之根据》，提出一些异议，认为该志引用
史料属五代时期，不科学。而谭先生是年已回复旦。当时所内
学术秘书阴法鲁先生亦是北大老师，我通过阴先生转告白、王
等先生，希望去明史组，得白先生批准，王毓铨先生又去所中
查我及傅在大学之成绩，认为都不错，乃入是组。但此后白先
生已不经常来，来亦不主持会，专看《明实录》。但白先生此
时已认识我。我曾在1957年4月白先生主持的会上，谈学明史

看《明通鉴》之不足。以后跟白先生见面则少。1958年初，白先生在北师大很活跃，我大学同班同学马寿千兄亦至北师大跟白先生学回族史。一次马兄向白先生问傅及我之情况，白先生认为傅极努力而我不太用功，此事应在1956年至1957年时。我在1958年初也曾去北师大研究班上听过一次白先生上课，觉得结合形势让学生谈体会之办法挺好。此后与白先生见面更少。而明史组亦已名存实亡。傅同钦及我又在1958年5月至9月一度拟调南开搞清史，又未成。1959年傅同钦又下放河南，1960年又四出调动，直至1963年至南开，这段时间我均未与白先生接触过。

20世纪50年代，历史所图书馆入藏一批徽州文书，这批文书的入藏也与白先生有关。1956年，北京中国书店忽来大批安徽明清时期的契约文书，数量极大，都是安徽土改时的遗存。当时书店也给历史研究所图书馆送来不少，价格低廉。所图书馆见数量太大，乃询问明清史（实仅有明史组）诸老的意见。白先生说，可以连买带

1964年8月沈阳满族史讨论会在北陵合影。前排左起：白寿彝、×××（沈阳市委统战部长）、郑天挺、×××、佟冬，后排左起：×××、×××、谢国桢、杨向奎、翁独健

抄，抄的就不买了，多数有价值的要买，字数少的可以抄而留下来。于是组内像我们这样年轻人，就把简单而易抄的抄了一些。除抄写外，所图书馆也购藏了不少原件。这批徽州文书现在已经是历史所图书馆的镇馆之宝，也使历史所成为重要的徽学研究中心。

1964年8月，白先生及郑天挺先生去沈阳开满族史讨论会。我去送郑老，在火车软席见到白先生，白先生说一起去吧！没几天我真的去了。在会上我只能就边界问题请主编傅乐焕先生注意，白先生在会上小声对傅先生说：克晟所提，傅先生点头。白先生似对我有称赞意。当时白先生未带笔，只在小卖部买一圆珠笔芯，在小本上记录；又一次买一小西瓜捧着。会后不久我去北京，与马寿千、曹贵林去西单武功卫看过一次白先生。

我于1973年8月由农村回南开。1974年春我已知白先生要编《中国通史》，又从老同学陈崧处知蔡美彪处亦需人。于是一次与马寿千、曹贵林又去拜访白先生，马寿千还背后向白先生推荐过我。这已是1977年之事了。是年11月我知傅衣凌先生已退休至白先生处工作。又在11月初，在中山公园某处听傅衣凌先生讲演。是年12月傅先生回厦门开政协会议，并由退休恢复原职。当时傅先生住在人民出版社，一早白先生坐车去送傅先生。我与汤纲等人当时亦住人民出版社，并出送之。白先生客气地说，只克晟送即可。后白先生一次与寿千说，有时约人来，人家单位不放。此后寿千兄因女儿卖牛羊肉，常送白老牛羊肉，他们关系比前更密切。1979年末，历史所梁寒冰约郑天挺先生编纂《中国历史大辞典》，由胡一雅协助。胡一雅及梁寒冰让我回历史所。魏宏运说，白先生亦让他去。以后白先生编《中国通史》，让周远廉、孙文良主持"清史卷"。1986年在大连召开清史讨论会，我亦去参加，但论文未写，在会上讲明代重赋出于政治原因说，为跨清代，在报题目时加上"清初"。此会白先生似未参加，而是在大连休息，在闭幕式上去了一下，并与大家一起照相。由大连回津时，我与马寿千同一车，白老亦在这趟车的软卧。次晨，马寿千陪我见白先生，先见其夫人。其夫人极客气，说："咱们这是什么关系呀！"（她先夫为孙人和蜀丞先生）。又见白先生，白先生说虽不常见面，但对我极关心，也知道我来参加这个会。又问我论文题目，我说了一下，他说土地与政治分不开，直影响到今天，对我之题目表示赞赏。我又向他推荐曹贵林参加《中国通史》"明史卷"写作。他言与王毓铨先生谈谈。又说知我来此，询问过几次。

1980年4月开全国史学界代表大会，白老亦当选为主席团成员。8月郑老主持召开明清史国际学术讨论会，亦邀请白老

1979年郑天挺（右）与白寿彝（左）在寓所

1986年7月29日大连清史讨论会上北大人合影。前排左二王锺翰，左五郑克晟，左六朱诚如，后排左五马寿千

参加。我还与白老通过电话，先问其来不来。挂后又想起问王毓铨先生回国否？他言不知道。当时能打长途，认为是大方便，可见当时之落后。此会给北师大一份请柬，师大原安排参会之人不合适，我还去京请白老改为换顾诚参会，由白老太太转告白先生，顾诚也来参加会了。

　　1990年1月2日，我至北京大学古委会见安平秋等人，住北大一天，次日早打电话给白先生，欲去看望。其刘姓助理言下午4时为白先生见客时间，上午不行，我乃请其向白先生致意，以下午即回津矣。1991年11月古委会改组，8日开幕会，在会上见到周一良、邓广铭师及白老，但见白老已坐轮椅。他说极想与我聊聊，但我见他身体如此，未敢造次。1994年10月开会庆贺白老八十五岁寿辰，刘助理让马寿千通知我，我亦去参加。去前在东单南一纸行买一相册。次日赴会，见白老坐轮椅与参会者见面。奇怪的是许多人如启功及刘乃和先生均未参加。我会上发言述白老在1955年后培养我们之办法，他指导我们读书、搞分类索引、剪贴史料，这样循序渐进地学习，使我们受益匪浅。白先生讲课非常灵活，对人有启发。上课前他总要问我们看没看新发表的某篇重要文章，有什么想法，然后他再谈自己的看法，使大家有深刻的体会。时白老已离席回家，在家听我发言，让刘助理问马寿千我有讲稿没有，拟发表。我确无讲稿，乃请马寿千转告刘助理辞之。是日会上我还见到何兹全先生，何先生告诉我有何仙槎（思源）先生给郑老之信，不久寄来复印件。此信手迹后在纪念何思源先生的文集《一位诚实爱国的山东学者——何思源先生诞辰一百周年纪念集》（何兹全、丁岚生、万永光编，北京出版社1996年1月出版）中发表，亦此会另一收获。

以后我即未再见过白老。2000年初马寿千告诉我白老病危，后又听说渐好了。但在3月白老即病逝。我收到刘助理寄来的讣告，王连升亦收到。又1985年左右白老谓我应去同仁医院看望侯外老，我亦去。白老曾助人于危难之中，如对何兹全先生、王毓铨先生等。但顾颉刚先生则非之，认为解放后白对顾落井下石。白老出身燕大，是顾先生的学生，由顾先生推荐至云南大学任教。1942年白先生至中央大学，解放后至北师大任教。

2013年6月17日

忆邵心恒师

　　我认识邵循正先生约在1949年冬天的一个晚上。当时他身着西装，面孔削瘦，但说起话来极随和热情。

　　1953年3月初，开始学"中国史（四）"即元明清史。该学期因上课已晚，所授课程只能削减。记得他擅长的元史，仅上了四周，即十六课时。讲明史时讲抗倭援朝，是为了配合抗美援朝。讲清代时已来不及，课中就着范老《中国通史简编》一边看，一边讲。

　　到了1953年9月下旬，邵先生又开始讲授中国近代史。记得一次课堂讨论，我依据谢兴尧的观点，述1905年同盟会之前的孙中山派比维新派仍有进步。先生总结时，未点名地说我之观点不对，认为当时还是维新派起之作用大。到了次年1月考试时，我因患重病刚刚好，头脑还不清楚，又未记笔记，考试大糟。记得当时题目为：马嘉理事件与烟台条约。此题目应是很容易，我却答不出。于是在2月专门借出《清季外交史料》卷一（光绪元年）开始，拟从原始材料入手，写出一文。后来实际未写。

　　1954年6月，近代史考试，我得优等，蒙邵先生称赞。曾尔慧告我，邵师夸我，还夸马寿千。郑老先生告我，邵师认为我为优中之优。蒙此鼓励，我在1954年秋冬两次去其府上访他，表示要学中国近代史。他让我从《筹办夷务始末》着手。

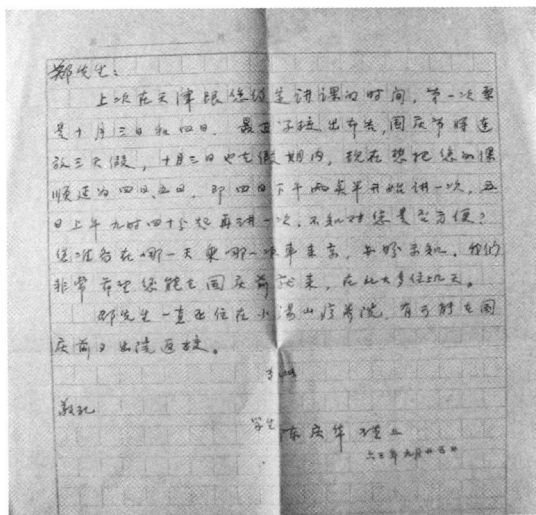

1963年9月25日北京大学历史系陈庆华为讲课事致函郑天挺，并告知邵循正在小汤山疗养

后虽未实现此愿望，但试作了《试谈销烟与烧烟》之小文。

1964年夏，我得有机会去沈阳参加满族史讨论会，当时有郑老、谢（国桢）老、白寿（白寿彝）老、翁独（翁独健）老、邵老及王锺翰先生参加。当时邵师身体已不好，会议让他把家属接来，多在沈阳休息几天。会后我和李光璧师、赖家度师（李为四中高一国文老师，赖为盛新初中历史老师）去鞍山及千山参观归来，回沈阳辽宁大厦看望邵师。邵师见我四毛钱买一拐杖，说多好，太好了，又用手扶杖试了半天。我当时很笨，不会来事，没有立即说送他，至今仍非常后悔。邵师又问我参观时的情况，我坦诚说了李光璧认为招待已不如众老在沈开会时那样。邵师说，我就知他们上不上下不下的

忆邵心恒师　　273

1964年8月参满族史讨论会在沈阳北陵合影。后排左一郑克晟

人会如此说。

1973年5月1日前后，我已内定要回历史系明清史研究室工作。我去中华书局，见到周清澍兄，周立即告我邵师去世前就在此屋中住。我看了一下，条件异常简陋。邵师为了标点《元史》，且为了摆脱"文革"之骚扰，宁可苦一些，也心甘情愿，表现了一代知识分子的骨气，值得尊重。

徐如、老戴（戴学稷）近寄来邵师百年诞辰纪念文集，读后颇多感触，因写此文。从另方面说，邵师与郑老关系极好。另外，在学四年，一般老师均教半年课，世界史老师有教一年者。而邵师却教我们一年有半，即近代史二学期，元明清史一学期。

另外，学近代史时，课代表先为王希孔，后为丁子英。王在1953年假日时曾借邵师西服，久不还，把西服弄得极脏。丁则说邵师人好，问其年龄，邵说虚岁45，周岁43。此事估计是在1953年吧。邵师生日小，为1909年11月21日生。

2009年12月26日上午写草稿

忆林庚师

　　林先生系先父郑天挺友人林宰平先生之子。宰平先生在1946年初曾被先父邀至北平临时大学补习班第二分班任教。但宰平先生对先父应当是师辈。

　　今年10月6日为中秋节。节前两天，林庚先生无疾而终，年九十七岁，可谓高寿，而且走得极为安详，毫无痛苦，与一良师情况同。

　　1952年三校院系调整，我们于是年10月中旬搬至城外。当时二十四人住一大屋中，分成三格，上面全通着烧火墙，倒不觉冷。是年11月1日开始上课，因教室关系，先上"中国史三"，由邓广铭师讲授，另一门为"中国文学史"，由林庚先生讲授。林师当时年轻，风度翩翩，许多人都崇拜他。尤其林师的字，虽看着没劲儿，但极潇洒。陈汉时兄在黑板上专学他的字，而且学得极像。

　　林师讲课如读诗一样，让人精神集中，且使人神往。可惜这个学期太短，课讲到1月中下旬即停，不过上了十一周左右，大约只讲到汉末。考试时，林师为了照顾同学复习，出了一些复习题。这是当时之普遍现象，如余逊师1952年暑假时，出了十二题。试卷列六题，任答三题，其容易即可知了。林师出了多少题已不记忆，但有一题是：试为汉赋作一概括之题。寿千

年轻时的郑克晟

依照此题，作一书面解答，算是准备吧！我把他的答案也好好复习了一下。后来试题果有此题，当然回答应手。最后全班四十多人，仅寿千、贵林及我三人为九十分，当时汉时说，三个人全是北大的。我之能得九十分，亦与参考寿千兄自拟之答案有关。1953年3月新学期开始，文学史课取消，我们都深觉遗憾。后来寿千还旁听，我也旁听了一两次，终因课太多，未能全始全终，可慨。

1953年夏暑假极长，阴历七巧，让请林师报告，布露中写"诗人林庚"，真名副其实也。

2006年10月22日

忆季龙先生

　　6月8日周六晚，在校对面文化市场，五折十元买《谭其骧日记》，中有《京华日记》，系1955年至1956年在历史研究所时所记。其中4月22日尚提及为我布置工作，而所述事，因我当时正在东四头条一号历史所，故极觉亲切。

　　我是1955年9月20日到历史所报到，初分在一所，后10月下旬又重新分组，我到隋唐组。当时该组老先生不少，有贺昌群、王修、万斯年、阴法鲁等人。当时历史所仅在东四头条一号一个院之部分房屋，约几十间房。谭先生有时在院中练工间操，又在12月底或1月初做过一次历代官制的讲演，故我认识他，他不认识我。1956年春节前后，一次在隆福寺理发，最后理发员给顾客照镜子，他一摇头，认为无必要。他一看就是教授的样子，身材稍魁梧，戴一白色有边眼镜。当时我因天天看书，《通鉴》或《新唐书》，觉得枯燥，正好阴法鲁先生说谭先生需要二人相助工作，一魏晋南北朝，一隋唐，前者陈可畏愿去，隋唐则我愿去。记得贺昌群先生知道此讯后对我说："历史地理很枯燥。"后来一实践果然如此。当时我每周抽两天为谭先生工作，中间向他交过一回卷，他不满意，说："如果这样抄，我何必找你？"意即找一资料员就成了。后来我用《新唐书·地理志》对"杨图"（清末杨守敬编绘的《历代舆地图》），发现一些问题，在该年6月12日写一文《试论〈新唐书·地理志〉的根据》，发在1957年第一期《历史学习》（历史所油印刊物）中。当时他已回复旦，曾写一长信，指出我的错误，并说："把你当作自己人看待，故写得不客气。"可见其人甚直。

他的直率还表现在对史家的一些评论。如认为复旦人虽多，但都是外行；认为岑仲勉所以总与陈寅恪意见不同，大半是因为陈寅老名气太大了。他日记中对翦老、对郭老均有批评。他1956年回复旦，在欢送1956年毕业生照相中，坐在很靠边儿，可见他还谦逊。他对南开亦有评论，说谢国桢不会讲课，但搞资料还是有一套。又说雷海宗最会讲课，又说南开有雷又有你父亲，这也就成了。

谭先生名士风派，不着边幅，与上海人决不相同。1957年初一次见他与胡厚宣先生均穿水獭领大衣，胡先生笔挺，而他那件领子全破了，他也全不在乎。

除了1955年他在老先生办公室讲官制外，再就是1957年1月，他临离历史所时所讲的历史地理问题。当时他不得不吸收苏联对历史地理分类之观点，但仅限第一部分，其他方面则叙述清晰，侃侃而谈，讲书效果是没得说的。

我看他的文字不多。1956年初有他一篇纪念王庸（以中）之文，原来他费很大功夫，认为不好写，实际是对王著《地理学史》，认为写得不行，逻辑性不强，坦率人不愿说自己违心的话，所以说不好写。他跟我说他1911年生，1930年入燕大研究生，1932年即毕业。后在清华、辅仁及北图教书及工作。袁同礼给他六十元，要天天上班，他觉得不自由，乃辞去，专在清华、辅仁授课。他为北大1947年毕业生邓云乡所写北平教育

2009年9月18日纪念郑天挺先生110周年诞辰暨中国古代社会高层论坛开幕式，北大老同学合影。左起：傅同钦、王敦书、徐苹芳、郑克晟、萧良琼

史方面的书（忘其书名）作序，专写1928年至1937年北平之市民生活，非常接近事实，且叙述极洒脱。如述谭家菜，当时要五十元一桌，他想聚十个人一直未凑上，故1930年代未吃过。他也谈到当时物价之廉等事。1939年他去浙大，1950年浙大取消文科，想来北京，给吴晗写信，吴未帮忙。其实1947年左右周一良给胡适写信，推荐谭，北大本拟聘，因他眼病未成。另外，北大也觉他光教历史地理也不成。

2002年7月1日上午

回忆孙毓棠先生

看《孙毓棠传》[①]，其生平颇多凄凉。1979年10月23日他与熊德基来南开看望郑老先生，与之久谈。他与老先生及王玉哲尚在周恩来纪念碑前合影，合影后收入《郑天挺先生一百一十

1979年孙毓棠来访，在南开大学周恩来纪念碑前合影。左起：王玉哲、郑天挺、孙毓棠

---

① 载尚小明、杨琥主编:《史学大家的风范》，云南教育出版社2012年5月版。

周年诞辰纪念画册》中。
孙毓棠说，他上南开一年多后转入清华。初在南开中学上五年，跳班考南开大学，后随蒋廷黻至清华（应为1929年）。在南开中学时初二即试投稿，高一时家破产，张伯苓让他教初一语文。孙毓棠在南开时与曹禺同屋，曹在大学上二年转清华。当天他还到东村42号我家，见郑老先生当年暑假打一看书之桌子，赞赏不已，屡说这个多好。该桌如一小乒乓球桌，中放书及杂志，可在任何一角落看书。

我与孙先生识于1960年，当时他刚调至历史所，认识人少，且因"右派"关系，状极不快。我因当时正写《中国史稿》中明代对外关系及清代外交诸事，常在休息时在院中向之请教。当时基础差，看书少，未敢深入求教。后我离开通史组，与之见面尤少。

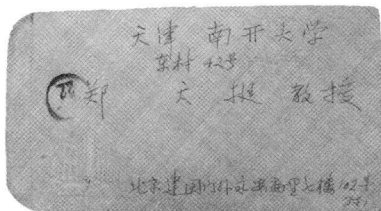

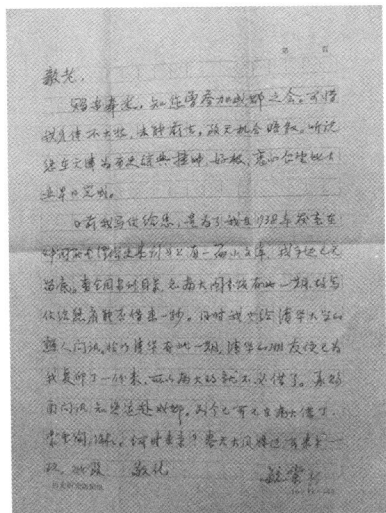

1979年5月1日孙毓棠致郑天挺函

2012年10月31日

王亚权表姐

昨偶翻此册，知又一年有半未写，原因是杂感类多在日记中述之。因连年平日无事，所能记者极少，故如是。

几月来，又见冯尔康兄，谈及表姐王亚权1948年左右在北平女二中任校长。郑老曾往其校推荐历史教员二人，一为1947年毕业之邓锐龄，一为许大龄先生之妻张润英。尔康言，早就劝你写回忆文章。今尔康兄又旧事重提。

王亚权先生原为王劲闻律师之次女，王原住在延寿寺街旁之大耳胡同路北安徽婺源会馆。此1957年2月我与父亲在我岳丈傅老宴会后路过其地者，大耳胡同门牌似不多，此门为该胡同路北最体面之处。1934年之后，王改住小酱坊胡同23号后院，与我们相邻。

王劲闻律师原名光祖，安徽英山（今属湖北）人。清末举人，又毕业于公立京师法政学堂，清末历任内阁中书、民政部员外郎、京师地方检察厅检查官、内城戒烟局坐办兼署内城巡警总厅卫生处佥事等职。民国成立后，曾任大理院书记官、记录科主任，兼文官高等惩戒委员会事务长等，参与中国社会党活动，并且是著名京剧票友。1930年代为北平大律师。一些人物辞典记载其生年为1879年（清光绪五年），而未记其卒年。其实他死于1939年。

大约在1935年夏秋，王亚权刚婚不久，其夫邵光明在德国习炮兵。二人婚后来平，一次王与我及克扬弟在王家院中照一相，此相"文革"中毁掉。其穿戴非一般人家，下铺大手帕，颇豪华。克扬弟屡主张将相片毁掉。

抗战中，王1942—1943年左右在中央图书馆工作过，又在重庆附近之白沙师范教过书，但时间均不长，主要仍操内务。1946年以后她曾来信予郑老，想在北平自办中学，但未成。大约在1947年暑假后王才来女二中任校长一年。一次她来我家，见我长极高，说她校高一学生全挺矮，你是否最高？我答：如同学身高分四等级，我为第二等级者。当时卫立煌已任东北剿总司令，邵原在远征军为卫立煌军之副官长，我问王，邵大哥有无可能去东北，她认为不会。邵当时在广州，任何职不清楚。王何时离平南去不知，估计在1948年暑假之后。王曾说邵与北平副市长张伯谨为挚友。

1980年代后，陆雅琴表姐常自美回国，我大约见过两次，均谈到王。她说，王在台湾很出风头，任过"教育部次长"，对台九年教改有贡献，现在美与宋美龄熟悉，与宋打牌等。我曾让她送一本《明代政争探源》予王，后来她说王见到此书极高兴。

1993年我去美四个月，给琴姐打过电话，她说王中过风，但不重。后闻其欲回大陆探亲，且为修饰其父之墓（在万安公墓）。后不久又言其回不来，因其孙女去过台湾，再回大陆签不成。1994年后闻其已去世。她生于1912年，属鼠，为女高师历史系毕业，后留美，任过清华基金会之秘书，与梅贻琦熟悉。1945年，韩权华嫁卫立煌，乃王嘱告梅夫人者。同年王在昆明与我父谈，她们姐妹婚姻均不幸福，拟离婚，老人劝其战

1947年3月王亚权致郑天挺函信封（信函无存）

后再议。其实王不能生育，幼时长青春痘，王父之小妾有妓院偏方，服后即不能再生。而邵光明确有二房，邵死后，王即认其身份，故才有孙女去台湾之说，王的一生大半如此。

2014年8月4日上午，雨后闷热

忆张苑峰师二三事

　　1946年北大复员后的史学系中出现了新气象，增加了张政烺（字苑峰，1912—2005）、邓广铭（字恭三，1907—1998）等一批年轻教授，张先生当时才三十四岁，是教授中最年轻也是最博学多才的。当时先父郑毅生先生（天挺，1899—1981）任史学系主任，他经常夸耀这批年轻人，并引为自豪。1936年，张先生和邓先生都毕业于北大史学系，后来两人都去过史语所和北大文科研究所，郑先生亦是北大文科研究所的负责人，故他们间的关系是亲密无间的。正如张先生在怀念郑先生的文章《忠厚诚笃·诲人不倦——悼郑天挺先生》中所说："回顾与他半个多世纪的交往和友情，往事历历在目，音容笑貌，萦绕脑际……我常常为他的严谨的学风、忠厚诚笃的高尚品德、诲人不倦的精神所感动和激励。"①

　　抗战期间张先生曾在西南联大历史系兼过课。当时郑先生与张先生亦不断有学术上之磋商。1940年，郑先生将他1938年在蒙自所写的《〈隋书·西域传〉附国之地望与对音》一文修改完毕，随即寄给张先生征求意见。不久，张先生即回信给他，对该文深为赞赏。据《郑天挺西南联大日记》1940年9月

---

① 载《中国史研究》1982年第2期。

12日记载：

> 日前以所作《附国之地望与对音》一文就商于张苑
> 峰。今日得复，有"敬读三遍，获益实多。辞文周密，不
> 能更赞一词。附国吐蕃，隋唐异称，容有部族消长、种族
> 更代之事。要之，附国之当为发羌，当在康藏，今后自可
> 无疑义矣"之语。赞许逾实，甚以为愧。

随后称赞张先生"其所谓'部族消长，种族更代'，甚有见"。[①]
　　我认识苑峰师是在1946年秋冬之际的一个星期天。那天，
我陪父亲毅生先生由西四去西单商场购物，路过甘石桥邮局旁

1948年6月北京大学史学系欢迎陈受颐主任回国在沙滩北楼前
合影。前排左起：邓广铭、陈受颐、毛子水、郑天挺、张政烺，
后排左起：杨翼骧、胡钟达、杨人楩、万斯年、韩寿萱

―――――――――

① 郑天挺：《郑天挺西南联大日记》，第316页。

一旧书店，见一瘦高身材、穿蓝布大褂极具学者模样的人，见到父亲，连忙鞠一大躬，并寒暄了几句。我极感诧异，事后问此先生为谁，父亲说，他就是刚来史学系工作不久的张政烺教授。

1951年夏我中学毕业，考入北京大学史学系。9月11日是个星期二，乃是新生报到的第二天，上午我与傅同钦先后去红楼二楼史学系报到。说来真有缘分，同钦的学号是2251007，我的是2251008。这个学号中的第一个2，是代表文学院（1是理学院）；第二个2是代表史学系（1是哲学系）；51是指1951年，07、08是新生的排号。当时一共报到三天，我们第二天去的，才排到7、8号，说明大家报到并不踊跃。当年全班录取四十一人（报考博物馆组十人），实际报到三十五人，另有别系转来的病号生一人，共三十六人（女生十二人），其中真正想学历史而第一志愿报考的只占二分之一，全班分四组，每组九人。那年课程设置及入学时间均属正常，即9月10—12日报到，9月13号为正式上课日，上午要举行开学典礼，马寅初校长也准备讲话，后来不知何故，典礼被取消，马寅初校长未讲话。原本上午三、四节的史学文选课，余逊（让之，1903—1974）老师以为要开大会，没来上课。因此我们的第一堂课就是第二天张先生的中国上古史了。

次日9月14日周五上午三、四节是中国史一，即中国上古史，张先生与新生见面了。也是我班同学第一次上课。同来听课的还有史学系二年级原博物馆专修班的多名同学，现在想起来的有俞伟超、郑振香、王笑侬等人。王承祒兄当年由哲学系转到史学系二年级，故也来听此必修课。史学系三年级的湖南同学王琦兄也来听课。所以上课的人不少。可见当时听张先生课的人，日后都是学有所成的专家。如精通甲骨文的王承祒，担任考古学领导的俞伟超等，都很了不起。比之他们，自叹不如之甚。

张师与大家初次见面，没架子，说话很谦和、随便，并不太愿意立即开始讲课，而一开始很愿意与我们聊天闲谈。他先问王琦："你怎么来了？"王说："我想学考古，故想再听听上古史。"随后向新同学问这问那，我们这些新生则胆怯至极，只能呆如木鸡，大多只是简单地回答一两句，气氛有些拘谨，但还是喜听他聊的。当他知道田珏兄是扬州人时，他的话匣子打开了，兴趣大浓，一会儿说什么瘦西湖如何如何，一会儿又说扬州的古迹，滔滔不绝，就这样，很快一堂课就过去了。第二堂课，张师聊心正浓，意犹未尽，还想聊，但苦于同学都不大敢发问。这时，二年级的一些同学如郑振香等小声地说："快讲吧，讲吧！"又候了半天，张师才开始讲起来，先讲古代社会分期，即中国古代奴隶社会转入封建社会由何时开始。如范文澜如何说，吕振羽如何说，侯外庐如何说，讲的都是当时的马列学者。但出人意料的是，他特别提到唐兰先生。他说，唐兰认为封建社会应由东汉开始。此后张师才开始讲正题。现在想来，他所以如此说，一是他对唐的尊敬，二也是唐的论点与当时张师的"魏晋封建说"有相近之处。不过张师在讲课中，并未道出自己的观点。张师的课，内容特别丰富，完全表达了他自己的学术观点，虽然有时有些乱，拿起一卡片，又换另一卡片。但"真货"颇多。

现在有人一回忆张师讲课，总说讲得散漫，但我却很喜欢张师的课，每次都坐在教室的第一排正中。当时有给上课老师递条子的习惯，提问题或者建议，而第一排正中的位置就在老师的讲台下面，最适合递条子。的确，我给张师递过条子，希望张师多讲，多照自己意见讲。当时有个同学开玩笑说：张师转个身、甩个手，郑克晟也能记下来！同班杨杰讽刺我说：张先生放个屁，你也记。张师讲课不用讲稿和卡片，而是用随手抄的纸片，大小不一，拿起一片纸就讲，这对我们这些还不大会记笔记的新生来说，确实有些困难。因为中学时我们本无记笔记的习惯，都是抄黑板，而现在碰到凡老师讲都要笔录，很不习惯，生怕记不全。于是，我乃先用白纸速记讲课内容，课后还须用同样或更多的时间誊在笔记本上，这样笔记才显得清楚易懂。但我的笔记记得全，整理也好，所以当时有许多同学喜欢与我对笔记。我特别珍惜当时上张师课的笔记。听说1952年北大迁到城外后，张师讲课很少表达自己的观点了，故我的笔记犹足稀罕。我一直珍藏着听张师课的笔记，工作多年后，仍然带在身边，舍不得扔掉，直到1970年，全家下放农村，变成人民公社"新社员"，要求除"毛著"外，其他片纸不留，才不得不割爱处理了。

张师上了四周课，就到江西参加土改去了，系里安排余逊师接着讲秦汉史。到了第二年5月末，张师"土改"归来，大约6月中教师忠诚老实运动后，又开始补讲先秦史，一共又讲了六周。张师学问渊博，当时讲课还无多大顾虑，还完全讲自己的观点，所以同学都觉得过瘾，也希望他多讲。同学已知课讲不完，建议张师每周四节改为每周六节，他同意了。这样六周等于九周，但课还是只讲完春秋，未来得及讲战国。7月底课结束，8月1日考试。记得是年7月初郭沫若之《奴隶制时代》出版，我倾一周之时间读完。张师考卷中，有一题涉及分期，我举郭之公元前475年周元王元年为分期标准之新说，得九十三分，而其得意弟子王承祒才九十分。这是8月中下旬在温泉时，博物馆专业王笑侬告我的。我听后极高兴，乃写片寄府学胡同26号，说以天挺先生为首的18号的同志们，如何如何，说自己得九十三分，而王承祒得九十分，郑某人太不简单了，等等。当时之幼稚、狂妄如此，今天思之，可笑之至。

1955年我大学毕业，分配到中国科学院历史研究所第一所（现为中国社科院历史所）工作。到历史所报到后，我与同钦都分在了明史组。第二年张师也调到了历史所工作，他在先秦史组。虽同在历史所，但办公室相距较远，仍与张师不断见面。1956年夏张师到我办公室，特地问我正读何书，我说正读新版的《醒世恒言》。他马上来了兴致，于是把每章内容如何，细说了一遍，如数家珍，也如谈其他业务书一样兴奋。当时历史所还实行导师制，即每位导师带几位年轻人。当一位年轻人问张师应先读何书时，张师答：你愿意看什么书就看什么书。那位年轻人听后不大以为然，认为不大负责任。1958年春历史所批判资产阶级思想时，还贴出大字报，认为张师"以不变应万变"。其实熟知先生的人，都知道先生几十年就是这样过来的。

1957年五六月间，历史研究一、二所诸年轻人，听说两所每年都有研究经费一万元，于是纷纷要求去外地短期参观，增加感性认识。当时张师所带的中国古代史组已经去了西安、洛阳等地。明清史组则打算去山西阳泉（土法挖煤）及河北高阳（土法织布），但并无任何资料可寻。正在犹豫中，张师所带领的古代史诸人恰由西安等处回来，并说路过曲阜。张师乃向明史组的王毓铨先生说，曲阜存有明清时期不少资料，正待整理，你们何不乘此机会快去了解一下。于是王先生就带我们十数人去曲阜参观，果然见到了众多资料，并在几天时间，抄了许多资料目录，收获颇丰。后来20世纪60年代杨向奎等先生与曲阜当地学者合作整理《曲阜孔府档案史料选编》，到20世纪80年代，先后由山东齐鲁书社出版了三编，影响很大。

20世纪60年代，傅同钦调入张师在历史所主持的《中国历史图谱》组，这正是向张师学习的好机会。图谱组年纪大的先生多，大多博学多才，加之张师"无为而治"的性格，使组内气氛活跃，大家都很开心，真是"寓教于聊"。每逢开会，在聊天中得到很多知识。可惜，在图谱组工作没几年，就离开历史所到南开历史系了，直到退休。记得20世纪70年代，南开历史系为了配合教学，编辑了一部中国古代史讲义，其中插图方面由同钦负责，顺利完成任务，这首先要归功于在历史所张师领导下的图谱组。

20世纪80年代初，南开历史系成立博物馆专业，由同钦负责。她首先向张师请教，随后张师每逢到南开来，我们都会去看望他。

1996年5月下旬一个上午，我与同钦去北京永安西里看望何理路、马默怡，同时去永安里张师家中探望，张师正在楼下小院中观看花草。当时他还认识我们，唯耳朵有些重听，这是我们最后见到张师了。如今张师辞世也已经七八年了，但他的音容笑貌还时时浮现眼前，他将永远活在我的心中。

2002年7月10日初稿于东村42号之幻义斋

（此斋名乃北大一年级时在三院所起）

2011年12月4日补充

（原载张世林主编《想念张政烺》，新世界出版社2015年3月版。有补充）

王锺翰先生

　　我认识王先生是在1964年8月满族史讨论会上，当时王先生比较沉默寡言。1978年12月在沈阳开会讨论辽大历史系所编《清史简编》书时，又一次见到王先生。一天会后，东北师大薛虹先生对辽大历史系赵副书记说，现在就要提职称了，如老同学鄂世镛（《清史简编》之主持人）该提的提，该升的升，不能含糊。王老接着说，对，胆子要大些，步子要快些。我听后实感震惊，感到这位老先生真是坦率、开通。

　　1981年王先生与北大商鸿逵老、人大戴逸先生参加南开郑老三位研究生的答辩会。郑老去世后，王先生又多次主持这样的答辩会，备极辛劳。

　　1984年广西藤县召开袁崇焕学术研讨会。袁崇焕籍贯有广西藤县和广东广州府东莞县两说。王先生在会上认为袁应是广东籍，后又说：我又捅娄子了。1989年，他对我所写《明代政争探源》一书颇多赞扬，我很受鼓舞。

　　2003年8月，我与孙卫国教授去中央民族大学参加王先生九十华诞庆祝会。那次会在中协宾馆礼堂召开，参加的人极多。我坐在较前面。当时南开参加会的还有几位年轻教师，我想还是让年轻人发言吧，我就算了。及至会之末尾，见南开人均未发言，我有些焦急了，于是才勉强发言。我历述王老对南

2003年8月16日庆祝王锺翰九十华诞学术研讨会合影。前坐王锺翰，后排左起：孙卫国、常建华、郑克晟、白翠琴、杜家骥

开明清史之诸多指导，又稍稍谈到1958年欲批评王著《清史杂考》而感到惭愧。当时写了批评文章，但既不敢示人，亦不愿示人，因读后感到启发极大。这次发言获得意外的收获，会后陈寅恪先生女儿陈美延跟我打招呼，我们认识了，并一起照相。勉强发言中，却意外地见到了多年想见的朋友。

2008年12月17日，2018年8月补充

忆吴晓铃先生

2010年3月26日《作家文摘》有一文其中记吴晓铃先生，说他"为人极洒脱，交友广，马连良1962年所写'海瑞罢官'的文章，即为吴先生代写"。

我认识吴先生是在1956年1月下旬。当时我在中国科学院历史所刚参加工作，他在科学院语言所任学术秘书。当时语言所所长为罗常培先生，副所长为吕叔湘先生。

1月21日周六下午，我去天桥剧场听郭沫若、翦伯赞等人访日报告。当时《世界知识》杂志封面登载郭老在日本作报告的照片，有日本记者请郭老回答问题之话筒，听众问这是什么东西，郭老在台上说我要看看，看完后说此为录音机。翦老最后发言，说知道大家饿了，只讲原来不知道郭老在日本之威望，这次去日本才知道。散会回家后我经过历史所前院隋唐史组，见书桌上有父亲郑天挺先生（时任南开大学历史系主任）来信，言此日到京开会。我即打电话给他，得知他列席全国政协会议，住新侨饭店。我欢呼起来，立即骑车至新侨饭店，他之同屋为南开生物系老教授刘毅然。后来我又几次去新侨饭店。当时新侨饭店刚建好，暖气特热，郑老眼睛出红点。当时不知何时开会，只是各自访友。

1月25日晚饭后，我接到父亲电话，他说与罗常培夫人及吴先生正在东四头条东口对面的东四食堂吃饭，让我和妻子傅同钦也去。我们已经吃过饭，但还是去了。我们住在东四头条1号，离东四仅半站路，走路五分钟。我们去时，罗太太及吴先生正等候罗、吕及老舍先生到来。他们三人正在开最高国务会议，来得较迟。老舍那天正感冒，是特意来看郑先生的。饭店老板一老者也出来招待，罗先生管他叫私股代表。

东四食堂虽说是食堂，实际是个大饭馆。这里原是森春阳南货店，在东四是数一数二的大店，现在改为饭馆，暂名东四食堂，第二年即改名大同酒家，由广州迁来。后来又曾改为青海餐厅。现在不知用作何用。

东四食堂菜单上有一菜叫蚂蚁上树，我不知何菜，同钦说，就是粉儿，意即肉末粉条。罗太太听后，特别高兴，也特别喜欢同钦，连说了几声粉儿，一面说，一面笑，还问她是否满族。罗太太还问我罗老气色如何，我说挺好，罗老说："得了吧！"

一会儿，他们三人来了，吃的是烤鸭。老舍因感冒，叫了一碗三鲜面，记得当时价四角。罗先生还要了一红烧海参，特别说要九毛六的。

大家一起闲谈，罗先生问郑先生：你孙辈有几位了？郑先生言：我有两个孙女，一个孙子。罗先生称：人家都儿孙满堂了，我们这还没信呢！指他的公子罗泽珣尚未结婚。罗泽珣是研究微生物的，罗太太见菜中有香菜，就说：泽珣说香菜中细菌最多。

罗先生当时已血压高，但吃得还不少，薄饼夹鸭子，说已吃了三四张了。同钦听后说，我虽已吃完晚饭，再吃个十张也不成问题。吕叔湘席上说，陈云讲话说了什么，罗先生立即止之，认为会上说的，下边不能随便说。

席间，老舍拿出一张中央戏剧学院剧团演的《一仆二主》的票给我，说：对不起，只有一张。老舍问郑先生，新侨热吧！是时新侨刚建好，暖气特热。次日，吴先生又以"特急"件寄给我一张，可以两人去了。

吴先生席间说，明天是印度国庆，罗先生大约还要参加。

临出门时，私股代表相送，还说，汽车就在外边拐弯处。

第二次见吴先生已是1979年2月，郑先生与章廷谦、陆宗达、马巽伯夫妇及吴先生聚于西四同和居，我亦参加。那天尚有我大哥之子郑光、陆先生之孙。是日吃红烧海参，大盘极多极好，为有生一次最好者。那次菜够贵，十人吃七十多元，平均每人七元多，马先生说，太贵了，不敢再来了。是时我之工资六十九元，马先生之工资一百多点，郑老先生不过三百四十五元，吴先生估计是二三级，二百八十元或二百四十元。

过了一个月，吴先生来南开参加中文系已故教授杨佩铭追悼会。1937年，吴先生与杨先生同为北大中文系助教，感情甚笃。后杨先生在南开因病不甚得意，"文革"中去世。

吴先生初到南开即来看郑先生，恰郑先生去西安及成都开会，不在天津。后我去南开招待所看他，还陪他去文庙书店观书。随后去劝业场旁之宏业饭馆吃饭。人很多，只能在入口处坐下。他认为这里菜不错。菜未吃完，他主动从口袋中拿出一塑料袋，让我"打包"回家。第二天我又去招待所看他，但他已经走了。

1984年3月，我为出版《樵史通俗演义》找过吴先生一次，想约他为此书写个序。当时他住在宣外教场头条。我去时，他

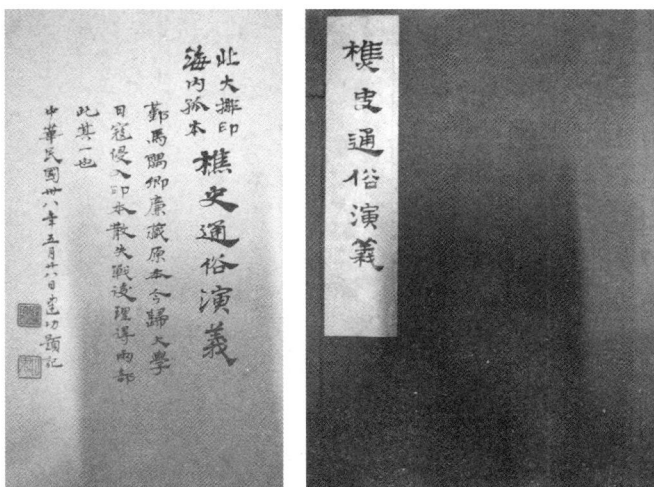

《樵史通俗演义》及魏建功题记

正在给一外国专家讲课。他给我介绍后，我还礼貌地说，请这位专家也到南开讲讲。

《樵史通俗演义》一书，述明末农民军者，原书为北大教授马廉（隅卿）所有，后捐予北大图书馆，至为珍贵。抗战前不久，由北大出版组铅印，孟森老先生写序。旋因"事变"，北大红楼被日本宪兵队占领，书几全部遗失，只在战后装订两册，一在向达先生处，一在郑先生处。我曾将该书借予吴先生，后来吴先生来我家将书还我。此书经周绍良先生推荐于人民文学出版社出版。书出版后，出版社并无任何酬劳，请吴先生写序事亦搁浅。

2018年1月26日印度国庆，思及62年前事。2018年6月补充

忆李光璧先生

昨夜久未眠，思及北京四中事。当时高一国文教员李光璧为四中1933年毕业生，后考入北大国文系，他大学时与张政烺师熟悉。

李在教中学时候给我的两个印象特别深。一是1948年李先生在四中教司马相如《长门赋》，道及当时汉武帝新宠卫青的姐姐卫子夫，欲废陈皇后（阿娇），陈乃用百金请托司马相如代她写一文《长门赋》，极有文采，汉武帝乃暂时打消废后事。李先生讲得非常生动，课后留给我们一个作文题，题曰"拟《汉武帝致陈皇后书》"，特别有趣，有一个姓赵的同学就开玩笑，说："我恨不得坐吉普车去看你去！"也算是当时情况的一种反映吧。我之作文博李夸奖，且有长长批语。我得意，曾长期放案头供人欣赏。

我之作文开始就写"阿娇大鉴：汝文日益精进……"，说阿娇由司马代作之文，汉武帝视为真为阿娇之作，认为阿娇大有长进。李先生有眉批：假作不知亦妙。最后我就在文后几行则说汉武帝对阿娇之约法三章：

一、立卫子夫为皇后；
二、每逢初一、十五至汝官，不得嫉妒；

三、朕今再让作一文，以我之功德为题，如作不出，斩首示众。

李在文后批："约法三章，别开生面，且执法如山。作赋不得，斩首示众，安得再倩相如代笔，亦所谓亦谑亦谐矣！"

李对我的夸奖，也许使我后来对文科就有点兴趣了。大三哥（我堂兄维勤）谓：亦谑亦谐意即又狠又逗笑，老先生看后亦哈哈大笑。别的同学看后，亦捧腹大笑。

又一次李师讲《长恨歌》，谈到俞平伯认为杨贵妃未死，《长恨歌》中谓："排空驭气奔如电，升天入地求之遍。"意为天上、地下都找了。"上穷碧落下黄泉，两处茫茫皆不见"，上天下地都找了，还是未看到。"忽闻海上有仙山"，指去日本，"山在虚无缥渺间"，还是没有。"楼阁玲珑五云起，其中绰约多仙子。中有一人字太真，雪肤花貌参差是。金阙西厢叩玉扃，转教小玉报双成。闻道汉家天子使，九华帐里梦魂惊"，指没死到日本做了妓女。他讲得极为生动，我现在都记得很清楚，许多同学不知道俞平伯是何许人也，也就听得云里雾里，而我听得津津有味。十年前我让南开中文系教授刘福有代我查俞平伯此文，他说在俞平伯《杂拌儿》（二）中，但文意与李讲不尽同，估计为俞老在课堂中所讲。

李1937年北大毕业之后，返回家乡安国县，1940年重回北平教书，他留在北平主要有两个原因，一是他兼任中国大学国文系的副教授，再一个是对北平有感情，此外经济原因也是一个，那个时候多找几份教职，才有好的待遇。解放后，中国大学撤销，他离开北京四中，到了华北大学三院，当时好像来新夏也在那儿。李光璧在那学习了大约半年，分配到当时的北京历史博物馆，就是现在的中国国家博物馆的前身，待遇比较低。他待的时间很短，后来去了天津的河北师范学院。这个学校1958年搬到了北京，叫河北北京师范学院，后来又把这个学校搬到了宣化，改名河北师范学院，再后来搬到了石家庄，当时石家庄有个河北师范大学，两个学校就合不来，后来就给他们合并了，就是今天的河北师范大学。这个学校在天津的时候，他一开始是历史组的组长，后来就是历史系的系主任。1954年左右，他调到了天津师范学院，这个天津师范学院后来成为保定的河北大学，与今天的天津师范大学不是一回事，天津师大的原名叫天津教师学院。

1951年李与其他人在天津创办《历史教学》。这是李先生一生中最大的一件事。他联合他最好的朋友张政烺，还有南开的杨生茂等人，后来还有来新夏，一起办的。一开始完全是私人刊物。1951年有三种历史学刊物，一是《新史学通讯》，就是今天的《史学月刊》，河南大学主管；二是《文史哲》，山东大学主管。只有《历史教学》，不归哪个学校管，天津的学者都喜欢往这里投稿。那个时候《历史教学》的社论、专论，主要是他来负责。但《历史教学》私人办的时间也就三四年。1952年的时候，我父亲还有雷海宗他们就来天津，他们也就都参与进来了。该刊直至今天仍在办，然质量已不行。

李河北保定人，他很用功，也愿意写东西，当时的《历史教学》几乎每期都有他的文章。他写过一本书叫《明朝史略》，现在已经很难找了。那时候河北大学没有《明实录》，他写的东西里也没有引《明实录》的。《明实录》那时可是很珍贵，和现在完全不一样，现在太方便了。

后来我就很少见到李先生。1964年8月我随老父去沈阳开满族史会，李师亦往，在清东陵合照一影，现今犹存。李当时身体还很好，擅长打网球，后来他去搞四清，回来之后想要打网球，刚把网球拍子拿下来，鼻子就流血中风，从此就难以工作。1976年9月9日，我与王玉哲先生去李家吊唁，李师在此前数日患病卒，年62岁。他和王玉哲先生都是河北人，又都是四中的，又都去了北大，只是王玉哲比他小一点。李光璧1914年出生。

1937年北大中文系毕业照

李为北大1937年毕业，《郑天挺先生一百一十周年诞辰纪念画册》中有一该年中文系毕业照，前排坐者右起为唐兰、魏建功、郑老、胡适、罗常培、郑奠、罗庸、何容，其中后排在罗、郑奠后站立穿白色长衫者即光璧先生。

2016年8月20日于家，与上次所记已整整两年

谈杨翼骧先生

访谈时间：2018年4月25日下午
地点：南开大学东村郑克晟先生书房
采访人：孙卫国，南开大学历史学院教授
受访人：郑克晟教授
整理者：顾少华，南开大学历史学院博士生

孙：郑先生，您好！今年七月份我们计划召开纪念杨翼骧先生诞辰一百周年学术会议，初步拟定采访南开校内八九位老先生，做一个回忆杨先生的口述系列，由我负责您的采访。

郑：杨先生与我私交很好。我知道的事情可能比别人多一点。1936年杨先生18岁时，考上北大史学系。杨先生本应在1940年毕业，但因参加抗日活动，延期两年，到1942年才毕业。

孙：杨先生的毕业论文是郑老（郑天挺先生）指导的吗？

郑：是的。我也是后来听别人说的，杨先生没跟我说过这个事。毕业后，杨先生先到重庆中央图书馆工作了一年。据我所知，在这一年里，杨先生主要从事《图书月刊》的撰稿和编辑。我印象比较深的是，杨先生写过关于当年春天中国史学会会议的报道。此外，他也写过其他文章。

孙：杨先生写的报道发表在《图书月刊》吗？

郑：是的。不过当时这类文章不署名，相当于本馆通讯，报道学术界的事。这件事我是怎么知道的呢？1998年，当时我已经退休，待在美国。有一次我通过电话联系上了吴相湘先生。吴先生跟我说，他非常感谢杨先生。因为杨先生曾在《图书月刊》上介绍过他的《清史研究初集》，所以他印象特别深，也很感激杨先生。当年年底我回国的时候，吴相湘专门写了贺年片，托我带给杨先生。回国后，我就把贺年片转交给杨先生，但他既想不起当年的事，也想不起来吴相湘了。1943年，杨先生回到西南联大当助教。1946年复员，杨先生继续留在北大史学系工作，直至1952年。

孙：您在北大读书的时候，认识杨先生吗？

郑：我听过杨先生的"外系通史"课。"外系通史"是给历史系之外的文科专业学生开设的中国通史课，由杨翼骧、商鸿逵和汪篯三位先生共同讲授。我旁听过，他们讲得都相当好。

孙：是，杨先生上课的板书也特别工整。

郑：杨先生作风正派，没怎么去过我家。所以在我1951年入学时，我们互相还都不认识。杨先生身上体现的是北大正派风气。

孙：对，那个时候的风气很正。

郑：我父亲还特意跟我讲，这就是北大正派作风。1951年10月底，包括我父亲和杨先生在内的北大部分教师到江西泰和县搞土改，次年5月才回京。1952年，院系调整，杨先生从北大调到北京政法学院，还是教历史。

孙：杨先生在离开北大前，您和他有过直接的联系吗？

郑：没有。我只听过杨先生的通史课。杨先生不认识我，我也是因为上课才知道有杨先生这样一位老师。1953年，因北京政法学院取消历史课，杨先生开始自己找工作。

孙：杨先生调离北大时，所有人事关系都调到了北京政法学院吗？

郑：是的。

孙：北京政法学院取消历史课，就等于杨先生没事做了，所以另外找工作。

郑：对。当时杨先生有两个单位可去，一个是近代史所，就是范文澜先生那儿；另一个是南开大学。那年暑假，我父亲正好在北京。杨先生来看望我父亲，表示很愿意来南开。当年11月，杨先生入职南开。杨先生来南开后，就被委任讲授中国通史的魏晋南北朝史部分。1954年5月1日，我来天津看望父亲。有一次我去历史系办公室借电话，途中遇到杨先生。他告诉我，很高兴能来南开。杨先生口才好，讲课精彩，很受学生欢迎。1963年3月，我调来南开历史系。我在明清史研究室，杨先生在中国古代史教研室。

孙：您来的时候，杨先生是不是担任历史系副主任职务？

郑：对。大概是1962年，杨先生开始当历史系副主任。

孙：郑老是系主任，副系主任还有哪几位先生？

郑：还有吴廷璆和杨生茂两位先生。

孙：杨先生具体分管什么工作？

郑：应该是偏向负责中国史。我和杨先生很谈得来，一方面是有我父亲这层关系，另一方面杨先生喜欢聊。

孙：您和杨先生聊些什么，您还有印象吗？

郑：什么事情都聊，西南联大的事、老北大的事、山东人的事，但不聊业务。另外，杨先生喜欢运动，爱打篮球和乒乓球。杨先生很大的一个优点就是平易近人，几乎和每一类的人都能聊。

孙：是的，杨先生有种亲近感。

郑：另外，杨先生有很强的行政能力，看问题也很深刻，不是一个书呆子。

孙：您了解"文革"时期杨先生的状况吗？

郑：我不太清楚。

孙：八十年代以后，您和杨先生接触的情况呢？

郑：我经常去看望杨先生。我记得有两次还专门向杨先生打听西南联大历史系的事。

孙：当时学生对杨先生的评价如何？

郑：反响很好。

1980年欢迎香港学者王德昭讲学。左起：杨翼骧、王玉哲、郑天挺、王德昭、杨志玖

孙：您对杨先生编纂《中国历史大辞典·史学史卷》的情况了解吗?

郑：这是杨先生一个很了不起的贡献。《史学史卷》实际由杨先生一人编纂。1983年,《史学史卷》出版,广受瞩目。这是《中国历史大辞典》系列推出的第一本,印刷数量也最多,第一版就印刷了8万册。

孙：关于《中国史学史资料编年》的事,杨先生向您提起过吗?

郑：没有聊过。我和杨先生见面聊天,无拘无束,嘻嘻哈哈,反而业务方面并不怎么谈。还有个事可能你们不知道。除《秦汉史纲要》外,其实杨先生有一部魏晋南北朝史讲义的书稿,当时这部书稿已经交给天津人民出版社,准备刊印,但后来不知为何没有面世。

孙：魏晋南北朝讲义书稿的事,之前我确实不知道。1984年,杨先生创立古籍所,后来让您接任古籍所所长,其间一些事情,您还记得吗?

郑：我找杨先生谈过两三次,一是主要了解情况,另一是谁当副所长,我征求杨先生的意见。

孙：关于古委会的事,杨先生跟您说起过吗?

郑：一句也没提过,因为他不参与。杨先生有老北大作风,谦虚、不张扬。

孙：您和杨先生共事多年,有过一起旅行的经历吗?

郑：我还真没和杨先生一起出去过,倒是和王玉哲、杨志玖先生一起去过北京、南方等地。

孙：也没一起出去参加过学术会议?

郑：没有。杨先生很少参加学术会议。另外,据我所知,杨先生的朋友并不太多，就天津来说，可能就是漆侠先生。漆先生也是山东人，与杨先生共同话题比较多。

孙：漆先生在西南联大和北大求学期间，是否就与杨先生关系很好了？

1974年郑克晟、傅同钦在青岛

郑：一个是高班学生，一个是年轻老师，两人年龄相近，很可能当时他们关系就不错。

孙：您了解杨先生的家庭情况吗？

郑：我太不了解。杨先生大概是1950年结婚的，在北京王府井萃华楼办的婚礼。

孙：您还记得杨先生哪些事情？

郑：我知道的，基本就是这些。总而言之，杨先生是位好老师，不张扬、谦虚、坦率。

孙：您在南开大学工作也有三十多年，您对历史系的整体印象如何？

郑：我对过去历史系的印象是"比较沉闷"。

孙：感谢您接受专访！

《学园平生》读后感

日前收到北大图书馆寄来《学园平生》一册，知系胡钟达先生女儿写其父之一生，读后颇有感触。

胡为1948年初来北大史学系之助教，与杨翼骧先生同列，比杨小一岁，为1944年武大历史系毕业，杨人楩先生之学生，解放后1950年胡与杨同为讲员[1]。

我与胡认识在1950年左右，一次府学胡同舞会，他曾来，与我二姐郑晏联系过。当时他是工会之一员，负责北大之舞会，大半也是为借舞曲唱片而来，穿着西服，操着浓重的江北人口音，据先父说，与先母乡音极相似。当时胡极客气，一口一个"郑小姐"。

1951年暑假，我考入北大史学系，发榜时，胡来府学胡同，为郑老未入中国史学会成员而不平，顺便谈及新年入学分数，认为录取分太低，说："这样的学生，如何能教好。"

1952年冬，胡先生即开始教我们世界上古史，我还是课代表，所以课后有时稍稍与他一谈，当时还有助教刘克华。胡拿出恒大烟，给我一支，又给刘一支。当时刘似乎不太抽烟，属于可抽可不抽者，我则是抽烟的，胡也知道。胡对我班卡分

---

①编者注：讲员为当时介于助教与讲师之间的职称。

紧，1953年夏给六个人不及格，有陈惠民、杨杰、魏效祖及马富民，后二人为此留了级。当时觉得魏是考古的，给他不及格似乎过严。

以后极少见到他，大半1954年时他婚后，在中关园碰到一次，当时他还有些"酸"意，见学生有点架子了。

1956年5月许，北大请了一位埃及考古专家，因听课人少，我所在之历史所让隋唐史组人都去听，大约听了若干次，纯粹属于凑数。大约是第一次，中间休息，我在窗边张望，胡忽然从后拍拍我的肩膀，两人随便说了几句。只见他穿了一身破穷西服上衣，似未打领带，略有寒酸。西服大半也是解放前做的。

后来听说他去内蒙古大学了，手下几位北大之大将都是我们的师兄及同年，如吴荣曾、陈汉时、曾尔慧、邓瑞等。1959年胡来历史所，我与曹贵林去看过他一次。

1964年暑假后，听说内大历史系撤销，胡及吴荣曾挨批。

1978年春，我们上一班1950级的韩耀宗去世，萧良琼找了不少人参加追悼会，天津的徐永上、王文定、姚义山等均去，我因当时地震后住大棚中不安全，无法去。据说那次张政烺师、胡以及时光（北大史学系1947年级）等都去了，这是一次"文革"后北大历史系师生的一次聚会，一次不小的聚会。

胡在刘贵真上学时，即追她。1980年春节左右，我去找刘，先在邻楼丁圣治处聊天，丁谓：胡来北京仍住刘处，一次见胡在刘之凉台外伸腿活动。

1984年左右，胡来南开见滕维藻校长，系中有人告诉我，我也去行政楼见了一面。当时王敦书建议胡来南开。据滕见胡之材料后说：怎么这么晚才成教授？当时胡已是内大副校长及全国政协委员了。

1986年暑假，天津师大开史学理论会，来了不少人，胡亦系其中之一。一次我去看胡，正巧在校门口见到，一齐至其屋聊了一小时多，我劝胡可以兼任教授名义先来南开，胡亦赞成。又1986年那次会期间，一次田珏、王敦书、老杜（杜经国）及胡在晚上来我家吃瓜聚会，到有吴思鸥、陈枬、刘纯杰等人。是晚下雨，胡还拿走一件雨衣。第二天下午他送来，我送他去找杨生茂先生，他还问：听说你们之教授还未上？（主要指敦书和我）后不知为何他来南开事未成功。1988年，胡以六十九岁高龄退休。

1995年5月，我班庆祝毕业四十周年会时，胡亦参加。他发言仅说：我们这一代收入低，极辛苦。后又一同午餐。1998年北大百年庆时，一些人都去看胡。

胡先生之一生亦不易。如参加复兴社，又加入地下民盟，又卖宝应之田地二十亩，其地系八路军退后卖出，故被视为"反攻倒算"。1957年底又全家至内蒙古。"文革"后，由内大副

郑克晟、傅同钦夫妇

校长，又全国政协，内蒙古政协副主席及人大副主任，1988年还入党。与杨翼骧先生比较，比后者走运多多。

2005年7月7日下午，时水管全部换好

记马大任先生

昨天（2007年5月18日）《作家文摘》载《旅美学者马大任赠书中国五万册》一文，载及马及其他华裔学者已多次将募集之图书运至大陆，已运三批，马希望将此工作长期做下去。

马1920年出生于浙江温州一书香门第，多年从事图书事业，且任过荷兰莱顿汉学图书馆馆长。记得1993年10月19日在美国哥大一学术报告会后，经唐德刚先生介绍，我曾与他一起交谈过。当时马先生谈到原燕大教授房兆楹及夫人杜联喆所存之明清史书事，说房太太自房先生走后，欲入养老院，需款七万元，但房仅有三万元，故欲将房之明清史书籍卖掉，索价三万元，问南开大学图书馆有意买否？当时我即估计南开不可能也无此力量买。次年1月回国后，与南开图书馆馆长冯承柏道及此事，冯果然当场否定。后来我看完周一良师《毕竟是书生》一书后，1994年5月20日曾写信告周先生此事。周先生回信说，房太太早即有回北大定居之意，如成，即以书赠北大。但北大不积极。现其明清史书南开既不买，必尽归哥大矣！为之扼腕（6月7日收到）。

想不到房、杜二教授在美多年教书，直至晚年却存不到能入养老院之钱，亦可伤之至。

2007年5月19日上午

1998年11月22日纽约上州罗斯福总统故居前与长子一家合影。前排左起：长媳陈弈、长孙郑瑞、孙女郑艾咪（Amy），后排左起：郑克晟、长子郑春、傅同钦

附周师来信：

克晟同志：

　　奉到大札之次日即匆匆去日本，日昨始归，迟复为歉！王承祒事误记，日后有机会当更正。李广海事则全无记忆矣，承告至感！

　　房夫人本拟定居北京，希望在北大有一栖身之地，藏书即赠北大。校方不积极，事遂不成。闻房氏夫妇藏明清史书甚富，惜南开亦无力收购，终将归哥伦比亚耳，为之扼腕！余不一一，即致

敬礼！并候

同钦同志

周一良　九四．六．四

忆马寿千兄

自1951年9月入北大，1955年9月毕业，凡四年。此四年中在班中最熟者，为杨杰、寿千、贵林等人。

过去班中人总觉得寿千家阔气，其实不然。即以茶叶而论，当时他只买一毛一两者（16两1斤），而我买一毛二分者。

寿千兄自1953年暑假由崇外上二条搬至三川柳，有里院住户（原住者）一小院及外院南屋，大半租房，可十间许。当时房租大半四至五元一间，则月收入不超过四十元。他之收入六十元，其妻四十元，一家子不过一百多元，五口之家，收入并不多。

寿千"文革"时患肝炎。1980年代以后，诸同学已不至外逛公园，最多出外一聚而已。

1995年5月，我班同学纪念毕业四十周年聚会，到约二十人。临走时徐苹芳谓他有车，可送人回城内。寿千立即应之，急忙上车，且笑而得意，并往外看，可知此时他身体已不行。1997年他屡次检查身体，后瘦不少，但精神还行。是年8月8日我去京看杨杰，于路上见到他，已瘦多矣。

1999年12月，在亚运村王云鹗家聚会，寿千身体尚可。而是年6月，为他之七十寿，聚于贵林住处楼下一饭馆。他走时，由其夫人陪，让人觉得他已身体不支。

2000年9月下旬，我与陈惠民去其家，他已不能散步，能在外走几步，已觉吃力。

2001年9月初，陈惠民七十岁生日。他打的由其女婿送来，回时在门口打车，身体问题已更严重。

2002年3月20日，我与同钦及朱忠武由颐和园沙尘暴回寿千民族大学新住处，寿千尚能在屋聊天及打电话等。

2003年8月中旬，我去民大参加王锺翰先生九十寿辰庆祝会，饭后至寿千家中小谈。其妻言其对病已少信心，但一切尚行。

2004年4月底，我们与忠武游颐和园后又去寿千民大家中。当时他坐立均吃力，尚能谈话。此后至次年1月，我即未再见过他。1月21日即仙逝矣！

2011年2月23日

我与寿千兄交游最多，去过不少平日不易去的地方。一次他带我去东四的清真寺，又一次是地震后的1977年初，我们一起去宣外的法源寺看老同学于杰兄，当时于在该寺中的地震办公室临时工作。后我们在菜市口南来顺吃饭，这饭店的名字印象极深。又一次他介绍我去雍和宫参观，当时他让我先找东城区民政局某负责人，再去雍和宫找人，批准后才能去，这也是1977年秋天的事。

寿千兄是回民，1980年代又入民革。他的群众关系好，适合作民主党派工作。一次他的老同学让他去宁夏民革任秘书长，但须把户口迁去。他老伴不同意他去，他写信问我。我们也觉得户口是个大事，劝他别去。我信写完了粘贴好，同钦还在信封后写了八个字："老马识途，千万别去。"后来北京市民革也考虑任他为秘书长，他考虑太累，也没有去。

马兄家中原藏有唐三彩俑一尊，1954年他捐给北大考古专

1985年11月3日在昆明参加第二次回族史讨论会期间于郑和家乡马哈只碑前合影。左起：郑克晟、杨志玖、马寿千

业，由阎孝慈兄经手。当时并无收据。后来他再托人询问，考古系立即开了证明。2004年4月底我最后一次去其家看他，他告诉我两件高兴的事，一是三彩俑的证明已开来，上写他父亲及他的名字；另外白寿彝先生主编，他与李松茂为副主编的《中国回回民族史》已出版。

马兄家有一明代的方桌，他们家不识，一直放在厨房，供切菜用。"文革"后该桌已甚残破，思处理。收废品的人已来多次，他也渐知其价值。一次打鼓儿的又来，他女儿在家，心想如给二百元即卖。结果最后给了八百元。他们还挺高兴。其实此桌乃是国宝，价可在百倍以上。但马对此不太在乎，认为给了国家也应该。他的大度如此。

2018年8月续写

忆萨本仁兄

近始喝本仁兄去年10月12日予我之黄山毛峰，甚好，不由想起应述其自大学后至今二人之交往。

本仁出身官宦之家，身材高大，极有风度，同学中多以富人视之，与他交往均不多。1952年三校合并后他为副班长，后为生活干事。1953年4月，我一度不喜在大食堂吃饭，请他开条转至胃病食堂（在才、德斋之间，原燕大第二食堂），他说："你胃病又犯了。"当时他见我瘦，以为我胃有病。同年，他负责发放困难同学生活费，大俞（俞景海）说："你这次发财了。"他指着不过数十元之钞票说："这钱还不够我一月花的呢！"又一次在西校门门口，时已晚自习后，他还骑他捷克车至一小铺问："还有酸梅汤吗？"1954年春节前，我去大栅栏东口南一地买茶叶，他亦去，在门框胡同遇见，我正吃豆腐脑，后面一人亦问："还有豆腐脑吧？"一看正是他。不久我去田达（田达存）家，见摇头（郑成通）、李华强、小鬼（陈汉时）正在。田之父一脑门子官司，田母正做饭。我见情况不妙，乃借口即走，至西单商场北一胡同中找他，在他处吃饭。他家有其母、其嫂（上海人），均相当客气，此为大学中仅一次之拜访。

毕业时团支部开会，认为他租房予人，有剥削，给其处分

（似警告之类），于是分配至包头一中。他几十年尚能安心工作，搞得关系还行。

1966年春节，他们全家来津看望其姐姐，住城里。当时我未在家，老先生接待他们，后来郑老告我说：其妻子长得极显老，似幼时生活困难。次日（正月初三）我去其姐家看他们，俩小孩在炕上站立玩，他们正吃合子（天津风俗），我未吃，且约他来我处吃饭。当时我正住北村8楼2号，由半日老太太做饭。当时诸同学及傅同钦均去四清，庄子（马子庄）、纯杰回家过年，只他及我二人食之，状显凄凉。不久即"文革"开始矣，我们又于1970年至1973年下放小张庄。此次印象深者，即萨携来耳朵眼炸糕若干个。他的住处即在耳朵眼附近，当时此炸糕在市区尚无分号，故我们虽然在津多年，却未尝过。郑老先生1952年即来津，到这时已十四年，也未吃过。此次尝之，亦认为极好，以为是照顾熟人，特别做者。后来一问，并非如此。当时每枚价九分，后来"文革"开始，每枚降为七分，质量大减。

1976年唐山地震后，天津波及得很厉害。当时他忽来信，愿由宁夏大学调河北大学，我为此找漆侠先生，漆又找另一世界史老师。这位世界史老师特在1977年寒假中来我处，告去河大为不可能，此事遂寝。

1978年3月末，我已搬至幼儿园对面大蓬中，他来访我，并住我处两天。当时大蓬中极冷，我们聊了半夜，感到他极会来事，对人亦和蔼。次日，我约义德、纯杰、小白（白淑英）、庄子共六人（敦书、同钦未在津），在周家食堂吃饭，要了七菜一拼一汤，共食不及二十元。他认为极便宜，挺好。

1982年夏天，他与其子（当时已北大考古毕业，正分配厦大）来津，只见见面，他们即走。未二年他之女儿来南开进修，住我处数日，后改住单身宿舍。

1992年11月，我与寿千、贵林去汕大开翁万达讨论会，他约我们去其家吃饭，欢乐异常，并在校园里照几张照片。

1994年9月，他又来天津。当时我们在天津众人约其在招待所餐厅吃饭，每人三十元标准，后来他寄二百元来，让买月饼几盒分发，我们乃改去一自助餐厅吃，每人二十多元，极热闹。有敦书、庄子、纯杰及彼等夫人，小白等。1995年5月中旬在北大聚会，庆毕业四十周年，全班凡二十人参加，陈惠民主持。萨亦由汕头来京，乘坐硬卧车。原来他拿出五百元，拟赞助李华强来京参加聚会。陈见他节约如此，乃将五百元退还他，李华强路费全由苏天钧项目经费承担。这次住北大两天，我与钦一屋，子庄兄嫂一屋，萨、李一屋，白、田一屋。其后一天，诸人又聚于东四回民食堂，专吃北京小吃。

2000年9月，他又来津，我正不在家，他们一齐聚于爱大会馆，他要了一条清蒸桂鱼。次日我回来，还去体院北找他，他那里有一宁大老同事，有房可住。

2002年春，陈惠民生病，我与同钦于4月中曾去看望。5月初，同钦与我又去京，当日即去看陈惠民。陈告萨夫妇亦在彼，于是诸人见面。看望陈后，我们与萨夫妇又打的去贵林家看望。时已晚饭过后，萨只好在彼处吃方便面。我等未吃，回到民盟中央翠园招待所后才买饼干一袋食之。

他退休后，出书极多，《萨镇冰传》、《丘吉尔》、《史学论文集》等，每次均寄我，我亦必回信谢之。

去年10月12日，他与夫人经包头、北京，又来我处，我们约他在专家楼吃饭。此处菜量小而不精，深觉惭愧。是日又谈

郑天挺与郑克晟

郑克晟与台湾学者王汎森在胡适墓园胡适铜像前合影

许多往事，敦书亦在，极快慰。

不久我住院做白内障，忽闻敦书言，他24日突然去世，我极感震惊。今年春节其夫人电话中，言其为遗传性血脂高，故一下即走，可慨之至。

2011年5月5日于东村42号凡用1小时写，2018年8月补充

忆邓瑞兄

我四年级时（1954—1955）与邓瑞兄同住一屋，凡一年。当时他是生活干事，对我和曹屏关怀备至。

当时我与曹怕感冒，故少开窗，而邓爱清洁，喜锻炼，嫌屋中不通空气，坚持要开个缝通风，常为此事争执。

1955年春节，我很少回校。当时食堂不要钱，不在校吃饭还可以退款。我回校后，他主动把饭钱给我退了，虽不多，总有数元之多，已经不算少了。当时月饭钱为十二元五角元，伙食并不好。

毕业后邓瑞至郑州，很少联系。1956年春，我听邹云涛（其夫为中山大学历史系副主任金应熙）说，他已去中大。未久又闻他已回北大，做其父邓之诚之研究生。

1957年5月初，一次去北大礼堂听日本考古学家原田淑人报告，曾见到他。他畏畏缩缩，似乎不好意思，也没说什么话。

见他最多的是1963年至1964年他来南开进修史学史的时候。这时我已来南开，在明清史研究室。他常去资料室，两室就在隔壁，所以见面机会多，加之当时老父在北京标点《明史》，很少回家。他及（王）敦书多常来家热闹，但他却客气，不在家吃饭。

1964年暑假后，听说内蒙古大学历史系撤销，他被分至内蒙古一旗中工作。他放弃此职，到中华书局做些打工之事，收入既少，很不得意。随后即"文革"，他被遣回南京附近农村，得到刘瑜之少量援助。

　　1977年同钦去南京大学见到刘，知刘与他已结婚，当时他还在内大劳动，待遇极低。后来才听说他已回南大，并任教师。

　　他回南大后，我去过南大三次，都蒙他热情接待。第一次在1983年11月，我由无锡参加明史会后去南京，承蒙他介绍住在留学生宿舍。他除陪我去中山陵、明孝陵外，还在中山陵吃了一餐，一起照了相，特别是晚上9点多还乘公交车送我至车站。

　　第二次是1992年4月，我去南京师范大学开会，他们二人与我联系极多，还一起去西流湾周佛海旧居参观，当晚他还送我到车站，殷殷惜别。

　　第三次是1999年11月，我由扬州大学参加博士生毕业答辩后到南大，那天没住，只在校园转转，当晚两人送我到车站，也是坐公交车，分别时也有9点了。

　　1997年8月他来参加杨翼骧先生八十寿辰祝寿会。我正去长春开明史研讨会未会到。

　　最后一次见面是2005年4月底，我们同学庆毕业五十年，那次到的人少，在晚上吃饭前他谈到毕业后几十年之经历，他谈到当时不喜做北大研究生就又回中大，1958年被下放汕头师专等事，一人说到有近一小时。大家都挺痛快。当时他与刘已离婚，还有他与历史系某资料员之艳闻。那人利用他代写文字，以备升职，一旦职称解决，就抛开不管。他回南京后给我们寄来照片，还有一首诗：

克晟、同钦二位伉俪、学长：
    在京相会，不胜欢欣，只感时光匆匆，又待他日相会。
    今谨将照片数帧寄上，以为纪念。
    写一小诗，敬请指正：
        北大毕业五十周年有感
    竹径花香似从前，莺啼燕语柳如烟。
    （俄文楼附近）
    塔影湖光澄波碧，细数东风五十年。

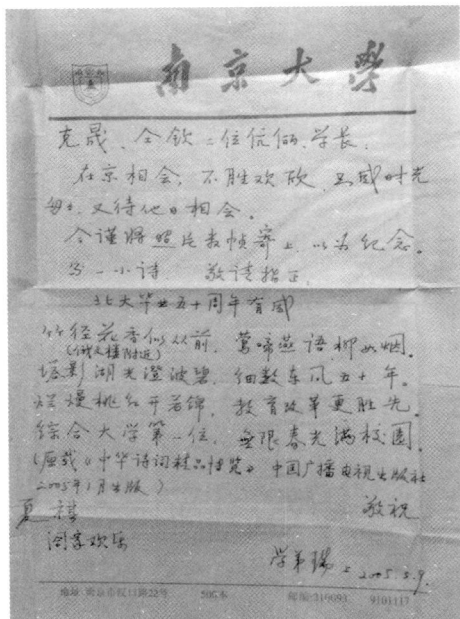

2005年5月9日邓瑞致郑克晟函

烂漫桃红开若锦，教育改革更胜先。

综合大学第一位，无限春光满校园。

（原载《中华诗词精品博览》，中国广播电视出版社 2005年1月出版）

夏祺　　　　　　　　　　　　　　　　敬祝

　　阖家欢乐

学弟　瑞上　2005.5.9

2005年5月在南京。左起：顾颖、刘瑜、傅同钦、龚小峰、郑克晟、邓瑞，傅同钦所抱小孩为孙子郑中霖，站立小孩为顾颖龚小峰之子顾也天

　　去年即闻他10月1日在京去世，总思写文怀念之。今上午查阅1983年、1992年、1999年诸年日记，乃感到他为人之正直、热情。

　　他为人不夸张，古文底子可以，说在燕大史学系一年级时，老师测古文程度，他很快即点完交卷。原因是小时候在山西学过古文之故。他之学史学史极合适。

2011年4月1日

忆冯承柏先生

冯承柏先生走了半年多了，提起笔来回顾五十多年来与他的交谊，点点滴滴，历历在目。第一次认识他的情形还印在我的脑子里，虽是半个多世纪前的事情，但恍若昨日才发生的。1956年岁末，我从北京来南开探望父亲郑天挺先生。为了庆贺新年，承柏的父亲冯文潜教授设家宴款待我们，席间还有一位中年妇女以及正在南开历史系读书的云南大学校长李广田先生的女儿李岫。那天，在他们家第一次见到了承柏，他的热情给了我很深的印象。从此以后，我们就慢慢开始了交往。

我们的父辈就是好朋友。抗战期间，冯文潜教授和郑天挺先生都在西南联大教书。当时大多数教授都是独自一人，家属都不在身边，相互往来很频繁。冯老与郑老住地很近，过从甚密，几乎每天见面。冯老留学欧、美十一年，学识渊博，见解独到，对国内外形势的分析很深邃，很博得郑先生的赞赏。1946年，西南联大解散，北大、清华、南开各自复校，冯老回南开任文学院院长，郑先生回北大，仍任秘书长及史学系主任。1949年，新中国成立，各方面的形势都发生了变化。1952年，高校教师先经过思想改造运动，然后按照苏联模式，全国高校进行院系大调整。教师也进行了很大的变动，郑先生调至南开大学，任历史系系主任。这样，郑老与冯老又可以经常见面了。我母亲去世很早，我们子女四人又都在北京，郑先生仍和西南联大时一样，是只身一人来津的。当时南开住房条件极差，郑先生住在杨石先校长家内一间十七平米的房子里。自己无法开火做饭，只能去职工食堂吃饭，有时开会晚了，还有无饭无菜的时候，生活十分不便。冯老就经常邀郑先生去他家里吃饭。

1955年，我在北大毕业，分配到中国科学院历史所（今属中国社科院）工作，每逢假日都要来南开看望父亲。冯老夫妇知道后，亦必设宴招待，一起热闹热闹，聊聊天，很是开心。每次承柏都相当热情，与他很聊得来，我们也就越来越熟悉起来了。

为了照顾父亲，1963年初，我和妻子傅同钦都调到南开历史系。不久，承柏兄亦来本系工作。我在明清史研究室，他在美国史研究室（1964年后）。当时是坐班制，我们每天都去办公室上班。这样几乎每天都可以与他见面了。每逢课间休息，我们一起打打乒乓球。下班后，经常一起去工会打球、玩扑克、聊天，其乐融融。不久，"文革"开始了，这样的氛围就被打破了。

"文革"初期，因为众所周知的原因，承柏与我都分在了"中间组"。中间者，即介于革命群众与"牛鬼蛇神"之间。"中间组"的组长是个不到五十岁的老教授，一位好好先生，什么也不管。副组长是位"钦定"的"又红又专"的中年教师，他虽不时用"左"的一套吼吼人，但也为时不长，形势就变了。

到了1966年10月中旬后，"中间组"的人也有某种逍遥。因为当时红卫兵不管，革命群众也不管，我们倒也有某些自在。承柏和我也可以到校外看看大字报，甚至骑车到外面跑跑，有时去塘沽，还有一次甚至要去北京。记得那次去北京，是承柏、刘泽华和我三人准备骑车进京。骑到蔡村时，突然刮起了风。风很大，我们逆风而行，非常艰难。当时，承柏的身体很好，无所谓。我和泽华则主张不去了，承柏听从我们的意见，也就与我们一起打道回府了。后来大家又一起去过王庆坨、胜芳等地。在那个如火如荼的岁月里，我们倒也寻得几分自在、几分逍遥，也算是苦中寻乐吧。当时承柏身体很好，1969年他由河北完县骑车回天津办事，来回三天，行六七百里，一点没事，还受到了工宣队的表扬。

我和承柏的专业不同，但他对我的帮助很大。1981年，我给研究生开了一门明代土地制度的选修课，主要是讲明代的庄田。我把提纲给他看，向他请教。提纲中列有明代的官田与民田、明代的庄田引发的赋役关系及阶级关系的变化、明代庄田的特点及经营方式等等内容。他看完想了想说："应当加上明代庄田制与西方庄园制比较一题。因学生学世界史时，对西方庄园制多有所了解，而对明代的庄田却了解甚少，如能分析二者异同，就更好了。"他还向我讲述了西方庄园制的特点和他的看法，使我受益匪浅。1986年，我去荷兰参加莱顿大学汉学研究院召开的17世纪东西方贸易交流的学术讨论会，写了一篇郑成功海上贸易的文章，会议要求一篇英文论文摘要，而我的英文不行，只好向他求助。当时他很忙，我不便更有他求，只说请他弄个一两千字的英文提要就行了。不料他却利用一个周日的时间，帮我把文章译成一篇五六千字的详细的英文节录，因稿子字迹十分整洁清楚，我都未打印，就把它复印几十份，寄给大会会务组了。他这种助人为乐、急人所急的精神，使我万分感激和钦佩。

承柏对人对事一向热情。1980年，傅同钦由历史系古代史组转入并筹办新成立的博物馆专业。承柏原本对博物馆学很有兴趣，不久，承柏从家中寻出几十本有关博物馆学方面的专业书，供她教学之用。

承柏为人聪明，学习刻苦，研究用心，分析能力强，看问题有独到见解。1981年至1983年，他去美国进修美国史，收获极大。但回国后，他却说：美国的美国史资料那么多，研究的问题又那么细，看来在国内研究美国史是相当困难的。不久，他就转到了博物馆专业去了。我觉得他的说法有道理，但也为他中途遽然"改行"感到惋惜。

1989年6月南开大学博物馆专业硕士研究生毕业答辩后合影。前排为学生，左起：王晖、吴卫国（吴十洲）、胡妍妍、胡健，后排为老师，左起：朱凤瀚、郑克晟、王敦书、史树青、冯承柏、傅同钦、黄春雨

1993年9月10日庆贺王玉哲八十寿辰，郑克晟与
王玉哲合影

　　承柏的行政能力亦强。不论是在历史系、社会学系、教务
处、校图书馆等单位的领导岗位上，他都干劲十足，忘我工
作，得到大家拥护，也赢得了大家的尊敬。可惜他最近这些
年，身体欠安，使他的才华未能得到很好的发挥。

　　承柏离开我们半年多了，他对人热情，对工作一丝不苟的
精神，永远是我们学习的榜样。

2007年9月

　　（原载冯承柏教授纪念集编委会编《春思秋怀忆故人：
冯承柏教授纪念集》，南开大学出版社2008年10月版）

第三辑　朝花夕拾

治史五十年，弹指一挥间

近日接校史办信函，邀请我写篇学术自述，为八十五周年校庆献礼。我原本成就不多，没有多少可写，但考虑到自己的学术生涯大部分是在南开度过的，从1963年初调入南开以来，就一直在南开园生活、学习、工作，迄今已是四十余年，南开的每一块土地上几乎都有我的足迹，能为校庆做点儿事情，感到很高兴。于是就草拟了这篇自述，一则表达我对南开的多年情感，二则对自己五十余年来的学术生涯做个小结。

一、生平与学术经历

1931年9月，我出生于北京，祖籍福建长乐。祖父郑叔忱为清末科举时代的一士人，光绪十六年（1890年）进士出身，任职于翰林院，后在京师大学堂（北京大学前身）做过短时间的教务提调（教务长），1905年病逝，时年四十二岁。当时父亲郑天挺才六岁，次年祖母陆嘉坤又病逝，父亲成了孤儿，在亲戚的抚养下长大成人，由此父亲养成了一种勤奋好学、自强自立的精神。1920年父亲毕业于北京大学，后又为北大研究所国学门研究生。父亲先后在厦门大学、北京大学、西南联大等校任教。我五岁时，母亲病逝，次年父亲独自去了南方。我也是由亲戚照看而长大成人，但父亲那种自强自立的精神对我影响很大。抗战期间，父亲在西南联大任教，我读小学，当时对国际形势就非常有兴趣。在北京四中读中学期间，十分爱好历史、地理。抗战后，父亲回到北京，但他很开明，加上教学与行政事务非常忙，对我们几乎不管，随我们按照自己的兴趣发展。

1951年我考入北京大学历史系。当时北大还在城里，自由民主的风气很浓厚，教师们都有自己的独立见解，由此使我认识到学术应该有个性、有独创的精神。1952年院系调整，尽管此后北大因为教师思想改造及教改全面学习苏联，教学质量受到一些影响，但由于老教师众多，他们诸多的知识及诸多独到的见解，还是引发了我对中国古代史的兴趣。当时张政烺（苑峰，1912—2005）师教先秦史，余逊（让之，1905—1974）师教秦汉魏晋南北朝史，邓广铭（恭三，1907—1998）师教隋唐五代

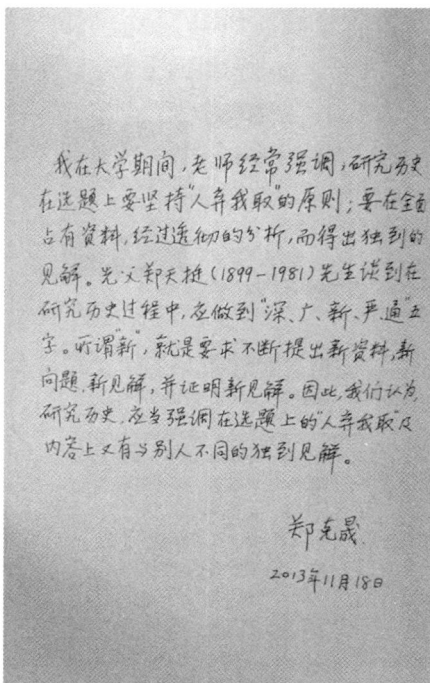

我在大学期间，老师经常强调，研究历史在选题上要坚持"人弃我取"的原则；要在全面占有资料，经过透彻的分析，而得出独到的见解。先父郑天挺（1899—1981）先生说到在研究历史过程中，应做到深、广、新、严四字。所谓新，就是要求不断提出新资料、新问题、新见解，并证明新见解。因此，我们认为研究历史，应当强调在选题上的"人弃我取"及内容上又有与别人不同的独到见解。

郑克晟
2013年11月18日

郑克晟治学原则手迹

宋辽金元史，邵循正（心恒，1909—1972）师教元明清史，向达（觉明，1900—1966）师教史料学等等，对我启发非常大。而向达师治学推崇的"人弃我取"的原则，当时就觉得是至理名言，由此就成为我一生治学的座右铭。在思想改造的同时，国家大力提倡学习马列主义，我尽管不太喜欢集体学马列的形式，但还是认真读了些马克思、恩格斯的经典原著，这对于我的理论思维很有帮助。

1955年毕业以后，我被分配至中国科学院历史研究所（现属中国社会科学院）工作。最开始时，跟随谭其骧先生研究隋唐历史地理，但半年后谭先生调往上海，我自动转到明清史组。当时组长是白寿彝先生，副组长是王毓铨先生。我与曹贵林、傅同钦、张兆麟在王毓铨先生指导下研究明代土地制度史。当时领导很开明，又见我们基础差、看书少，因而尽量让我们多读书。王先生1936年北大毕业，随即在南开大学经济研究所念研究生，1938年赴美国哥伦比亚大学读书，获历史学硕士学位，1950年回国。在王先生的指导下，我第一次通读五百册《明实录》（"梁本"），围绕着明代土地制度史的研究，广泛抄录这方面的资料卡片。从1956年到1960年前后用了四年半的时间，才将《明实录》读完，这样我才得以初涉史籍。尽管积累了不少卡片，对明代诸如庄田和庄田制度等相关的问题有了一些认识，但写论文尚觉资料不足。领导也没有硬性规定我们每年必须发表多少篇论文的任务，反而告诫我们不要轻易写文章，治学必须严谨扎实，文章必须有独立见解，不要人云亦云。而北大的风范原本就是厚积薄发，这样我就更加不敢随便写文章了。

20世纪60年代初，我参加郭沫若《中国史稿》的编写，只因这是当时的任务，因而我写了明代对外关系和清代对外关系的部分。1961年5月，为了纪念郑成功收复台湾三百周年，历史所领导推荐我给《大公报》写篇稿子，这样才写了篇《民族英雄郑成功——写在他收复台湾三百周年》的小文章，刊在《大公报》1961年5月21日上，算是我公开发表的第一篇文章。当年我三十岁。因为这个契机，我才陆续写了几篇关于郑成功的文章，而比较重要的一篇是《光明日报》1963年6月5日发表的《郑成功的海上贸易与军费来源》。至于有关其他问题的文章，也不敢写，总觉得不成熟，理论上也怕犯错误。

1963年初，为了照顾孤身的父亲，我和爱人傅同钦调来南开大学。父亲是1952年院系调整时，由北大史学系主任的任上，调任南开大学历史系主任。我被安排在历史系明清史研究室，主要工作是校勘《明史》，包括本校与他校。南开明清史研究室早已答应承担《明史》的点校工作，其标点原由林树惠、朱鼎荣、傅贵九三位先生承担初点，再由父亲全面复核改正。后来我和汤纲、王鸿江同志也参加了部分工作。但由于父亲事情太多，很难分神专心点校，其他各史的点校情况，并多类似，因此中华书局有将各地专家集中该局，全力以赴，争取尽快完成"二十四史"点校工作之想。于是父亲于1963年9月底，居住在中华书局西北楼招待所，专心从事《明史》点校工作。

但当时以政治学习为主、业务研究为副，在这种形势下，我除参加《明史》点校工作外，什么也干不成了。"文化大革命"开始，1966年6月8日，父亲离开中华书局，奉命回校参加"文化大革命"。回校后他即被关进"牛棚"，失去自由，精神上也遭受折磨。我们全家也受牵连，我更无心学术研究了。

1969年全家下放到天津西郊王稳庄公社插队落户，一晃就是四年，直到1973年8月初才又回到了南开历史系。随后又参加了《明史》点校后的三校审阅工作近半年。

"文化大革命"结束后的20世纪70年代末，我才再重整旧业，开始系统地进行学术研究。1977年查看原先所做的卡片，看到"梁本"《明实录》有一条关于明代皇庄的材料，但不完整；随后在中国科学院图书馆看到台湾整理本《明实录》，对这条有关皇庄与勋贵庄田斗争的事实有完整的记载，激发起研究明代皇庄的兴趣，于是又系统地读了一遍《明实录》，补充了许多材料，然后就明代皇庄、太监庄田、勋贵庄田、公主庄田一系列问题进行了研究，进而触及皇店的问题。由庄田问题，我发现其主人都是与皇室有关的一批政治势力，在政治、经济上他们有共同的利益和相似的立场，是明代北方地主的重要势力。

随后在先父郑天挺的启发下，我又注意到江南地主在政治上与明王朝的关系。他曾对我说，1938年开始在西南联大历史系讲授明清史时，就曾注意到明初许多江南文人对元朝异常怀念，并举宋濂等许多材料为例，提出他自己的一些看法。他的这番话引起我极大的兴趣，后来我读到钱穆先生《读明初开国诸臣诗文集》①的文章，亦有类似的看法。我联想起陈寅恪先生在《唐代政治史述论稿》中所述北朝以来统治集团分为山东士族与关陇士族集团之区别，决心遵循他指引的门径进行初步钻研，开始探索明初江南士绅集团及北方地主集团兴衰的过程。随后在给南开大学、兰州大学历史系研究生授课中，逐步完善我的观点，比较系统地加以发挥。

---

① 刊于《新亚学报》第6卷第2期，1964年。

1985年我写成《明初江南地主的衰落与北方地主的兴起》一文，提交由香港大学主办的国际明清史研讨会，在会上颇获好评。后来根据这一线索，将明代的许多重要问题，诸如明初江南士人对元朝的怀念、明代苏松重赋问题、建文政权与江南士人的关系、明成祖迁都北京、明中叶以后遏制庄田的问题、万历北方推广水稻的问题、对西来耶稣会士的态度、南明福王政权的短暂等一系列问题，进行了论证和阐说。1988年12月，由天津古籍出版社出版了《明代政争探源》一书。此书出版后，在国内外学术界引起一定的反响，《中国史研究》、《中国社会经济史研究》、《广东社会科学》等国内史学刊物都发表书评，给予本书以相当高的评价；日本明清史研究资深教授山根幸夫先生特在《东洋学报》发表长篇书评，予以推介。咸认为这是一部将明代政治史与经济史结合起来进行研究的一种很好的尝试的著作，"它的问世，必将推动对明代南北经济差异、地主经济与地主集团关系的进一步探究，具有开拓之功"①，是一部具有较高的理论深度和学术深度的著作。2014年8月，该书被故宫出版社列入"明清史学术文库"再版。

　　此后，继续沿着这样的学术路数，利用赴美国、荷兰等国及国内各地参加学术会议的机会，写出了一系列论文。2001年11月，由中国社会科学出版社出版了论文集《明清史探实》，从已发表的八十余篇论文中，精选二十三篇，结集而成，在学术界亦产生了一定的影响。

---

① 杨国桢、陈支平：《明清经济史与政治史渗透研究的新成果——评介〈明清史辨析〉、〈明代政争探源〉》，《中国社会经济史研究》1990年第3期。

此外，我曾参与郑天挺先生主编的《明清史资料》（上、下）（天津人民出版社，1980—1981年）、陈高华等先生编的《中国古代史史料学》（北京出版社1983年版；天津古籍出版社修订本2006年版；中华书局2016年第三版）、郑天挺先生主编的《清史》（上编）（天津人民出版社，1989年版、2011年版）等著作的编写。1989年我担任南开大学古籍所所长，主持了有两千余万字的《清文海》（国家图书馆出版社2011年版）的编纂与整理工作。这些著作皆有一定的影响。

二、学术思想与治学理路

我的专业是中国古代史，而研究方向是明清史。虽是断代史研究，但我以为必须对中国古代史有通盘的了解，具备了宽厚的基础，才能深入了解明清史的问题。而历史研究离不开理论思维，理论并不只是空洞的方向指导，其实更重要的是提供我们考虑问题的视角，提高我们分析问题与解决问题的能力。马克思历史唯物主义与辩证唯物主义强调经济基础决定上层建筑，我在《明代政争探源》一书中，把经济史与政治史结合起来研究，其实是受到了马克思主义这一原理的启发，并将这一原理在明史研究中加以具体运用。

明代政治斗争十分激烈，以往的史家多从政治制度的演变入手，而较少从经济因素上去寻求它们之间的联系。我觉得要真正深入了解明代政争的内在实质和明代政治史的特点，必须将经济与政治因素联系起来，把有明一代看作一个长时段，进行整体思考。《明代政争探源》先从明初江南士大夫对元、明两个王朝的不同态度入手，指出从明朝建立之初，朱明政权与江南地主集团之间就存在着深刻的矛盾，而矛盾的根源在于南北两个地主集团之间经济利益的冲突，在政治舞台上表现为尖锐的政见和权力之争。"把元明以来江南地主和北方地主的势力消长作为明代政治斗争的深层主线，从而把明代的政治斗争与经济利益有机地结合在一起，对明代政务（政争）做出了新的解释，理出了明代地主经济南北差异影响南北地主集团政见的发展变化脉络"①。而这种南北地主的利益之争，贯穿整个明代，在明代一些重要的政治事件中都有体现，进而梳理了明代一朝的政治与经济史。"这种从具体的历史事实出发，在社会经济条件和不同社会集团之间的物质利益冲突中，寻找政治斗争的根源，又通过经济因素与王朝政策的互动关系，揭示政治斗争实质的研究方法，是将历史唯物主义的基本原理，具体运用于传统中国社会历史研究的一种富于建设性的尝试。"②

《明代政争探源》将元末到清初这三百多年的历史作为一个时段进行整体考察，努力探求事件背后的根源与结构性的原因。书中揭示，南北地主的斗争总是左右着明代一朝的政治斗争，而之所以形成南北地主的斗争，与朱元璋的立国密切相关。江南地主在元朝享有宽松的环境，张士诚占据江南时期又颇受照顾，故而一开始就对与元朝和张士诚为敌的朱元璋采取

①杨国桢、陈支平:《明清经济史与政治史渗透研究的新成果——评介〈明清史辨析〉、〈明代政争探源〉》,《中国社会经济史研究》1990年第3期。

②刘志伟、陈春声:《揭示传统中国政治斗争的经济和文化内涵——读〈明代政争探源〉》,《广东社会科学》1992年第2期。

冷漠的态度。明朝建立后，朱元璋以重赋从经济上压榨，以大狱从政治上迫害，江南地主备受摧残。永乐帝迁都北京后，又极力培植以勋贵、宦官、皇室为中心的北方地主集团，以对抗和控制在文化上、经济上都有先天优势的江南地主集团，由此演绎着明代的政治斗争史。这一解释自成体系，与众不同，论证深入，因而受到海内外学术界的广泛好评。

关于明代的南、北地主集团，具体而言，北方地主集团，实际是以朱明政权的皇室、勋戚、太监、官僚等人组成的，这是永乐迁都北京以后逐步发展扩大而形成的，其经济利益直接依赖于身份和特权，其庄田基本上都是运用政治权力以及超经济手段获得的。北方地主实际上是依托皇权而衍生出来的一个利益集团。维护北方地主的利益，正是维护皇权的威严。而江南地主集团，一部分是指苏州、松江、常州、杭州、嘉兴、湖州地区的地主及其所属的士人、官吏，另一部分则是指东南沿海地区（包括江、浙、闽、广）兼营私人海上贸易的地主。与北方地主相比，江南地主在政治上的代表人物主要是通过科举的道路得以上升的，因而较多地认同于传统士大夫的政治理想和道德规范，整个社会集团的行为规范相对来说表现出较强的经济性和社会理性。江南士绅是江南地主的代言人，由于士绅集团也要寻求一定的生存发展空间，势必与皇权的严密控制发生冲突，这样就会引发各种政治事件和政治斗争。但划分江南地主与北方地主的标准，并非只是地域的原因，政治与经济利益才是区分的根本，而且这种区分并非一成不变。随着利益的分配，集团内部也会出现分化。永乐以后，这种情况非常普遍，"一部分则参加了明政权，并得到皇帝的宠幸；一部分江西的士大夫，出于他们的利益所在，隶属于江南地主集团，不时与代表北方地主利益的明朝统治者发生冲突"①，因而明代南北地主的斗争实际上是皇权与士绅权力的斗争。有了理论武器，才使我有这样全局的眼光。

同时，历史研究必须具备扎实的功底，要全面掌握基本的史料。我在三十岁以前，看书太少，一直未敢写文章，真正系统的学术研究是在年近五十岁以后。这当然是时代造成的，接二连三的政治运动，耽误了不少大好光阴，但客观上也为我后来的研究打下了深厚的基础。我全面系统地读了两遍《明实录》，抄了数千张卡片，并广泛涉猎了明清相关史籍。而对于庄田一类题的研究，我在20世纪50年代末就注意到了，直到20世纪80年代才写成文章。因之研究必须持之以恒，锲而不舍。学术研究必须具备相关广泛的知识，掌握相关的研究方法，在我的一些论文中，也有所体现。

《明清史探实》收录论文凡二十三篇，分成四组。第一组收录六篇论文，时间跨度从元末明初到明末清初，主要探讨明代重赋与政治的关系、明初江南地主的衰落与北方地主的兴起，以及南北党争在明末清初的反映。第二组论文以人物和事件为中心，主要探讨嘉、万以后的人物与政治的关系，选取的都是一些关键但研究不多的人物，如明武宗、王阳明、翁万达、袁时中、袁崇焕等等。第三组集中讨论郑成功和多尔衮。第四组则是与明清史学相关的论述，若谈迁的史学、屈大均的《广东新语》和朝鲜朴趾源的《热河日记》以及明人对明朝超越前代说的认识。这组看似史学史的论文，实际上是以明清人的观察来研究当时的政治、历史，亦不失为一种研究视角。每

---

① 《明代赣西重赋与江西士大夫》，见《明清史探实》，第102页。

个人都是时代的产物，以当时人的观察考察当时的历史，还历史以本来面目，也是政治史研究的一个重要层面。最后是一篇讨论郑成功海上扩张与清初海禁关系的英文论文。这几组论文看似没有多大关系，其实皆是关涉明清政治史的问题，与我多年的研究体系密切相关。可以说第一组论文是《明代政争探源》的纲要和进一步的具体阐述，而其他几组论文则是从属于第一组的研究，是一些具体微观的探讨，也与我关注的问题密切相关。

第一组中有两篇论文是讨论重赋问题的，这实际上是回答明代南北地主斗争的渊源问题。明代江南重赋是明史研究的一个重大而长期引人注意的问题，历来众说纷纭。我对明代重赋问题的研究则不限于江南一地。《明代重赋出于政治原因说》、《明代赣西重赋与江西士大夫》两文，通盘考察了明初江南、赣西、宁州、怀庆府、湖广等地区的重赋情况，这些地区既有南方的，也有北方的；既有经济发达地区，也有经济相当落后甚至贫瘠的地区。因此我认为，仅从经济上来考察不足以说明重赋的根本原因，在我看来，所有的重赋地区都有一共性：这些地区都曾是朱元璋敌对势力控制的地区，江南是张士诚的占领区，赣西、湖广属于陈友谅，宁州属于李思齐，怀庆府则是元末扩廓铁木儿的占领区，皆是曾阻碍或与朱元璋争夺过天下的地区。朱元璋出于惩罚敌对势力的政治原因，在立国后就以重赋惩处那些地区的士绅，由此酿成了整个明代的重赋政策，而这种重赋政策正是明代皇帝打击江南地主的经济手段。我觉得在研究方法上，对重赋问题的研究做了一个很好的示范：不仅在时间上要有长时段的观念，而且在地理上也要有全方位的眼光，放眼全局，求同存异，最终抓住问题的根本。

我在研究中，并不满足于单个事件的简单性、描述性的研究，而是围绕着一个中心问题，进行多层面的多角度的深入研究。大的方面，正如前面论及的明清政治史体系的创立与研究，个案则如郑成功和多尔衮，是我长期以来一直研究的课题。我关于郑成功的研究论文发表七篇，而关于多尔衮的论文发表五篇，对明清之际的这两个重要历史人物做了多方面的探讨。

我觉得看史料不能满足于史料表层的意义，必须仔细认真，要看到问题的实质。《探实》中收录《翁万达与王阳明》一文，可以说是我读书选题的一个典型个案。《明史·翁万达传》中所载翁"好谈性命之学"，且与欧阳德、罗洪先等王阳明的弟子友善，《国榷》中田汝成引过一段翁万达的话："新建（王阳明）之将薨也，予适侍侧，言田州非我本心，后世谁谅我者。"① 这两处发现引起了我研究的兴趣，通过搜寻地方志以及翁万达同时代一些人的文集，推知翁万达竟是王阳明的弟子。这是任何人都未曾注意的问题，这不仅对于研究翁万达的生平、思想相当重要，而且对于了解王阳明思想的传播和在当时的影响都很有意义。这样不仅对翁万达的研究，而且对明中叶政治、思想史的研究都是一种推进。

研究历史既要有理论思维，又要善于考证，因为考证是实证史学的基本方法，也是中国传统学问的根本。我常常采用考证方法，但这种考证并非为考证而考证，而应在考证基础之上来说明更为重要的规律性的问题，把考证与义理进行结合，才

---

① 《国榷》卷54，北京：古籍出版社1958年版，第3379页。

算得上考证的精核。《翁万达与王阳明》一文就是通过考证翁万达为王阳明的弟子，来说明翁万达的思想渊源、王学的传播和影响，是考证与义理相结合的典范。《关于〈台湾外记〉的作者江日昇》一文，运用了内证、外证相互结合的办法，考证江日昇的籍贯应为同安县以及《台湾外记》成书于康熙二十二年（1682）至雍正十二年（1734）间，也是一次较成功的尝试。

郑克晟《明清政争与人物探实》，中华书局2021年5月版

　　总之，我认为历史学研究必须有理论修养，同时要有全局而系统的眼光；具备深厚的知识背景，掌握系统而全面的史料；掌握各种研究方法，尤其要娴熟掌握历史考证法；读书要仔细，要透过史料的表层，看到历史的实质；同时要有联系的观点，以追求创新为目标，加上持之以恒的数力，就一定能做出一番成就。

　　（原载《南开学人自述》第二卷，南开大学出版社2004年12月版）

难忘的一九四五年

我生于1931年9月，属羊，生下来四天，即发生了"九一八事变"，日军侵占了东三省，所以父亲（郑天挺，字毅生，1899—1981）又给我另起个名字叫"念沈"。

我幼时，父亲时任北京大学教授兼秘书长，时年三十多岁。母亲为泰州人，乃旧式之家庭妇女，但父母感情极好，共生了五个孩子。1937年春节，我家发生不幸，母亲因难产，病逝于北平德国医院，时年四十岁。父亲悲痛万分，觉得对不住这位生产过多的妻子，私下誓定，不再续娶，一直到他八十二岁去世，始终独身。

"七七事变"后，北大的校长蒋梦麟、文学院院长胡适、教务长樊际昌都陆续去南方，北大仅剩下任秘书长的父亲，独自苦撑危局，一直坚持到11月17日，才与最后一批教授一起乘船，经香港、广东、广西，再转陆路至长沙临时大学，当时北大、清华、南开已组成联合大学。次年3月，又迁至昆明，成立西南联合大学。父亲离开我们五个幼儿，独身前往，历经八年抗战，过着独居的生活。

当时我有对双胞胎姐姐，长我八岁，哥哥长我五岁，我为老四，下还有个小我二岁多的弟弟，由单身的叔叔（郑少丹，1904—1945）带着我们这五个小孩在北平生活、读书，生活异常艰苦。大姐郑雯（1923—1946）则于1943年夏去昆明，在联大外文系读书。

日军投降前后北平见闻二三事

（一）获悉日军投降的消息

1945年春一个周日，叔叔突然大口吐血，他的肺结核病复发！病情相当严重，三周后不治。叔叔年轻时曾去日本留学，在明治大学学习法律，"九一八事变"后，因抗议日军的侵略暴行，与一部分留日学生毅然回国。他是坚持反日的，临终前听说美军在日本冲绳登陆，异常兴奋，感到胜利在望。

叔叔去世后，二战已近尾声。5月，德国投降，美军飞机大肆轰炸日本本土，北平报纸多有报道。是年8月，美国原子弹轰炸广岛，当时敌伪报纸还发表如何防止美国新式炸弹之方法，只是未提原子弹三字而已。8月9日苏军参战，大举进攻东北，关东军大败，我们也有耳闻。

是年8月11日凌晨，天还未亮，我哥哥克昌之同学凌为基（现仍居北京）急来砸门，全家震惊。启门后，他说，昨天晚上听重庆广播，言日本已投降。大家都异常兴奋，因为虽知日本投降在即，但没想到会这么快。随后几天大家都兴高采烈，沸沸腾腾，互相传递绝好消息。那些天街头亦有变化，表面上街面很平静，但实际上很紧张，日本大鼻子军车上边驾了轻机枪，形势严峻。随后又传来坏消息说：华北日军不投降，于是人们又议论纷纷，商议如何办。

掌家的二姐郑晏与人商议，还是先把粮食买够吧！于是决定先把存于银号的钱全部取出购粮。当时克昌正患疟疾未愈，也顾不得给他治病，东凑西拉，将所有的钱都买了粮食，一共买了一两百斤棒子面。又过了几天，消息又变了，粮食不知何故大跌，结果别人家用便宜价格买了大米白面吃，我们全家只能天天啃窝头。一喜一忧，现在想来颇觉滑稽。

8月15日那天，日本天皇颁布诏书，宣布投降。广播里播诏书时，凡日本人均跪着听命，中国人则在旁看着，心中暗笑。当天家中来一朋友，提议应当庆祝，带着我和弟弟郑克扬在街上买些酒菜，跟店中人谈及日本人投降事，该商人言：我们也知道，不急不急！显系怕日军藉机报复。

与此同时，北平的广播电台也配合宣传，成立沦陷区向大后方相互联络的节目，即北平的广播电台每晚播某某人在何单位，然后问询大后方家人之近况，并告北平家人的情况。大约播了一段时间，我们也向昆明"喊话"了，没有得到回答。其实，父亲在昆明那边根本没有收音机，无从听到，倒是在北平的亲友听到了，亦是一乐。

（二）亲历美军接收宪兵队

我们租的房子在北平西四北前毛家湾一号，前院住两家刘姓、陈姓之人，我们住后院及东院。房东叫黄序鹓（1877—1949），是蔡元培留日时的同学，专门研究中国经济史。抗战后，黄老先生已回江西萍乡。开始住时，房租每间五元，后来物价上涨，房租基本未动，所以觉得房租便宜。前毛家湾三号住着一位大律师，名余启昌，民国初年也做过大理院院长等职，在司法界也有名。蒋梦麟校长住在四号、五号，北洋政府后期的总理潘复（1883—1936）住在八号、九号。

日占时期，潘家把八号让给日本宪兵队一机构，进出戒备森严，养一条狼狗老在房顶上转来转去，小孩见了异常害怕。大约在是年9月某日，我路过此处，忽见一美国吉普车停在门前，从车上下来三四位美国兵，手中端着手枪，房间的日本人服服帖帖，鞠躬哈腰，原来是美军来接收日本宪兵队。看到日本人那个狼狈样和美国兵耀武扬威的样子，我也感觉扬眉吐气，心里异常高兴，感觉自己就是胜利者。

（三）在前毛家湾五号的快乐

前毛家湾五号是蒋梦麟原配妻子的房产，但她人在浙江，即便与蒋离婚后，还一直由蒋居住。但当时蒋氏夫妇仍在重庆，从抗战一开始，房子就租与日本人永井一家居住。永井地位很高，是沦陷区伪"北大医学院"的权威教授，日本一投降，他们很快就搬回日本了。九月初，房子已腾空，蒋宅的老仆人回来看房，其他房子全空了，因此我们几人就经常去观光，我哥哥索性与两个同学一起住进去，有时还约友人到此跳舞游玩。记得燕大毕业生程述尧与"甜姐儿"黄宗英也来玩过，当时他们刚结婚不久，程在一银行做事，两人均帅气，一表人才，给我极深的印象。

蒋的住宅分四号、五号两个门，四号仅一个院子几间北房，五号则有大红门，一进门就有三间大的客厅及饭厅，主人住在后院，院子不大，有些紧凑。后来陈雪屏搬进来，住在四号及五号前边，1946年5月傅斯年全家三口来平，住在后院，一直住到八九月，就都搬走了。我们从9月初开始，在这里热闹地玩了两个月，心情非常愉快，像是尝到了胜利的果实。

北平日军投降仪式是当年10月10日上午举行，由十一战区长官孙连仲主持，地点在太和殿，那天我没参加，但广播电台全程转播，群情激奋，场面热烈。当时群众集会都在太和殿，蒋介石、何应钦（时任陆军总司令）等人来，沿街两旁群众欢迎，他们都在那里开会。我当时十四岁，是北平盛新中学初二学生，参加过一次欢迎会，也在太和殿，似是欢迎北平行营主任李宗仁。何应钦来平，我们是在西四牌楼同和居饭庄门口列队欢迎的，去的人也不少。他站在吉普车上，车开得很慢，我们向他行军礼，他也还了礼。可见，当时北平群众对于抗战胜利，是满怀热情；对于当时的国家，也寄予希望。

是年初冬，一次在平安里街头，正逢一些同学迎接国军。学生均极激动，高呼口号。我在孔德小学时的同学兰雁如，一面喊，一面欢呼，最后激动得哭了。然卡车上的国军，穿着新军装，却个个呆若木鸡，面色如土，面无表情，情绪均低落，似多日未好好休息者。下面呼一口号，上面整齐地举一次手而已。面对此情景，兰某不知是兴奋而哭，抑失望而哭，还是二者兼而有之，我心头却有失望之感。

父亲郑天挺离昆赴平前后

当时的昆明大后方，则是另一种欢乐景象。8月10日晚，刚接任行政院秘书长的北大校长蒋梦麟正回到昆明，与联大众教授欢聚，并宣布他女儿蒋燕华与同学吴文辉订婚。庆贺之余，忽闻门外鞭炮声大作，众人大惊，不知何事。后闻知为日军投降，但众人未敢确信。联大外语系主任陈福田急忙去美国领事馆询问，方确知为日本投降，于是众人欢呼起来。《郑天挺西南联大日记》（下文所引史料皆出自此日记）曰：

（八月十日晚）七时，蒋（梦麟）师设宴，宣布（其女）燕华与吴文辉订婚，有客两桌。饮馔毕，正在杂谈，忽闻爆竹声，余出询于（张）宜兴，谓传言日本求和，陈福田遂急乘车往美军打听，据云确已投降，但须十一时半由华盛顿正式宣布。闻之狂喜，欢呼迄十时，月涵（即梅贻琦，西南联大常委会主席、清华大学校长）、矛尘（即章廷谦，联大秘书）、勉仲（即查良钊，联大训导长）、正宣（即毕正宣，联大事务主任）尚欲至文化巷狂饮，余与（陈）雪屏乃步归，沿街而立者不知其数，爆竹不绝，汽车游行者甚至放信号枪，正义路拥挤几不能通过。余等至靛花巷，米士（联大地质系教授）、霖之（即王烈，联大地质系教授）、伯蕃（即刘晋年，联大数学系教授）亦来余室欢谈。厨房火已息，复燃之，烹可可以享诸公，十一时半乃散……八年艰苦抗战，上赖领导有坚忍之精神，下赖人民富敌忾同仇之意识，中赖友邦之协助，始有今日。喜极欲泣，念及处此时代，竟无丝毫之贡献，尤自痛恨也。夜二时写毕就寝。①

8月14日晚饭时，街上卖报小孩忽喊：号外！号外！日本正式投降了！于是群情振奋。这时联大中的北大教授们，正为不日将北上复校而多方酝酿。蒋梦麟因去行政院任职，只得辞去校长，由尚在美国的胡适接任，但胡适一时不可能回国，由谁代理校长，诸人议论纷纷，莫衷一是。有人主张由法学院院长周炳琳代理，周坚决不干，且有离开联大之意。次则考

①郑天挺：《郑天挺西南联大日记》，第1087页。

虑文学院院长汤用彤，汤亦不干，继而考虑由郑天挺代，蒋梦麟表示同意。

正在这时，刚从重庆回昆明的化学系曾昭抡教授，听说教育部已拟定一接收平、津各大学之机构，每校派一人前往，曾觉得这是一好机会，北大应派一人去，而且觉得以郑先生为宜，随后在重庆的傅斯年也来信告知郑，让郑赶快赴平接收北大，一人不够，去二人最好。于是，郑先生决定回平，匆匆离开昆明。当时有二事可述：

一为郑天挺先生在昆明八年的信件，托住在同楼的年轻教师韩裕文、任继愈代为处理。郑说，内容没什么，你们看着办吧！于是韩、任二人将全部信件焚烧之。二是历史系主任姚从吾写便条，提出聘请钱穆回北大之事，让郑先生至重庆与傅斯年商议，说傅是我们的老大哥（领袖之意），由傅考虑此事。于是郑在9月3日匆忙离昆转平，临行前，汤用彤仍劝郑先生任北大"代座"，并说：近与（汤）锡予（文）（张）景钺（生物）、（毛）子水（史）、（姚）从吾（史）、（郑）华炽（物理）、（江）泽涵（数学）六人致信傅斯年，建议你为北大代理校长。继而又说：你如肯就任，我一定积极帮助你……知道你与在平的子女八年未见，匆忙回平省亲，可以理解。但北大"代座"无适当人选，只好恳求郑留昆，以免不受欺侮。郑表示还须立即走。

9月3日12时，郑先生由亲戚邵光明开车送至飞机场。当时"正值全市爆竹齐鸣，行人遮道"，"二时一刻，四十一号机自加尔加达来。二时三刻余登机，坐最后一座，临窗。同机有金汉鼎、王泽民及电影名星胡蝶夫妇。机行甚稳。五时一刻抵重庆九龙坡……乘轿至中央图书馆，价三千元。（馆长蒋）慰堂外出，幸早有安排"①。

9月4日，报纸发表胡适为北大校长，傅斯年代理北大校长。郑到重庆后，住在中央图书馆，见到傅斯年及朱家骅、蒋梦麟等人。时刚发表傅为北大代理校长，傅乃问郑天挺：教授们会不会有看法？见到朱时，朱问什么时候去平？并说教育部平津区成立一教育辅导委员会，负责接收各大学及文化机构，沈兼士任主任，设委员若干人，原定每校一人，如北大为郑天挺，清华原定为张子高，后来又有变化，最后确定委员八人，为张怀（辅大教育学院院长）、董洗凡（辅仁经济系教授，后任天津教育局局长）、郝任夫（后任天津教育局局长）、王任远、徐侍峰（师大）、郑天挺（北大）、邓以蛰（清华）、英千里（辅大教授，北平教育局局长），因沈兼士系辅大文学院院长，故找辅仁的人多。

当时最紧急的还是去北平的飞机票，郑与朱谈及机票时，朱说找蒋梦麟解决。而见到蒋时，蒋说，机票极难买，意即他也没办法。这样，郑在重庆待了近一个月，毫无办法。到了9月下旬，陈雪屏从昆明飞来，准备去北平筹办北平临时大学辅习班，接收沦陷区北大、北师大、艺专等校，准备成立八个分班。陈在重庆早就认识交通部主任汪一鹤（时任交通部邮政储汇局局长），他专门负责机票，于是两人又找汪，汪说，只能先去南京，再转北平，于是两人拟定9月底飞宁。这时他们二人又碰见黄子坚（西南联大师范学院院长），恰好三人同机北去。

9月20日，正值中秋节，三人乃同往重庆国民外交协会

————————

① 郑天挺：《郑天挺西南联大日记》，第1100页。

餐厅会餐，共度中秋。此处菜价极高，账单开出惊人，几当郑先生在昆明月收入之四分之一。陈乃在菜单上写道"乙酉（1945）中秋，由昆来渝，即日北返，与子坚、毅生二兄餐聚，以减羁愁"云云。除署名雪屏外，下边尚有钰生（即子坚）、天挺之签名，以为留念。此账单今尚存笔者处，迄今已七十年矣！

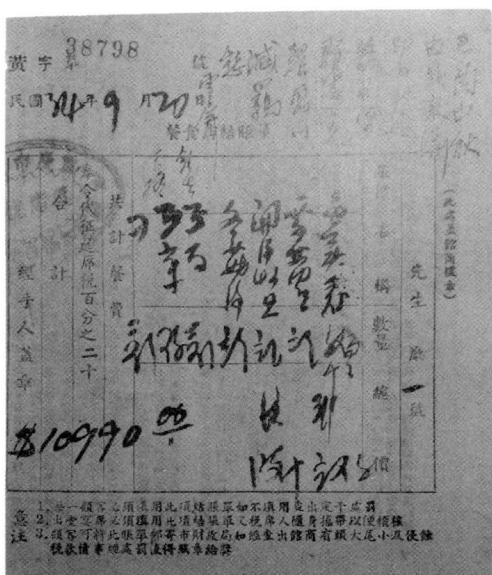

1945年9月20日菜单

不料在9月30日持机票至珊瑚坝机场后，原订飞机未走。时汪亦来送行，郑、陈二人乃搭汪车再回中央图书馆住处。10月初，郑与黄、陈三人终于飞宁。10月10日国庆日，是日郑、黄、陈三人"九时……上街食豆浆。后往新街口观国庆景象，国旗飘扬，悬灯结彩，万人空巷，旁街而立；马路上由兵士站岗，只许横穿，不准沿之而行，或以为主席（蒋介石）将至，实则非也。至新街口，人多不能通过，折而回"[①]。

到宁后北上机票仍无办法，辗转托到陆军副参谋长萧毅肃。航空公司回答：三人一起走不可能，目前只周二、周六两趟班机，你们三人要先排个次序。于是黄因系天津教育局局长，亟待接收，列为第一，陈为北平临大辅习班主任，又系中央执委，列第二，郑只能第三。陈乃于是年10月30日到平，郑于11月3日到平。是时已距父亲离昆明时整整两个月，行路之难，于此可见。

郑到平后，在平北大学生早已上课，又成立教部特设北平临时大学补习班，接收更须拖延矣！拖延如此，谁之责？

在南京时，适值好友中央图书馆馆长蒋复璁（慰堂）亦来。蒋为人清廉，处事诚恳，从不张扬，故屡屡被人欺负。蒋本为教育部京沪区特派员，初至上海，未到南京。这时，教育部总务司司长贺师俊忽来南京，自称是教育部京沪区特派员，且向总司令部接洽，故外人只知贺不知蒋。随后，蒋到南京，贺乃发一消息，登之报端，谓工作已完成，即返重庆，以特派员交之蒋云云。蒋亦无可奈何，一笑而已。又当时南京奉命设临时中学，本交特派员蒋复璁筹备。蒋适又赴沪，被甘家馨复夺之，并设委员会，摒蒋于会外。类似情况，亦不少，说明当时政府接收中之腐败与混乱。

10月29日，教育部长朱家骅来南京，蒋复璁约陈雪屏及郑

① 郑天挺：《郑天挺西南联大日记》，第1118页。

先生去机场迎接。次日（10月30日），郑先生于下午二时拜访朱，朱谓："北平大学医学院（即沦陷区北大医学院）决定划入北京大学，工、农两（学）院尚未定。日前部中会议，司中（指高教司）主张以工、农（学院）划入清华大学，因（清华）本有工学院及农业研究所。"讨论时，"朱公以他语乱之，令改日再谈"。同时，清华有一计划书上教育部，所请亦同，而傅斯年亦有一函致朱公，"述北京大学今后设置院系情形，主张工、农（二学院）不与清华重复"。

杭立武次长乃于傅斯年函上批："交司参考。"朱家骅见之，"乘机点破，另加长批"，主张"将医划入北大，北大工（学）院既主应用，可先设理工学院，置应用化学各系。于农（学院）未批，只书'清华无农学院，何以有农学研究所'数语"。朱对郑说，其批甚长。朱之主任秘书瞿毅夫，出身清华，见之以为极为公道。朱又言，清华他们甚厉害。后因有美人来访，郑乃辞出。朱送郑出时，对郑说，此事先别说，一切俟到北平后再详商。①

与父亲团聚

11月3日是个星期六，当天下午我哥哥郑克昌、弟弟郑克扬及其他友好都去南苑机场接机。父亲回到家中，我去门口迎接，哥哥介绍说：这是名宝（我的小名）。我闻后，眼泪刷刷地流了下来，离别八年，父亲早已不认识我了。八年了，五岁即失去母亲，又八年未看到父亲一眼的孩子，能与父亲团聚，

---

① 以上见郑天挺《郑天挺西南联大日记》，第1129页。

1945年末郑天挺与子女和亲属合影。前排左一郑克昌，左二郑晏，中郑天挺，后排左二郑克晟，左三郑克扬

是多么不容易呀！

父亲与我们团聚了，但在昆明西南联大外文系读书的大姐郑雯，则孤身一人，感到孤独了。1945年10月6日，她给二姐郑晏来信说：

> 你们都好吧？父亲想来当已到家。高兴的情形当可想像，我在这里很好，勿念……只是爹爹和陈老伯（陈雪屏）等走后，我感到处处都很空虚，现在是完全的孤独生活了，有时觉得怪凄凉的，非常的想念你们。

又提到10月初中央军解决龙云时，西南联大的情况：

> 由十月三日起全市戒严。今天已是第四天了……一共关在宿舍三天半，第一天比较严重些，早晨和晚上滇军与

1950年1月7日入团纪念。前排左二郑克晟

中央军曾有比较激烈的冲突三次，我们也少受惊骇。次日即平息。听说男生宿舍有几个人受流弹，但并不严重。女生宿舍也曾落一枪弹，并未伤人。从今日（指十月六日）下午特别戒严解除……（我们）又在布置防子弹洞了……前天和大前天晚上的布置得最好……有一个贝满同学，不知从那儿找来一个钢盔，戴了两夜，把我们笑死了。

可见，当时抗战刚结束，国民党的中央军就对滇军动手了，西南联大依然不得安宁，也预示着大战将降临，给抗战的胜利带来些阴影。

事实上，1945年是抗战胜利的一年、愉快的一年，也是我们全家团聚不能忘记的一年。我今年（2015年）已经八十四岁，又是羊年，回忆起七十年前的今天，内心的喜悦，仍然觉得万分甜蜜。

（原载台湾《传记文学》第108卷第2期，2016年2月。有增补）

谈家世和学生生活

一、家世与童年

访谈时间：2017年11月4日
地点：南开大学东村郑先生家
采访人：孙卫国，南开大学历史学院教授
受访人：郑克晟教授

孙：郑先生先简单说一下您的家庭背景吧。

郑：我的祖籍是福建省长乐县①。第一代是我的高祖，叫郑廷珪，是个进士，在浙江、江西等地做知县，在清朝也就是七品，就是所谓的"七品芝麻官"，作为一个进士，做知县，可以说是有些不大如意。他的孩子呢，就是我的曾祖，叫郑虞，他不是进士，而是在沈葆桢的下面做幕府，也就是常说的师爷，三十八岁就去世了。他有四个儿子，我的祖父叫郑叔忱，排第三，我祖父就是进士了，一直在北京做翰林院编修这一类的清官，四十二岁就去世了，所以我的父亲六岁丧父，七岁丧母。我的父亲有一个姐姐，一个弟弟，都去世了，但还有

---

①编者注：现为福建省福州市长乐区。

一个比他小五岁的小弟弟，名叫郑少丹，活到四十一岁去世了。

那时候我的家境很一般，在北京没有房，在福建倒是有房，后来在20世纪二三十年代，把祖产也卖了。

孙：那您的家族与郑振铎先生有关联吗？

郑：不不不，只是有关系，并不很近，郑振铎长在温州，也许他的父亲早年在温州做官吧。他叫我的父亲为"天挺叔"，也就是说他和我是同辈的。

我的祖父祖母去世之后，按照习惯应该是葬在老家，但是我的父亲生在北京，长在北京，又喜欢北京，所以他就在北京右安门外五里地，一个叫草桥的地方，没花太多钱，买了十几亩墓地。后来到了解放以后，适逢土改，因为我们没有剥削行为，所以这个墓地给我们保留了。再后来，大概在1963年左右的时候，有一个煤建公司，给我父亲写信，说：除了坟地，其他的闲着也是闲着，能否给我们利用呢？后来我父亲就写信同意了。没多久就"文革"了，这片地上就盖起了大楼了，地也就不再属于我们，连同我祖父、祖母、姐姐、母亲的墓一起，都不了了之了。后来也向丰台区政府反映过情况，但是也没有下落了。

孙：郑老是在北京长大的，他没在福建生活过吗？

郑：我父亲连长乐都没回过。他在1920年刚毕业之后去了刚成立的厦门大学，去了不到一年，参与筹办学校，也备课。但是当时厦门大学董事长陈嘉庚和当时的校长有矛盾，后来这些校长找来的人过了一年就都散了。当时的校长叫邓萃英，他是经人介绍，认识我父亲的，那时候他筹办厦门大学，特别需要人。

孙：那当初是谁介绍郑老给邓萃英的呢？为什么要介绍给

他呢？

郑：人名我记不太清了，只记得是个福建人。至于为什么介绍到厦大，第一是因为他是北京大学毕业的，第二是因为他是福建人，这个恐怕是相当重要的一个理由。解散了之后就回来了，当时他才二十一二岁，没有经验。别人离开之前，都是先找到一个地方，再离开。当时许多人就去了商务印书馆了，结果他因为事先没联系，和商务印书馆也没有关系，就回了北京了。回去不久就一方面准备结婚，一方面考研究生。

孙：他在厦大待了多久呢？一年还是两年？

郑：不到一年，秋季开学，他到学校都已经十一二月份，快冬天了。第二年的暑假就回来了，也就七八个月。现在厦门大学还有许多字是他写的呢。

孙：郑老当时只是一个大学刚刚毕业的年轻老师，为什么会让他写那些字呢？

郑：那时候没人啊！当时的大学也就文理法几科，人太少了，再有一个原因就是可能他的字的确写得还不错吧。

孙：在厦大的时候郑老也没有回过长乐吗？

郑：他一次都没有回去过，我回去过两次。我父亲倒是福州去过一次，他有一个同学，也是福建的，在那做中学校长。回来之后，他在北京女子高等师范学校教书，简称女高师。女高师出了很多名人，比如大家熟知的许广平、庐隐，还有石评梅、苏雪林等等。这个女高师后来变成了女子师范大学，又变成了北平大学女子师范学院，那时候已经是20世纪30年代了，当时的院长就是范文澜。我父亲在那里教"中国近三百年史"。

孙：郑老虽然没去过长乐，但是长乐一直很崇敬郑老吧？

郑：那当然是。1948年有一个长乐一中的学生，考北大了，念法律系，叫林道濂，现在和我也一直有联系。后来我父亲在北大做讲师，1924年是预科的讲师，就算是有固定收入了，他以前都是兼任讲师。后来为什么离开北京了呢？那是因为张作霖时代，工资打折扣，往往给一二成的工资，当时的政府没钱啊，这对于当时中下层的人影响是很大的。

孙：郑老后来也去张耀曾那里工作过吧？

郑：对，好像大学毕业不久就去了，算是一份兼职，刚去的时候一个月才四十块钱。这种兼职在那时候一点都不奇怪，因为当时往往一份工作的收入不富裕。当时去那的很多都是留学生，做翻译，翻译国外的法典，也把中国的东西翻译成外文，但是当时我父亲的英文不太行，就负责了别的工作。

孙：郑老六岁丧父，七岁丧母，是谁负责抚养的呢？

郑：当时有我们一个亲戚，关系挺近，就是梁漱溟的父亲，梁济。我祖母的母亲姓梁，这么说来我的祖母就是梁济的姑表姐妹。当时是因为我的祖母很有先见之明，我祖母的兄弟都不太靠得住，就交给了梁济。当时梁济的名气很大，只是官不大，因为梁漱溟有过回忆，说他的父亲在庚子年左右，在我的祖父推荐下，到东北做官。但后来他在什刹海自杀了，许多人都给他写祭奠文章。

当时我祖母很早去世了，得的是白喉，很可惜的是，当时天津已经有西医了，可惜中国人不信，若是当时能看西医，我父亲的姐姐、弟弟可能都没事。后来梁济来了，就把他们都接到北京去了，也有可能直接去张家了。

孙：那张家与梁家是什么关系呢？

郑：和我们这样的关系都差不多，张家的母亲和我的祖母是姐妹。

孙：所以实际负责郑老生活的是张家，不是梁家，对吧？

郑：嗯嗯，当时我爷爷买了点中国银行的股票，又买了一些电灯公司的股票，我还见过那些股票，但后来已经没用了。民国的时候有点用，但是分红也极少，所以还得靠张家与梁家接济，他们是绝对靠得住的。

孙：当时梁济家也是大家族吗？

郑：梁漱溟当时有个哥哥，叫梁凯铭。这个哥哥是留日的，后来好像是给日本人做过事，但时间很短，在胶东的铁路局做总务科科长，北洋政府的时候就做这个，当时总务科科长可厉害，因为整个局，最重要的就是总务。后来抗日期间就去世了，他比梁漱溟岁数大好多，至少得有十岁，他们中间还有姐姐。

孙：那梁漱溟和郑老关系很好吧？

郑：的确很好，但是除了在广东的那三四个月，其他时间没怎么见面。当时梁漱溟在那边推行乡村自治，被人家给否了，我父亲也就回来了。

孙：郑老自从大学毕业到大约30年代一直在外面奔波是吧？

郑：对，这也是他当教授晚的一个很重要的原因。他这个和理科的就更不能比了，他们出去一留学，回来就当教授了。虽说现在三十八岁做教授不算晚，但是那时候算是比同龄人晚了许多了，像他同班的罗庸就很早做了教授了。

孙：郑老比傅斯年晚一年吧？

郑：对，晚一班，罗常培和傅斯年一个班。

孙：陈雪屏当时是和郑老一个班吗？

郑：不不不，他比我父亲晚多了，晚好几班呢，得有四五班，他是北大哲学系毕业的，后来去了哥伦比亚大学读硕士，回来后在东北大学任教，"九一八"正好赶上，他和林徽因等都认识。回北平之后，他又去了辅仁大学，我估计在1933年左右去了北大。我父亲和陈的关系，主要有这么一层，陈雪屏的第一个夫人死了，后来又娶了一位，姓林，是福建人，她的爷爷和我祖父不是同科的进士，但是因为都是福建人，所以关系特别好，虽然我的祖父早亡，但每逢过年，我父亲总去他们家拜年。在他们两个结婚的时候，我父亲才认识陈雪屏。认识之后，他们又去北大教书，两人兴趣相投，都喜欢古玩、石头、墨之类的，关系一直很好。特别是后来，1945年从昆明回来的时候，在大学临时补习班，傅斯年就批评他们总去补习班帮忙，不在北大上课。

孙：郑老那么早双亲都去世了，所以肯定是独立得很早吧？

郑：一上学大概就独立了，也就有十二三岁的样子，自己租房子，自己做饭。那时候他就认为自己已经大了，老住在别人家里，也不是个办法。但这绝对不是因为我父亲和张家关系不好，摩擦是没有的。

孙：能看得出来，无论是郑家、梁家还是张家，都形成了一种家风，并影响深远，您觉得这个家风对您的影响有多大？我觉得能在您的身上看到许多和别人不一样的东西，对于一些东西完全不争，知道任何时候都往后退，这也是家风的影响吧。

郑：哈哈，可能有些关系。

孙：郑老和陈寅恪是什么时候认识的？

郑：陈寅恪父亲是陈三立，不是从陈寅恪这一辈开始的，陈三立可能和我的祖父有点关系，但是具体的我记不清楚了。

在父亲的自传里写过，陈三立给他写过几个字，原来一直摆在家里的，后来到天津之后就都丢。当时是写了"史宦"两个字，这个"宦"就是房子的意思，整个就是说，你是学历史的世家。

孙：这么说来，您家与陈寅恪家也算是世交的关系了。那您了解郑老和陈寅恪初次见面是什么时候吗？

郑：这方面我知道得不算太多，大概是1935年的时候吧，他跟傅斯年，欢迎伯希和来，当时北平的各大学文史的教授就都去了。他们互相都很敬佩对方。

孙：您是1931年出生的，您还记得多少小时候在北京的事呢？

郑：我还有一些关于我母亲的记忆，不过没有什么特别的东西，母亲去世的时候我才五岁多。

孙：您出生之后不久不就是"九一八事变"了嘛，郑老给您起了一个幼名对吧？

郑：是，当时我父亲给我起个幼名叫"念瀋"，后来这个"瀋"简化成了"沈"，变成了姓沈的沈，令人听了莫名其妙，但其实是沈阳的沈。

孙：那这个算是另一个名字呢？还是算您的字呢？

郑：就算是字吧，但一次都没有用过。我曾经想用过，比如写文章当作笔名之类的。但是一直也没用，以后可能再用吧！

孙：我听说您还有一个小名？

郑：对，叫"名宝"。我当时已经排到第四个了，当时按照习惯应该叫我"小四儿"，但是没有人这么叫我，就"名宝"这个名字传开了，比如我的哥哥叫"同宝"，就没叫起来。小名这个东西就是这样，中间可能有改动什么的，但还是传开的名字留了下来，当时我哥哥就叫"小三儿"。

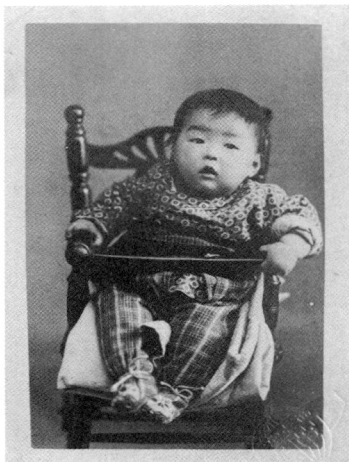

1931年12月郑克晟出生三个月时

孙：郑老有没有特别喜欢您？

郑：不不不，我父亲最喜欢的是我的大姐，就是空难去世的那个，为什么呢？第一是因为她最大，第二就是因为她活泼，和我们不太一样，她喜欢说，喜欢笑，又很用功，很优秀，后来考上了西南联大外文系，当时她报的是清华，回迁的时候就发生了空难。父亲是1946年7月14号得到的消息，出事是在12号。现在回想起来，真是非常艰难。那时候对联大的学生，从各个方面都非常重视，能给尽量高的待遇就给尽量高的待遇。她和几个朋友，凑一个小汽车，从昆明，经过贵州，一路到了上海。据当时人回忆，他们到了汉口的时候，遇上美国发黄油、肉罐头，那是很难得的东西啊。1945年以后，国民党有个机构，叫善后救济总署，署长就是蒋廷黻。他就是原来的南开历史系主任，后来又到清华做历史系主任，当时他把美国救济品，还有给美国军队的剩余物资等等分给群众。那时候救济品很多，北平东单旧货市场全是这类东西，美军撤了之后大家就卖给摊贩了。

孙：小时候还有什么印象特别深刻的事？

郑：哈哈，我想起我和我弟弟看过日本军队的坦克车，那简直小极了！现在都很难想象，我印象很深刻。那个时候日本人的事我不记得太多，当时我才上小学，上中学的人当时觉得那种空气忍受不了，得走，他们去西安、重庆的比较多，当时胡宗南有一个战地干部培训团，简称战干团，主要收容北方来的人。

孙：您小时候也去过幼儿园吗？

郑：去过，那时候叫幼稚园，我就上过半年。我印象最深的就是迟到的话，到了中午喝水吃饼干的时候，就不给你饼干了。可是幼稚园迟到主要是因为送孩子去的大人啊，怎么能罚孩子呢！当时在幼儿园还学认字、唱歌，比如卖报歌"啦啦啦，啦啦啦，我是卖报的小行家！"这首，就是那时候学的。

孙：那时候幼儿园的名称还记得吗？

郑：民众幼稚园，在北京的西四北，后来成了一个小学，叫西四北小学，现在是什么我就不知道了。

孙：那您上小学的情况呢？

郑：当时我去的是孔德小学，这个小学和北大关系很深，北大的教职工都把孩子送到那里。

孙：算是北大的附小吗？

郑：不是。这个小学的操场，就是后来北大三院的一个操场，学校就在三院的旁边。三院当时就是法学院，一院是文学院，二院是理学院。孔德小学为什么叫孔德呢？主要是为了纪念法国的一位哲学家——孔德。但不是法国人办的，只是和中法大学有关，毕业之后，可以通过中法大学到法国留学。有名的人物有两个，一个是钱三强，另外一个是陈香梅。我有一次看见何芳川，北大的历史系主任，还做过副校长，他也是孔德毕业的，中学也是四中。

孙：那当时都上一些什么课程呢？

郑：和现在基本一样，一到四年级主要是算数、国文、常识，常识就是什么都有，体育、音乐、美术也都有。

孙：那您有什么特别喜欢的课程吗？

郑：这倒没有，没什么特别的兴趣。

孙：可是郑老后来就离开北平了，谁照顾您上学呢？怎么上学呢？

郑：主要坐公共汽车上学，当时我哥哥在孔德上中学，我上小学，他带着我。

孙：您有印象特别深刻的老师吗？有外国老师吗？学外语吗？

郑：老师不太记得了，也没有外国老师，小学也不学外语，中学学英文，好像是不学法文。中法大学有一个附属中学，在香山附近，叫温泉中学，但不叫附中。

孙：小学时候您成绩好吗？

郑：不好，因为我有一个毛病，就是精神不集中，恐怕这个毛病现在还有，始终都有，听着听着就走神了。

孙：老师管得严吗？

郑：对我反正是挺严的，有时候还罚站。

孙：当时也留很多作业吗？

郑：留是留，但我经常不写，因为学校那么远，下了学，我还得等我哥哥下学，等我们俩回去了就得吃晚饭了，吃完晚饭我就困了，一般就睡觉了。当时我姐姐照顾我们，她们在师大女附中、女一中这些地方上学，按当时来说，算是名校，但孔德不算名校。

孙：您当时看课外书吗？

郑：这得说在什么时候，我小学五年级的时候就转学到了西黄城根小学，离家就近了。这个时候就有些书，但我也不好好看，我印象特别深的是有一套书，叫"故事一百种"，实际上远远超过一百种。我印象里有《枪挑小梁王》，讲岳飞的；还有《同室操戈》，讲杀刘瑾的。这个书是图画本，图文并茂。

孙：那个时候没有汉语拼音，小学怎么教认字呢？

郑：用ㄅㄆㄇㄈ啊，注音文字。

孙：那个时候小学也排名吗？

郑：排名，我当时就是中间偏下，平均分也就七十多分吧，当然和现在的孩子比不了。

孙：那您课外玩一些什么吗？

郑：玩弹球啊，玻璃球，现在都不多了，还有抖空竹，最有趣的是踢小皮球，不太大的一种球，当时我和我弟弟唯一的愿望就是买一个小足球，到最后也没实现。当时买球都是大家伙出钱，集体买四五个球，谁踢坏了，谁就负责赔一个，我记得我当时就踢坏一个。当时我记得是一块六，在当时相当于一个月的零花钱吧。当时的币制叫"联币"，在日本人统治时期，叫"联合准备银行"，主要在华北五省两市。汪精卫那个叫"中央储备银行"，大家叫"储币"。当时华北是独立性质的，这边的政府长官都是由南京形式上任命。

孙：当时日本人对日常生活的干涉大吗？

郑：就像我刚刚和你说的，中学生受不了，有一种当亡国奴的感觉，当时我太小，也不懂。而且学校里也都是中国老师，没有日本老师。

孙：那当时也学日语吧？

郑：学，但这里头有个笑话，日语是三年级开始学，一直学到六年级，四年下来，连字母也没学会呢。主要是因为老师也不好好教，学生也不好好学，就是一种变相的抵制。到了考试怎么办呢？上边的卷子发下来，然后老师就告诉大家怎么写，应付过去就完事了。

孙：有和您关系很好的老师或者同学吗？

郑：基本没有，当时的同学基本毕业就去做学徒了，安玻璃的、做木匠的等等。有一些女同学的家长就不让孩子继续读书了。一个班一般维持三四十人左右，许多人都没毕业就去当学徒了。虽然女生辍学率高，但是当时总共能占到总人数的五分之二，她们的性格也都挺开朗的，比男生活泼。这个主要是家长的问题，本身文化水平就不高。我们小学上过大学的人都很少，好一点的上了初中之后就读个技校，就为了找个职业。

孙：这个应该和家庭出身有关系吧？

郑：的确，我们小学同学没有什么大户人家，但也有个别的，比如有个同学的父亲是个商会会长，开米面铺的，算是个大商人，这种同学很少，他们都坐黄包车上学。那时候中午吃饭有时候就在学校吃，有一次我的一个亲戚，给我们家的棒子面是白色的，后来有几个同学就和我辩论，他们说我这里面肯定有白面，这就说明当时的平均生活水平主要就是吃棒子面。

孙：那当时有户口的说法吗？

郑：有，我记得四十年代的时候，户口本上的户主还是我父亲，上面盖个字"往"，意思就是不在家，要是有人来问，就说去上海了，去南京了，随便怎么说都行。

孙：这个户口是北洋政府时候就有吗？还是日本人时候

才有?

郑：这个就记不太清了，反正日本人时候肯定就有了。

孙：当时有一些相应的待遇吗?

郑：有，大约是1942年后期，粮食非常紧张，我们就吃混合面，有棒子面，有豆饼，都混到一起，磨好了给你，现在人说这是绿色食品，但当时算是最低等的了。不知道怎么回事，粮食里总有挺长的头发，很多，还很牙碜。当时是凭户口发粮食，根据人口，从政府买粮食。当时分两种，一种是配给制，按人口分，就是这种混合面；还有一种就是去粮店自己买，高价。当时政府在控制粮食，越来越少，所以就采取了这种办法。

孙：那您小时候郑老对您的影响主要是什么呢?

郑：这个没有什么，当时他写信，都是给我姐姐写，我自己没有什么感觉。即便是我们很大了，我父亲也不管我，他连我们的成绩单也不看，成绩好坏他根本就不知道。我的印象里，上一代对我们这一代都不怎么管。

孙：那您考初中也有升学考试吗? 没有上初中的同学一般是因为考不上呢还是因为没钱读?

郑：有升学考试。当时很多人根本就不考，许多人根本就没毕业，就去做学徒了。

孙：从20世纪30年代到1940年，您对当时的北平有什么印象吗?

郑：那时候我还是太小，没什么印象，到了1945年左右，我印象就很深了，当时日本军车上面都有轻机枪，说来也奇怪，当时也没有那么怕，没说紧张得家长都不让孩子出门了，当时出门家长也不怎么管，和现在完全不一样。而且那个时候要是上的不是好学校，想要考好学校很常见，现在要是不上好学校，要想考上好大学，可连门都没有，现在基本什么样的小学就决定了一个人上什么大学了，总之我的感觉是这样。

二、高中时代与大学生活

访谈时间： 2017年11月6日下午

地点： 南开大学东村郑先生家

采访人： 南开大学孙卫国教授

受访人： 郑克晟教授、傅同钦教授（郑克晟先生夫人、同学，南开大学历史学院教授）

孙： 郑先生，您的初中叫什么名字呢？

郑： 我的初中叫盛新中学，是个教会学校，虽说不算什么好学校，但很注意操行，当时常有的那种小流氓，我们学校是绝对不允许的。入学的时候还有口试，看你的服装打扮，要是这个孩子流里流气的，肯定不收。那个时候北京的许多中学老师都是兼任，又在甲学校教课，又在乙学校教课。

孙： 当时有什么课程呢？

郑： 和现在都一样，国文、英文、数学、物理、化学、历史、地理、体育等等都有，还有童子军。这个童子军是从小学五年级到初中三年级，有点像咱们现在的少先队，但也不一样，更松散一点。上童子军课的时候都要穿制服，制服都是学校集中制作的，请来裁缝，给每个人量身材，颜色都是浅黄色的，配有两种帽子，一种是帆船帽，一种是大檐帽。这个各个学校都有，和蒋介石在20世纪30年代搞的新生活运动好像有关系，一周有一次活动，也有专门的老师，主要是队列训练之类的。有的学校的童子军还有露营，比如说礼拜六的晚上，天气挺好的话，就到野外去自己做饭，还可能就睡在那了，我们学校当时没露营，太可惜了。

孙：初中的班级规模怎么样？

郑：也是四五十人一个班，但班级也不怎么固定，许多人也中途辍学了。有的人参加了部队，主要是所谓的北平陆军二〇八师，是青年军，这个青年军主要是1945年以后，抗日后期，各地都招，以初中高中毕业生为主。后来日本就投降了，但国民党还招，可能就是为了准备内战了，同学也有参加宪兵的。

孙：您小学的时候读了"故事一百种"，那初中的时候也读过许多书吧？

郑：国文课上读了不少，就像《古文观止》里的篇章等等，现在后悔没有好好读，否则上大学之后可能还会轻松点。当时不读四书五经了，没赶上，北平算是大城市，和那些教育不太发达的中小城市完全不一样，他们可能还在读。后来上了大学，发现有的人古文底子还是挺高的，他们就上过私塾之类的。

孙：那郑老在家里应该留了很多书吧，对您影响大吗？

郑：当时还没那么高的水平，看不懂那些书，家里也没有小说，要想看《三国演义》之类的，都是借来看。绝对不是大家想象的那样，从小受到家庭的影响，喜欢看历史书等等，这放在我身上不合适。

孙：那您有什么印象深刻的老师吗？

郑：初中的时候没有，但是我对高一时候的国文老师李光璧印象比较深，他的情况我另外有文章回忆过了。

孙：关于郑老从南方回来的事情，您还记得吧？

郑：当然记得，我之前写过文章了。送我父亲走的时候记不清楚了，我二姐写过回忆录，但也有记错的，比如她说走的时候我们全都去送去了，实际只有我堂兄一个人去的。我堂兄还说了一些细节，当时日本人责令搜身，搜到罗常培的时候，他几乎就要发火了。快走的时候，我父亲还去拜访陈垣，拜访余嘉锡，拜访周作人，拜访一个法律系的老教授，叫董康。

孙：对于1948年的事，您还记得什么？

郑：刚才说的回忆李老师的文章就有一部分内容是讲1948年的。要是说围城的时候，我当时觉得很茫然，我觉得听我父亲的就好，他和别人说："我不走。"我们就都没去南方。那时候最麻烦的事就是吃饭，保姆回老家了，人还多，我哥哥、姐姐就给我们做饭。

孙：北平和平解放的那段时间您有什么经历？

郑：那是1949年1月31号，在这之前，我父亲经常到傅作义那里开会，所以消息很灵的，当时的确是为了保护北平的文物古迹，最后决定和平解放。北平在民国的时候一直就没有过什么大的战斗，北洋政府的时候就有"维持会"一类的机构，呼吁各方不要打了，所以始终比较和平。解放之后，各处都招人，像革命大学、华北大学、华北军政大学，当时党特别需要干部，就招了相当多的人，也有不少人考了这种学校。

孙：1949年10月1日中华人民共和国成立的时候您有什么印象呢？

郑：印象特别深，当时我还在上中学，那天起得特别早，在学校里集合，当时人很多，辗转到了天安门广场，我估计能有十几万人。我印象最深的就是每个人糊一个红色的灯笼，怕晚上回去得太晚，后来果然回去得都很晚。我们学生等的时间很长，先在这集合，又在那集合，后来又在广场上等了很久，当时我高中二年级。对建国前后的事情我印象之所以深刻，

1949年郑克晟与父亲郑天挺在北平前毛家湾1号院内藤萝架下合影

是因为和我们入学考试有关系，当时各个单位都招人，甚至于有些人专门去邮电局当业务员，还有的人去公安学校，当警察，后来差不多都成了派出所所长了。这就造成了当时考大学的人少了，考大学就变得容易了，当时高考八科：语文、外文、政治、史地、数学、物理、化学、生物，每门满分一百分，一共八百分。当时分数线非常低，一般也就二百多分就能上好大学，考不上的还是少数。我是1951年上的大学。

孙：高中有印象很深刻的同学吗？

郑：当时的同学都考了理科了，没人考文科，我这样的也就一两个吧，要是说有成就的，好像有一个院士。四中当时的学生很穷，很努力，学风很好，教师也都相当好，但是有点死读书的劲头。我的理科当时就不行，上课总是精神不集中，课后习题不会做，可能就是我选择文科的一个原因吧。学历史

应该和家庭有关系，这个和语文没关系，我的语文也不怎么好，那些理科的同学语文都很好。当时社会上崇尚学理科，好学生都去学理科了，不好的才读文科，有一句话叫"学好数理化，走遍天下都不怕"，那时候就有，这种趋向自从20世纪30年代就很厉害，西南联大更是这样，不仅是理科，学经济的也很多，其他的就差了点，这可能也影响了后来。后来文理分科了，我就不太了解了。

后来考大学就变得难了，所以我看当时我们这一届出什么人才，其实人才哪有那么多，当初北大的毕业生，一个班也就有那么一两个成就斐然的，即便是1936年，算是最了不起的了，也不过就是四五个人，比方说张政烺、邓广铭、王崇武等等，再往上，何兹全的时候，也就是三四个人。当时毕业之后要是单位待遇还不错，也不一定非得做研究啊。

孙： 从小到大，郑老对您影响有多大呢？

郑： 应该是从大学开始，我父亲对我的影响就很大了，我印象特别清楚，他拿着一本郭沫若的《青铜时代》，告诉我，这个地方就是他的结论，你需要做卡片了。

孙： 当时大学开一些什么课？

郑： 大一的时候上中国史（一），就是先秦史，还学俄文，每周三堂，史学文选，也是三堂。还有辩证唯物主义、历史唯物主义，都是有名的教授执教，当时是艾思奇教我们。还有一门叫"共产党宣言"，是周恩来的秘书范若愚教我们。《共产党宣言》一共就四五章，他就像讲古文一样，一句一句讲，自己发挥。当时强调学习理论。到了1952年以后，就全面学习苏联了。对了，还有一门课，叫"新民主主义论"，讲的都是党史。

孙：当时学世界史吗？

郑：应该学世界史的，但是我们当时没老师，都是二年级的时候才上的。

孙：中国史主要是谁上呢？

郑：中国史（一）是张政烺先生上的，后来他就去土改去了，我的父亲也去了。杨翼骧先生当时也去了，他当时是教外系的中国通史。杨先生的课我也听过，他讲课有两个特点，第一，没有讲稿，第二，时间卡得特别准，往往一打铃，他的最后一句话就说完了。他和商鸿逵先生，还有汪篯先生，给外系讲中国通史。那时候所有系都得学中国通史，学一年，历史系的学两年，我们当时是断代讲，先是先秦，然后是秦汉魏晋南北朝，再然后是隋唐宋辽金，然后是元明清，正好两年。近现代史是从三年级开始，四年级学1919年之后的革命史。

孙：我去邀请傅老师来一起讲大学时候的事吧。傅老师，您对大学有什么印象呢？

傅：我的印象就是没时间学习，都搞运动了。

郑：还没说到那呢，刚刚讲到了1952年的1月14号开始的一周，应该是考试周，结果到了12号，忽然通知，考试停止，开始学习"三反"、"五反"运动的材料。

傅：当时社会上有一句话，叫作："猴皮筋，跳三跳，三反五反我知道。""三反"，就是反贪污，反浪费，官僚主义也在内。

郑：具体方式就是读报纸，读材料，听报告，学文件。之前学校有一些浪费的现象，我的印象里有一次演话剧，从外面请来的演员，花了很多钱，受到了批评。类似这样的报告，学习了十天左右，后来没考试就放假了。没放几天假，又回来继续学习，与此同时，教师开始思想改造，主要是人人做检查，当然也包括交代历史问题，学生就给老师提意见。当时三四年级的学生已经和老师去江西搞土改了，只有一二年级的学生在，一共有七八十人左右，这些人是主要的提意见者。又从学生里抽调了一些人，针对一些职员的贪污问题，组织打虎队，当时我们俩都是打虎队的成员，听别人介绍情况，根据情况写报告，在喇叭里宣传。

傅：就是吃饭的时候，在大礼堂广播。我与几个人去查贪污浪费，当时北大有一个博物馆专业，我们就去查，去他们的办公室里，也在红楼，找洗相片剩下的东西，再看看他们的进货情况，查是否相符，其实也查不出什么来。当时没有工作经验，说他们裁得太多，其实主要是因为自己不懂，我主要就参与这个。后来我还在学校，你就去了市里的打虎队了吧？

郑：去的时间很短，当时是一个"市长代表组"，主要宣传北京市市长彭真给市民的一封信，我们到处宣讲，毕竟登在报纸上或是贴布告，没多少人好好看，所以就让学生们去宣讲。光北大就有三四十人参与其中。

傅：当时我们还有派到上海和广州的，我们有一个同学，叫杨杰，就去了广州，他去了之后听不懂广东话，学校还给派了一个翻译，结果到那里之后，一个学生也没有什么社会经验，但当时的人觉得，这是从北京，从中央来的，特别神气。后来三四个月就撤回来了。你当时也挺神气的吧？

郑：我不神气，我也就待了一个礼拜，当时归派出所管，与他们交换意见，了解问题。宣讲的话，也要加自己的看法，不能照本宣科。当时是先出个布告，何时何地集合，听我们宣讲，我们就去给他们讲。那时候商店有点紧张，他们不知道发生什么事，商店老板和我们说话都特别谨慎，非常客气。

孙：学校的老师受到了多大冲击？

郑：受到的冲击也不小，当时我父亲就是系主任，还有周炳琳、朱光潜先生，都是学校的重点。还有学院的重点，比如文学院重点是杨振声先生，理科的有郑华炽先生，虽说是重点，但也就多检查几次而已，没有什么特殊的。

傅：我们当时是批判老师的主力军。高中毕业刚上大学，就成了这种活动的主力军，考试也不考了，没法学习，基本上不上课了。先秦史，盘庚迁殷还没迁呢，魏晋南北朝淝水之战刚打起来就停了，所以我们上的断代史真是"断"代了，在这个情况下，就作为主力军上了战场了。

孙：当初北大三校合并的时候，你们是什么心情？

郑：作为学生，没有什么心情。倒是我父亲调来南开，给我们家不小震动，一点思想准备都没有。在运动结束之后，就休息了一段时间，教师们也都表了态，服从组织分配。当时有一个西南联大的毕业生，找不着工作，自己写点文章，给私人的出版社，得到的稿费微不足道，勉强维持生活，他可能在教育部认识人，有一天他就来到我家，找我父亲，问："听说您要调到南开大学当历史系主任，我非常想和您一起去！"但他最后也没来，好像后来去了云南大学，叫徐嵩龄，研究起了蔡锷，1957年的时候划成右派，自杀了。这是我父亲第一次听说要调走这件事，之前根本不知道。他之前有过估计，主动提出不做系主任，但也没想到会调走，后来慢慢的大家都知道了，这是1952年9月的事情，10月开学了，他就来参加了开学典礼，11月就在南开定居了。

孙：当时北大立刻就搬到燕京大学这里来了吗？

傅：是，当时党团内部为了处理我们三校合并的问题下了很大功夫，我们后来也不会总讨论出身之类的问题。

郑：说到这我想起一个问题，北大当时比较散漫，清华和燕大比较严，特别是纪律方面。

傅：当时北大可以蹭吃蹭睡蹭课，也不用登记之类的，学生愿意听课就去听去，不愿意就不去，也没人管，很自由，不像现在这样。那时候政治报告都是名人来讲，像艾思奇、王震、南汉宸、薄一波，都来，还有印度总理之类的，每周六都有，同学们也都随意。因为北大是首都最好的学校，再加上马寅初本身的号召力，大家觉得能在北大露脸是一种荣誉吧，就都来了。

孙：三校合并之后课程有什么变化吗？

郑：那变化太大了，主要是学习苏联，正规了。原来比方说我们有中国文学史，是林庚先生讲，讲得特别好，就和他读诗一样，我们都特别喜欢。后来就给取消了，因为苏联他们没有文学史的课。像这种老师讲课真是好，可也有的老师讲课真是不敢恭维，讲得乱，没有条理，想到哪就说到哪。

傅：当时这些老师讲课，都不拿什么包，就用纸片，抽出一条就是一条。张政烺老师就是这样，因为他负责先秦史，学生们都是刚来大学的高中生，就不是很适应，放到后面听可能好一些。他的研究生都来听这个课，和我们这些人听，完全不一样，所以听课还是得有一定基础的，有的人就是一句听不懂，像我们这样。

孙：老师会不会布置一些书让大家看呢？

郑：布置是有，但我们也不看啊，当时学习苏联，非常教条，每个礼拜得交一个下个礼拜的安排，比如中国史用多长时间，外语用多长时间，等等，有一个专门的表要填。但我们也不按这个来，随便一填，就交给班长了事，也没人检查。这种教条最明显的是一个"六节一贯制"，所谓"六节"就是上午要上六节课，为什么苏联可以呢？因为他们有很多走读的学生，没有宿舍，来一次学校就放学回家了，这个北大也学，吃完早点之后还发一个馒头，怕你上午中途饿了。下午就不上课了，实行"劳卫制"，就是劳动卫生，锻炼身体。实行一年多，发现没什么效果，就不实行了。

傅：说起这个，想起我们当时的宿舍，是大统舱，三间房子连着，中间没有墙，床是双层，一个屋子住24个人，我当时站在上面的床上可以号召整个屋子。屋子里还有壁炉，靠过道的另一侧，烧炭烧煤，每个宿舍都有专人负责给我们烧炉子，没有暖气。后来好了，都是两个人一屋，到了燕京之后就更好了，那房子都非常洋气。也挺好的一点就是和别的系的人住在一起，现在要想去参观的话，北大还给留了一间屋子。

郑：那时候失眠的可就倒了霉了。半夜总有上厕所的，因为中间没门，又那么多人，跑来跑去就别想睡觉了。

孙：二年级的时候又开了什么课？

郑：还是中国史、世界史、联共党史，这个课叫马克思主义基础，每周四堂，上两年。我们当时有一个特点，没做过学年论文，也没有毕业论文，也没有读书报告，考试也主要是口试，当时是老师抽条，张三和李四的题目都不一样，就在教室里，one by one，没有别人，除了你和老师，最多加一个助教。

傅：当时的口试是一大一小两个题，小的非常小，小到让人不注意。

郑：比如我就遇上一个题，世界通史，考一个什么年代，土耳其的领土多大，我当时只能说出横跨亚欧非。但我又一想，那不行啊，我就能说出这一句，所以我就换题了，只要换题了就降等了，结果能得五分的就变成四分了。后来同学告诉我，土耳其那个题你就说那么一句话就行了。

傅：有的题还是综合题，把许多知识点加在一起，特别考验一个人的综合能力，对有些人来说就是很难，把他们吓的，都有吓昏的。这样的不及格的就得补考了，补考还不及格就得留级。我们做教师的，都不想让学生不及格，所以答得不好的都给65分左右，否则学生一个暑假忙来忙去多难啊，要是留到下一级，他的面子上得多挂不住啊。

孙：能简单介绍下当时习明纳尔（seminar）这个模式吗？

郑：就是讨论，比如说讨论一个题目，有一个重点发言人，其他人进行补充，有不同意见进行争论，这本来是一个非常好的方法，可是那时候学生没有那么高的水平，一般就是把老师讲的重复一遍，好一点的就是提几个问题。

孙：这个seminar本来是德国的兰克创立的，现在国外高年级的课大多都这么上。

傅：当时课排得都很满，没有时间看参考书，所以当时的心理状态就是希望有一个人特别能说，占了课堂一大半的时间，就不用我们发言了。而且当时都是举手主动发言，像我们就没说过几次。有的人就特别喜欢发言，和现在一样。而且关于本科考试，本系的当然是都要考，外系的就出几个代表去考。当时考辩证唯物主义，全班就推荐我去了，外文我也被推荐去了，总之推的都是中等人物吧，不是特别优秀的。

孙：三校合并之后，是不是历史系的都住在一起啊？

郑：是，一个年级的住在一起，但我们北大的学生多，差不多有三四十人，清华能有十个人，燕大就四个人，北大的学生越来越多，最后能有四十八个人。

傅：我这还有当年《光明日报》上登的录取名单呢。

郑：这个后来也有呢，我记得1991年的时候有一次我坐火车，偶然拿起一张报纸，上面就有王敦书女儿的录取信息。

（拿来报纸）

傅：看，这名单都在上面呢。

孙：第二个就是傅老师，郑先生您在第五个。

郑：那说明她成绩比我好呗，哈哈。

孙：第一个是朱忠武，这个人后来怎么样了？

傅：他后来研究德国史了。

郑：他们跟我都很熟的。这个名单里各有三个人，考上了最后没来。当时还有的人，考北大历史系考了三次。

孙：那时候考试是各个学校自己出题吗？

郑：不不，是统考，不是单独出题，至少从1950年开始就已经统考了。我们当时有的时候历史系招不够人，就有从报别的系的人里调剂来的。

傅：我们当时可以报六个志愿，我第一志愿报的是医学院，分不够，家里也没有读过书的，也不懂怎么报志愿，也不知道自己的喜好是啥，就瞎填。我一看北大当时就在城里头，我们家就我一个女孩，剩下都是弟弟，就想着别离家太远，所有志愿报的都是北大的，就录到历史系了。

郑：当时我们还有几个填志愿的地方，但不写具体的，一是"某大学任何系"，二是"任何大学某系"，第三个就是"是否服从本次分配"，我们也没想太远，当时南方人来北方上学的人多，特别是上海的，所以南方的大学也普遍不如北方的厉害，好比现在的大连理工大学，上海人就很多。

傅： 当时我们许多人就保专业，比如说学医吧，哪儿的医学院都行，所以有的女生一下子就去了东北了。那个时候东北师范还没那么强，很多人就不愿意去。

郑： 当时我就做好思想准备了，服从他们分配，搞不好就去了中央税务学校，这是最差的学校了，但是在北京，说不定要是去了那，有个好工作呢。

傅： 我们有个同学，第二批才考上的，读法律系，但后来法律系就取消了，等到改革开放重建法律系的时候没人，这批人就成了宝贝了，都当官了，那个同学当上了党委副书记。

孙： 法律系取消了，学生们怎么办啊？

郑： 就都服从分配，不像现在，那时候很教条的，一道命令，就都转入别的地方了。最明显的就是燕京大学的医预科，实际上就是协和的预备科，毕业全都去协和，到了1952年就不去了，一律转到南京的一个军事医院了。

傅： 也有不同意的，就退学再考，又考回北大的，我们三年级了，他从一年级开始念，像北大物理系就有，那都是功课很棒的。

孙： 当时除了郑老、雷海宗先生等人，还有什么人有调动？

郑： 我之前写过一篇小文章说了这个事。有一个搞苏联史的，分到了北师大的历史系；有一个叫韩寿萱，分到了历史博物馆；还有一个叫戚佑烈，分到了东北师大，后来就转到哈尔滨师范学院，最后当到副校长。还有胡先晋，王毓铨的夫人，她去了中央民族学院的研究部。清华社会系的元老都去了那儿，比如潘光旦他们。清华历史系一个是雷海宗；一个是丁则良，去了东北人民大学，后来出国去了印度，回来的时候听说东北人大给他划成右派了，他就在北大跳湖死了。还有一个叫孙毓棠的，先调到经济所，后来又调到历史所。清华原来人就不多，有名的还有调到北大的周一良、邵循正，还有一个教现代史的叫张寄谦的，当时是个讲师，南开原来中文系系主任张清常，是她的哥哥。

孙：先生的学号是2251008，傅老师的学号是2251007，这就说明您二老自报到开始就有缘了。有一个私密的问题，先生您是什么时候追傅老师的？

郑：就是在打虎队的时候，因为不上课了，就总在一起，当时她是播音员，我算是一个助理编辑。当时张磊是主编，后来搞近代史了。还有厉以宁，他和张磊熟。张磊比我们大一班，因为当年都去搞土改了，就和我们一起上课。

傅：他们对马列的历史特别了解，什么秦邦宪啊，博古，我们刚从高中来，哪知道这些，他们就感兴趣。张磊虽然年级比我高，但实际上我们同岁。后来天津古籍出版社委托他搞《梁启超集》，不知道中间出了什么问题，就不搞了，当时他还常来，后来就没怎么见过他了。后来他得了结肠癌，发现得早，手术做得很成功，他女儿好像是专门研究结肠癌的。

郑：他们那个班出的人才多，像搞考古的俞伟超，还有搞上古秦汉史的吴荣曾，还有搞蒙古史的周清澍。还有一个，天资很好，1955年的时候，肃反，跳楼死了。

傅：一年级的时候，我们还有留苏的，一年级的时候有一个名额，毕业的时候有一个名额，先后两个上海的同学去考，都没录取。当时我也能去，但因为是资产阶级出身，我也没去成。所以那个时候出国的政治审查还是挺严格的。

孙：那个时候大学谈恋爱管吗？

郑：不管，一点不管。

孙：那最后成了几对呢？

1952年郑克晟在府学胡同26号（今36号）北大麒麟碑宿舍院内。1950年郑天挺全家由前毛家湾1号迁至府学胡同26号，在此居住至1952年下半年

1952年傅同钦在府学胡同26号院内假山旁

郑：五对，现在就剩我们俩了。他们现在都去世了。我们班当时一共四十几个人，现在就剩十二个人了，南开有四个。她、我、王敦书、张义德。

傅：老师直接教导你写论文，这种事我们这一届都没有，我们前一届有，后一届也有，就我们写论文写不好。写论文老师就得给修改，我们就没有这个机会。后来我们到历史所之后，前辈让我们写卡片，都要标明代多少年是公元多少年，那时候我们都不行。

孙：您大学的时候没有留下什么日记之类的吗？

郑：写是写了，可惜在"文革"的时候全都给烧了。后来有个女同学，看了我们的校友通讯，就和我说："你把当时咱们同学的情况都写一写。"我就写了一些回忆，写到了1951年的12月底，然后我就想1952年的，以后再写，但这些情况我还没和她说呢，她就得癌症了，结果维持了一年多之后就去世了，这个事情就不了了之了。

孙：您之前写的小文章具体都有一些什么呢？

郑：都是一些同学之间的事情，没什么特别的。戴逸不是写了一个《初入北大》嘛，我想我也就照着这个意思写，第一个小题目就是《投考北大史学系》，第二个就是《北大史学系该年录取标准》，第三就是《初至红楼》，第四就是《初见杨杰诸人》。还有《新旧同学去北海游玩》，就是刚入学的那天下午，还有班级选举，定爱国公约，还有第一次上课，史学系的"系家"，就是每个系学生活动的地方，系会选举的民主气氛。然后是窝头膳团，当时学生觉得吃得不好，还不如直接吃窝头算了，这样副食就会好一些，后来被学生会主席骂了，说这是和学校领导，和学生会对着干，当时的学生会主席都是高年级的学生。还有开大会，没礼堂，所以全都坐地下，就在民主广场，现在都没有了，1947年还有几个大字，写着"民主广场"，现在也成了中宣部的宿舍了。还有我们去动物园、植物园，还写过一个姓杨的同学，后来变得非常消沉。还写了班级里分成的四个组，其中有一个组的组长在当时比较积极，还有博物馆专修科的学生，还有那时候要求三四年级的同学与一年级的同学搞"一帮一，一对红"，就是老同学告诉新同学一些基本的情况。还有一些当时我们钦佩的人。

孙：您当时就是大家钦佩的人吧？

郑：不是，我就是个一般人，不好也不坏。我们当时钦佩的主要就是三个人。一个就是考北大历史系考了五年的朱蓬举，他第一年没考上，第二年考的是天津国术体育学院，第三第四年在山西大学外文系，后来又考了一次，没考上，第五年终于考上了，他的年龄比我们大多了，他是1924年出生的。这个人每天只睡觉四小时，剩下时间都用来看书，我们大家都很佩服他，但是分配的工作不是很好，去了内蒙古。这个人成绩不是很好，成绩总是七十多分。

第二个就是王天奖，当时9月份入学，他10月份就写了一篇文章，讲陈胜的。11月初，发表在了《光明日报》办的《历史教学》，是个周刊，我们就觉得很厉害，后来他留在学校做了研究生，1959年分配到了河南大学，他是浙江人，别人听不太懂他的口音，所以就把他调到了河南的历史研究所搞研究。20世纪80年代初，他的单位就算河南省社科院了，与河南大学关系就不大了。在这个研究所，他的局限就非常大了，他只能研究河南相关的，都是地方史，相当于被耽误了。此外他的身体也不好，他母亲身体也不好，他还得照顾。他在2002年就去

1996年11月2日南开大学历史系聘请彭炳进为客座教授合影。前排左起：冯尔康、陈振江、郑克晟、魏宏运、彭炳进、陈捷先、朱凤瀚，二排左起：×××、陈志强、杜家骥、孙立群、金成修、吴存存、常建华，后排左起：阎爱民、宫宝利、赵全鹏、杨杭军

世了，他还是全国人大代表呢，在河南是个佼佼者。他当时是两个所的所长，一个是历史研究所，一个是近现代史研究所。

此外还有一个李家翰，学考古的，他一入学就买了一套《汉书》和《后汉书》，还买了一个签子，蘸印泥，进行断句，当时别的人都莫名其妙呢。奈何他考试成绩也是不太好。后来去了西北大学。1959年，西北大学一度想开考古专业，他也参与其中了。20世纪60年代初困难时期的时候他又下马了，去教了一段时间中学，再后来就去西安的文物局，当了副局长，主持了长乐宫的发掘。我毕业之后唯一没见过的人就是他，1985年的时候我路过西安，还特意去他家一次，他的爱人孩子我都见到了，他去逛书摊去了，我着急走，就再也没见到他。

忆幼时一件趣事

  1941年1月，时值九岁多，当时上孔德小学四年级。当时因即寒假，故一月的汽车月票未买，改乘电车。当时由太平仓至南池子（太平仓在平安里南，当时平安里路未通），4路及3路电车均以太平仓为站，且为4路之起点站。

孩童时的郑克晟

坐电车似为七分钱，有一次把电车费花了，而又上车。车上挤极，乃得以蒙混不买票。旁边二中年妇女以同情的口吻说：这姑娘（因当时留长发，似女孩）太小，不掏钱呀！但售票员均喊，让打票。电车开至西单，下车人多，我乃趁机赶快下车，终得以"免票"。

下车后，离太平仓还有六站，如何办？乃一人去文昌胡同5号养富二哥家。正巧二哥及姨均在家，对我极关护。当时他们二人似有《雷雨》中周萍与繁漪之举，二姐假拿军刀，刀儿出鞘，我乃做惊恐状，哭了。二哥说，我是吓唬她玩的。

下午为了补偿我的"惊吓"，二哥带我去西单商场遛弯，并为我买小孩枪一把，价五角，又吃八宝莲子粥（二角）及洋点心一块（六分），又食似油炒面一碗，亦二角，为我花了九角六分。我怀着感激之情，这九角六分一直未忘，还把那把枪带去学校一二天，显摆一下。

逛完商场后，二哥又带我去元兴昌大干果铺，在商场与西单之间路东。他买了许多东西，记得清楚的是买了一只火腿，让人送去，算是置办年货吧！后来如何回家已忘，估计是雇一三轮让我回家的。

此时，乃二哥事由儿最得意之时。他在通州一治安军为上尉军需，官不大但赚钱不少。

若干年后，1945年冬，他去北大医学院的教务处工作，名为"处"，实际就他一人。解放后他任过生活科及膳食科副科长。1962年至1964年间，因经济问题被判至东北劳改，"文革"后期只身一人死于劳改所中，悲夫！

2011年9月21日上午忽忆及此事而写之

初入北大

今年为北大入学五十周年，9月2日，全班十几人曾聚于小干部（陈崧）家，算是纪念入学之日。上周陈惠民劝我回忆当时情况。后思之觉尚有可写，唯文笔拙劣，又系小人物，且事亦不惊人，不过回忆当年点滴，以为入学纪念，亦以存当年大学风气之一斑。

2001年12月

投考北大史学系

以自己课业之差，根本无法报考理工科，堂哥维勤三兄劝我报农学院，我又很不愿意，结果报了历史系。报的顺序如下：第一志愿北大史学系，第二志愿北师大历史系，第三志愿辅仁大学历史系，第四、第五因不愿再报，乃空，第六志愿北京大学任何系，第七志愿任何大学历史系，第八志愿服从统一分配。老先生说：南开大学历史系教授全是我的学生，亦可报。我未听，当时所担心的是任何大学历史系，很可能至东北师大，或河北天津师范学院。当时曾闻陆方表兄言，此系为李光璧师主持。再就是服从分配，一服从则说不定分至何处，最坏结果可能分至中央税务学校，结果居然能入北大，实出意料之外。

1955年北京大学历史系毕业照。前排左九傅同钦，四排左六郑克晟（戴眼镜者）

北大史学系该年录取标准

原来1951年史学系因报名者少，成绩不佳，故录取标准一再降低，开始规定平均40分为录取线。是年共考八门，文理各半，考文科则文科比例高些。结果一算，40分以上（除二名在50—60者外），仅得五至六人，于是再降低，30分以上，又招十八人，仍不够数，再加30分以下，方招够三十多人。故先父日记曰："较之往年，相差甚远。"此亦我班所以水平低之主要原因。至于志愿，第一志愿凡十八人，第二志愿八人，第三志愿三人，第四、第五志愿各一人；成绩50—60分二人，40—49分八人，30—39分十六人，30分以下十人，合共招三十六人。

初至红楼

新生报到为1951年9月10—12日，周一即10日我未去，老先生知道后极不满，让我赶快去，并告诉我要先去史学系系家，在红楼。9月11日上午我就先去系家报到，接待我的是四年级老大哥杨诗庚，填表中有一项是"来自何地"。这本来填北京就行了，不料我稍迟疑，杨大哥就告诉我："籍贯，填籍贯。"我想我的籍贯是福建，于是糊里糊涂写上福建，不料杨老兄是福建人，遇到老乡格外亲切，问长问短。后才知道填得不对。

随后就是老同学带我们去选课。当时我的学号是2251008，第一个2是文学院，第二个2是史学系，51是1951年入学的，后三位数是因为有的理工科系人多，怕要过百，所以定个三位数。当时傅同钦早我一刻报到，她之学号为2251007，孔庆榛带她至系选课，我随着他们走，正巧孔陪傅从中文系出。她是选了大一国文，而我选的是史学文选。孔出来后见到我说，去中文系，一进去后，一位老师说："你没选中文系的课呀！"我有些后悔，如果当时选了大一国文，我的文学底子可能还会强些。

初见杨杰诸人

同一个上午，办完了一切手续后，我正在灰楼旁张望，忽然见到三位同学向北走来，个头都不矮。第一个人对我非常客气，说话称您，他们自报姓名为杨杰、田珏、王希孔，全是一个班上的。杨杰家住在东直门内大街，后门在香饵胡同，离我住之府学胡同26号不远，他当时是团小组长，班内仅一个小组，团员六七人，我亦在其中。过了一个多月，杨杰生病，我曾去看他，所谈甚欢，日后成为挚友。他为人忠恳，待人得体，讲实话，所以说出话来有一定威信，不过他毕竟幼稚，看问题有些简单，所以不会被重用。

新旧同学去北海游玩

9月11日下午，老同学刘贵真等人组织新同学去北海游玩。本来我自幼在京，北海不知去了多少次，不过当时是团员，又是系主任之子，太脱离群众也不行，所以跟着去了。先去漪澜堂，在走廊内大家席地而坐，各自介绍，其中一女同学自我介绍一下，然后用眼睛向我一翻。我没听清名字，然看我一眼却印象极深，她就是陈惠民，亦是团员，被团支部指定为第三小组组长。她们组当时是先进组，有王云鹗、傅同钦、马寿千等积极配合，中午读报，订爱国公约，什么都是走在先，所以"三反"、"五反"之后，陈惠民即被指定为班长。她人不错，无心计。

后来大家又去五龙亭及九龙壁等处，刘贵真对我说："小北京，你多给介绍介绍。"

班中选举

9月12日即报到第二天，班中选举，共选六人，班干部三人，出席学生会代表三人。原我班召集人系会定为马富民。此人系老陕，人积极，但有些糊里糊涂，能力奇差，说话亦扯东扯西，不着边际。班中开会时，我也发言一二次，表示积极。在提名时，马寿千曾提过三四个人，其中也提到我，竟然说我口才很好。我本口吃，居然得到如此称赞，大概是马兄对我实不了解。事后马兄对我说：我看马富民实在不成，所以提了许多人。最后结果：班常务冯松年，学委郑笑梅，文体张义德，后张调任系文体委员，文体乃改为朱蓬举。而马富民等仅选为代表，马代表之外号实源于此。选举时我得十二票，傅同钦得五票，她未参加会，只张鸣环极力推举之故。

订爱国公约

班中选完之后，即系会选举，选举张义德为文委，曹贵林为卫生医药委员。随后系即指定各小组组长，当时分四个组，每组九人（各含女生三人），合共三十六人。一组组长为徐印玺，二组组长为杨益森，三组组长陈惠民，四组组长为我。当时第一件事即各组要订爱国公约，我们这个组的特点是开会全不发言，与一般爱发言表现积极者完全不同。由于不发言不表态，所以订与不订无法说。系学习委员是高两班之卢育三，他总是问我为何还不订。我把情况汇报后，他又问了几次，最后说如先不订亦无妨，所以我们组是全班最落后的，订约也不例外。大约过了一个月之后，居然订成了，条文都是一般的八股文字。但我加了几句，是针对不发言的。记得其中一条曰："开好小组会，不开无准备的会，开会踊跃发言。"

第一次上课

9月13日周四，第一天开学上课，是日上午原定马寅初校长讲话，临时取消，改为上课。第一堂课应该是余逊先生之"史学文选"，排在了第三、四节。当时规定，凡大学入学考试语文在60分以上者，大一国文免修，改学"史学文选"。刚入学时又把50—60分的人再考一次测验，如已及格，则亦可免大一国文。那次重考，冯松年仍未通过，而陈惠民则通过，一齐上"史学文选"。

上课开始后，大家等了好半天余先生也没有来。因第一次上课，谁也不敢动，其中有一个穿旧西服上衣、年纪比我都大的人说，咱们走吧！此人即我班大学长朱蓬举，自号朱飞，喻学习岳飞之意。他因为1948年已考入天津国术体育学院，49年又考入山西大学外文系，已上两年，已是老资格的大学生了。他1924年出生，年龄比我们大多了。

大家仍不愿意走。一会儿系主任郑先生来了，说余先生大概不知道上午上课，所以没来。于是大家就走了。

历史系系家

当时各系学生都有一聚会的场所，可以借借书，看看报，开开会，聊聊天。历史系系家是我最怀念的，地点在红楼二楼。红楼共四层，楼梯是盘旋上下，原拟安电梯，因费用大而未安。另加一地下室，当时看来已相当大，一楼也应上几个台阶。系家原是一个大教室，相当于四间房，其中隔开一间即存放图书之处，书大约也有四五六个书架，都是上几班老同学捐赠的。记得我第一次借书是郭沫若之《青铜时代》，封面即大书"田昌五"三字。

借书时间在晚饭后一段时间内，总有一个多小时吧。当时是二年级的吴荣曾同学义务担当管理员。吴现为北大教授，他义务担当此职务，实在令人敬佩。他也借机会能多浏览一些书。我借《青铜时代》之后，让学习委员郑笑梅看到了，她说：我也正想借此书。还有一次，王天奖同学借了一本《秦汉史》，很薄，为劳贞一著。当时大家谁也不知道此人，更不知劳贞一即赫赫有名之劳榦。天奖对我说：此书借者少，向为众人所轻视。

可惜系家时间不过半年，1952年初开始"三反"、"五反"运动后就全取消了。1952年春在民主广场东边盖起一座二层小楼，各系系家均迁至此，地方小了，又太偏僻，去的人也少了，不是那个意思了，至于书也不知落入何处了。

系会选举的民主气氛

开学不久系会选举，原系会主席为刘克华，副主席为张磊。这次选举，全下台了，改选为胡拙（主席）及杨建芳（副主席）。胡为史四学生，人显得精明。杨原应是史四学生，因去南下工作团，耽误了两年，现在史二，情况与周怡天相同。

选举前孔庆榛的发言最逗。他攻击张磊，认为他不称职，"工作也平常"，应当换下来。他发言后，别人虽未附议，但实际上同意他的意见，张磊真落选了。孔与张磊及胡永树，自称"三老"，胡原为福利委员，管学生助学金，这次也给免了，他们三人关系最好，但孔这次全不赞成他们再任此职。当时被选举的人，也不全是上边指定或非"红"不可，有些就是大家认为不错的即可当成委员。记得李英春（史二）同学就在这次会上被选为福利委员，后来有一次我要退饭票，找的就是他。他为人沉默寡言，按当时的标准说，并不"积极"。

"窝头"膳团

入学后住校，当然要入膳团。当时每月伙食费旧人民币87000元，即后来的8.7元，价格不太高，大约是每月7日交伙食费。入学不久，除国庆时改善伙食外，其他时间吃得不好。记得早上只吃小米粥，并无干的。王云鹗曾抱怨说"吃不饱"。午饭及晚饭主食是米饭、馒头，副食天天吃菜帮子。于是有人提议办窝头食堂，即主食可吃窝头，副食应好一些。不料有一个周六下午，原学生会主席岳麟章（1946级）针对此窝头膳团，大大抨击了一番，说这是和学校领导，和学生会对着干，好像提建议的这些人有问题，或是别有用心。岳口才好，侃侃而谈，一直说了有两个小时。听者均报以掌声，不用说，我亦为北大有如此出众之领导感到高兴。但岳所批之人到底怎么回事，一点摸不清。岳似一直不受重用，1957年又被"错划"，相当之惨。1985年12月，我自香港开会回内地，住在中山大学，还在中大见到他，所谈甚欢，但未曾想到这件事，不然真应当问问他，此事到底有何背景。

开大会无礼堂

北大之穷，表现之一即无礼堂。我上大学后，开会虽则去中法大学礼堂，当时中法已归北大，当无问题。记得入学不久，去中法礼堂听许德珩讲学习《新民主主义论》之报告，以后周末请人做报告均在民主广场，全都坐地上。10月中旬袁翰清做访苏报告，及10月25日庆祝抗美援朝出兵一周年大会，均在民主广场举行。民主广场1947年还有几个大字，写着"民主广场"，现在也成了中宣部的宿舍了。但已记不清教师如何听，只记得后一会议杨振声先生是在东墙根站着听。11月初天冷了，王震来做报告就在图书馆，各教室都接喇叭。1951年底，新膳厅建好，在红楼之西北，比较大，听报告及庆祝活动就在这里了。记得1952年元旦我们演话剧就是在北大膳厅，观众二三百人，估计此厅可容近千人。1952年1月薄一波来校讲开展"三反"、"五反"运动，就在此厅。时在1月5日左右，天冷，大家冻得够呛，大膳厅容不下，似还开了几个教室。

记同学去动物园游园

除了刚开学去一次北海外，我还与班上同学去过一次中山公园，时间是在10月中旬，大约七八个人吧。记忆最深的就是刘瑜也去了，跟我特客气，且一句一句郑主任如何，弄得我挺尴尬。因为我与别人不同，我之父乃是系主任，人家恐怕也因为如此，才对我客气的。

再一次就是10月28日班上组织去动物园，当时该处是叫西郊公园还是别的，已记不清。是日我是骑自行车去的，同骑者尚有吴国仪，我们见去得早些，且天气极好，乃乘车往民族学院及人大那边去看看。当时民院建筑尚未完工，人大似也未建什么楼。

这次印象深的是，张鸣环也去了。她一般不太愿意参加集体活动，这次不仅去了，还玩得挺高兴，大家均如此。12时前我因我父30日要去江西参加土改，所以提前走了，骑到西直门门脸，正见杨益森及另一人刚从沙滩食堂取回饭菜，他们是因大家高兴，不愿意回去，班头冯松年乃让二人去膳团取饭的。我对冯兄考虑如此周到，杨益森兄等如此积极，至今仍敬佩不已。

记大一时之杨益森

杨益森兄不止这次去动物园为大家取饭，在1951年除夕他在北楼游艺厅也担任服务员之角色。记得那天，我们与王云鹗、傅同钦等一伙人都去北楼游艺厅，即见到杨。他说："我再一会就到点了，就可以一起玩了。"班上如此积极的服务员，当时并不多，杨为其一，当时冯班头能"支使"的人也不多，就这么几个。

杨为人深沉，不开朗，他与丁子英为天津一中同学，一中是好学校，他家乡似在杨柳青。记得有一次选文体委员，丁子英即提名他，介绍他在中学嗜体育。不料那次杨未当选。后来让他作第二组小组长，他坚决不干。他对王云鹗有好感，暗暗追逐王，因两人均喜篮球，且王还是北京女队主力。一次王给杨一张篮球票，丁子英说，杨自此以后天天写日记，大约也是一般男青年的那种激动。这种幼稚，人人有之，不足为怪。

杨日后愈趋消沉，原因不明，至于毕业时的情况，究属何因，亦不能下结论，且是北大迁到城外之事了。

记史一1951级之第三小组

班中分四组，其中就是以陈惠民为小组长之三组总为模范，其组内一因有班常务（即班长）冯松年，二因有两员女将，即王云鹗及傅同钦，以及积极分子马寿千等人。王原为贝满女中球将，她与虞德舜同为北京乃至全国女篮之佼佼者，平时大大咧咧，总拿个篮球，人极活泼，与男同学打打闹闹，但不出格。冬天总穿件黑色短皮上衣，即小皮袄。傅同钦出身慕贞女中，人亦活泼，可以极简单地响应任何事，故极好领导，中午读报就是从他们组开始的。其实当时图书馆报纸极多，尽可读之，何必非集中一起念？但当时大家政治热情极高，亦是领导上要求政治进步之一安排，于是各组纷纷读起来。好在10月底以后，高班所住地字楼房间都腾出来，给史一女同学住，开会读报均在女同学宿舍中，一切方便。

但她们这个组也有略略不随俗者，王希孔即其一。他大约不太以如是积极为然。当时系会因三、四年级都去参加土改，实际仅有一、二年级各四组，系会经常表扬第三组，大家都觉得无所谓。

史一之博物馆专修科同学

1951年入学的史一学生凡三十六人，其中亦有几个是博物馆专修科学生。当时史学系自1950年开始招收博专学生，我班谁是博专生并不清楚，直至11月初系内组织去天津参加华北物资博览会，一般史学系学生都只能派代表去，而博专学生因与专业有关，全体都去。当时能去天津可不简单，我就没去过。

记得一次在对面628室内，见马子庄及魏效祖嘀嘀咕咕，方知即是为博专去津参观事。后来才知道阎孝慈、吴国仪、马、魏、刘瑜，或许还有孙国璋、郑成通都是博专的。阎孝慈原是南京大学艺术系的，上了一年又重考北大博专的，可知他学博专的兴趣。代表史学系去津的人只是张义德，大约去了两三天。是年11月10日下午，那天正是周六学习日，张还向全系同学传达博览会的内容，记得说到装配汽车与美国福特等相同云云。那几天我正头疼感冒，是趴在桌上听的，不料一听头疼反倒好了。是日回家，看翦老《秦汉史纲》一直至午夜。还有一事值得注意，即是年月日星期，与五十年后之今年完全相同。

"一帮一，一对红"

刚入学不久，系会为让新同学迅速了解系中情况，乃让史一、史四同学"一帮一"。当时给我指定的史四同学为彭××，为系会主席胡拙之女友，后为胡妻。其人原系中法大学转来，人比我还蔫，与我仅谈过一次话，不过一二十分钟，也没说什么，大约觉得我乃系主任之子，一切不会陌生。她们班在10月中旬已决定参加土改，规定史三、史四全体参加。史二同学闻讯后，亦有张磊等人向上级反映，要求亦去参加，上边未准，乃罢。我们班并无人反映此事，人生地不熟，一切听之任之。

胡拙是新当选的系会主席。只记得人长得挺精神的。他好像不是团员，只当了一个月就去江西了，次年5月回来不久，系家已搬，系会已不多，大多由团支部代替了，大家一起活动的机会更少了。我没有印象再与胡、彭他们说过话。

"一帮一，一对红"是后来的口号，女中早就有高中生与初一班同学闹蝶儿（Dear）之事，实亦一帮一之含意，不过神秘化了而已。

后来从未见过胡、彭夫妇，仅知在北京工业学院附中，胡先彭而去世。

同学们最所钦佩之一

史一同学有几位极为用功，能得到众人所钦佩。一为王天奖兄，天奖兄额头极大，且是穷学生，来自浙江黄岩，极用功。令人钦佩的是，9月中才开始上课，他在是年10月即在《光明日报》"历史教学"版（即1952年后改版之"史学"版）上发表陈涉（陈胜）一文，文虽不长，但初学历史之人即能如此快地发表文章，当然令人羡慕。后来1953年暑假，天奖兄又利用在西斋休息两周的机会写出上海小刀会起义始末，亦一传世之作，此为后话。后来天奖兄留在学校做了研究生，1959年分配到河南大学。他是浙江人，别人听不太懂他的口音，就调到河南省历史研究所搞研究。20世纪80年代初，他的单位并入河南省社科院，与河南大学关系就不大了。他担任过河南社科院历史所所长。但在这个研究所，他的局限就非常大了，他只能研究河南相关的，都是地方史，相当于被耽误了。此外他的身体也不好，他母亲身体也不好，他还得照顾。他在2002年就去世了，他还是全国人大代表，在河南是个佼佼者。

另一为李家翰兄，他学考古，一入学就在东安市场书摊购得前后《汉书》两部，还买了一个签子，日日用竹签圈点，从不间歇，亦颇为同学侧目。一个新同学能坐得住已经不容易，更何况踏踏实实地阅读古文，且能标点，怎能不让人敬佩。奈何他考试成绩也是不太好。他毕业去了西北大学，1959年西北大学一度想开考古专业，他也参与其中了，60年代初困难时期又下马了，他去教了一段时间中学，再后来就去西安的文物局，当了副局长，主持长乐宫的发掘。我毕业之后唯一没见过的人就是他，1985年我路过西安，还特意去他家看他，他的爱人孩子我都见到了，他去逛书摊去了，我着急走，就再也没见到他。

再就是朱飞，他是老资格的大学生了，不仅已经上过大学三年，且年纪亦比大家大六七岁。他考过北大五年，第一年没考上，第二年1948年考入天津国术体育学院，1949年又考入山西大学外文系，已经读了两年。后来又考了一次，没考上，第五年终于考上了。我与他同屋。他每天只睡觉四小时，剩下时间都用来看书。图书馆10点关门，他回来已经是10点半以后，寝室已经熄灯，他竟全然不顾，再把寝室中的书、桌等搬至走廊灯下，再读书直到深夜12时以后。这种毅力，亦特别让人向往，所以他当时甚为同学所敬重佩服，在班中亦有威信。但他成绩不是很好，总是七十多分。朱飞毕业后分配的工作不是很好，去了内蒙古。

男同学一度苦读《资治通鉴》

与李家翰圈点《汉书》的同时，班上忽然掀起一股读《资治通鉴》的风气。当时《通鉴》尚无标点本，当然是线装书。记得男同学宿舍中每天读《通鉴》的有马寿千、冯松年、刘纯杰等人，他们三人住同一间寝室。是谁先开始的我不知道。可能还有其他人响应，但是谁，我忘了，只记得有人问我为何不读《通鉴》。以我当时之水平，看钱穆《国史大纲》尚觉吃力，谈何读《通鉴》？此读《通鉴》风时间不长，就过去了。

当时同学二十四人，住三院丁字楼四间房，每间六人，够拥挤的，每室中有四个二屉桌，四把凳子，三张双人床，冬天再加一火炉，已经够满的了。好在三院离东安市场近，走路不过几分钟，市场书摊也多，同学虽多未去，但也有少数人去逛逛，凡此都对新同学有所影响。

说实话，我在三院去东安市场次数不多，逛书摊亦少。只记得次年3月8日下午，我与同屋徐印玺兄去买过几本《食货》，不是五分钱一本就是三分钱一本，其内容我极欣赏。

史一同学的第一个中秋节

上课不久的一个周六，即是入大学后的第一个中秋节。是日上午冯松年即召开全体同学会，商量如何过节。很明显，他是指北京以外的外地同学而言的。我怕又要来个"左"，号召全体同学一起过，于是发言，表示应让本地人还是回家过节。冯采纳了，说：刚才郑同学说的是对的。于是议定当日晚餐后在民主广场西讲台畔一齐活动。我既然发言在京同学不来过，而自己当然要来与诸新同学一起过。记得那天吃完晚饭后不久，我就到了学校，顺便还带了几块糖。那天是联欢会，有什么节目多不记得了，只记得张义德之手风琴演奏，他的手艺颇为一般，拉出来也是吱吱扭扭的，好在这比什么也不会的诸人，也算是相当难得了。此后极少听他在任何场合拉过。一次暑假，他索性把琴带回上海，再未见带来过。同学们这第一个中秋节，大家挺高兴，因为毕竟是北大的大学生了。

在北大第一次入伙

一开学我也入了伙。因为入伙晚了，且当时饭厅小，所以我被排在第二批，即比第一批人晚半小时吃饭。当时很不方便，且与班上的同学全部脱离。一桌八个人，每月伙食费是旧人民币87000元（即新人民币8.7元）。刚一吃即觉伙食不佳，早上是光喝小米粥，午、晚则为米饭、馒头，同学们如饿狼似的，尤其表现在拿馒头时，有时放在凳子上的馒头没了，炊事员刚背着大笸箩进来，众人则一齐上抓馒头，压得炊事员受不了。张义德最看不惯这种现象，索性到东方红吃回民饭了。

到了10月4日左右，再入伙，把我编回班中去了。临走时，大家都重感情，纷纷留姓名以便日后联系。中文四年级有个老学长，已经察觉出我们是刚上大学之幼稚与喜悦，还是照旧签了名。记得八人中还有一位是动物系的，原系北师毕业，看样子教了一两年小学，很像个老师样子的。还有一位也是动物系的，她们是同学。再一位是姓蔡的，是贸专的，吃饭最慢。他说他在他们家里是吃饭最快的，他母亲说他以后在外吃不了亏，其实仍比别人要慢一半，此人后来在校内屡与我打招呼。

史三史四班去参加土改

大约在这年10月中，校中即决定史三、史四年级生及部分教师要去南方参加土改，于是系中教师及学生均有一些变化。史二学生听说高班生去参加土改，也要求去，张磊特别积极，大约是学校不允许，还是留下来了。史一新生无人吭气，继续上课。原教上古史的张政烺先生要去参加土改，改为余逊先生讲秦汉史。校外艾思奇教的历史唯物主义，改为李琦教，其他无变化。当时高班同学为了维持生计，多在外边中学教书，郭毅生在孔德教历史九堂，由史二胡永树代教。刘贵真上有老母，在外亦兼课，一开始土改，家中缺钱，于是郑先生给了她一百元。其实郑先生当时也没钱，是女婿黄熊在外设计图案所得报酬。土改师生是年10月30日出发。出发前10月25日，正是抗美援朝周年，北大开会庆祝，土改团团长郑先生代表全体人员发言。那天很冷，记得中文系杨振声先生叼着烟斗，站在东墙根下，沉默寡言，却也有老教授之派头。

记三院丁字楼627室诸人

当时史一男生均住在三院丁字楼，其楼即1951年新建，为银专大楼，系银行系统为培养干部而建者，凡三层，我的印象似厕所在楼外。史一男生住二楼，即627—630室，每室六人，627室住马富民、吴国仪、徐印玺（均下铺）、我、朱飞、田珏（为上铺）。当时室内仅四个书桌。好在天天在室内者仅徐、吴二人，其他人多去图书馆。

徐印玺是张家口小学教师，已婚并有孩子，当时已经二十二岁左右。他与吴极怕冷，很早即在室内生火炉。当时该楼并无暖气，炉子容易熄火，房中炉土飞扬，脏得要命。徐后做一组组长，人极蔫，似心事重重。我当时极不习惯集体生活，睡不好觉，只好常回家住，徐笑我必有家室。我在1952年1月放寒假前，约他及吴、田几人在家吃过一次饭，算是室中之友谊。那次未约马富民，朱飞未来，仅我们四人，记得买了二斤肉，以半斤炒菜，一斤多炖之，大约花了二元钱，大家极满意。

1952年三四月，张家口致函北大勒令他回张，他只好回去。临走之前，班中还为他开过欢送会，依依惜别。徐1953年又考入南开，1957年毕业分至新疆社科院，后退休回到张家口。

记灰楼地字楼104室女生宿舍

三院男生宿舍因地远，从无人去，而灰楼女生宿舍则不然。一为两性之追求；二为男同学一天除上课及去图书馆外几乎无地方去；三是中午不睡觉，系读报时间，每组九个人，各占一室，故去灰楼习以为常。不过男生多去的是104室，此房间住王云鹗、傅同钦，房中主人热情活泼，各毕业于贝满、慕贞，长相在班中也属不俗，所以去人特多。尤其有时为什么事开玩笑，王云鹗竟能以武力压过对方，几条汉子也不是她的对手。因为她是篮球队员，几次代表国家队，非同一般。我去104室比较晚，当在12月中下旬，当时衣着平常，是件蓝制服棉衣，下踏中式老棉鞋，是那年11月21日忽来寒流，临时去铁狮子胡同东口一小店买者，如记忆不差，价三元六角。当时灰楼暖气极热，房子仅八平米，屋里聚集多人，其空气之不佳，可以想见，但大家还是愿意去。主人对我挺热情，众多人一起聊天打闹，自是平常之事。也有时房主人不在，几个同学在内，且有睡觉者。一次冯松年在内盖着脸正睡，虞德舜来找王，掀开大衣一看，吓了一跳，煞是有趣。还有一次众人都在床上打盹，我说咱们这儿是内多旷夫，大家也大笑。因为当时余逊先生正讲汉代，言宫内"内多怨女，外多旷夫"如何如何，所以大家笑了。再一次，我与曹贵林同开会，我写条给曹："校长是你老丈人，阁下将来继承（原小学）校长。"他回

1991年7月参加南开大学主办第二届明清史国际学术讨论会合影。左起：曹贵林、王敦书、郑克晟

条说："我们校长姓×，我爱人姓曾。"他又反问我："阁下爱人姓什么呢？我听说是姓王？"可见当时有人已背后议论我与104室两主人之一有意，不过他们猜得不对。

1951年除夕

已是大学生，当然处处高兴，何况又首次接触男女同班，其喜悦当不一般。是时星期一，下午无课，午饭后特别回到三院，想睡个觉，以备晚上好好玩玩，不料一直躺到三点半，根本睡不着，觉得没地方去，乃在沙滩东街随便走走，忽然觉得肚子有点饿，乃去理学院对面一小铺，问有何物？女店主特别客气，且当时炉火早已封，说："焐两个果儿（鸡蛋）吧？"我说好。于是临时把火撬开，给我弄了两个鸡蛋，这两个蛋焐得不软不硬真是火候儿好，故至今不忘。吃完后还觉早，当时是5点半吃饭，于是我又去松公府门斜对面一糖铺买黄油球三角钱（当时旧人民币为三千）。这家糖店叫哥伦比亚，以售黄油球最著名，其他糖的品种不多，且这里的黄油球也有不用糖纸包的，价更便宜。该店这时生意已更不行，看来快关门了。北大门门口几个店似乎都是如此，生意没有什么好的。

饭后几个男生不约而同到了104室，人不多，比原来想象的热闹场面差不少，大约一起就四五个人吧！一起先去北楼礼堂，各教室都有游艺项目，人还算多，大家似乎没什么兴趣。到了一处，正撞上杨益森在服务，大家与他搭讪了，他说我服务快到点了，然后可以一齐玩？大家不知为何，可能觉得没什么意思，再回104室吧！后来有一部分人去了子民堂，好像傅同钦及郑惠滨（一旁听同学，但与大家均熟）非常高兴地跳，这时已经12时多了，似乎也没有什么12点的钟声，原说马寅初马老要有什么新年贺词，似乎也取消了。一二点钟回到三院，大家似乎都不如原来那么高兴。是不是快"三反"、"五反"运动了，大家并不清楚，也许上边早已布置，有意降温，而我们学生不知道而已。

史一同学之不愿学历史

前面已说，考历史系者有些多是第二、第三乃至第五志愿者，恐怕还有硬性分配至博专者，吴国仪大半即如此。有一次吴甚至在女生宿舍看数学等课本，以备转系。

三院男生宿舍离东安市场极近，走路比在北楼上课近得多。但1951年我极少去，以无物可买。记得仅一次与杨杰至内一转，仅买糖葫芦各一串，当时价为旧人民币一千（即新人民币一角）。王府井周围电影院亦不少，但看之次数亦不多，仅11月26日去大华电影院看《幸福的生活》，此剧当时极红，且歌亦有名，如《红梅花开》等。1951年12月27日，晚上与吴至真光看电影，为《俄罗斯航空之父》，述俄人如何钻研飞机者。观后，吴大感慨，对我说：实在喜欢工科，不愿学历史，看了此电影，此思想更加滋长，亦颇受剧情感动。当时吴与我同屋，且时常一起活动。当时班上许多人不喜历史。我并不以为然，因为如成绩好，何必非考自己不喜者？令人奇怪者，吴一直申请转工科，至次年暑假尚未罢休，但当校方同意他转清华，但只能至专修科（是时专修科人极多），他却未予理睬。可见喜爱专业，也是有条件的。

北大之剧艺社

初入大学，各文艺团体均招人参加。我在中学时本演过多次话剧，尚能演些二流角色，反映尚佳，又在北京市属艺术班进修过一月，故当此情绪高涨之下，乃决定入北大之剧艺社，当时参加者亦有十人左右。其中有中文系一年级的刘坚（后在社科院语言所）、裴家麟（先留北大，后在中央民族大学，当时为二年级）、沈玉成（中文系一年级，有才华，后在中华书局，曾修改《万历十五年》）。沈不演戏，但喜爱。他与我谈得来。一次道及我父亲，他说，那可是老先生了。其时郑先生当时不过五十二岁，已是老先生。我现在已近九十，尚无人称我老先生。

入社后并无活动，到12月因临近新年，且新膳厅（即大礼堂）即完工，故决定为迎接新年出演一剧，我在其中饰演一个一般角色，剧名为《最后的窗户》，系讽刺揭露美国社会者。大家无共同时间，只好利用周日排演。大约十二月的几个周日全用上了，我已感到太无聊，太耽误时间，决心下不为例。记得当时是哲一的张××为导演，原剧艺社几个均担主要角色，一是社长（外号老头儿），一是俄语系一杨姓女生，还有一法律系之人，此人几十年后在公安大学教哲学，其妻即图书馆专科之薛清录，她后在中国中医研究院图书馆，本为慕贞女中毕业。

剧排基本完了，导演不满意。1952年元旦在新礼堂演出，那天天冷，且同学多已疲倦，观众仅数百人，演员情绪受影响。导演看后说，糟透了，糟透了。从此我就与剧社Bye Bye了。

史一系中所演的小话剧

今为12月15日周六，忽忆五十年前今天亦在史学系演过一剧。事情在是年12月10日周一，张磊写一反映当时学生之剧本，约胡永树、孔老二（孔庆臻）、徐永上（当时叫虎儿）、我、同钦及他共演。我们在工字楼他们屋聊完，即回丁字楼。时胡永树正应孔德中学校方邀请做"一二·九"之报告，孔德之礼堂正在我丁字楼627室之对面。大约两点半我正听一片掌声，估计是胡开始讲了。12月15日开师生纪念"一二·九"、"一二·一六"会议，向达、余逊两先生及一些师生都来了，加一起估计不过五六十人。剧的内容反映当时学生生活的。如孔老二早上不愿起，胡的台词说：什么温暖的被窝啊！等等。一会儿张磊又说：可是恩格斯在《反杜林论》中说，如何如何。永上则一本正经，傅同钦说什么已忘，反正极不自然。迄今已五十年矣。当时孔、胡、张自称三老，我与杨杰兄继之称二翁。一次还让团书记马模贞点了名，说新同学受老同学的影响，即指此。今孔、杨已故，张、胡远在广、闽，永上又生重病，再想五十年前之轶事，恐大多已不复记忆。忘了听谁说，我们演戏时，向达师问余逊师："哪个是郑公孩子?"余指我言："这个即是。"

三老与二翁

三老及二翁前已略述之。一次张磊指其同屋人福建之小林（林则勋）说：郑也是你的上级。原来他们排辈时，已开心地把小林视为他们三老之部下。既然有三老，我与杨杰兄自称二翁亦理所当然。一次议及二翁时，杰谓：二翁必须饭后百步走。我与张磊言：杨杰是二翁驻灰楼办事处之大使衔行走。张大笑，盖当时我还不大去灰楼，只杰兄一天到晚泡在灰楼，不过他少去104室，大多是在刘瑜、徐宝善那个屋，大半他们全是一组的，而我是四组。

杨杰在他们组认干姐们，张鸣环为大姐，徐宝善为二姐，秦淑清为三姐，杨杰为四，尚有个五妹，即刘瑜。据杰兄称当时他与刘尚有意，且在灰楼前拉手散步，亦不知真假。杰兄当时极窘，后方知其父在临解放前，由于其兄杨栋做汽油买卖，结果全部陪光。故其父为全家糊口，只好开了补习学校，教书挣钱。其时干脆住在其女之夫家后院南房三间，此后几年我去找杰兄，均在此房内。据云1958年被占充为幼儿园，因杰兄已离京，所以也不常去了。五十年来，杰兄似乎一直很穷，也不知怎么回事。

史一同学六人共舞

12月15日纪念会上，除我等六人（三老及永上、同钦、我）演话剧外，史一同学尚有一舞蹈以助兴，共计三男、三女共跳苏联舞。第一出场为女生张鸣环、男生张义德，女张似不习惯演此，紧绷眉头，一脑门子官司。第二似是杨益森及刘瑜，还有杨杰及陈惠民。女的每人下身披一褡裢，可谓穷对付，而且颜色似是灰色的，也不般配。此次舞蹈在本班似是空前绝后，因为后来亦有女生跳舞，但多没有男的，或男的不是本班之人。此中最特别活跃者应该是杨益森。前面说到，杨当时还是很积极的，至于后来为何如此低沉，或与其家庭变故有关，不过这多是猜测而已，并无根据。

所以说，这六人一无有艺术细胞，二无活泼之心态，三更无该方面之兴趣，所以从此就再无此类表演之出现了。六人中女张后来入考古，男张及陈为班中得力干部，刘为病号，二杨则多为班中一般人士，平平庸庸而已。

1951年12月北楼之舞会

当时北大每逢周六晚必有舞会，跳者及观者相当多。一次是12月15日晚，不知是谁非让我及张义德与秦淑清、刘瑜去，这一去，很不得劲儿，因为等于每一曲必请她们跳，而她们也并无人请跳。完后，张义德说，真没劲儿！再就是12月22日，那次不知何故，去了不少中学生，跳舞虽不多，但觉得有些生气。还有一次跟张义德同往，张认识当时校文娱部之某领导，是俄一的，长得招人喜欢，我仅和她跳过一次，觉得她跳得挺好。后来杨杰讽我为垂涎三尺。此人后不见了，据说1952年后留苏了。1952年留苏之人学习俄文时合拍过一照片，杨杰见到了告诉我的。

再就是12月29日周六之舞会，好像也挺热闹，没有本班的人，但印象中挺高兴。当时每多与张飞（张义德）一起，因为他系文娱部长（或委员）。以后开展"三反"、"五反"运动，文娱节目全部取消，没听说再跳什么舞了。当时班中女同学似无人跳舞，男同学着迷者亦不多。上述日子或许有颠倒，忆不清楚。

范若愚教《共产党宣言》

史一时为加重马列主义学习，除让艾思奇先生教辩证唯物主义与历史唯物主义外，尚有周四下午三堂《共产党宣言》课，由范若愚教。此课纯粹马马虎虎，先生不喜教，学生不喜听，尤其怪者，老师一无讲稿，二无准备，每周闲聊。范先生曾举例说明学习理论之必要性。一次忽然批评梁漱溟之《〈中国文化要义〉序》，范说："其序仍写民国卅八年十月，是时已改公元纪元了么！"其实，当时梁在四川重庆，尚未解放，故不奉正朔，似亦说得过去。可见，党内理论家对梁素所不满，非因1953年秋梁之发言也。

范教之课，到了最后四周，只好按照每周一章，一句一句地讲，像讲语文课那样，正好期末讲完，他自己亦承认讲得很糟。当时我们只知他是个老干部，不知他当时还任过周恩来之秘书。

他讲最后一章时，即1952年1月3日，当时正新年过后，大家都感觉累，所以听课心不在焉，尤以此课为甚。冯松年时为班常务，亦在课中打盹，同钦曾写一打油诗讽刺之。不料冯大怒，大发雷霆。同钦乃不得已而道歉，但心中不悦，还委屈地哭了。

以上所写均在2001年12月底前写，1952年后者，留至2002年1月开始写。

记1952年前今日的一怪事

1952年1月12日晚，是日为周末，我去灰楼104室王云鹗、傅同钦室，忽见杨杰欢不楞跳地告诉我：课停了，要搞运动了，考试也不考了。好似屋内其他诸人均有喜悦神色。我当即郑重地说：这有什么高兴的！当时是否已意识到此运动会涉及家人，或认为考试有什么，杨之喜悦是否太幼稚？经我这么一说，影响了全屋气氛，同钦也说杨之不对，大约话不投机，不一会我就回家了。及今思之，哪个同学愿意考试，或不怕考试，应当说大半都不愿意吧！

今杨兄已去世多年，深觉其高兴与我后来相同。我亦怕考试，不上课不考试最高兴。所以1956年全国考研究生时，根本未想报名（历史所刚入所的虞明英却报北大了）。不爱考试大半是学生之通病，不足为怪。而我之所以对杨如此说，或亦幼稚，或亦有预感也。

1952年先是教师思想改造，父亲为史学系改造重点，后又有院系调整，父亲被调至南开。北大老教授至外地者大约仅他及杨振声二人，看来我的预感未必是错的吧！

2001年1月12日晚，次晨补

我在北大史学系经历的院系调整

1946年秋后北大复员，史学系主任为姚从吾教授，教授有郑天挺、毛子水、向达。这四人均是西南联大时期的北大教授，姚、郑、毛为北大的老教授，向为1938年北大特聘教授。1946年，北大又新聘杨人楩、邓嗣禹、杨联陞（未到校）、余逊、邓广铭、张政烺、韩寿萱诸教授。

杨人楩原在武汉大学。抗战中朱光潜在武大任教务长，此时他回北大任西语系主任，乃推荐杨来北大。

余、邓、张原均在中央研究院历史语言研究所工作，且有成绩，此时代理校长傅斯年聘他们来史学系任教。

邓、杨、韩三位是胡适校长请来的。邓仅在北大任教一年就回美国了。20世纪80年代他写过一篇《北大舌耕回忆录》，刊于1991年三联书店出版的《郑天挺学记》中，对1946—1947年这一年中在北大教书及生活的情况，叙述翔实、得体。

当时姚从吾教辽、金、元史，郑天挺教明清史，毛子水教中国古籍选读，向达教中西交通史，杨人楩教西洋史，余逊教魏晋南北朝史，邓广铭教宋史，张政烺教先秦、秦汉史，韩寿萱教博物馆学，邓嗣禹教中国近代史，胡适也在史学系教历史研究法。1946年底，姚去河南大学任校长，史学系主任由郑天挺代。1948年底胡适及毛子水南去，史学系教授阵容仍壮大。

1949年后，郑天挺仍任系主任，又增加了朱庆永教授（教授外国国别史），1950年又增加由中法大学归并来的商鸿逵（教中国通史）、戚佑烈（教世界史）及博物馆专业的胡先晋（教人类学）教授，以及年轻教师汪篯、杨翼骧、胡钟达等人。

我是1951年秋天考入北京大学史学系的。史学系的学生一向生活散漫，不爱开会，不爱体育，甚至有些课都不愿去。我是城内沙滩北大的末班弟子，也深受其影响。关于这些事，师兄周清澍教授在其大著《沙滩北大二年》[①]一文中曾有精彩的叙述。

我们一年级的功课有中国史（一），即先秦史，由张政烺师讲授。此外还有俄文、辩证法（由艾思奇讲授）、《共产党宣言》（范若愚讲授）。

我非常喜欢听张先生讲课，他无讲稿，因而讲课有些零乱，而却按照自己独到的见解，对先秦史的诸多问题都能解释透彻，与后来至城外那种统一教材、统一观点，甚而教条式的述说是完全不同的。

到了是年10月底，史学系三、四年级及一些老师（包括先父郑天挺及张政烺等人）都去江西泰和县参加土改，先父且担任土改第六团团长。于是张先生的先秦史，改由余逊师讲授秦汉魏晋南北朝史。

余师为人谦逊，对同学极热情，毫无架子。他的课有详细的讲稿，笔体端正，讲课时慢而清楚，初学历史的人，特别喜欢上他的课，笔记也容易记。他的国学根底强，讲史学文选

---

① 收入周清澍《学史与史学：杂谈和回忆》，上海：上海古籍出版社2011年9月版。

课，课文全能背诵，同学佩服至极。

本来课讲到1952年1月中旬即应考试，但学校忽决定停止考试，改为"三反"运动学习，而老师们则进行思想改造运动，检查思想，人人过关。

我在"三反"运动中，因参加"打虎队"（当时指涉嫌贪污的人为"老虎"）的宣传工作，所以对系中老师的思想检查参加不多。只记得3月5日余逊师继许多教授之后也作了思想检查，同学几无意见可提，勉强说他自信心不强，理论学习不够，或过分谦逊而已。事实先生乃一谦谦君子，从不张扬，唯一不足的是，不太敢写文章。

父亲是北大史学系思想改造的重点对象。他第一次检查是在1952年2月23日，次日提意见，领导认为群众未通过。第二次检查是在5月二十多号，已经上课多日了。仍然是检查一个下午，次日提意见。当时师生提的意见不似后来那样慷慨激昂，火药味不浓，语气上还算是比较缓和。但临时领导系中"运动"的负责人，政治系赵某某，却说他是最最自私自利的人，他当时实在想不通，在本上写意见时手发抖，几乎写不出字来。他后来还多次提过这件事。

5月初，校方突然宣布立即上课。不料上了两周课后，又复停课，师生分头搞"忠诚老实"运动，交代个人历史问题。十天左右，又继续上课，直至8月初才放暑假。

1952年8月下旬，北大一部分老师去青岛休养，郑先生也去了，这实在是他一生中仅有的一次休息，一些清华历史系的教授如邵循正、丁则良等也去了。其间见到了山东大学历史系诸同仁，互相切磋教改的问题。郑先生回来说，这次旅行的特点是需自己扛行李。周炳琳先生年已六十，自己扛，无人管，已感吃力了。

与此同时，我们一些同学则由学校组织去西北郊温泉的露营活动，为时一周。

这些地方是团中央书记荣高棠提议的。据说1936年假日，清华等校学生也是在这里野营进行锻炼。

温泉地方地处香山西北，附近有一温泉中学，环境不错，周围极为清净。周围还有七王坟（光绪皇帝父亲之墓）、九王坟（光绪叔父之坟）、大觉寺等名胜。我们一次去九王坟，还碰到一件扫兴的事：当日给九王坟看坟的老者，已七十岁左右，上台阶时，我们扶了他一下。不料即有居民说，他是地主，你们怎么还扶他，大家闻后都灰溜溜的。这次去的人还有同班同学郑笑梅、田珏、朱忠武、刘纯杰、傅同钦和我。傅同钦后来成为我的妻子。

大约9月初，父亲刚由青岛归来。某日，他20世纪30年代中文系的学生徐嵩龄忽来找他，告诉他从教育部方面得到消息，将调他到南开大学历史系作系主任。此事他事前一无所知，也无人对他暗示过。此前几个月，全校教师一直讨论院系调整问题，并人人表态：要服从组织分配。

徐嵩龄原在岭南大学教书，此时正在北京待业。他告诉郑先生之意，在于他极想也来南开教书。他最后去了云南大学。

郑先生对他去南开，情绪还算镇定，未在家人前发过牢骚，亦无何怨言。只听他说过，他几次在会上表示过，不再作系主任。

但他调津，对我们家庭影响却大。我们母亲1937年即去世，父亲一直单身，他在西南联大八年就是这样过的。因此他一去天津，这个家就全变了。当时我姐郑晏及我兄克昌都在北京工作，并都有子女，不可能动。我即将上城外北大继续学习；我弟克扬正上中学高三，亦不可能前往，因之父亲也必然和他在联大一样，仍然一人过孤单的生活。不过正如他在《自传》中所说的：

经过郑重考虑后，我决定不考虑个人生活及其它方面的变化，愉快地只身来津任教。[①]

不仅如此，他还与同他一起由清华调至南开的雷海宗先生，互相鼓励，决心把南开历史系办好。因为郑先生是系主任兼中国史教研室主任，雷是世界史教研室主任。

1952年9月下旬，北大史学系教师拍了一张纪念照，以为留念。

照片中的前排坐者均为即将离开北大而调往其他单位者。从左至右：朱庆永教授（即调北京师范大学历史系）、戚佑烈副教授（即调东北师范大学历史系，不久又调哈尔滨师范学院）、韩寿萱教授（即调中国历史博物馆）、郑天挺教授（即调南开大学历史系）、杨翼骧副教授（即调北京政法学院，次年调南开大学历史系）、胡先晋副教授（即调中央民族学院研究部）和邓锐龄先生（研究生毕业，即去中央统战部）。

后面站立者为院系调整后继续留在北大历史系者。左起：青年教师李克珍、邓广铭教授、向达教授、张政烺教授、杨人楩教授、胡钟达先生、余逊教授和青年教师刘克华。留系的教

---

① 冯尔康、郑克晟编：《郑天挺学记》，生活·读书·新知三联书店1991年4月版，第401页。

院系调整时北京大学史学系教师合影

师商鸿逵和汪篯先生有事外出，未参加照相。

留系的老教师中，余逊教授1953年即患重病，不再工作；张政烺教授与胡钟达先生1958年分别被调往中国科学院历史研究所及内蒙古大学历史系；向达教授1957年被打成右派；杨人楩教授1957年亦遭批判，险些落网；实际上仅剩邓广铭教授一人仍在系中尚充重要角色。

1999年，季羡林先生在给郑先生《清史探微》作序中，曾盛赞1952年前的北大史学系：

在当年（1952年前）全盛期间，历史系教师阵营之强冠全国。自先秦时代起，一直到清代，每一个朝代都有国内外知名的学者坐镇，极一时之盛。1952年院系调整后，一些教授调离北大，其中就包括（郑）毅生先生。于是金瓯残缺，阵营难整……当年那一个能成龙配套的阵营已不复存在。[1]

从这张1952年史学系教师离别时的合影照片及后不几年的事实来看，是不是如此？

当时调离北京的人，只有郑先生和戚佑烈先生，所以郑先生临离北京前，特别去看了一下戚先生。

戚先生1923年生，燕大毕业后去法国深造，后回国在中法大学任教，1950年合并至北大。1952年时，他的法国妻子及孩子均已回法，所以离京前也是只身一人。

郑先生去看他时，正值家中变卖家具，状况至惨，郑回来后，颇多感触。

我在1952年9月底去亚太和平会议秘书处作抄写员，历时半月。10月中旬工作结束，离家随北大校车去城外报到，住原燕大棉花地之十斋学生宿舍中。当时美丽的校园未使我有多大感触，只觉得人多乱哄哄，宿舍住人太挤，伙食也不如城内，极感不便。过去住北大三院宿舍，离东安市场书市很近，不买书亦可随意浏览，到城外就不成了。城外的图书馆并不大，一点也不比沙滩的图书馆强，且参考书放架中者亦少，至少是不熟悉。交通也不方便，出城要排长队，总之，一切都不习惯。

不久，学校开始上课，课程主要是中国史（三），即隋唐五代宋辽金史，由邓广铭先生讲授。邓师是宋史专家，他讲王安石及岳飞令人印象深刻。他当时写的《王安石》一书即要出

---

① 季羡林：《〈清史探微〉序》，见郑天挺《清史探微》，北京大学出版社1999年7月版。

版，原说出版后送每人一册，后出版时已至次年，未能赠送。此事在四十多年后，即1995年我班庆毕业四十周年时，我还向邓师提及此事，一乐。

邓师还考证杀岳飞时皇帝所发十二道金牌，及朱仙镇金军之"拐子马"等问题，印象深刻。

这学期最令同学感兴趣的，是由中文系林庚教授讲授的中国文学史。林师本来就是诗人，他讲的课犹如吟诗一样，同学一致欢迎。可惜的是，只讲了一学期，到了第二学期，这门课即被历史系取消了，这也是教改中的一个插曲吧。

这年11月初，父亲孤零零地一人离开了北京。他走前一人不访，别人似也顾不上看望他。

临离北京时，仅我一人送他去前门火车站，替他提一个挺沉的小木箱。箱子中有六层抽屉，每层装的都是折扇面，内中有诗有画，都是几十年诸多教授及友人书写的，大约总有百多幅吧！都是他最心爱的，也是最令他留恋的。可惜这些扇面后来在"文革"中统统付之一炬。

郑先生就是这样，离别了北京，离开了北大。

（原载《民间影像》第9辑，同济大学出版社2019年1月版）

记1957年历史所明清史组
去曲阜参观

　　1957年夏，中国科学院历史研究所（今隶属中国社会科学院）多人，在王毓铨先生带领下去济南、曲阜参观了一周，收获极大。

　　当时所内每年都有学术考察费各一万元（是时历史一、二所合在一起），年轻同志都希望有机会去外地参观。一所（即

1956年在北京饭店前合影。左起：郑克晟、郑天挺、郑克扬

先秦、秦汉、魏晋南北朝史）同志在张政烺先生带领下去了洛阳、西安等地，回来时又路过上海、曲阜、济南等地，去了二十多天，令人称羡。二所明清史组（实即明史组）初定去山西阳泉参观土法挖煤及河北高阳土法织布。这时张政烺先生等正回北京，对王毓铨先生说，我们刚从曲阜回来，那里有大量的孔府明清档案，可多采访，于是计划乃改为去曲阜。

我们坐1957年6月20日夜车由京去济南。同去有王先生、张若达、胡嘉、王守义，年轻人有钟遵先、左云鹏、刘重日、林鸣凤、李济贤、曹贵林、郑克晟，女同志有张兆麟、蔡秋萍、傅同钦，共十四人。为了节省经费，中老年先生坐硬卧，年轻人坐硬座，历时一夜才到了济南。在济南待了两天，除参观山东博物馆两次外，还去了趵突泉等处，并拜访了王献唐老先生。王老先生极客气，特别请一位李老先生陪我们去曲阜。

一到曲阜，地方上很热情，把诸多清代孔府档案（少量明代）拿出来让大家看，大家都很高兴，还把重要的档案目录抄下来。到了60年代，杨向奎先生等人就是根据这些档案，与曲阜当地学者合作，整理出一套《曲阜孔府档案史料选编》多卷本，但直到1980年才由齐鲁书社陆续出版。

这次参观，还在一晚上听李老先生讲他幼时见到山东运河集市的热闹景象。可惜那天大家都很累，讲了一会儿就散了。

在曲阜参观外，有些人还去了泰山。未几天，大家都回京。

此事距今已六十余年，当年同去十四人，仅我与老伴傅同钦健在，其他人均已归道山。思之能不感叹！

2020年6月

忆1961年三年困难时期

　　近日屡早醒，又为不打扰别人，索性思索困难时期之1961年。

　　这先应由1960年底说起。事实上从1960年国庆后生活供应已极困难。是年中秋节（10月5日）我约新婚的杨、胡二人去北海赏月，原以为至少可喝些茶或饮料，不料进去后见茶座及小卖部全关，内中一片漆黑，比平时景象还差，因此只能在半山腰中一处，听听华侨中学的初中生在游戏，情绪倒还蛮高。我们坐到9时多，互相道别就回家了。

　　到了11月，正值同钦劳动一月，学部下属让年轻妇女全到食堂帮厨，代替劳动。维持不及一月，食堂关张。12月初，大家都到学部大院对边饭馆打游击。一次我一转身，放在饭馆火边之窝头，即被人拿走，其速度之快，令人惊愕。

　　与此同时，南池子北口路东一三间的副食店开始卖点心，四元多一斤，我给在津之老先生买过两次。当时无人买，店铺亦不声不响。到底何时开始卖的，已无从知，而我去此处也是瞎撞的。

　　1960年12月下旬，克扬弟生病住院，三次手术后，因一切顺利，大家都高兴。手术时老先生亦来京。这时我听闻灯市口附近胡同内之康乐已有高级食堂，但须清早排队。我为了让大家开一回斋，决定去排一次。

当时为1960年12月底，正值"一九"，去康乐时，已见人数不少，不过既来之，又有吃瘾，虽冻得可以，还是排了至少两小时，排时也与前前后后的人聊聊天。

排好后，仍发号，按号前往，不过这不必着急，因为已订了号，就没人着急了。

与老人、同钦及我三人吃什么已全忘，只记得与我一起排队的少女，穿得整整齐齐，与早上排队时穿如此之破大不相同。她见我说，我们已经吃完了，你才来。另外就是吃时，见张兆麟、钟遵先趴在窗外，我把他们叫进来一起吃，因为他们与老先生也都认识。此为第一次。

1954年郑克晟（左）与弟弟郑克扬在清华园火车站

随后老先生带克扬来津休养。大约1961年1月中，我来津南开与他们汇合。南开地小，熟人一下可见。到了合作社门口见到雷伯母[1]，问她身体如何？她说肿（指浮肿）呗。又至合作社，已开始排队买高级糖，大约是四元多一斤，为省事，系是五毛钱几块。当时排的人不多，老是六至七人来回买，其

---

[1] 编者注：雷伯母指雷海宗夫人张景茀先生。

中有杨翼骧先生。当时卖者说，不必排，不必急，糖有的是。有一学生来问，店中人答：你们可以集体买。

那时天津开始对一、二级教授每月发五张优惠券，可到宏业菜馆去吃，老先生带我及扬弟去了，还可以多要菜带回。查万年历，这天应是1月15日，我当天即回北京。

1月22日，我带同钦、同钦弟弟立柱、郑春去北海，北海仿膳已开始有高级饭馆。与此同时，高级糖、高级点心全部出笼。糖五元一斤，后涨为六元，每斤五十块。郑春要买一块，价一毛。点心价三元、四元、五元，三元者以核桃酥最便宜，一斤可十八块。四元者有萨其马，吃半斤已腻。五元者更高级，很少买。有一次溥雪斋（忻）说他儿子在百货大楼给他买咖喱角，八元一斤，但是真好。

1月22日那天我们不可能吃高级饭馆，但见一男子跟另男另女说，你们先聊着，我去排队（在仿膳排队）。这位先生除介绍男女见面外，还义务排高级饭馆，其热情可知。

1961年2月4日，为周六，去听贾若瑜（军博馆长）少将之报告。我买二元之高级糖（二十块）一边骑车，一边吃糖。报告后我们去李铁拐钟街旧鸿宾楼西餐馆吃高级饭馆，只同钦一人进去，我们在门外等，大概吃五至六元。

1961年之春节，已经是二月中旬了，大约是初三，维勤大三哥在我住的东四头条一号最后院叫我，说已给我们在东来顺要一号，晚上可以大家都去吃。他未进屋，我屋前有一水泥圈儿，高于地面一寸半，他不小心，几乎摔一跤，好险。是晚爹爹及我等至东来顺吃水锅，大三哥未去，养富二哥倒是去了。此为我第二次去。

是年3月中旬，老先生来京开教材会走后，我约岳父母、同钦、郑春一齐又去一次东来顺吃涮肉。当时不必排队，五个人似是吃了二十多元。傅老认为太贵。为第三次。

此后不久，历史所调胡嘉至内蒙古。时同钦在图谱组，几位年轻人如李培根等，在西单附近探索何处高级饭馆便宜，拟聚一次欢送胡嘉。结果众人在西单附近吃饭，张政烺师及我亦参加，最后算账，每人十元，我与同钦为二十元。当时我们六十二元月薪，觉花如此之多钱够呛。为第四次。

是年五一节老先生来京，白天①时住在前门附近之市委招待所，一次请我们大家，同钦、郑春、我、克昌、克扬均去，魏挹澧亦去，郑春还砸碎一杯子。此为第五次。

是年6月初，我因在《大公报》写一《民族英雄郑成功——写在他收复台湾三百周年》文，得稿费20元，带同钦及郑春在一饭馆吃饭，要一肉丝，一蛙腿（樱桃肉），春说："这就没了？"此第六次。

是年7月，老先生住民族饭店。我有一次在同春园午饭，最便宜者为炒鸭血，价仅一元，吃得挺香。此第七次。

是年9月3日为周日，我与老先生去看马巽老。马老上板凳

---

① 编者注：白天（1906—1973），原名魏巍，湖南省隆回县人。1925年冬入广州黄埔军校第四期学习，1939年任国民革命军93军少将参谋长、副军长。1940年6月投奔八路军总部，改名白天，意为从此人生道路上的黑暗结束，白天来临。新中国成立后，1957年被授予少将军衔。1959年调离军队，转业任哈尔滨市副市长。1963年任中国科学院历史研究所副所长，从事军事史研究。白天有两个女儿，下文魏挹湘、魏挹澧分别为其长女、次女。魏挹湘老师为郑克扬老师夫人。

取一朵葡萄送老人。旋我们去白天处，魏挹湘亦在。四人去新侨吃饭，白认识此中人，无何证明。老人问白喝何酒，侍者言："魏老喜喝红酒。"白大笑，说明与他们也不熟，其实白最喜喝白酒。此第八次。

年轻时的郑克晟。摄于北京沙鸥照相馆

11月初，我10月劳动一月回来，白天在四川饭店请饭，民族饭店经理某人作陪。我不能喝酒，易逞能，以为喝几口就成了，岂不知让酒者不管这一套，继续加。喝得不好受，只好在街中转，边走边不适。此为第九次。

不久一人至同和居。吃饭间，一老太太问我："我这菜剩一些，给你吧！怪可惜的。"我未要。此第十次。

11月还有一次，是花钱最多之一次。溥雪斋订一桌在新侨饭店，AA制，还有溥松窗夫妇。结果每人摊十一元多。那次我们三人，老先生、同钦及我。此为困难时期花钱最多之一次。那次未上菜，先摆两包高级烟。饭间，溥老忽抽起烟来，老先生问之，溥老言："我不饿。"溥又摆起王爷架子。此为第十一次。

此年中可能还有一两次，我忘了。只记得1962年初一次在东单全聚德，同钦去请白天，白已请过，但还是来了，认为我吃最多。

2013年1月20日于东村12号

中秋节有感

　　前天"九一八"，又为中秋节，鉴于郑泰及其子中霖均去中霖姥姥家，又逢周日，小时工梁姐亦休息，于是二人索性不做饭，去一西餐馆吃饭贺节。原定去金环，后郑泰说该处正修路，乃乘831路至黄家花园，再漫步民园附近之路，至河北路疙瘩楼之成桂餐厅。

　　民园之路为旧英租界之五大道汇合处，人行道极宽，且车

2013年10月29日郑克晟、傅同钦在南开大学东村42号家门口

少人稀，漫步其中，颇为闲适。天津旧租界尚有其痕迹者，非此莫属。途径几个餐厅，但见一人亦无，状况凄凉，但至成桂处，则人已满。

要之菜仍如2002年"三八"时一样，吉列炸鱼、奶油烤杂拌，汤则仍红菜汤及奶油汤，未要冰水，取其火柴一盒。成桂为1983年创业，较之起士林晚之多矣。

乘904车到八里台，实际已快至南开主楼。往回走时，但见月色朦胧，时隐时现，真乃是云遮月也。又途过八里台之小花园，正拟坐则赏月之时，有老人之狗狂吠，打击情绪，乃缓步回家。不时仍远望月光，留恋不已，诚一令人怀念之中秋也。

过去多少年的中秋，亦有回忆，但值得不忘者乃1969年之中秋节。

是年中秋为9月26日，时正在军粮城写镇史。

原7月22日历史系大部分人至东郊区四合庄劳动，主要是稻田管理。是年9月16日，调黄宝宁、李元良及我去军粮城写镇史，黄写解放前，我写土改等，李写四清，住一于姓人之家中。

不料未十天，又让汪茂和来，不几天即让我回四合庄，方知汪之来是让我回去。那年中秋上午我回四合庄，乃见几处房子中全是批我之大字报。其内容似与先父不涉及，只云态度及腐蚀同学等。我一下就懵了，同室住之王洪钧为69届者，对我言："欲加之罪，何患无辞！"当时排里之负责人俞辛焞对我说："你今天必须回来。"我乃回军粮城取行李。时值中午，同室住之师傅李姓者，正托房东太太买小鱼，以备回津过节，一下买了五斤，包中满满的。到了晚饭后，我一人打好行李，弄成被包，又手提一小包，随即离开房东，搭乘汽车回四合庄。

郑克晟、傅同钦、次子郑泰、长子郑春合影

当时月色如何，全不理会，只觉情绪低沉，前景莫测，是一副要挨批的架势，其情景至今仍不寒而栗。到了四合庄后正值开会，欢送一大胡子师傅。俞则正泣而感谢该师傅对他之厚德难忘。

　　到了第二天，已是9月27日，连里形势突然大变，把批我之大字报全摘掉，拟换庆祝国庆之彩报。俞还说，这些大字报还留着，将来还要用。试想，此种情况谁还会相信？果然国庆一过，又一回家，其下落可以想见了。

　　我真感谢中秋节离国庆近，不然又必将有一倒霉事件发生。

　　三十六年已过去，俞兄与我已熟。前天他又翻拍老先生之照片，又不断推荐我去水上公园，说翻修之水上公园为世界第一。随后又参加他之离休纪念会。去年春，他对我说：在日本史研究室看书，可去学二食堂吃饭，比家里吃得好，饭后回日本史研究室再看书亦方便。不想未几月即又住院，可叹之至。

　　印象中的中秋，即1952年10月3日，是日晚竟然与同院（府学胡同教授宿舍）管玉珊（教授体育）夫妇及长保等人一起跳集体舞，其兴致之高亦少有之现象。

2005年9月20日上午

记1990年去京三事

　　1990年一年无日记，忽忆其年三次去北大、北师大，其情况大致如下：

　　是年元月2日，我刚刚上任南开古籍所所长，乃与所内赵永纪去古委会访安平秋诸领导。先在朗润园宿舍一楼房中之一室，此即古委会之工作地点。安穿一呢大衣来，谈到古委会工作均向夏自强汇报。快晚饭时，先找到勺园之招待所，然后吃饭。当晚与赵先去朗润园看邓广铭先生，先生大谈前一年春夏间事，毫无顾忌，很使赵感到惊讶。继又去中关园某楼夏自强处，均有联络之意。次日晨打过朱忠武电话，又打白老（寿彝）电话。白之助手说，每天下午3点或4点为会客时间，我因当天须返津，未及去。入城坐331车，平安里下往前走为厂桥，过中直招待所。忽忆1962年郑春一个人来此找其爷爷事，不觉忽生思念之情，盖当时为郑春出国之二周年，不免想念也。

　　第二次去京约在是时之11月左右。当时已知12月在广州开古委会之会，为了联络诸人，希能获得一大项目，即后来之《清文海》，乃去北师大参加纪念陈垣老110年诞辰会，当时乃刘乃和先生约请，刘见面说：我就知道你一定来。会上除见到历史所老辈张政烺、胡厚宣、杨向奎、王毓铨诸先生外，尚见到赵守俨及来新夏。赵说：你的书有特色，政治与经济合

1998年南开大学古籍与文化研究所师生合影。前排为学生，二排左起：邓安生、刘光胜、郑克晟、孙香兰、孙佩君、赵伯雄，后排左起：杨永明、王薇、郑天一、李玉奇、乔治忠、陈德弟、王力平、刘畅、杨毅、吴振清

并谈。来说刚下飞机即来。会后有展览，我一人坐公交车回城里。

第三次在此会不久，即12月10日左右。古籍所人非要再去一次京，为求大项目事。我一人乃去。安平秋等均奇怪，随便说说要求，即打道回府。此行乃古籍所人非让去者，并无必要，且亦未在北大找人，不过估计上火车前必去马寿千兄处。

2010年9月8日

明代政争探源

——访郑克晟先生

问：郑先生，您好！受《中国史研究动态》委托，对您进行一次学术采访。您是明清史研究名家，在明清史领域卓有成就。您的著作《明代政争探源》、《明清史探实》等都颇有影响，能否谈谈您的治学之道与学术思想？

答：说不上有多大成就。不过，聊聊也好，希望对年轻的朋友们有点参考价值。

一、成长过程与早年学术经历

问：郑先生出身书香门第，想必家世、家风对您影响很大，您觉得郑门家风对您成长有过怎样的影响呢？

答：1931年9月，我在北京出生。祖父曾为清末士人，1890年进士出身，后任职于翰林院，也在京师大学堂（北京大学前身）做过一段时间的教务提调，但他去世得早，1905年就病逝了，时年四十二岁。当时父亲郑天挺才六岁。次年，祖母又病逝，父亲成了孤儿。父亲遂由亲戚抚养成人，他很早就学会了独自生活，这样他也就养成一种独立自强的精神。如果说这是家风的话，那我还真受到他的影响。因为1937年，母亲病逝的时候，我也才六岁。父亲不久就南下了，我们几兄妹相依为命，从小也就养成了一种不怕苦、不依靠别人独立自主的精神。

问：您父亲郑天挺先生是著名史学家，您学习历史是否受到过他的影响？

答：先父郑天挺先生自小就独立，1920年毕业于北大国文系，后为北大研究所国学门研究生。先后在厦门大学、北京大学、西南联大任教。在我读书成长过程中，父亲很少跟我讲应该如何做，他对我们也几乎不管，但他是身教重于言教。我读小学时，正是抗战时期，父亲在西南联大，当时我对国际形势就非常有兴趣。我小学五年级时，转学到西黄城根小学，当时读过一些书，我印象特别深的是有一套书，叫"故事一百种"，实际上远远超过一百种。我印象里有《枪挑小梁王》，讲岳飞的；还有《同室操戈》，讲杀刘瑾的。这个书是图画本，图文并茂。高中时期，仍然喜欢看历史、地理方面的书，这样也就慢慢培养了自己的兴趣。

1951年9月，我考入北大史学系，完全

1935年郑天挺与郑克晟合影

是自己的兴趣。大一时候上中国史（一），就是先秦史；还学俄文、史学文选、辩证唯物主义、历史唯物主义，都是有名的教授执教。当时北大学术氛围很浓，教师们都有独立个性、独到的见解，上课也很有吸引力，像张政烺、余逊、邓广铭、邵循正、向达等老师，都是这样的风格。在他们的课堂上，我学到了很多知识，同时也养成了独立思考的习惯。记忆犹新的是向达师提出，做学问应当采取"人弃我取"的原则，对我震动很大，成为我一生治学所奉行的原则。而当时加强马克思主义理论学习，也培养了我理论思维的思考方式。

问：您是怎么走向明清史研究之路的？一开始就对明清史感兴趣吗？

答：1955年，我大学毕业，分配到中国科学院历史二所工作。入所之初，被分到历史地理组，跟随谭其骧先生研究隋唐历史地理，半年以后，谭先生调往上海，我就转到了明清史组。组长是白寿彝先生，王毓铨先生是副组长。于是，就由王毓铨先生指导，他特别让我关注明代土地制度史，指导我读书。先读《天下郡国利病书》，再读《明经世文编》，后来又读《明实录》，当时读的是五百册的"梁本"。对于明代土地制度，我特别注意到有关明代庄田这类问题，于是就开始收集这方面的资料。从1956年到1960年，我先后花了四年时间，才将《明实录》读完，收集了很多明代土地制度史方面的资料，这奠定了我以后研究明史的基础，成为我学术研究的一个重要阶段。当时老师们强调，年轻人不要轻易写文章，要注重功底，要打下扎实的基础，文章要有独立见解，不要人云亦云。而我在北大所受教育也强调厚积薄发，这样我对写文章就更加谨慎了，轻易不敢动笔。

问：您发表的第一篇文章是什么时候？

答：20世纪60年代初，因为参加郭沫若先生主编《中国史稿》的编写，这是当时的任务，我负责编写过明清两代对外关系史部分。1961年5月，为了纪念郑成功收复台湾三百周年，历史所领导希望我给《大公报》写篇文章，我写了题为《民族英雄郑成功——写在他收复台湾三百周年》的小文章，刊在《大公报》上，这是我公开发表的第一篇文章。当年，我已经三十岁了。于是，趁机又写了几篇有关郑成功的文章，比较重要的一篇是1963年6月发表在《光明日报》上的《郑成功的海上贸易与军费来源》。其他的问题，虽然也有兴趣，却不敢多写，怕犯错误。

问：您是什么时候调到南开大学来的？您最初的工作是怎样安排的呢？

答：1952年，高校院系调整，父亲郑天挺教授由北大秘书长、史学系主任，调任南开大学历史系主任。长期以来，他一人独自生活，十分不便。1963年初，为了照顾父亲，我和爱人傅同钦一同调到南开大学历史系工作，我被安排在历史系明清史研究室，参与《明史》的校勘工作。南开大学明清史研究室，成立于1956年，是当时教育部特别设立的一个研究室。《明史》标点校勘，是当时明清史研究室承担的一个重要项目，主要由林树惠、朱鼎荣、傅贵九三位先生承担初校，后来汤纲、王鸿江和我也参与进来，由郑天挺教授统筹总揽。1963年9月底，父亲与其他"二十四史"点校负责同志们，一同住在中华书局西北楼招待所，专心从事《明史》点校工作。1966年6月，"文革"开始以后，父亲被迫离开中华书局，奉命回校参加"文化大革命"。不久，就被关进"牛棚"，受尽折磨。

我们全家也受到牵连，1969年全家下放天津西郊王稳庄公社插队，一直到1973年8月，我才回到南开历史系。随后又参加《明史》点校工作，为时大约半年。"文革"结束后，才重新开始学术研究。

二、南北地主集团的党争是解剖明代政争根源的钥匙

问：您这一代被"文革"耽搁的时间太多，但后来学术成就却很大。您是如何关注到明代南北地主斗争的问题？进而写出《明代政争探源》这部名著的？

答：1977年我查看原先所抄的卡片，发现了一条抄自"梁本"《明实录》有关明代皇庄的资料，乃是正德二年七月，有关明代皇权与勋贵斗争的经过，从而激发起我研究明代庄田的兴趣。因为在20世纪50年代末读《明实录》时，这方面的资料曾经集中收集过，但还不太完整，"梁本"大段脱落。于是又到中国科学院图书馆看台湾"中研院"史语所整理本《明实录》，系统地读了一遍《明实录》。这次读，有的放矢，补充了很多资料，收获很大，使得明代庄田的资料十分系统。便由明代皇庄入手，对明代太监庄田、勋贵庄田、公主庄田、王府庄田等一系列问题，逐一展开研究；进而又涉及牧马草场、皇店、权贵私店的研究。在考察这一系列庄田与皇店问题之后，我发现这些庄田，貌似是经济史问题，根本问题则是他们的政治地位以及相关的政治势力斗争，这些是决定明代各类庄田发展的关键要素。他们在政治、经济上，结成一个政治共同体，在他们身上，有着明代北方地主的特色。

后来，父亲郑天挺先生给我启发。他曾说，1938年他在西

南联大历史系讲授明清史时，就注意到明初许多江南文人对元朝十分怀念，并举了宋濂、刘基等人的例子，提出他自己的看法。他的这番话引起我极大的兴趣，当时我又读到钱穆先生的论文《读明初开国诸臣诗文集》[①]，也有类似的看法。因而联想到陈寅恪先生曾讲过，北朝以来，统治集团分为山东集团与关陇集团之区别，两个势力集团的斗争，成为解读魏晋南北朝以来政治史的一条重要思路。这些都启发我思考，我发现明代也存在着这样两个集团：北方地主集团与南方地主集团，正是这两个地主集团的斗争，影响着明代的政治生态，左右着朝野政治。于是进一步深入下去考察，随后在给南开大学、兰州大学历史系研究生授课中，进一步完善相关的观点，进而贯穿到整个明朝，一直到清初，这样就奠定了这部书的基本框架。

1985年，参加香港大学主办的明清史国际学术研讨会，我提交了题为《明初江南地主的衰落与北方地主的兴起》的论文，这篇文章是我多年来深思熟虑写成的，在会上颇受好评。随后，我就以这篇文章为线索，来解剖整个明代政治史，诸如明初江南士人对元朝的怀念、明初苏松重赋问题、建文改革、靖难之役、明成祖迁都北京、明代各类庄田、大礼议、万历北方水田问题、耶稣会士来华问题、南明政权的党争等等问题，看似各不相干，实际上背后都受到南北地主政治集团斗争的影响。上面所举一系列争论，均由于南北地域不同，地主阶级内部利益各异，而明朝皇帝坚持扶持北方地主，打击江南地主所造成的结果。这样就将整个明代政治生态予以剖析，进而对整个明朝政治史给予阐释，提出看法。

---

① 刊于《新亚学报》第6卷第2期，1964年。

问：从《郑天挺明史讲义》(中华书局，2017年)中看，郑天挺先生对于明初士人怀念元朝，有相当深入的思考。在去年出版的《郑天挺西南联大日记》(中华书局，2018年)中，也曾提到过这个问题。可见，郑天挺先生对这个问题相当关注。您受到启发，将郑老的观点进一步发展，由明初扩展到整个明朝，因而意义就更大了。

答：你说得对。郑天挺先生一直很重视教学，尤其是从1938年开始，讲授明清史，下了很大功夫，他对明史许多问题的见解，相当有见地，生前在明史方面他并没有发表什么论文，他的见解都融于讲义之中了。对于明初江南士人怀念元朝的问题，在他的讲义中有很详细的讨论，先讨论"明人追念元代之原因"，然后从"元顺帝之遗惠"、"元之取民甚宽"、"明初文字之元末纪年"、"明初人对元帝统及明得天下之观感"等方面，进行阐述，相当细致。他生前曾当面向我提过这个问题，在他的《明史讲义》出版之后，我才了解了他对这个问题有如此深入的考察。正是明初统治者制定了扶植北方地主集团、打击南方地主集团这样的政策，奠定了明代的政治生态及政治制度，才埋下了以后一系列政治斗争的根源，明初江南地主与北方地主的斗争贯穿了整个明代。

问：明代南、北地主集团的划分，是以什么标准？是按照地域来说，还是有其他方面的因素？

答：明代南、北地主集团的形成与划分，地域虽有关系，但并非绝对因素，政治与经济利益才是区分的根本因素。所谓北方地主集团，主要是以朱明政权的皇室、勋贵、官僚、太监为主要人员所组成的，实际上乃是永乐迁都北京以后，逐步扩大而形成的特权阶层，其经济利益直接依赖于其身份与特权。

各类庄田的来源，主要是运用政治权力以超经济的手段获得的。北方地主集团，实际上是依托皇权而衍生出来的一个利益集团，维护北方地主集团的利益，就是维护皇权的威严。

江南地主集团，它是承袭元朝的系统而来的，来源久远，聚族而居。我所指的江南地主，主要包括两部分：一部分是指苏州、松江、常州、杭州、嘉兴、湖州等地区及其所属士人与官吏；另一部分则是指东南沿海地区，例如江、浙、闽、广地区，兼营私人海上贸易的地主们。他们在元、明两代境遇不尽相同，元代政策宽松，他们的势力不断扩大，明代则不断受到迫害，遭受打击。他们在政治上的代表人物，主要是通过科举考试得以晋升的，他们大多有着传统士大夫的政治理想和道德规范。江南士绅是江南地主政治上的代表人物，他们政治上也要寻求一定的发展空间，势必与北方地主利益集团发生冲突，这样也就引发各种纠纷。随着利益的分配，南北地主集团内部也会出现分化，甚至转换身份，有的出身南方地主集团，因为某种契机，转换到北方地主集团之中，这样的事例也不少见。永乐以后，这种情况，相当普遍。明朝江南士大夫，一部分参加明政权，并得到皇帝的宠幸。一部分江南士大夫，出于利益所在，隶属于江南地主集团，不时与代表北方地主利益的明朝统治者发生冲突。因而明代南、北地主的斗争，归根结底实际上就是皇权与士绅权力的斗争。

问：郑先生将明代政治斗争分为南、北地主集团的斗争，这种论断非常有启发性，是否有可能分层级讨论？我最近在关注万历朝鲜之役的研究，在朝鲜战场上，南、北兵的矛盾也很深，似乎也与明代南、北地主集团矛盾斗争有关系。

答：明代南、北地主集团的斗争，可以分为几个层次来看：

第一个层次，乃是地域的因素。中国地域广大，南北差异明显，南人与北人有很多生活习惯的差别。你提到的万历朝鲜之役中的南、北兵，就有这样的差异。北兵以李如松所率领的辽兵、九边兵为主，以骑兵为主，用刀、剑、箭等冷兵器。南兵主要是浙兵，乃是经过戚继光训练的部队，以步兵为主，但擅长用火器，战斗力很强。他们本身特点不同，在战场上的作用也有差别，他们之间的矛盾，更多的是背后朝中南、北党争的反映。第二个层次则是随着利益的转换，身份出现变异。朱元璋出身凤阳，应该属于南方，但是他当政后，对于南方士人采取了打击惩罚的办法，凡是原来属于张士诚、徐寿辉、陈友谅等统治过的地方，实施迁户、课重税等手段，予以打击，削弱江南士绅的力量，有意培植北方地主势力。建文帝继位后，江南士绅将希望寄托在建文帝身上，但最终被"靖难之役"推翻。朱棣继位，继续实施惩治江南地主集团的办法。有些朝中大臣，例如严嵩，生于江西，科举出身，按说应该属于江南地主集团，但是当他身居高位，成为大学士时，他就变成了北方地主集团中的一员，成为明代皇权的维护者，而非江南士绅的代理人。这是他们身份转换的结果。所以第三个层次，也就是最关键的层次所谓南、北地主集团的斗争，就是明皇权与士绅权力的斗争。

三、明代苏松重赋出于政治原因说

问：《明代政争探源》涉及的问题很多，其中您对苏松重赋问题特别关注。该书出版以后，您又对此发表过好几篇论文，您为什么对这个问题如此关注？

答：明代苏松重赋问题，并非新问题，而是自明、清以来，大家关注得很多的一个问题，讨论虽多，却没有一个令人信服的结论。苏、松地区，元末农民起义时，最初主要是由张士诚所控制的地区，又是最富饶的地区之一，张士诚对江南士人极尽拉拢之事，对他们采取"宽疏"政策，争取得到他们的支持。朱元璋最初对江南士人也采取拉拢争取的办法，但是江南士人多不配合，反应冷淡，激起朱元璋的反感。当明朝建立以后，江南士人又怀念元朝，朱元璋出身淮西游丐，一贯轻视江南地主，故对于他们打击不遗余力。明初江南士人可分为三种类型：参加过张吴政权的；未参加过张吴政权的；加入朱元璋政权，且建功勋的。朱元璋对这三类人在不同阶段，都采取惩罚的办法。第一类立国之初就严厉打击；第二类则采取迁富户，使其被迫离开江南；第三类则晚年发动一系列大案，予以清除。而且在江南实施重赋政策，几乎使之消灭殆尽。明初苏松重赋问题，实质上是朱元璋实施惩罚江南地主的一种手段，是结合政治手段而实施的经济措施，是对江南士人政治迫害的一种补充。所谓的经济问题，实际上是政治问题。

在打击江南地主的同时，他大肆实施分封制，将其皇子们派往全国各地，分藩立国，培植其以家族为基础的皇族势力，视作其王朝立国的根本。这部分势力逐步发展，随着永乐迁都北京，以北方为中心，跟随朱棣南征北讨的武将，随侍左右的宦官，以及通过其他方式进入永乐王朝核心的勋贵们，构成了北方地主的核心势力，是永乐依靠的对象。其继续实施打击江南地主的政策，依然坚持苏松重赋。可见，这是明朝长期坚持的一项政策，并非只是洪武年间才实施的政策。

而且，明代重赋不止出现于苏松地区，在江西、陕西等地区也实施重赋政策。这些地区从自然条件来说，各有不同，但有一个共性，就是这些地区都曾是朱元璋敌对势力之所在地。苏松地区属于张士诚，而江西地区大部分属于"陈友谅区"，两区都是朱元璋的敌对势力范围，尽管土地肥腴贫瘠不同，同样遭受到明朝统治者的"重赋"待遇。从明初到明末，江西一直实施重赋政策。陕西宁州地区，是西北最贫瘠的地区之一，也被课以重赋，因为这里曾是明初李思齐抗拒朱元璋的据地，"元人李思齐盘踞于州，致明太祖怒，倍增赋额"①。

可见，明初苏松重赋问题，并不是一个个案，也不应该只关注这一个问题，应该放眼全国，统筹考虑。无论是江西的重赋，还是陕西宁州的重赋，都并非因为是富裕之地方，而只是因为都曾是朱元璋敌对势力之所在，故而从明初开始，就对这些地区实施重赋政策，并且一直持续，所以其重赋不是经济原因，而是政治报复。重赋问题，也有助于理解南、北地主集团斗争的复杂性。

四、唯物史观指导与"人弃我取"的治史方法

问：表面上看，您的研究似乎只是一个个政治事件考释的集合，实际上仔细考虑，您有宏观的理论指导，就是将马克思主义唯物史观，很好地运用到您的研究之中了，您对整个明史创立了一套自己的解释体系，您是如何开展这样的研究路数的呢？

答：我们这一代，大学期间都非常注重马克思主义理论学习，多年学习马克思主义的历史唯物主义与辩证唯物主义。

①吕士龙：《重修〈宁州志〉序》，见康熙《宁州志》。

马克思主义强调经济基础决定上层建筑，我在《明代政争探源》一书中，就是以之作指导，将明代经济史与政治史结合起来考察。

明代政治斗争非常复杂，也十分激烈。大多数史家多从政治制度史的演变入手，很少从经济因素去考察。我觉得要真正深入了解明代政争的内在原因，必须将经济因素与政治因素结合起来考察，把明代作为一个整体进行思考。《明代政争探源》一书中，以相当大的篇幅，考察各种庄田，就是想探讨其经济基础。我之所以花这么大的功夫去考察庄田这个问题，有几个方面的因素：第一，庄田实际上就是北方地主的经济基础，皇庄、公主庄田、宦官庄田、勋贵庄田等等，无不如此，将明代庄田问题考察清楚了，也就了解了他们的经济实力。同时，也是解答明代土田数字变化的一个关键因素。第二，庄田是属于明代土地制度史的重要问题，恰好我以前阅读《明实录》时，下过扎实的功夫，有过系统的考虑。第三，当时学术界对这个问题关注不多，即便有人关注，也几乎没有人将其与明代政治斗争联系起来，而这个问题恰恰又是解开明代政治斗争的关键，所以我就下了很大功夫去研究，也为全书的立论打下了扎实的基础。明代许多政治斗争，最终都会或多或少影响北方地主集团庄田的消长。总体而言，因为明初开始就建立起一套封建中央集权政体，自从丞相制度废除以后，皇权具有至高无上的权威，士绅权利日益受到打压，所以几乎在每一次政治斗争中，以维护封建皇权为宗旨的北方地主势力就得以扩充，各类地主庄田也就得以扩展。

这种将经济史与政治史结合起来的研究思路，受到当时很多学者的好评。拙著出版以后，杨国桢、陈支平两位先生在书评中指出:"把元明以来江南地主和北方地主的势力消长作为明代政治斗争的深层主线,从而把明代的政治斗争与经济利益有机地结合在一起,对明代政务(政争)作出了新的解释,理出了明代地主经济南北差异影响南北地主集团政见的发展变化脉络。"①刘志伟与陈春声两位先生也说:"这种从具体的历史事实出发,在社会经济条件和不同社会集团之间的物质利益冲突中,寻找政治斗争的根源,又通过经济因素与王朝政策的互动关系,揭示政治斗争实质的研究方法,就是将历史唯物主义的基本原理,具体运用于传统中国社会历史研究的一种富于建设性的尝试。"②可见,这样的研究思路,得到大家的肯定。

问:在以往用阶级分析方法讨论历史问题的时候,一般只是笼统地讨论地主阶级剥削如何如何。通过您的研究,清晰地说明,统治阶级与地主阶级内部并非铁板一块,而是有着很多利益纠纷和矛盾斗争的。

答:是啊,阶级分析方法曾经盛极一时,是大家研究历史的重要理论指导,但事实上,以前过于机械。王毓铨先生在来信中也特别提道:"以往人们讲阶级,不少人陷于机械论、简单化,不知道统治阶级内部也存在着矛盾,即使知道,也不敢进行探讨。"因为统治阶层中也有很多利益集团,正是这些利益集团的斗争左右着朝中政治,故而他特别肯定拙著的论断和明代南北地主集团的划分,这也是整体上的考虑,如果再进一

①杨国桢、陈支平:《明清经济史与政治史渗透研究的新成果——评介〈明清史辨析〉、〈明代政争探源〉》,《中国社会经济史研究》1990年第3期。
②刘志伟、陈春声:《揭示传统中国政治斗争的经济和文化内涵——读〈明代政争探源〉》,《广东社会科学》1992年第2期。

2014年6月16日郑克晟在书房

步分析，还会发现其下有更多的集团与党派斗争，天启年间的党争，就是明显的体现。

问：您从各类地主庄田入手，研究明代南北党争的根源，可谓独辟蹊径，令人耳目一新。大著《明代政争探源》初版于1988年，迄今已经三十年了，后来又再版过一次，但是对于明代庄田制度的研究，仍然无人能超越您的研究。您发表很多的论文，选题都不大，又是很少有人讨论过的论题，结论却都很令人信服。您在选题上，有何独特考虑吗？

答：历史研究，要大处着眼，小处着手，同时注重研究论题的连续性；也就是说眼界要宽，立足要稳，注意研究论题之间的关联，这样才能够写出系统而又有启发性的论著。前面提过向达先生治学提倡"人弃我取"的原则，也就是我选题的基本准则。凡是大家都了解的，一般都能想到的题目，我不愿意跟风，绝不会草草去写，因为重复别人的论题，甚至观点，没有意思，一定要研究别人很少关注，甚至没有研究的问题，选题要新。我对明代各类庄田的研究，逐类考察，使之形成系统，并将其与政治问题联系起来考察；其他如周经、袁黄、土国宝等人物与相关庄田、水田的关系问题，甚少有人关注，又是解开相关问题的关键，所以能够既有新意，又有一得之见。

问：谢谢郑先生！尽管对您的治学风格与学术观点，我并不陌生，但是听您这么系统的讲述，我就更加清晰地了解了您的治学方法和学术思想，再次感谢您！

答：聊得很高兴，别客气！

南开大学历史学院孙卫国采访整理

附《中国史研究动态》编者按：

从研究明代庄田开始，著名明清史专家郑克晟先生在对从元末到清初约三百年历史的整体考察中，采用政治史与经济史相结合的研究思路，以明代经济的南北差异、江南和北方地主势力消长为重点解读苏松重赋的政治原因，进而探究明代政争之源，形成了深刻独到的解释体系，成为探索明代政治史的一把钥匙。这把钥匙的获得，源自将历史唯物主义与辩证唯物主义运用于明代政治史研究的实践。

（原载《中国史研究动态》2019年第1期）

第四辑　拾零谈片

记溥雪斋言清皇宫

据郑老先生1960年1月26日记事：

雪斋云，明代皇帝均住乾清宫，清自雍正后均住养心殿，康熙则住保和殿，顺治不详。慈禧垂帘时住长春宫，在养心殿见群臣，慈禧居中南向，光绪稍前偏东亦南向。慈禧可谓垂帘，而光绪则可谓听政矣。慈禧在颐和园乐寿堂西间，今天犹有床榻在。光绪住在玉润堂，其西屋邻水，屋中筑墙，恐其遁也。

郑克晟与美籍华人史学家袁清合影于香港九龙尖沙咀

郑老日记述孟心史先生病

何龄修兄编《孟心史学记：孟森的生平和学术》[1]中有诸家关于孟森的杂忆杂评。先父日记因未出版，自然未录用。现将先生日记所述孟老之病治疗经过录于下：

1938年2月1日

孟邻师谈及得一月十八日天津友人函，称孟心史先生（森）病逝北平，不胜悼恸。去夏先生以忧国，食不甘味，日益瘦损。初请四川萧龙友（方骏）诊视，继就诊协和医院，协和断为胃癌，主割治。先生初非之，尝以相告，余以先生春秋高，亦劝之慎重。萧虽中医，而主割治甚力，先生乃入协和。余力不能阻，乃阴请于协和姜体仁、张庆松及德医郑河先诸大夫，能不割治则稍缓，诸大夫均以为然，而主治医亦谓可不割。先生住院两周，精神日健，胃纳亦佳，甚喜。余离平前两视先生于协和，先生以病榻日记相示，虽在病中，不忘吟咏，无时不以国事为念。有祭祖诗、讽郑苏戡诗，极悲愤伤悯之怀。余南来，闻先生已出院，以为宿疾已疗，作书以贺。久未得复，今日始知已作古人。伤哉！伤哉！先生体素强，年已

---

① 生活·读书·新知三联书店2008年5月版。

1937年5月28日北京大学庆祝孟森先生七十大寿合影

七十，访友入校均步行。夏间病初起，往协和检查，余劝之乘车，不允，余乃送之往，步履迅健，尚过余远甚。私告诸友，谓先生必能速痊，不意余言之不验也。先生治明清史，为当代第一，所著《明元清系通纪》、《清史汇编》皆未观成，尤为可惜。余不学，往日所作，颇得先生奖饰，必努力设法续其书以报知己也。

2月5日

得李晓宇自平来片。闻孟心史先生以一月十四日逝世，身后均常州同乡为之料理。

2008年5月23日抄

记1943年重庆召开全国历史大会

　　昨天偶与封越健谈及1943年重庆召开之历史大会事。记得郑老先生说过，此去重庆开会是上了个当。因为会前主持此会之实际负责人为黎东方。此人出身清华，亦在北大任过教，晚年写全套细说这个朝，那个朝，影响巨大。当时黎对联大人说，教育部有一笔钱，大家可以报项目申请。当时正值学校上下均穷困之极，听说有钱，谁不羡慕。但老先生仍因事多，并不愿去。姚从吾（北大史学系主任）说，你（指郑）不去，我也不去。于是老先生只好去。当时联大去人不少，除姚、郑外，雷海宗、邵循正均去。陈立夫曾召集大家谈话，特别让雷坐他旁边。这次会选了七个委员，以顾颉刚为首，联大一人亦无，全是中央大学的。勉强有个傅斯年，只能代表史语所，何况傅是国民参政会驻会参政员，本来就常驻重庆。老先生说，此会为陈系与朱（家骅）系之斗争，陈系以顾为首，朱系以傅斯年为首。至于那笔基金，根本没有。

　　1996年5月，我去聊城开会，见到杨向奎先生。我曾向他问及陈、朱斗争事。他矢口否认顾为陈系之说，不知是因为与顾关系深，还是此会他未去（时他在兰州），对此几无所知之故。又多年前，胡一雅来校，我们一齐去看杨翼骧先生。杨说此会为黎东方主持一切，他未能参加此会，而邓广铭参加了，

西南联合大学时期的郑天挺

或知内幕多。邓把消息告杨，杨在《图书月刊》简讯中，逐条报道。1958年时，曹贵林等欲批判此会，看了《图书月刊》，还说，顾在会上还称陈衡哲为小姐，陈大怒而退出会场云云。忆谭其骧先生时在浙大，亦参加此会。那次谭问我郑老抗战中是否在中国大学教书，我说在联大。他说，对了，那次在重庆开会还见到了。谭说他1939—1950年在浙大，时浙大在贵州遵义。

2007年3月19日下午

大钞贴水

　　我大姐郑雯（1923—1946）长我八岁，生性活泼，学习努力，成绩优秀。她小学在师大二附小（北平西单牌楼附近）上学，初中在北平女一中上学，高中先上的是师大女附中（西单辟才胡同），后为更好学英文，改上贝满女中（在灯市口）并毕业。这些都是当时最好的学校。1943年她由北平去徐州、商丘、界首、洛阳、重庆到了昆明，在西南联大外语系上学，凡三年，即北上复学至清华大学外语系继续学习，不幸在1946年7月12日由上海乘中航飞机在济南上空空难去世，年二十三岁。父亲及我们闻讯悲痛不已。

　　我们的母亲不幸于1937年春节因难产去世，父亲在是年"七七事变"后，亦随北大教授们只身南下，由长沙至昆明，任教于西南联大历史系，历经八年才回北平北京大学。这八年中，我们姐弟五人，依叔父郑少丹生活。

　　当时我们姐弟相依为命，关系极和睦。

　　1940年暑假，当时我九岁，大姐十七岁。有一天，她忽然带我去看电影，在西长安街六部口的中央电影院（后改为北京音乐厅）。片名《飞行女杰》，为当时最著名的好莱坞女星迪安娜·杜萍主演。该女星也是大姐最喜欢的。内容我早忘记，顾名思义，大半就是一女郎学开飞机之事。大姐看时多兴奋，

1936年郑天挺夫人周侬（周稚眉）与子女合影。前排左起：郑克昌、周侬、郑克晟、郑克扬，后排左起：郑晏、郑雯

时有欢笑声。片中的插曲，也是她最喜唱的，片中唱，她也小声跟着唱，高兴至极。

看完她带我坐洋车（当时尚无三轮车）回小酱坊胡同西口衔头下车。大姐拿出一元，车夫找不开，于是在路旁一卖烟卷阁子中换钱。予之一元钱，他找回九毛七或九毛八的毛票，口中还喃喃说句什么，意即贴水几分，大姐点头称是。若干年后，我与老父道及此事，他说，此即是"大钞贴水"，当时专门从事此行业者很多，一则方便顾客换个零钱用，另外自己也赚些小钱维持生活。我这才知道过去市上的"大钞贴水"。这种情况，早已不见了。

2018年8月

解放前北京四中的一项怪规定

下午看陈鲁豫访问李敖之电视节目，其中李敖谈到四中入学须自备桌椅之事，说明他的记忆极为准确。

李敖系1948年考入四中初中，当时他住平安里北之麻状元胡同。当时是9月入学，他说上了大约两个月即去上海，次年4月由上海坐船至台湾。其父在省立一中教国文，六年以后患脑溢血死。李有大、二、三、四姐姐，六、七妹妹。

记得克扬弟入四中初中时，亦是自带桌椅。老先生让事务科长关照一下下面的人，问题就解决了。

次年，我又入四中高中，不便再向北大开口，于是我把家中一小茶几带去了，凳子估计也是随便找一个。不过真正排座位时，还是按照原桌椅之次序入座，并不是非照自己的桌椅坐。一次，数学老师管恕（字心如，北大1936年物理系毕业，应与马大猷同班）还指着这个紫红色之小茶几问：这茶几是谁的？当时我也未吭声。大约班中亦无人知此。

唉，说白了，还是市立学校太穷，不然也不会出现现在都使人无法相信之事。

2005年9月24日下午

说北京人的抢购

近日非典严重，前几天北京又出现抢购。北京人最喜起哄架秧子，大约也与其首都地位及一直政治嗅觉灵敏有关。以我之经历，抢购1940年代已开始。

记得1945年8月15日日本投降，当时忽有几天传说华北日军不投降，于是很多人都慌了，粮价亦不断上涨，小道消息极多。有人言，须多准备些粮食。当时我家正值叔叔郑少丹刚去世不久，卖母亲首饰的钱，大多用完，仅剩存银号中之一小部分维持生存。当时家兄克昌正患疟疾未好，忽听此讯，乃亲自骑车至前外银号，将余款全部取出，急至对门一粮贩子处，购得棒子面近二百斤。结果是，从此物价狂跌，别人用少钱而吃大米白面，我家却高价而一文也无，还天天啃窝头，此即上了谣言及胡乱抢购的当。究其原因，还是太幼稚，容易听信谣言，自信心亦差之故。

2003年5月3日予曹贵林信誊录
是日下午3时知小干部（陈崧）仙逝

附录一　傅同钦文稿

忆郑先生对博物馆事业的重视

郑天挺先生不幸因病逝世，这不仅使史学界失去一位道德高尚、诲人不倦的师长，同时也使我们的家庭中失去了一位循循善诱、和蔼慈祥的父亲。

自他老人家去世后，我们思绪万千，不时潸然泪下。回忆起他多年对我们的教诲，深感有负他对我们的企望，每思及此，真是惭愧万分。在这里，我们仅就他对博物馆事业的关怀的几个片段写在下面，以表达对他的怀念。

早在20世纪40年代后期郑先生任北大史学系主任时期，他就对博物馆学科的设置有着浓厚的兴趣。当时恰值韩寿萱教授由美归来，在北大史学系任教。韩在美十七年，专门从事博物馆学的研究。当时北大曾设置博物馆筹备委员会，由韩寿萱主持，成员有胡适、汤用彤、向达等人。1948年5月4日，史学系学生曾组织一次"五四史料展览"，并由当时《平明日报》出版特刊，广泛宣传。郑先生对此展览非常支持，并为特刊书写题签。

1950年春，在郑先生主持下，北大曾举办明末农民起义史料展览，公布了校内所藏之有关明清档案的文献。当时前来参观的人很多，收到了预期的效果。同年夏，史学系设立博物馆学专修科，由韩寿萱主持其事，此外尚有胡先晋、阴法鲁、裴文中（兼任）、启功（兼任）诸位先生。暑假开始招收第一班学生，次年继续招生，直至1952年院系调整，专科撤销为止。

1952年郑先生来南开后，就特别强调历史系的学生，除课堂学习外，应到历史博物馆、故宫博物院等处多见识见识文物，看看祖先给我们留下的丰富多彩的物质财富，以及为人类社会发展所作出的卓越贡献。这不仅可以获得很多知识，同时还可以激发学生的自豪感，更加热爱自己的祖国。于是在1953年以后，南开历史系的师生每年都要利用暑假或其他时间，到北京各博物馆参观一周，以广见闻。开始几次，总是郑先生亲自带队，并向博物院中的著名学者沈从文等教授虚心请教。1982年沈先生还念及过此事。他说，从50年代到60年代，"我不断呼吁全国各大学历史系中学文物的学生"，应该到北京的历博及故宫等处"实地学习"。当时"赞赏我这一呼吁的"，有南开郑天挺、吴廷璆等教授。沈先生并自谦地说，南开师生每次来，他都是"说明员"。

1960年春，历史系决定先成立博物馆专门化，然后逐步再发展成为博物馆专业。为了做好这一工作，郑先生特地向全体同学作了动员报告，阐述其重要性。

他首先强调了设立博物馆专门化是为了社会主义建设的需要。继而又列举世界各国对博物馆事业的重视。接着他谈到我们祖先对文物的重视。他说："博者即多闻，博物即是博识，即多闻于物。"《左传》"晋侯闻子产之言曰：博物君子也"，就是说子产知道的东西多。晋时张华著有《博物志》。《晋书·张华传》说"华强记默识，四海之内，若指诸掌……画地成图，左右属目"。晋惠帝元康五年（295），"武库火，华惧因此变作，列兵固守，然后救之，故累代之宝及汉高斩蛇剑、王莽头、孔子屐等尽焚焉"。可见当时"武库"不仅收藏武器，同时还包括文物。武库之设，始自汉高帝。《汉书》说，萧何治未央宫，立武库太仓。想来武库本藏新兵器，后来将古兵器也藏其中，如斩蛇剑等。再后又把古物纪念物也收藏其中，如孔子屐、王莽头等。当然，这些仅仅是收藏，表明古代对文物的重视，而并非陈列。这与博物馆还不同。

他还谈到了国家对文物的保护和重视。如1942年，八路军在山西赵城从日本侵略者手中抢救出"金藏"（金朝时刻的佛经）四千三百多卷，移至山洞，得以保存。解放以后，又修缮了"赵州桥"、"景州塔"、"云岗石佛"、"龙门"、"麦积山"、"故宫"、苏州"留园"等等。而博物馆的事业亦在迅速发展。"鲁迅故居"、"孙中山故居"都设了纪念馆。其中尤以定陵地下博物馆及天安门广场东新建的中国历史博物馆，更是宏伟、壮观，世界仰慕。目前全国各地的出土文物如此之多，为历年所未见，但多不能整理、展出。而各方面的人才却如此之少，这是一个多么急迫的问题！因此，培养博物馆的人才，已成为当前刻不容缓的重要任务。

他最后说：博物馆学包括陈列、保管、考古三方面，这些我都不懂，但我觉得博物馆专门化应当开设博物馆学、古器物学（包括石器、青铜器、甲骨、磁器、书画、艺术、钱币、印鉨）、古文字学（包括殷墟书契、篆、隶、六书、音义）、古文献学（包括史讳学、谱系学、版本学、校勘学、度量衡学）、历史档案学、目录学、中国艺术史、世界博物馆介绍等等。这些课程，或设系统讲座，或开正式课程，视情况而定。

但是，由于种种原因，博物馆学专门化没有维持多久就下马了。

1989年12月与亲属合影。前排左起：郑晏、张丽珠、唐有祺，后排左起：郑克晟、郑克昌、郑克扬

1980年，南开历史系又成立了博物馆学专业，1984年暑假有了第一批毕业生，他们已经走向不同地区的工作岗位。目前这个专业已拥有四个年级学生，并与国家文物局合办了一个文博专修班。国内外的专家学者纷纷为这里的同学讲课、作学术报告，全国各省市的博物馆，也对这个专业给予很大的支持。如果说，这个专业有着一点点成绩的话，那我们更应当怀念这个专业的倡议者——郑天挺教授。

郑先生一心热爱教育事业，对与教育有关的任何工作一贯热心负责。因此他的逝世，对我国教育界及史学界，及至于与之相关的其他学科，都是极大的损失。但我们相信，他长期以来所关怀的博物馆事业，一定会随着全国社会主义现代化建设事业的发展，不断取得更优异的成绩。

（原载《郑天挺学记》，生活·读书·新知三联书店1991年4月版）

记1961年文科教材会议

——兼忆翦老与郑老

  翦伯赞与郑天挺两先生是解放后才认识的。当时翦老在燕大社会系任教，并为新史学研究会负责人之一。郑老则在北京大学史学系任教授兼系主任。1950年，翦老在新史学研究会建议各大学分编中国近代史资料丛刊，郑老也常去一起开会。1952年院系调整，翦任北大历史系主任，郑调至南开大学任历史系主任。此后两人来往不多，只在教育部开会时偶尔一见。1955年5月，郑去北大参加北大历史系翦老所作的《红楼梦》时代背景的报告；翦也在1956年到南开作学术讲演；此后北大还派齐思和教授到南开来讲课；从此两系关系日趋密切，翦、郑二老的交往亦日见增多。但二老关系之日渐熟悉，实始于1961年之文科教材（历史组）会议。

  20世纪50年代以来，史学界出现了不少"左"的思潮。当时的老教授不愿讲，讲亦无用，或不敢讲。翦老对这些"左"的现象，不以为然，提出了一些不同的意见。1956年10月末，翦老应天津史学会主席郑老的邀请，到天津作过一次演讲，就是针对这些现象而发的。他讲演中提出了"历史主义"的观点，强调应收集史料，尤其应注意第一手资料；还提出地理条

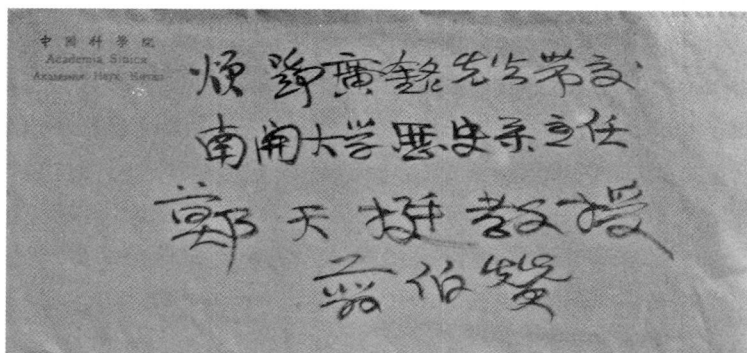

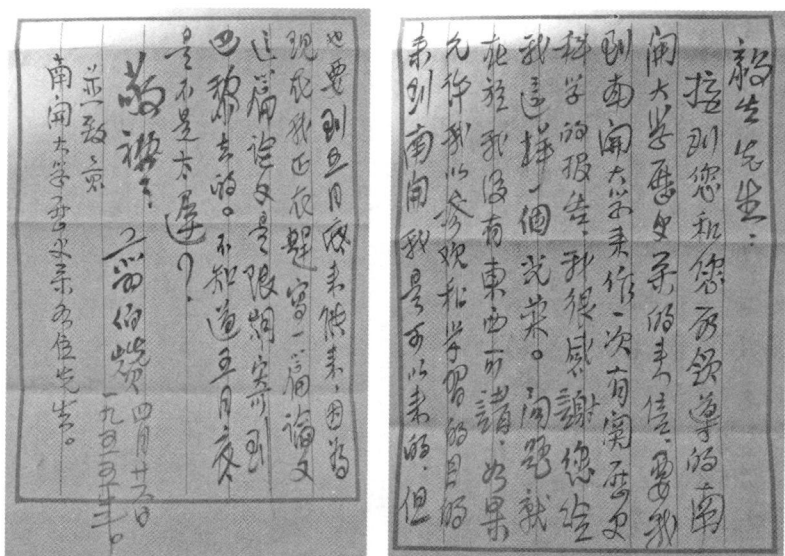

1955年4月26日翦伯赞致郑天挺函

件之重要性，不能不谈；在谈人在历史上的作用时，只能说蔡伦造纸，而不应说劳动人民造纸。还提出应反对教条主义，中国的教条主义已是第二手的教条了。还说：尤其不应以棍子打人，等等。翦老的这些意见，很得到一些老教师的共鸣，也引起许多人对他的好感。

1961年春夏的文科教材会议，事实上也是在这种背景下召开的。翦老是这次会议的倡导者和发起人之一。其中会议的内容及全部计划安排，乃至组织机构的建立等，亦悉由翦老亲自过问与首肯。

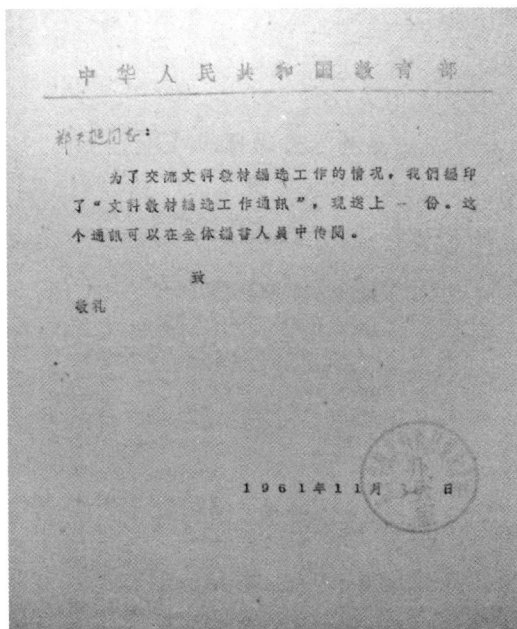

1961年11月30日教育部文科教材选编工作办公室致郑天挺函

1961年3月初，郑先生和南开历史系杨生茂先生前往北京参加文科教材编写会议之预备会。参加历史组会议的有翦伯赞、周一良、齐思和、邓广铭、杨向奎、黎澍、陈翰笙、白寿彝、田珏以及南开大学的郑、杨等人。会议以翦伯赞为组长，郑先生及周一良为副组长，田珏为秘书。这次会初步确定了文科教材的内容及计划安排。随后在4月中，又在北京正式召开文科教材编写会议。除原参加预备会者外，全国各地学者如唐长孺、方国瑜、蒙思明、金应熙、何兹全、傅衣凌、黄云眉、韩儒林、尹达、马长寿、冉昭德等人均参加。与会诸人对当时的文风和学风是不满意的，认为当时许多文章作得不通，"三结合"实际只是学生在做，教师参加的少；教师对学生要求不严格，不敢坚持真理。今后不仅要严格要求学生，同时也应当严格要求教师。同时还强调当时的一些学术问题，应当提倡争论。如封建土地所有制问题、资本主义萌芽问题，"魏晋封建论"等，都不能避而不谈。要深入了解历史事件及典章制度，应当让学生看懂古书，了解中国几千年的变迁。因此，会上决定编选《中国通史参考资料》第一至第八册，以及《中国史学名著选读》六册（《左传选》、《史记选》、《汉书选》、《后汉书选》、《三国志选》、《资治通鉴选》）。

就在这次会上，郑先生和翦老被确定主编《中国通史参考资料》八册，郑老并主编《中国史学名著选》六册，同时并负责主编《中国通史参考资料》第八分册（清代部分）。

《中国通史参考资料》第一至第二分册的主编是北师大何兹全先生，第三分册主编是武汉大学唐长孺先生，第四分册主编是中山大学董家遵先生，第五至第七分册的主编，分别由邓广铭、韩儒林、傅衣凌三先生担任。《史学名著选读》各册主编，分别由四川大学徐中舒（《左传》）、西北大学冉昭德和陈直（《汉书》）、山东大学卢振华（《史记》）、华东师大束世澂《后汉书》）、四川大学缪钺（《三国志》）、山东大学王仲荦（《资治通鉴》）诸先生担任。这些先生都是学有专长的著名学者，可谓集一时之盛。且又有翦、郑二老之领导，无不欢欣鼓舞，积极工作。

会议开完后，为了工作方便起见，郑先生在这一两年期间，一直住在北京，负责教材方面的审稿工作，并与有关作者经常商酌问题。

翦老和郑老对待工作从来是认真负责的。尽管当时在"帽子"满天飞，"棍子"随处见的情况下，编辑资料不无顾虑。如选帝王将相材料怕被人说是突出英雄（因而《史记》、《汉书》不选汉高祖及萧何、韩信等传），选涉及少数民族资料怕被人说是诬蔑少数民族，等等。但他们既然将任务承担下来，就专心致志搞下去，其他考虑就不屑一顾了。

通过编选教材的作者之不断努力，以及中华书局的积极配合，在短短的几年中，《中国通史参考资料》已完成并出版古代部分第一、第二、第三、第四、第八，共五册，第七册也在1966年以前付排，但原稿及校样均于十年动乱中在中华书局遗失，故未能出版；近代部分第一、第二共两册，《中国史学名著选》之《左传选》、《汉书选》、《后汉书》、《三国志选》、《资治通鉴选》共五册，亦均在"文革"前先后出版。其他未及出版的书，有些也已完稿。

今天我们回忆起这段历史时，就会感到：翦老、郑老以及其他先生，想在当时做一些事，是多么不容易呀！

翦老和郑老在主编《中国通史参考资料》及《中国史学名

郑天挺关于文科教材选编
工作的意见

著选》的同时，文科教材历史组还曾有过编写中国断代史的计划。1962年4月，历史组曾确定撰写中国断代史纲要九种，即先秦史纲要（徐中舒）、秦汉史纲要（翦伯赞）、魏晋南北朝史纲要（唐长孺）、隋唐五代史纲要（汪篯）、宋辽金史纲要（邓广铭）、元史纲要（韩儒林）、明史纲要（傅衣凌）、清史纲要（郑天挺）、民国史纲要（邵循正）等。这项计划，随即得到众多教授的支持，纷纷写信给郑老，表示将设法完成。

翦、郑二老自文科教材会后，工作上互相配合，关系上亦极为融洽。在文科教材会上，翦老除传达上级报告外，还提出了历史系应分中国史及世界史两个专业。郑老闻后，感到这个建议甚新，向未敢想，极表赞同。随后，郑老在1961年、1962年、1963年均应翦老的邀请，就近到北大历史系为学生讲课，受到了欢迎。1963年，翦老在教材会议上主张，历史系应开设一种研究历史基本常识的课程，应当叫"历史科学概论"，但此课已经定为必修课，且性质上与之又稍有不同。于是郑老乃主张可以用中国文化史专题的名义来讲授，并在南开历史系请众多教师讲授了一年，反映亦佳。

1964年，翦老的处境已相当困难。一次，郑老去看他，谈了不少话。临送出门时，翦老郑重地对郑老说："多休息，少写文章。"真是语重心长，感人肺腑呀！翦老在危难中，尚如此关怀朋友，二老之情谊，于兹可见。

（原载《翦伯赞纪念文集》，人民教育出版社1998年3月版）

"寓教于聊"：图谱组小记

　　1958年，中国科学院历史所（今隶属中国社科院）成立一个新组——图谱组，目的是搞一部"中国大图谱"，为国庆十周年献礼。该组由张政烺先生负责，并从历史所各组抽调人员组成，有朱家潽和胡嘉等老先生们，青年人则有卢昌焕、安守仁、李培根、张兆麟等。1960年，我也从明清史组调到了图谱组，此后就在张先生领导下工作，一直到1963年我调到南开大学历史系。

　　张政烺先生学通古今，为人和蔼，他为图谱组带来了独特的风格——寓教于聊。他经常与大家聊天，在聊天中传授学识，解决问题。在聊天中我们年轻人开阔眼界，也得到很多知识。

　　张先生记忆力超常，1951年我在北大沙滩上大一时，他给我们上过中国上古史的课。他讲课从不照本宣科，也从不为了赶进度去完成任务，而是拿着几张卡片，娓娓道来，滔滔不绝。即如"盘庚五迁"，史料如数家珍，一条条陈述，并加以细致考证，讲了几堂课，令人惊叹。如今有幸又在图谱组聆听张师的论谈。每当问及一些历史问题时，他时不时地拍拍额头，很快就能说出相关的史料与论点。从古文献、古器物图录，到近现代的钟表、照相机等等，他都了如指掌，令我们这些学生佩服不已。

张政烺先生为人和蔼，毫无架子。别人提问题时，他为了验证自己的说法，也常常随手翻阅手边的古籍、图录。每当此时，他总是向下拉一下眼镜，仔仔细细地看资料。很快大家就和张先生非常熟悉了，年轻人经常和他聊天，向他讨教。他不管大事小事，总是耐心地解答。其他组的年轻人很羡慕我们组轻松愉悦的氛围。外组的一些老先生如万斯年等也经常来图谱组"论道"，因而图谱组总是处在一种轻松祥和的"寓教于聊"的氛围之中。

图谱组以图录为中心，我们天天吸取多种滋养，开拓了知识领域，也使我逐渐养成了看书先看图、看报先看照片的习惯，认为图和照片是文章的精华，为以后的成长打下了基础。

能够再度在张师身边工作学习，实为幸运。张政烺先生以平常人的心态治学待人，几十年如一日，坚持自己的学术观点，治学研究，实为大学者的一种极高境界，更是一种人生智慧。如今半个多世纪过去了，张师的音容笑貌、行为举止，还历历在目，但遗憾的是，对张师的言谈教导，没作"日知录"，没写日记。若干年后，当我是南开大学博物馆专业的教师时，回忆起当年我在图谱组的情况，深悔自己让这大好时光白白溜走了。因为在专家学者身边，无处不是学问，一定要作笔录，他们不经意间的"论道"，无一不是他们多年学识、科研积淀的结晶！

记得上世纪70年代，南开大学历史系为了配合教学，编写了一部中国古代史讲义，其中插图方面就由我负责。我由几千幅图谱中摘选了几百幅图，后来又一再筛选，满足了编书的需要，这首先要归功于在历史所张师领导下的图谱组。

1982年南开大学博物馆专业80级同学在西安碑林实习。对面右起：傅同钦、张锡瑛、陈嘉祥

　　事过境迁，人去楼空，机遇错过了就不会再来。人的一生教训经验是多方面的，但愿"好记性不如赖笔头"的教训，留给后来者，并以此追思驾归道山的张老先生。

　　（原载张世林主编《想念张政烺》，新世界出版社2015年3月版）

贺《南开百物志》出版

南开一百年，英彦遍五洲，正日新月异；
文博四十载，桃李满天下，再砥砺腾骧。

（原载南开大学文博校友会编《南开百物志》，天津人民
出版社2019年9月版）

2019年10月16日傅同钦在《南开百物志》首发仪式上

1984年南开大学博物馆专业师生与日本学者中川成夫先生在历史系文物陈列室合影。左起：吴卫国（吴十洲）、张锡瑛、傅同钦、中川成夫、刘代良、梁吉生、贾建明、黄春雨、夏之民

1997年8月14日于东北师范大学第七届明史国际学术讨论会郑克晟与台湾明史学者徐泓合影

回燕园

秋高气爽艳阳天，开车进京回燕园。
松柏华表今犹在，环看不见老同班。
问君毕业几多年？屈指六十五个春。
一日游子归去来，永祝母校万年青。

2020年9月22日参观北京大学校史馆"史学大师郑天挺——郑天挺先生生平纪念展"后作

2020年9月22日郑克晟、傅同钦夫妇在北大校园

别裁伪衣近风雅，转益多师是汝师

我本教书匠，目送众起程。

天高无边界，得道有先后。

行行出状元，皆因自身功。

祝大家身体健康，更上层楼！

2021年9月10日教师节答谢诸弟子作

2018年8月5日弟子庆贺郑克晟、傅同钦米寿合影。前排左起：杨艳秋、傅同钦、郑克晟、刘淼、李艾（刘淼之女），后排左起：孙卫国、肖立军、封越健、顾颖、杨勇、秦贤宝、姚育贵、王心通

贺老同学田达九十寿辰

祝　福如东海，寿比南山

克晟、同钦贺

我们相识在1952年的初秋，燕大、清华、北大三校合并之时。第一场景是在临建的宿舍15斋，大通室的第二格，你在整理双人床的上铺，"回眸一笑"，欢迎我的入住。我的第一感觉是：似曾相识的面貌，见过面。

我们代表班里和徐寿坤一起跳过"马丰舞"，"小绵羊"和"小红马"之名从此而始。

有人说白与红长得有相似之处，胖瘦高矮，其实说的是表象"结实"，而更为人不知的是骨子里的长寿基因吧！燕园生活值得留恋！

毕业、工作、退休，全班同学逐个进入"90后"。

眼花耳聋白发稀，北大同窗情依依；
少相见确是常相念，何人不想故校园。
翻阅过去北京照，当作寻忆青年记。
相识相念七十载，校园友谊永流芳。

郑克晟、傅同钦夫妇合影

郑克晟、傅同钦家居生活

祝生日快乐!

　　注:"小红马"即傅同钦,"小绵羊"是田达。田达毕业后在北京一所中学教书,现居山西。

2022年4月6日于天津

老　伴

相识相伴七十载，几渡春夏与秋冬。
老俩对坐少言语，道是无晴却有晴。

郑每天说得最多的是谢谢或作双手合十式。他现犹记北大沙滩红楼1951年入学新生登记号，傅同钦2251007，郑克晟2251008。第一个"2"为北大文学院，第二个"2"是文学院

2018年3月18日郑克晟、傅同钦夫妇合影

郑克晟、傅同钦夫妇在福建长乐

中历史系代号，"51"指1951年入学新生（学生证编号）。好记忆力。

2022年6月26日

附录二　郑雯译文及书信

美国海外的新妇

战争结束了，最后的一只运输船已驶进了船坞。这时在美国发现了十万多个非美国籍的妻子与几千个婴儿。

第一次世界大战后，美国的士兵带回了八千多个法国和德国新娘，这些婚姻的结果都很圆满。根据陆军部的报告，其中大约只有百分之十五因为语言间的隔阂而离婚。这次大战中的婚姻，更有成功的机会，因为这些外来的新娘，大半会讲英文，在现有的五万对夫妇中，有两万新娘是澳洲和纽西兰的女子，另外有两万英伦三岛的女子，其他还有法国、荷兰、巴西、冰岛和叙利亚等处的女子，是只有一个兵士是与澳洲附近非支群岛的土人结婚的。据稳健的估计，另外还可能有五万多个海外新娘带回美国呢！

在这次世界大战中所结合的新夫妇大部分都经过长时期的相识，一方面因为军队长时期驻札地方，他们便有时间停留下来交际，同时，军事当局也有规定每个士兵在订婚结婚之间要相隔两个月。

有些女孩子以为与美国兵结婚是一个免费到美国一游的好机会，同时还可以得一笔家族赡养费，因而完成了这一个国际的婚姻，但是也曾有过不少女子中了兵士们的诡计，终于离婚。例如有一个英国贵族的女儿，与一个粗鲁的空军飞行员结了婚，当她到达美国，发现他的父亲与后母都是丑恶的酒徒后，于是又悄然的回到英国。

也有些人对于这种婚姻抱怨，其中有的是作父母的，还有些是美国的女孩子，但是，关心国际友谊的人，总会热心的加以赞助，因为一个美满的婚姻是非常受人重视的。甚至于有人会把它看得可以抵半打交换留学生。一个英国女孩子安居在一个小城镇上，她就成为易于研究英国的榜样；她也成为了解英国的助力。当她又回到她本国时，又是一个被重视的美国代表人。

一个年青的女人横渡大洋到一个陌生的地方居住，实在不是一件容易的事。红十字会方面已看出这是个严重的问题，并且也知道需要指导这些年青的异国女子，使其变成美国式的妻子，所以他们在伦敦办了一个新妇女学校。这个学校是美国麻省红十字会中的漂亮工作人员赛丽小姐所想出来的。校中现在约有四百个已经结了婚和订了婚的女子，她们却兴高采烈的，聚在一处，以满意的心情去学习作她们新家庭中的事务，赛丽小姐演一些电影给她们看，毫不夸张的告诉她们美国各城市、乡村、平原上以及首都等地的生活。

担任这学校各课程的教师们，不遗漏任何琐碎细节。红十字会的工作人员偶然也表演一下如何化装。有些年青的人往往相信好莱坞所描写的美国，赛丽小姐很委婉的给她们解释，在美国也只有很少人家是一开电门就可以做饭以及其他事情，让她们也去知道一点不愉快的事实。

在这学校里的每一个英国女子，都收到一本小手册，叫作《新妇用的美国指南》。这是英国的"好家事杂志"与美国新闻处联合预备的，这本书是用轻松的散文写出一般美国人民的

1942年郑雯在北平前毛家湾1号客厅

生活。还附有旅行的知识，流行书籍的目录，并汇集许多英国式的话与美国语中相当的字句。另外还有一种书籍是关于美国各种饭菜的烹饪法。这书对一般海外新妇很有益处。有一个女孩子曾这样说过："男子们总喜欢谈到他们在家里一向吃些什么好东西，所以我愿意在他回家以前变成一个好厨师。"

（原载昆明《中央日报》1946年2月23日，署名周旻，摘译自《读者文摘》）

义大利俘虏回家

俘虏们被释放的早晨，义大利[①]的太阳是艳丽的，阿达诺城美到最美。这是一个回家的好日子。

他们成群的走上乌贝吐第一条大道，他们依然穿着军服，但是他们的军服因为睡在地上弄得很肮脏，并且，他们中间好多人都很久未刮脸，长着长的头发。

路上，他们停在查布拉面包店前，当他们走近这方场的时候，差不多每一个人手里都有半块新鲜的白面包。他们一面走，一面唱着喊着："回家了！回家了！！"

他们并没有整队而行。他们为了检阅，为了吃饭，为了射击和被射击，早已排厌了队。他们只是一群乱民走着回家。他们有些喉咙里发着笑，有些在哭。

他们睁大了眼，像小孩子注意一切东西的眼。他们注意到墨索里尼的那些吹牛的标语已经从墙上涂去了。他们看到街道很整洁。面包在他们嘴里尝起来比一向的面包都好。当他们还没有转上乌贝吐大道，他们的耳朵里已经听见了一个女人的歌声。

俘虏的释放未曾预先通知。然而消息竟传布在释放确实来

---

①编者注：义大利今译意大利。

临以前，正像疾风来临在阵云以前一样。

远在城镇上的女人们听到他们将到的声音，立刻便明白了是怎么回事。她们并不冲到街上来迎他们，只捏着喉咙跑出去告诉她们的朋友这惊人的消息：阿达诺的孩子们回家来了！于是听到这消息的和那些她们招呼到的女人们一起跑回禁宫前面的行人道上去等候。

战争对男人们是可怕的，但是对女人也很不好。这些女人为她们的男人受尽了苦。有些女人很久未曾接到信，可是同朋友们谈起来，发现别人接到了信。那些日子便实在很痛苦。有些女人有刚会讲话的孩子，羞涩地凑近母亲面前，张着畏惧的眼睛说："爸爸①……我的父亲在那儿？"对于这种话没法回答，只有肚里明白。

这些站在禁宫前行人道上的妇女们，每天都生活在惊慌忧惧中，怕她们的男人受伤，或是更坏。那些平日当她们丈夫平安在家曾与丈夫争吵或厌倦他们的女人们，如今都忘掉了过去的那些理论，只记得许许多多有趣的事，譬如深夜中被男人粗笨地爬上床而惊醒，仰头望着天大声的笑，那些烟草的臭味，以及咕咕的从瓶中倒酒的声音。

所以禁宫前面行人道上的女人们都站在那儿，手捏着脖子，或是茫然的触摸自己蓬松的头发。

这些男人们沿着街走，看见她们站在那儿。他们并没有突然跑过去。他们快乐得有些怕，他们慢慢的走向她们。

当男人们达到距离女人们约五百码的地方，这群女人即开始向前移动。起初是慢慢的，脚步擦着行人道，后来便张目伸

---

① 编者注："爸爸"原文如此，似应为妈妈。

颈地走向前、走得更近了，最后才向前跑着，大声喊叫着没有字的声音。

男人们并没有突然跑过去。是女人们向男人们跑来。他们两方面都感到相同的欢喜，大多数的男人都晓得他们的女人一定在这儿，但是，有些女人却不能确知她们的男人一定在。这就是差别。也就是何以女人们要跑。

有些女人已经知道她们的男人死了，她们跟着跑向前，只是为了要分得一点旁的女人的不可相信的欢喜。

女人群中的一个叫悌娜。她穿着她最好的衣服，一件漂亮的蓝色衣服，她的头发梳得那样的光亮。她与其他的女人一起向前跑，不知道她的乔治是否也在这儿。她的眼睛半爱半怕地巡视这一群人，她推开了她前面的女人们，竭力要看个清楚。

贾波娄少校，一个美国军官，自从美军占领此地后是临时市长，他很快地走向街头这一群男人。当这些俘虏看到了市长，有些便跑向前去大声叫着："美国人！美国人！"他们包围了他，有些人还去吻他，当他们闹完时，他脸上沾了许多面包屑。

这里是战争最后的疯狂点染。这些人曾受过好几个月的训练，并且受命去犯人间最坏的罪恶，谋杀，现在则倾注他们的爱到他们当初奉派出去要加以谋害的人的身上。

女人们走得更近了，有些人认出了她们的男人，便用颤抖的声音喊出他们的名字。

最后男人们跑过来了。他们只消向前十步。

两群人混合在一起了。最初这是个疯狂的景象，伴侣们彼此发现后互相拥抱着，有的在笑，有的在哭，有的在耳语，有的在尖叫，有的在拍打，有的在抚慰。

有些死了丈夫的女人，抱住她们第一个碰到的男人，只是想尝一尝她们心中想强烈需要的激情，但是，这些男人拒绝了她们而走去找寻他们自己的女人。

你可以再看看那些找不到她们男人的女人们。她们很快的冲过一对对的男女，重复的叫着名字，询问着，把人们的脸看过两遍三遍，想看个明白。这些女人的脸渐渐苍白了，最后她们开始哭了。大多数都没有尖声叫喊，只是静静的哭；眼泪流下她们空灰的面颊。

悌娜并没有冲过一对对的男女。一个青年离开了他的女人。他走向悌娜，站在她面前摇摇头。他仅能这样作；悌娜知道。

"怎么样了？"悌娜问这年青人。

他说："以后我再告诉你吧，悌娜！别在这个时候。"

他吻悌娜的腮。这一吻使得她开始哭了，她把脸埋在两手中，不出声地颤抖着。

这一群很久没有分散，男人们站在那儿诉说他们的许多经历。父亲们第一次把他们的儿子抱在怀里。有些人同着他们的女人匆匆的走了。闲散的和看热闹的人，原来站在后面的，也开始混进了人群。两个两个的人融成四个四个的，四个四个的又融成欢笑的人圈。那些找不到自己男人的女人们孤独的走开了。

（原载昆明《中央日报》1945年2月11日，原作者约翰·霍尔塞）

门闩上的手

一个妇人立在窗前，静静地听着。她独自在一所木房中，枯望着荒寂的草原和那入冬后的初雪。

在她没有听到那声响之前，她并未真正惊慌。她的丈夫时常这样留下她独自一个，一次就好几天。但是现在，当她最后确知她自己怀了小孩，事情似乎是不同了。为什么在她丈夫骑马走开以前她不把这消息告诉他？

他已经是那样不安，假如他知道她怀了孕他一定不会离开她的。但事实上他是够焦心了，当他站近这窗子，手放在她的肩上，并且告诉她关于钱的事情的时候，她还可以叫他不去。他是一个边地乡村的收税人，他带到家里一大袋钱，装入一个饼干筒中，然后又把他埋在厨房地板下。

"为什么呢？"

坏消息！远处村镇上他们自己的少量积蓄，因一个将倒闭的银行眼看要出乱子，他必须赶到那儿去，假如还赶得上，便可以设法挽救。他不敢在身上带着收来的税款走这样远的路，所以他把钱埋在这儿。等他照料完自己的积蓄之后，他再上城，那里有官家的银行，把税款好存进去。

"答应我！当我不在家的时候，你不要离开这房子"。他曾说过"不要让任何一个人走进来，无论是什么托辞"。

"我答应你"，她这样的回答。

现在，他走了已有几小时了，正是夜，雪和黑暗降到这座孤寂的房屋。她忽然听到了一种响声，这不是风；她知道风所作出的声音，犹如一只鬼祟的手在试着敲门和窗。不，她听到的是有人在敲扣的声音，低而且急迫。她把脸贴在窗户的角上，她能够看出有一个人影倚在前门上。

她急从窗前退回来，走到壁炉台前，拿下她丈夫的手枪。他随身带去了他的另外一支手枪。可是，不幸得很，他带走了火药袋，这留下的一支枪是没有用的了。她拿了这空的武器在手里，急急的走向上了锁的门边。

"谁在这儿？"她喊着。

"我是一个受伤的兵，我迷了路，我拖不动了。看在上帝面上，让我进去憩一憩吧！"

"我丈夫叫我在他出去的时候不允许任何一个人进来"，她老实的告诉了他。

"那么，我将死在你的门阶上了。"

过了一会，他又哀求着："开开门，看看，你就会知道我是不会伤害你的。"

"我的丈夫是不会原谅我的，"她啜泣，可是她终于让他进来了。他像是累得要死了——一个瘦长的，蹒跚的人，在他的苍白的粗糙的脸上和缚了绷带的手臂上挂着一片片的雪。

她把他安置在炉火旁边他丈夫向来坐的椅子上扎起他的伤，并且用新的绷带把他包好。她把为自己预备的晚餐放在他的面前。当他吃完后，她已在后面的房中为他用毡毹铺了一个床。他躺下后似乎很快的入睡了。

但是，他是真的睡了吗？她是否坠入了什么圈套？他是否在等她睡熟？

在烦扰中，她在她卧室的地板上踱着，预想事故的发生。夜是更静了，只有炉柴的悄悄的爆声，而后来……咦？一种低微的声音，小小的似乎有所企图的。这声音并不比小鼠啮木屑的声音大，它是从何处来的？是从隔壁的屋子里的那个人？

擎着灯，她潜步走到窄狭的过道上，站在那儿听着。的确，他的呼吸很响；他在那儿装假？她开开门走进去，并且弯身观察这正在睡着的人，他似乎真的睡着了。

她离开这间屋，立刻又听到了这种声音。这时她知道了这是什么：有人试着拨前门的闩。

从工具箱中拿出了她丈夫的大折刀，然后慢慢地，走回那人的身旁。她摇他的肩，他哎呀一声张开了眼。

听！她低声说，有人在试着想闯进这房子，你得帮助我？

为什么会有人想闯进这儿？他昏昏的问，这儿没有东西可拿呀！

有……有许多钱藏在厨房的地板下，她立刻后悔，真要咬掉她自己的舌头，因为把真情透露给他。

"拿着我的枪，"他说，"我只能用我的右手打枪，而且实在也不能打，把你的刀给我。"

她踌躇了一会。当她又听到门闩处的声音时，她立刻把枪换了过来，把刀放在他未受伤的手里。

"你要注意第一个进来的人，"他说，"靠着门站着，它一开，就开枪。这儿有六颗子弹，一直放到他倒下起不来，我就等在你后面，用这刀对付第二个人，我们站好了位置，赶快吹灭了灯。"

1942年冬郑雯（后排左二）与同学在北平

整个都是黑暗的，拨门的声音停止了，可是又来了一种拧扭热的声音。门闩松了，门开了，溜进来了一个人。

只那一霎那，映着雪，她看清楚这人的身影。她开枪了，他倒了下来，但是立站蹒跄地站起来，她再开枪，他又倒下，在地上跪爬着，全身都支向膝部，她最后靠近他射击，他的脸向墙慢慢摔下去，不能再动了。

这个兵士弯身向前在那儿诅咒着，“只有一个人！”他大声喊着，“射得好，太太！”

他把这地下的身体翻过来，他们发现他脸上带着面罩。当这兵把那面具从死人的脸上抛去时，女人走近来，低头呆望着。

“你认识他吗？”他问。

1941年郑雯在北平西城区前毛家湾1号院内游廊上

她摇摇头。

"他是陌生的!"她回答。她鼓着勇气定睛继续看着这脸,这转来抢劫他自己的人是——她的丈夫。

（原载昆明《中央日报》1945年3月18日，原作者阿博脱）

1945年10月6日致郑晏

晏：你们都好吧？父亲想来当已到家，高兴的情形当可想像。我在这里很好，勿念。上星期五接你们的电报，但上无发报日期，颇以为怪。听说第一批北平的航信已于九月廿一日到渝，但至今我尚未得你们的信，不知何故，颇以为念，望速来信，报告些平中家中以及友人的一切。平中的旧友是否还常有来往？乃懔、淑洁①可好？代我问候，也希望她们来信，可直接寄联大。我今年功课特别忙，过两天得暇定即有信寄她们。北大的一群如何？瑶华、玉梅、蚂蚁亦代问好。我在这里一切如常，只是爹爹和陈老伯②等走后，我感到处处都很空虚，现在是完全的孤独生活了，有时觉得怪凄凉的，非常的想念你们。我时常在一人默想，不知你们正在作些什么，想些什么，是否也想到我？小三怎样？长得很高了吧？名宝和小五呢？我不知这两年来，他们都变得怎样？虽然是快回去了，可是一天天的盼望，也真得有些耐人不住。如果有近照，希望寄一张来！我们不晓得是寒假回去，抑或暑假。每个人像是都静不下心去上

---

① 编者注：王淑洁为郑雯郑晏同学，后在清华附中任教至退休，较郑晏去世早几年，与郑晏一直有来往。
② 编者注：陈老伯为陈雪屏。

课，希望能早日归去。

附像片一张。另附纪念邮票四张，给名宝。

昆明这几天小有波动，为的是旧滇省主席调任军事参议院院长，新任主席卢汉尚未到任，暂由李宗黄代主席。此时由防守司令部出面维持秩序。为防止一切匪徒作乱，由十月三日起全市戒严。今天已是第四天了，吃完中饭才开始放行，一共关在宿舍三天半，第一天比较严重些，早晨和晚上滇军与中央军曾有比较激烈的冲突三次，我们也少受惊骇。次日即平息。听说男生宿舍有几个人受流弹，但并不严重。女生宿舍也曾落一枪弹，并未伤人。从今日下午特别戒严解除，每晚八时至早六时仍实行戒严。最惨的是我，因为不在校中吃饭，这几天可吃了苦，幸好日前给爹爹收拾东西时，拿来一些乳粉白糖，次日情形不太严重，有一个朋友找到了一个pass，给我送来了一些面包和蛋糕，这一点食物真不容易。

北平现况如何？东西贵吗？听刚从上海回来的人说，上海除了房子贵外，其他的东西及食物都比昆明便宜好几倍。这两天戒严，今天下午刚通行，东西很少，所以商人高抬物

叔叔郑少丹（后）与郑雯（左）郑晏（右）

价，鸡蛋要两百五十元一个。

爹爹见了你们一定很高兴。你知道他老人家多么的想你们，希望你们都好好的，不要逗他生气。你应该尽量的劝劝名宝和小五不要那样的野气。他们两个念书如何？小三今年该上大学了吧？爸爸①可好？我希望他老人家快快乐乐的。还生我的气吗？

以后是否还住毛家湾？三哥②现在还住我们那儿吗？六大妈③可好？听说Lebber④结婚了，我们的表嫂是谁？代我致意。今年的中秋你们当很高兴吧？这次的节日到底与前几年不同。我那天在王二姐⑤那里过节，二姐为我作了很多菜。问爹爹我托二姐给爹爹带的驼绒袍、蓝大褂、秋裤和墨盒收到没有？如果飞机没有延误，二姐该是九月廿八日飞渝，爹爹是不是廿九日离渝？

董家表哥⑥如何？二叔⑦呢？婚后是否快乐，你常去看他们吗？四叔也没有投考先修班，其实，这是最后的机会，我叫他无论如何把它把握住，可是他却把它放过，结果也没有告诉

---

① 编者注：郑天挺先生子女称父亲为爹爹，称叔叔郑少丹先生为爸爸。

② 编者注：三哥指堂哥郑维勤。

③ 编者注：六大妈为董元亮之妾，福建人，姓名不详。董元亮称六大爷，福建人。董元亮原配为郑叔忱之姐或妹，称郑二姐。

④ 编者注：Lebber为表哥陆方，陆嘉坤长兄陆嘉云之孙。

⑤ 编者注：王二姐即王亚权。

⑥ 编者注：郑雯姐弟之董家表哥为董行佺、董家铭、董行佶，系董维枞之子，董元亮与郑二姐（郑叔忱之姐或妹）之孙。但此时董家三兄弟未必全在北平，此处董家表哥具体指何人不明。

⑦ 编者注：二叔为董毅，董元亮和六大妈之子。

我，就一人跑去重庆。事后我才听人告诉我。他的同学们也都对他的不告诉我而觉奇怪，没办法。

这封信我已想写了多时，可是总没有功夫。真的，我今年的功课太忙，你们也许不相信，有时我下课回来即累得躺下起不来。你想，差不多的功课都要记笔记，有的一堂要记像这种写信的纸五张，英文到底不比中文，上课听的时候总是细心的听，紧张的记，一刻都不能放松，一堂下来即可观，何况连上几堂！我每星期一三二日最忙，早晨从八点上到十二点，当中虽空一堂，可是我还要听别人一堂功课。下午从两点一直上到五点。有几天我上完课回来，她们都说我脸色很难看，我自己也觉得有些累。但是四、五、六三天的功课却很闲，只有一两堂，Reference 也很多。想写了多久的信，才因为这两天不上课，才有暇写成。总之对一切关心我的人都问候。

爹爹带回去的几件小的吃的东西你们都吃到了吧？不一定好吃，但对你们说是一种新的味道。爹爹走的前一日，我去买的。

这里有一张像片，是去冬在昆明的圆通公园照的，你们看看我是否还是从前的一副样子。那天拍照的时候，天气很好，我穿的是红花大褂，红毛衣，比之北平的冬天相差多少？记得走时留在家中的两张放大像片（在客厅照的），是否还在？那是我最心爱的，也是生命史上值得纪念的一页，望代保存好，不致因为人已远行，把像片也抛掉吧！？那两张像片的底片在我的宝贵抽屉里，也没有被遗失吧？我心爱的东西，希望回去时还安在，否则我真会伤心到极点的！我有些担心已被别人抓乱，我真怕。

还有一件事，如果现在北平的东西便宜，你问问爹爹是否趁现在东西便宜，先给我买一件皮大衣放着？现在想起北平的冬天非常可怕，反正，我现在很怕冷，冬天每值阴天冷的时候，我将尽其所有的都穿在身上。

多久没有写信了，一写起就没有完。噢，请你把我最得意的两张像片洗几张寄来！我要看看，送人。还有好多同学都想看你的像片呢！寄来吧！记得前年春游颐和园的大合照很好，还有骑车照的，如方便都请寄来，反正现在邮寄方便了。

1942年春天在北平与亲戚一起骑车。左一堂哥郑维勤，左二郑雯，左三表哥陆方

下次再写！两个同屋又在布置防子弹洞了。这只是简单的。前天和大前天晚上的布置得最好，只是一件事值得提的，进去五分钟即觉得不能呼吸，气闷！也怪可笑的。可是当时很紧张，有一个贝满同学，不知从那儿找来一个钢盔，戴了两夜，把我们笑死了。

噢，又想起了一个人，黄三舅现在如何？贝满的校长现在还健在吗？希望我们能寒假回去。此祝
安好！

雯草

<u>速回信！</u>
十月六日晚

1945年11月4日致郑晏

晏：接你们的电报后，寄家中无数封信，有给你的，给爹爹的，给昌的，不知都收到否？为何至今无信来？念甚。同学中有已收到十月卅日自平来信，我每天耗费多少时间在看信，结果总是白费。孙桂丽现在重庆，她说也已给你写信。不知家中是否移居，即是移居也应当来信告诉我们呀！爸爸去世的消息还是爹爹从南京来信说的。你不知道我多么焦心的在等待你们的信，求你们，每星期找一两点钟的时间给我写一封信吧！这样也可让我安心的念书。今年我的功课真忙，然而，无论怎样也不能让我不去想念你们，为我能安心念书，你们也当作作好事。

前曾寄你们很多信，不知看到否？且提到托陆太太的儿子带钱回家的事，现因没有便机，他暂不……①不久托傅斯年先生带去。

自十月卅日一……②起开始编号，名宝那封是家信No.1，No.2是给爹爹的，名宝信中附纪念邮票一份，五百元新票二张，不知收到否？

这封信是托一个降落伞部队的人带回平寄给二叔转交

---

① 编者注：信纸破损，约残缺五六字。
② 编者注：信纸破损，约残缺五六字。

郑雯（右）、郑晏（左）在北平小酱坊胡同家中

的。平家中情形如何？亲友近况若何？老同学的近况如何？望告！爹爹到家没有？何时到家？近况若何？请劝爹爹万勿过分悲伤。昨接二叔来信说，爸爸的丧事有亲友帮忙，你也很能干，我听了也很高兴，现代的女性是不当那样懦弱无能的。

你现念书否？未念书也当自己自修英文，以为基础。小三等也当用功，名宝、小五近况如何？望告。祝

好！

雯

十一月四日

1945年11月8日致郑晏

晏：写了好多封信给你们了，都收到了吗？希望你们多来信，我到？[1]天还没有接到你们的一封信，家中情形如何？念念。爹爹自宁来信说三日飞平，现想已到家，你们高兴吧？你们觉得爹爹改样子没有？同学们都接到平中的信了，我只有在旁羡慕人家而已。到今日止，只接到一封二叔的信，今年七月三十一日写的，那时战争还没有停止，还同时收到一封五月间六大爷[2]的信，即是报告爸爸去世消息的。爸爸是肺病，我们都想不到，那么，你们都应当去透视一下，照照 X Ray，以后每年当透视两次，其实，这都是应当作的，中国人平时太不注意了。

家中是否还住前毛家湾？有没有搬家之意？如有迁移，及早来信。北平已经很冷了吧？快生火了。回忆北国的冬天，刀光雪影，炉边谈心，不觉神往。还有我们两人，很早就睡在床上，低声的谈心，有时不觉的到了深夜。这些都是我时常梦想的。何时我们再回复那旧日的生活？晏！我想明年我们即该重

---

①编者注：原信如此。

②编者注：六大爷名董元亮，郑叔忱一位姐姐（或妹妹）系董元亮之原配妻子。

姐弟合影。左起：郑克昌、郑晏、郑雯

聚了，我是如何的渴望着啊啊！但是同样的，这里有些同学则
该分开了。我从前在家照的些像片呢？洗几张寄来，我最喜欢
那两张在客厅里照的，多洗几张寄来吧！我在十月初的一封信
中寄有像片一张，收到没有，我自己以为那张很像你，不知你
是否有些感觉。晏！希望你们去照几张照寄来，看见北平同学
寄来的照片，觉得北平像馆照像技术真好，你们去照吧，照了
寄来。这里的同学都晓得我们两个是双生，都想看看你，问我
有你的像片没有，我说没有，他们都觉奇怪，为什么没有？真
要问你这个小鬼，为什么不给我寄！其实，信都不给我写，还
谈什么像片。晏！今天我才清闲，昨天以前真把我忙死了。祝
好！
附给王淑洁及毛乃憘的信各一封，请交。

雯

十一月八日

1945年11月8日致郑克昌

昌：前曾寄信给你，想都收到，为什么不给我写信？前几天翻看旧信，把你从前给我的三封信都找了出来，重看了一遍，有一封信是和我生气骂我的，我又很难过。我想你不给我写信，也许是还在和我生气吧？是不是？但后来你曾有信给我说你最跟我好，我心中又觉得安慰了些。然而，你不来信，我总有些怀疑。

你中学已经毕业了，考大学了没有？你预备念什么系？听说燕京在平复校了，你和二姐有没有去投考？你们对燕京的看法如何？我倒希望你们都上燕京，或是，有一个上燕京，将来我上清华，那时我们可以不时的骑车奔驰在海甸公路上，太写意了。我非常赞成二姐念护预，我也在后悔自己没有念成。你呢？你应当多念些英文，真的，北平的英文太不成了，和上海、广东的学生几乎不能比。贝满的英文我现在也觉得不成，真的，如果小五不算太大，我将赞成他去念美国学校。

你现在长高了没有？身高多少？记得去年收到你的像片时，我曾和爹爹说，你很漂亮，但是就想到你应当长高了些。如果真的长高了，则确实是一个handsome young man，因为男孩子应当有一个好的体格，不知你以为然否？你现在有车吗？可以趁现在东西便宜时，请爹爹给你买一辆，给二姐也

1946年北平前毛家湾1号东屋前，郑天挺在天桥
买套旧西装，与长子郑克昌合影

买一辆。

昌！我觉得很抱歉，因为不知道爹爹是否回平，所以也没有给你们带东西回去。当然，昆明是没有什么东西好带，但多少也是一番意思，你们不会怪我吧？

名宝和小五都好吗？他们听你的话吗？告诉他们不要学野，如果好好的听话，我回家给他们带东西。现在功课很忙，不多写。祝
好！

雯

Nov. 8. 1945

1945年11月8日致郑克晟、郑克扬

名宝、小五：你们都好吗？还记得我吗？爹爹回家了，你们高兴吗？你们都上几年级了？名宝该上中学了，上什么中学？小五呢？在十月三十一日家信第一号中寄给名宝纪念邮票一套，上面还有十月十日的邮章，很珍贵的，不知收到没有？还有两张新出来的五百元钞票，是否也一同收到了？

你们要听二姐和小三哥的话，不可学些野孩子的习气，不

姐弟合影。前排左起：郑克扬、郑克昌、郑克晟，后排左起：郑晏、郑雯

1945年末北平西城区前毛家湾1号兄弟合影。左起：郑克晟、郑克扬、郑克昌

然，我回来看见了，就不喜欢你们，听到没有？

名宝现在已开始念英文了，成绩如何？等我回来教你们！

你们都念什么学校？平常都作些什么？玩些什么？我时刻都在念着你们，你们想我吗？祝你们

好！

雯

十一月八日

1945年11月19日致郑克晟、郑克扬

名宝、小五：谢谢你们的手绢，我很喜欢。小五要的时事照片已在寻购中，下星期前即当寄给你！名宝还要什么？要常写信给我！我很想念你们！名宝怎么不活泼？小五！你是不是很淘气？带给你们的钱你们作什么用了？

　　这里又有纪念邮票一套，与前寄者相同，这次给谁呢？给小五吧！还有大的纪念邮票四张给名宝！我忙得很，要念书了！下次再写！你们要常来信！祝

好！

雯

十一月十九日

姐弟合影。左起：郑雯、郑晏、郑克昌、郑克晟、郑克扬

1945年11月20日致郑晏

晏：一直没有接到你的信，颇为想念。不知近况如何？身体如何？想你！多么的想念你！你知道吗？晏！为什么不给我来信呢？今天下午刚寄了两封信，No.9，No.10，一封是给你的，但字很少，是昨晚写的，因为功课实在太忙了。

以前所写的信都收到了吗？ No.8是托一个姓赖的中航的飞机师带去的，给你的信，还有爹爹的衣服两件，收到没有？

昨天傅斯年先生飞渝，托其带去鱼肝油丸一瓶，维他命二瓶，还有给你的一个信封，其中有一件小东西带给你。可是，现在先不告诉你！如果你真想知道，则来信后再告诉你！

我简直是不能再继续的看书了，你不来信，我即认为你和我生气了，是不是？

这几天功课太忙了，但是，我并没有少睡多少时间，我的头疼得厉害，真是一点办法没有，遇到这种时候，我真希望得一场小病，借此可以休息一下。但离家的人最好不生病，一生起病来真难过！

寄张像片给我吧！我是多么的渴望得到你一张单人的像片呀！晏！别生气！一切对不住的地方，将来一定补偿。

你想要什么东西吗？写信告诉我！我一定设法带给你，昆

1947年北大文科师生游卢沟桥于小学教室门前郑天挺与子女合影。左起：郑克晟、郑晏、郑天挺、郑克扬（向达摄）

明的日用品洋货很多，只是衣服和鞋没有。

北平物价如何？爹爹给你买车没有？头疼得厉害，明天再写。祝

好!

雯

11.20.1945

1945年12月28日致傅斯年

傅伯伯：

　　想您已到陪都数日，生活安好。

　　昨接家中来信，说及前托傅伯伯所带之药已收到，感激万分，想是您托别人带平的。但钱未收到，故爹爹叫我问问您：希望您抽暇给我带个信来！

　　您何时回平？今托赵老伯带给您这封信，时间仓促，不及多写，希谅！此问
近安！

侄

郑雯上

十二月廿八日

1946年1月22日致郑克晟、郑克扬

名宝和小五：

很久前接到你们的信与手绢，非常感谢你们。为什么最近不来信了？名宝功课忙吗？要好好用功，多念英文，不会的立刻问爹爹或表哥。小五近来是不是胖了？寄一张像片给我吧！我是这样的念着你们。

小五是不是很淘气？皮孩子！你身体不大好，衣服饮食都应当特别小心，听到没有？

名宝身体是不是很好？但也要小心，不可乱吃东西，好好念书，你也很聪明的。你现在已很高了吧？前几天向一个人要来一张美丽的邮票，是为你要的，寄给你，你喜欢吗？

快过年了，你们都放假了吗？爹爹有没有带你们去玩？我寄给你们每人五百元，不过不许乱用，你们看，这钞票不是很好看的吗？祝你们

快乐！

你们的大姐
一月廿二日晚

1946年3月26日致父亲^①

爹爹：接到你的信多叫我快乐呀！陈老伯回昆明了，我见了他真如见到了亲人一样，陈老伯也是那样的热烈，当他听到我在门外叫他时，他也是那样的热烈的跳了出来，汤伯伯适在，汤伯伯很奇怪我为什么盼望爹爹似的盼望陈老伯，陈老伯得意的说："我是她的干爹呢！"我说我要请陈老伯吃饭，他永远是鼓励我的，所以要我用自己的钱请他，刚好我拿了稿费，今天中午请他吃鸡，我好像满腹的话想和他说，可是，他太忙了，那有工夫和我闲谈！今天我说要和他密谈，不知为什么今天好像心情不太高兴，所以和他对坐了几分钟，一句话也没有，我只托他把美金三百元带回，其他什么也说不出。其实，我今天，不，可以说最近没有什么不高兴的事，也许是今天早晨看了很久Keats的诗所致，他是个romantic poet，天生才子，只是因为他的bad health和一生的遭遇，所以诗中流露很多不快的影子，他对人生只是逃避，不过，他的诗是那样的美，真是豪放已极，我真欣赏他的作品，可惜他只活了26岁，不过，romantic poet没有一个长命的。今天上午从Prof. Winter那里刚借到一本 *Studies in Keats*，很难得的一本书，有一堂空堂和一

①编者注：此信信封正面写有"航"，背面写有"家信No.20"。

堂社会原理，整看了两堂，非常过瘾。现在好像成了这种情形，也是因为功课忙些，心情常为书所改变，现在不像从前那样的永远对任何事都起劲了。

前曾拿到美援华金伍万元，后日发薪，加上前所余款，大概这次起码进回二十万，我想这次拿到钱后给三个弟弟各作衬衣一件，蓝裤一条，将来物价不会低了！以后如有力量，再添，衣不求美，也要遮体。

爹爹的毛线，是预备给谁织，放假后我当即开始。

现在我也是常常夹着几本厚书出入的学生了，刘姑（？）也在说时间过得快，我已是个真正的外语系的学生了。爹爹！我时常在想，你为什么不和我学一行呢？不然我们两个可以什么都谈，你还可以指导我。现在我有时感到，我学了一肚子东西，有时想和人谈，人家却不懂。本系的人也很少在一起，因为上次学潮，各属党派的不同，也分散了一部分，但这分散情形在我们还不显著，像我们这种不活动的人当然无所谓。只是，班上很多人都忙着什么文艺社、新诗社……谈话的机会很少，和外系的一起谈话真无聊，真是想畅谈却不能，我现在觉得学文学很对，自己看书即是enjoy。不过，一和人谈起话时，总会感到别人很多地方不成。

去年春天想去的那个外国的什么机关所办护士团体，你们大家都反对我去，现在他们已经解散，选成绩好的出国，现在沈明珍已拿到了出国护照，只等出国了，想来不胜羡慕。

孙先生从英国来信说，在英国，一个学历史的，起码要会五六种文字，拉丁、希腊、罗马文等都得会，所以把他研究外国史的野心打消，只预备找一中国断代史研究。想来念历史真难，爹爹，你看你即是研究了这最难的一门。听说胡适先生与美国交涉好，将来在北大，有中美互换教授与学生，我希望爹爹空时多念英文，以备将来出国。

回北平后，你说我是进北大还是清华？我想进清华，可是，又怕清华不肯培植我这北大关系人的子弟。虽然，我现在只是个三年级的学生，不应该想到很远，可是，我不是像一般人所说的，女孩子上大学只为找对象，只为在头上加一种装饰，我不是没有野心的。毕业后，我不想念研究院，但我想由assistance作起，不离开学术机关，对前途的发展，机会较多些，不知你意如何？

也许是念文学的原故，觉得越来越和人谈不来。其实，自己也是一样的空虚，但觉得还有很多人更空虚。从前很多朋友都很谈得来，现在和他们都谈不来了，真是没有什么可谈的，谈得深些，他们也不懂，白费气力，谈些平常的又实在无聊。这种情形实在弄得我苦闷已极，真不知如何是好。我总以为现在的学生都不如以前的充实，你有这感觉吗？爹爹，你对年轻人不能说是不了解，希望你指示我一条路。我现在时常感到孤寂与烦闷，我现在不太喜欢玩，看电影，我以为自己有时也像个怪人。前天是星期日，我和王芸华谈到深夜，彼此都忙，我们已很久不谈了。我心中颇多complain，是我蓄集已久的集怨。我从不和任何人说，即使说了也不会得到别人的了解的，何况我也不愿说呢！爹爹！我也不愿和你说，可是，今天不知是一种什么力推动了我，我将坦白的说给你，也许是由于你刚寄来的那信中的"真"与"爱"所给予我的力吧！

我自知并没有什么出众的地方，也许，我有着一种活力和纯洁，这使得我在刚一进了联大就受了不少人的注意，而且，我自信很多你的朋友，我的老师们也都很欣赏我，说我天真可爱，这，最初即引起坤姐①的嫉妒，董世珏②的嫉妒，渐渐的，这些人数增多了，章淹③也在同样的看着我。我的Logic考得好，人家也说是先生偏爱我。生物别人都不及格，我得70几分，别人也说嫌话。去年考转学，我侥幸考取了，别人也说因为爹爹是教授。我最恨这些人，人家念书时看不见，考好了说闲话。我相信我自己，我以为人都应当有他独立的人格，所以我不去理会别人，我所不齿的事，我不去作。于是，很多人都在说我骄傲，更会有人在背后讲我坏话，不知爹爹可曾听到过？我深得（？知）一个人躲不尽的毁谤，很多事我也都忍受了。不过，我相信这阴影永不会从我心里逃出的，而且每当寂静侵袭我的时候，我还会时时把它翻新一下，这给予了我无限的痛苦，真正内在心灵的痛苦。

我自知并不漂亮，可是，也时常有些男孩子在追求我，我敢说，追求我的相当多，这也是引人嫉妒的一大原因。我天生不是个好出风头的人，遇到出风头的地方还只有躲避。我也和许多男孩子作普通友善的朋友，也有很多，我便直接的把友谊的桥梁根本不筑起，否则，我将应接不暇。有几个在以前和他们谈得很来，现在渐渐的觉得他们已不再是我的对手，这使得我有时感到孤寂与苦闷。我时常拒绝人来看我，我宁愿一人孤独的生活，因为，他们不会给我什么快乐的，和他们在一起时常感到不耐烦，当然还是少见为妙。现在，也有四个人在极力的追求我，可是，我对他们都不发生兴趣！寂寞的生活我倒还

---

①编者注：坤姐系罗常培长女罗坤仪。
②编者注：即董式珏，北京大学教授董威之子，后与罗坤仪结婚。
③编者注：章淹为章廷谦长女。

过得习惯，那么就让寂寞
陪伴我吧！

把不痛快说出，倒也
痛快了许多。

不过，在每一个笑脸
后面却藏着各自不同的苦
闷，这是不可不承认的。

上次坤姐从我这里拿
了五万元，托赵先生带回
去，她说已和爹爹说好，

1942年北平，郑雯（左）、郑晏（中）
与同学合影

因干爹①有美金直接带回北平，故由北平还爹爹五万元，不知
爹爹收到否？请速回我一信，托傅先生带的钱收到没有？

还有上次替我带东西回去的汤伟，想进临大，如有办法，
望爹爹帮他忙！下次再谈！祝
好！

儿

大宝上

三月二十六日

---

① 编者注：干爹指罗常培先生。罗常培先生与郑天挺先生同年同月同日
生，又是同学同事，关系亲密，罗先生子女称郑先生为郑干爹，郑先
生子女称罗先生为罗干爹。见郑天挺《罗常培先生对我的帮助》，载傅
懋勣等主编《罗常培纪念论文集》，商务印书馆1984年版，第403页。

1946年4月2日致郑克扬

小五：你二十日的信收到了，写的很好，以后应当常写，多写。你的图章我也看到了，很好玩，是谁为你刻的？很多同学看到你的图章，都觉得好玩且好笑，都说你到底是个小孩子。

你现在长高了，身体好吗？要随时注意身体，不要过于疲劳。带给你的时事照片好吗？你还想要什么吗？你现在不上学，可是还应当常常写字，时常给我写信，对你也是个好的练习。

你学会溜冰和骑车了，是谁教你的？那应将来我可以带你一起玩了。你还记得从前你在育华小学时，我骑车送你上学吗？你现在常出去玩吗？谁带你出去？二姐带你出去吗？沙先生喜欢你吧？爹爹喜欢你我是知道的。过年爹爹还带你去厂甸，好玩吗？

你想我吗？你还记得我不？最近北平天气暖和了没有？你说爹爹要去美国是真的吗？你希望爹爹去什么地方？

你现在还和名宝打架吗？我希望你们两个很好的。不要在街上乱买东西吃，街上的东西不干净。你常写信给我吧！噢，我还忘了，谢谢你送我的小画片！祝你
好！

大姐

四月二日

1946年4月8日致郑克晟

名宝：总接不到你的信，忽然接到了，觉得特别高兴。你认为写信是一件痛苦的事吗？你应当明白，这对你是一种好的练习。

你功课忙吧！好好用功，多念英文，不可贪玩。爹爹还像以前一样的喜欢你吗？希望你是个听话的好孩子。

爹爹给你买车了，我也很替你高兴，但是，不能因为有车即到处乱跑，骑车时要小心，特别是你上校的一条路，不好走，当心电车，危险的地方宁可下来。

记得有一次在给二姐的一封信中，寄给你一张英国邮票，很美丽的，不知你收到没有？你现在还有集邮的习惯吗？

你除了念书外，都作些什么？爹爹常和你们一起玩吗？你喜欢他吗？你在学校有几个好朋友？常找你玩吗？陈老伯回去，我给你带了一件假皮衣，是我的旧衣服，你先穿着，将来再买好的。

你有单人在像馆拍的照片吗？寄给我一张看看。要随时爱好清洁，你也不小了，不要一天到晚像个泥人似的。我要睡了，也祝福你有一个好的梦。

雯

四月八日

1946年4月16日致父亲

爹爹：

四月十一日的信已收到。最近时常收到家信，这至少给了我不少的慰藉，告诉我可厌弃的世界中至少还有一个可爱的家，这给我的生活带来不少的光明。真的，我已开始对生活发生了怀疑，究竟人生是什么，更为了什么？这个谜我将永远捉摸不出。可是又那个人不在羡慕着我灿烂的年华，和快乐的岁月呢！我只说，谁又晓得我内心的真谛，谁又看到我眉间暗藏了些什么。这不过是人生而已，我没有十八九世纪时那些Romantic Poets的才华，否则，我的生活当会美丽一些，你说对吗？

人，不过是一种高级动物而已，比其他的动物多了理智，并多了感情，但这理智与感情又给人添了不少的事。

也不知怎么，心里总是那么的不痛快，不是愁，也不是烦，只是乱。大概是被学校迁移的事给闹的。上星期常委会的决定是不搬，教授会未作任何决定，但多数教授皆在忙着自己先回去，不再去理学校。这样事实上在昆不能再上下去，也只好搬了。今天总务处出一布告，如有人去梧州或长沙，可至训导处登记，第一批五月十日出发，但学校只管送至梧州和长沙，以后各自设法，其他不能走的则不知又将有什么计划了，学校还没有具体的决定，先生同学们都在设法先走，学校似乎在尽量使同学自己走，以免麻烦。饭团里的人除张先生和他的妹妹外，都预备自己先走，他们集了很多人预备一同走，看样子，五月底即有停伙的可能。这无形给人精神上带来不少的威胁。严小姐在托人办至上海的飞机，也在为我设法，但不知是否能成。杨周翰、王逊等预备至重庆再定作（？坐）船至沪抑作（？坐）车至陕尚未定，但如与他们同走，当无任何忧虑。现只考虑到用费问题。还有一条路即是先与吴学淑①至蓉，与燕京一同走。真不知如何是好，很想知道爹爹的意见。

人们又在讨论着"走"的问题，大考在即，那个有心念书！

上上星期，到凤鸣村杨姐姐那里去玩了两天。他们对我真是亲热已极，而且还要我放了假就去。这使我又看到了人世间一部份的温暖。杨老伯近来好吗？据杨姐姐说，杨三哥非常想杨老伯。

爹爹近来好吧！忙不忙？伪北大的学生功课都念得好吗？将来他们是否归入北大？真不愿和他们一起！爹爹！希望你常写信开导我！祝

好！

儿

大宝上

四月十六日

---

①编者注：吴学淑为吴宓长女。

1946年□月□日致郑晏[①]

晏：十九日来信已收到了。爹爹为什么不给我写信？我现在也是回家心切，可是三姐她们都望我多住些时，且爸爸过于小心，定要我有可靠的伴才可行。那时，我和一位戴先生约好一齐北返，但至今他还没有来找我，也不知他是否已到上海。再不来，我决定一个人乘飞机走了。你们都那样希望到天津去接我，请问你们天津有地方住吗？噢，想起一件事问你，联大有没有寄来一个我的证明书？

来此虽已十天有余，但只出去过三次，因为上海地方太大，不识路实在不敢一人出去。前天是星期日，三姐和四姐带我出去，这真是很难得的。因为她们平时都要上班，只有星期日才有工夫，四姐只星期日下午有工夫。出去看了看，买了两件绸衣料，都还好看，每件两万元，一万元左右的绸料也有，但有好看的一比，即觉得逊色了。有两万多的，三万的，料子及花样更好，只是现在街上所卖的皆夏季衣料。鞋皆白鞋，你所要的淡色半高根鞋，尚未见到一双，似乎很难买。你所说的旗袍接袖的，在上海，至少夏天穿的人不多，几乎是很少，都是短袖子。我曾问过三姐，三姐说那种衣服因为夏天比较热，

---

①编者注：此信不全，据内容推测，当写于1946年6月下旬至7月初之间。

而且也不好看，所以穿的人很少，春秋天较厚的衣服作这种袖子倒还practical，因为可以不必穿外衣，不知你意如何。那天在街上看见一个年龄很大的人穿了这么一件绸衫，风一吹确很难看。据说，我们这种年纪的人，还是穿短袖好看。

上海现在很多高根鞋，很漂亮，再就是平底鞋，半根的则很难见到一对。你要那一类样子的？什么颜色？快来信，如来得及我好去定作，上海的鞋倒还作得很好。那天还看到一件秋大衣，料子还算不坏，要十八万，似乎太贵了。（我的眼光）可是三姐他们都说不贵，现在只愁回到北平去没有衣服，怎办？

小三要的西服料，我也曾见人穿过，但那可能是外国货，现在市上根本见不到不合季节的东西，已和一个西服店讲好，请他给到仓库里去找，约定后日看货。但他拿了一点样子，我看料子并不厚，有否小三要的花样又是问题。大约八万元一码，不知贵否。手工十万元。毛背心还没有看到过一件。不过我还没有去过几个大公司，到那里去看看，不知可会有。

那天还看见有卖男中人夏天穿的短袖衬衣及短裤，料子还不坏，每套二万二千元，说起来不算贵，不知你以为如何？我想名宝或小……【下缺】

附录三　郑叔忱陆嘉坤事略

长乐郑叔忱先生行述配陆夫人事略

郑庆甡　郑庆珏

先考行述

府君讳叔忱，字宸丹，福建长乐郑氏。先世居河南固始，元末悦斋公始迁长乐之首占村，遂著籍焉，是为本族始祖。十三传至我高祖道东公，妣侯。曾祖用桐公，讳廷珪，道光中起家进士，历知浙江象山、安吉、金华、江山、慈溪诸县事，所至多惠政，卓异升用同知，加知府衔。晚年退居林下，好佛乐善，尝曰：此吾所以遗子孙也。事迹载邑志循绩传，著有《桐花书屋诗文集》四卷。妣林。祖宏泳公，讳虞，廪贡生，绩学见知于沈文肃公，襄船政幕，以积劳终，妣甘。自道东公以下三世皆以府君贵，诰赠资政大夫，妣皆夫人。

府君兄弟四人而齿第三，生而颖异笃学，为先曾祖所许，林太夫人尤钟爱之。九岁丁父艰，哀痛尽礼。时林太夫人犹在堂，府君兄弟皆幼，先祖母甘太夫人上奉衰姑，下抚孤弱，内外井然。既葬，即约束诸子出就外傅。府君侍重闱，处兄弟姊妹，莫不敬慎友爱，而读书益黾勉有加，日夕无懈，岁以为常，自春徂夏，不知草木之蕃茂。尝端阳过厅事一览，咸敬为奇观。年十二，经史皆成诵，应童子试，学使以幼小不肯予题，遂橐笔以归。及光绪庚辰，年十八，入泮。癸未岁试，录取经古一等，补食廪饩，科试考取副优。是时先姚吴夫人既来归，共事甘太夫人，恭谨无违，唱随以礼，得欢心焉。己丑，举于乡，明年联捷成进士，朝考一等七名，改庶吉士。壬辰，留馆授编修。在京供职，恒以甘太夫人为念，屡请来京，而太夫人以年老不堪跋涉，且宦途艰苦，俸给未丰，仅命吴夫人来主中馈，未旬日，以水土不服遘疾前没，时甲午六月也。继得家书，先二伯尔鄂公亦谢世，府君更抱鸰原之恸。益以堂上侍奉为忧，五衷抑郁，深用悆焉。是年大考二等，奉旨以赞善升用。八月，充顺天乡试同考官。乙未，先姚陆夫人来归，遂于是冬南旋，得遂省亲之念。承欢月余，忽遘疾几不起，幸李秀瑜年伯在籍医治，赖以复元。丙申，赞善轮缺，戚友交相电告。府君以母老，依依不能遽离也。己亥，升赞善，历左右春坊，转中允、翰林院侍讲侍读，充国史馆协修、文渊阁校理、南书房行走。翰詹极清苦，平日所希惟典试视学而已。府君孤介性成，百不干人，处翰詹十余年，仅一点同考。而先姚妆奁已典质殆尽。时先叔钰其公听鼓赣右，亦贫困潦倒，常寓书解之，以为万事皆宜静守，未可躁进也。

庚子，拳匪肇衅，联军入境，两宫西幸，士民震骇，百官多假随扈为名，藉避祸乱。府君独居守，备尝艰苦。辛丑二月，充日讲起居官，管理八旗觉罗官学。八月，銮舆将返京师，于西安颁赐随扈诸大臣荣典。府君以国家多事，且值蒙尘播越，赏非其功，不足以服中外而维人心，乃上疏陈之。奏入，留中。回銮，屡召见，皆关新学新政之事。壬寅上元，预宴保和殿。二月，拜视学奉天之命。故事，本缺皆由同级转补，府君独由升授，盖异数也。是时，奉天适当交涉之冲，俄人藉端不去，东北三省敌骑充斥。当始发京师，即奉家书，拟迎甘太夫人北上，而不意沿途扰攘若是之甚也，因急请止焉，后每引为恨。是岁，诏举经济特科，以为施行新政之阶。府君所荐施君士杰、贞端梁公济、李君泗，皆新学深邃之士也。

既而先大伯尔南公卒于乡，先叔钰其公卒江西，赴先后闻，府君痛甚。盖吾家本贫素，先祖即世复早，幸先大伯父尔南公、先二伯父尔鄂公年稍长，助甘太夫人治家，府君与先叔钰其公得

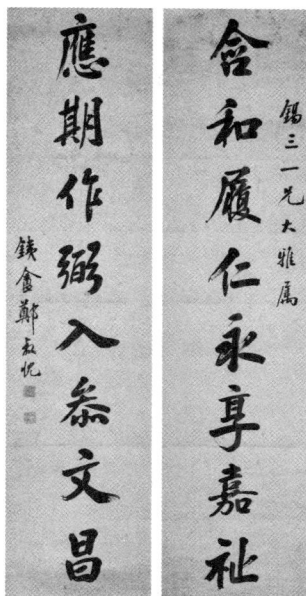

郑叔忱书法对联

安心潜学。府君既成进士，先叔亦举孝廉，先伯父乃相约不出，专奉慈亲，课子侄。府君闻之，辄感泣，亦与先叔父约，必相勉励，俟宦途稍丰，以报两兄。何意先二伯父早世，先叔父亦坎坷于赣，又与先大伯父先后卒也。且念母迈年连丧三子，其痛何如，遂决意迎养来奉。乃板舆甫备，而甘太夫人弃养赴至。府君方按试于外，星夜驰归，痛不欲生，亟匍匐南奔。府君上痛先人之罔极，俯哀同怀之凋落，既葬，即决意侨寓京华，聊避心目之伤悴。然时事益艰，家门多故，怀抱难舒，焦思日甚，而气体由是亏矣。

府君不事权要，而性好施与。庚子之变，困处空城中，虽

余升米，亦与戚属共之。先二伯父卒，遗孤庆名，又诸父之子庆焯、庆飑、庆澄、庆熙，先后招之北来，导以政事，或诏以学问焉。最喜藏书，见善本辄典衣购之，家蓄数万卷，暇辄手一篇，终日讽诵。尤笃于新学，一时时政之籍，靡不罗致，平居课子侄，亦谆谆勉以新知。故累诏对，皆称旨焉。乙巳春，染时疫，医略痊，倏又反复。六月服阕，诣阙请安，召对逾时，悉关学务之语。七月，府君生日，亲故为寿，犹欢乐如恒。然自后饮食锐减，日益癯瘠。

八月上谕：自丙午所有乡会试一律停止，并多派学生留学欧美，广设学堂，以宏教育。顾吾闽当局每多漠视，计数年来留日学生不过五十，全省学堂亦仅廿区，以较他省，相差殊甚。府君忧之，以为疆臣漠视固为致是之由，而的款无著，亦未始无因。乃上奏沥陈，并恳于本省铜圆局赢余及水灾善后、科场诸费中岁筹银二十万两，以为扩充学校、添派出洋学生之用。奏入，得旨：著总督崇善按照所陈实力通筹施行。

重阳前日，府君携先姊庆珠、亡弟庆喆游江亭。比归，即觉喉痛，两颐浮肿，亟请医投

郑叔忱所书"御赐福州大将军穆图善抗法战功碑"。现立于福州市于山公园碑林

治，固无殊效。而饮食仍进，行履依然。迨十二日，骤易疫症，延至十三日酉时，竟弃不孝等而长逝矣。呜呼痛哉！

临危，招诸亲友面诀，谆言身后诸事，区处周详。复言八月请增费办理闽省学务，即蒙电敕依行，兹后学务必多进益。语次神志清明，话言不乱。更执诸舅手叹曰：昔寇莱公以七月十五日生，事业彪炳，垂诸一世。余生与之同日，平昔颇自期许，何意夙愿未竟，赍志以没，殊深怅恨。言毕，渐瞑。所著多散逸，不孝庆甡搜讨得诗文若干篇，成《春晖斋遗集》若干卷，藏于家。

府君生同治癸亥年七月十五日午时，弃养于光绪乙巳年九月十三日酉时，享年四十有三。配吴夫人，诰授朝议大夫侯官讳元振公女，先府君十一年卒。继配陆夫人，通议大夫山东督粮道桂林讳仁恺公女。子三，不孝庆甡，大学生；不孝庆喆，幼殇；不孝庆珏，中学生；女一，不孝庆珠，中殇。皆陆夫人出。

乌虖！自我府君之殁十六年矣，庆甡等无状，未能显扬，大惧先人行谊不传于后。今将卜葬，谨述崖略，幸当代立言君子有所采择焉，庆甡兄弟感无涯矣。

维九年庚申十月，不孝子庆甡、庆珏谨述，门生金镜芙填讳。

先妣事略

先妣广西临桂陆氏，皇考尔丹府君之继配也。以清同治己巳四月十四日酉时生于京师，年十一随外祖之山东粮道任。少娴礼范，笃于诗书。光绪乙未来归。时先府君以翰詹官京师，职位清苦，日用多不给，先姊每以奁妆为助。庚子之变，衣饰尽毁，意漠如也。壬寅，先府君视学奉天。明年，丁先大母忧，奔丧回籍，赖先姊持家，得以安适无事。乙巳，先府君弃养京师，先姊忧恸之余，愤不欲生，徒以庆甡等幼，不能不为养育计，然意兴体质由是亏矣。

时海内初倡女学，直督创立北洋高等女学于天津，傅沅叔先生增湘为之监督，慕先姊名，聘为总教习，固辞不获已。比至津，召诸生曰：

> 吾国女界沉沦久矣，残害肢体，锢塞聪明，不知时事之艰难。其所以致此者，女学不兴之故耳。女学不兴，不仅徒害一身已也，实且贻害于家族、社会。一国之间，女居其半。女学不兴，则国直半教国耳。当兹学术竞进，以半教之国与教育普及者较，盖无不败者。且国家方倡新学，纵男子已皆有得，而其母、妻、姊、妹率皆愚顽不化，与学校教育相背而驰，中国前途乌可望乎！诸君远道来学，务以勤勉自治为意。

闻者莫不感动。时女学初兴，一切规程多不备，先姊博取各地女学旧规及男校章程，益以日本女学大要译文，亲加考厘，恒至夜分不休。统凡校内课程、自习、赏罚诸规则，悉出先姊手订，一时号称完备，各地争借鉴焉。

先姊能诗，善鼓琴，性慈仁，好施予，亲串有所需，恒典质以供。丙午客天津，别校有教员吕女士者，途触电车，受伤腕废。先姊以司机藐视人命愤之，因上书直督，陈电车屡次杀人事，乃命车停三日，并严惩机者。由是定取缔规则，而杀人之事亦渐无闻。然先妣与女士初不相识，其好义多如此者。

先妣教授天津，从学者甚众，校阅课文昕夕无间，心力日瘁。同校薛夫人者，先府君门人母也，全家病疫，先妣日至省视。比次第痊可，而先妣中疫不起。时光绪丙午九月十一日午时也，寿三十有八岁，去先府君之殁正期年耳。

先妣讳嘉坤，字荇洲。外祖讳仁恺，咸丰壬子进士，山东运河兵备道。子三，庆牲、庆喆、庆珏。庆喆后先妣三日殇，年六岁。女庆珠，年十三殁。

先妣之卒也，庆牲年八岁，庆珏年才二周，姊最长，亦仅九岁耳。惟见众人泣，亦随之泣；见家人拜，亦随之拜，而不知母之死也。及殓，老媪命庆牲以棉拭母目，谓之开光，庆牲效之而不知自是不能复见母矣。呜呼痛哉！

先妣恒悯女子之失学，尝欲立女学于京师，且曰设广设女学，吾国盖无不盛者也。今去先妣之殁十五年矣，而女学之稚弱如故，庆牲等无状，尚不能以继先妣之志也。太夫人著作多散逸，庆牲搜辑得若干篇，成《初日芙蓉楼吟藁》若干卷。

维九年岁次庚申十月，男庆牲、庆珏谨述，受业张佩芬填讳。

编后记

    恩师郑克晟教授以明清史专业名家，他的研究选题眼光独到，视野开阔，分析深入，颇多创见。专著《明代政争探源》1988年由天津古籍出版社出版后，2014年故宫出版社又收入《明清史学术文库》重版，其学术价值已有几位学者发表书评，同门孙卫国教授在对郑师的访谈《明代政争探源——访郑克晟先生》中亦有阐述。[①]笔者在此略可补充一些学界评价。老一辈史学家王毓铨（1910—2002）先生说这部书："三编都好，第一编最好，有独到贡献。文笔也好，不只流畅，且能将琐碎事实写来使读者感兴趣，这本领就不小。总之，这是一部好书，是一部有见地有历史的好书。以往，人们讲阶级不少人陷于机械论，简单化，不知道统治阶级内部也存在着矛盾；即使知道，也不敢进行探讨。"王锺翰（1913—2007）先生也说这部书"不特文笔简练，而创见尤多"。白寿彝（1909—2000）先生总主编《中国通史》第九卷"明时期"，在回顾近百年中国学者明史研究概况部分，评价这部书"从南北区域经济发展的差异，考索南北地主的斗争与关系，确有见地。第一章关于明初江南地主及士人对

---

①刊于《中国史研究动态》2019年第1期。

元朝怀念成因的剖析，更为精彩"。①高寿仙研究员在评价改革开放后的明史政治史研究的问题意识和研究取向的新进展新趋向时也说："在政治史研究中，很早就有学者在阐明事件本身的演进脉络之外，还尽力挖掘出潜藏在事件背后的社会结构及其变迁。郑克晟《明代政争探源》（天津古籍出版社1988年版）就是这方面的一个例证。该书试图为明代近300年间的政治斗争史找到一以贯之的社会经济根源，认为明代政争的实质在于北方地主集团和江南地主集团之间的利益冲突。两大地主集团之间的对立长期延续下来，并在政治舞台上表现为尖锐的政见和权力之争。"②而对聚讼纷纭数百年的明代江南重赋原因，郑师论文《明代重赋出于政治原因说》③将视野扩大到江西南昌、袁州、瑞州以及陕西宁州等地区，指出：重赋区既有南方地区，又有北方地区；既有经济发达地区，又有经济落后甚至非常贫瘠的地区；除官田外，民田亦被征收重赋；同时指出，用经济发展来解释明代重赋的原因，也难以解释这一事实，即在明中叶至清代江南经济确实比明初有了很大发展的时期，明清王朝反而多次对江南减免赋税。郑师这一论文对明代江南重赋原因提出了较为圆满合理的解释。多年研究这一问题的范金民教授说："探讨江南重赋的原因，笔者以为，最好应如郑克晟那样，结合比较其他

---

① 白寿彝总主编，王毓铨主编：《中国通史》第9卷"明时期"上册，上海人民出版社2015年6月版，第116页。
② 高寿仙：《改革开放以来的明史研究》，《史学月刊》2010年第2期，第12页。
③ 刊于《南开学报》（哲学社会科学版）2001年第6期。

重赋区的形成，如果主张经济发展导致重赋，似乎还应具体考察重赋顶峰时明初的经济发展程度，而注意到明清两朝特别是清朝不断减赋的事实。"[①]

　　除了明清史专业上的成就外，郑师对近现代学术史极为熟悉。2001年郑师好友冯尔康教授说："克晟兄的阅历既广，而记忆力更是惊人，深为尔康所叹服。每与克晟兄谈讲学林轶事，尔康均从中获得教益，屡次建言于克晟兄，何妨将胸中的学林故实倒出来——写出专著，加惠于学术界。兹于此再度进言，克晟兄意下如何？"[②]对此笔者亦深有体会。笔者1986—1989年在郑师门下攻读明史方向硕士研究生，就读期间自然以专业学习为主，但郑师偶尔亦与笔者谈论学林掌故。有一天上午谒见郑师，为何事而去已经忘记，总不外是为专业学习，但清楚地记得那天郑师谈兴甚浓，跟我谈论了较长时间的学林掌故，时近中午，我几次告辞，郑师总让我坐下、坐下。我那时对学界还不太熟悉，郑师提到张政烺（字苑峰，1912—2005）先生，我问"张先生是谁？"郑师也不解释，说就是那个张政烺、那个张政烺，我想了好一会，才想起是中国社科院历史研究所的张政烺先生。1989年7月毕业后，我常回天津看望郑师和师母，一般是上午10点多到郑师家，稍事寒暄后就开始聊天。郑师对时事政治亦极关心，但我对此兴趣不大，且没有什么消息来源，所以聊不起来。于是主要是聊各种学术掌故，午

[①] 范金民：《江南社会经济史研究入门》，复旦大学出版社2012年8月版，第62页。

[②] 冯尔康：《感言》（2001年6月30日写），刊于郑师《明清史探实》，中国社会科学出版社2001年11月版。

饭或在郑师家里，或至附近餐馆，饭后郑师亦不休息，师徒继续聊天。孙卫国兄如在津，亦一起聊天。一直聊到下午三四点钟，我告辞回京。本书《记1943年重庆召开全国历史大会》一文就是2007年3月18日郑师跟我聊天后所写。每次聊天，我总感觉郑师有说不完的学林掌故，且多系郑师亲历亲见，很多向所未闻，特别有意思，颇有裨于学术史。这种情况差不多持续有二十年。后来因为我结婚生子，家务牵累，去看望郑师和师母少了。而近年郑师身体已不如以前，我也不敢跟郑师长时间聊天，怕他太累了。

郑师熟悉学林掌故，是有独特的内外条件。郑师出生于书香门第。祖父叔忱公（字宸丹，1863—1905）福建长乐人，光绪十六年（1890）进士，为清末开明知识分子，留心新政，爱好文史，长期任职于翰林院，曾任顺天乡试同考官、奉天（沈阳）学政，又曾任京师大学堂教务提调（教务长），有《春晖斋遗集》若干卷。祖母陆嘉坤（字荇洲，1869—1906）先生广西桂林人，自幼笃于诗书，通经史，曾任天津北洋高等女子学堂总教习，为晚清北京女学先驱[1]，遗著有《初日芙蓉楼吟稿》。父亲郑天挺（字毅生，1899—1981）先生中学就读于顺天高等学堂，后考入北京大学本科国文门及研究所国学门，毕生从事教育事业和史学研究，曾执教于厦门大学、北京女子高等师范学校、浙江大学、北平女子文理学院、西南联大，而以在北京大学和南开大学任教时间最长，各约三十年，曾任北京大学国文系、史学系教授，秘书长、

---

① 参见夏晓虹《晚清北京女学人物发覆》，刊于《北京社会科学》2020年第7期。

文科研究所副所长、史学系主任，西南联大总务长、历史系教授，南开大学历史系主任、副校长。陆嘉坤先生之父陆仁恺（字澹吾，1827—1889），咸丰二年（1852）进士，曾任翰林院庶吉士、贵州学政、山东运河兵备道；母梁氏，为梁济（字巨川，1858—1918）先生之姑母，陆嘉坤先生病危时，即托孤于梁济先生；姐陆嘉年（字祖庚）先生嫁云南大理张士镳（光绪六年1880年进士）先生。由此四家姻亲关系，郑天挺先生与梁济先生之子梁漱溟（原名焕鼎，字漱溟，以字行，1893—1988）先生，张士镳先生之子张耀曾（字镕西，1885—1938）先生、张辉曾（字宽西）先生均为表兄弟[①]，关系亲密，郑先生少时寄居在表兄张耀曾、张辉曾家，而由表舅梁济先生监护。梁漱溟先生为当代著名思想家、教育家、社会活动家、中国民主同盟的发起人之一；张耀曾先生1903年留学日本，后加入同盟会，北洋政府时期任司法总长，并任法权讨论会委员长，后移居上海以律师为业，并在大学教授民法。民国初年北平大律师王劲闻先生亦是郑先生表姐夫，其夫人陆氏系郑先生表姐（郑老外祖父陆仁恺孙女）。

从郑师本人来说，在中国最好的大学和学术机构求学、工作，1951年考入北京大学历史系，1955年毕业后到中国科学院历史研究所第二所工作，1963年初为照顾单身的父亲，与师母傅同钦教授一同调到南开大学历史系，此后一直工作生活在南

---

① 梁、陆、张、郑四家之间的姻亲关系，见梁培宽《记郑毅生表叔事》，载封越健、孙卫国编《郑天挺先生学行录》，中华书局2009年7月版，第111页。

开园，1989—1994年曾任南开大学古籍与文化研究所所长、全国高校古籍整理委员会委员。北京大学历史系、中国科学院历史研究所、南开大学历史系皆是史学重镇，集中了一批1949年前已经成名的史学家，1949年后也培养了很多新一代史学家。在这三家学术机构，郑师亲身经历了1949年后史学界、教育界的重大事件和风风雨雨，并与很多史学家有密切交往。郑师又喜好阅读各类文史资料和旧报纸。[①]如同冯尔康老师所说，郑师"记忆力更是惊人"。2019年9月我至南开大学津南校区参加"纪念郑天挺先生诞辰一百二十周年暨第五届明清史国际学术研讨会"。9日上午先至南开大学本部看望郑师和师母，中午即在郑师家吃饭，在起身去吃饭时，因提到《郑天挺西南联大日记》中记有北大支付陈独秀生活津贴之事，郑师随口说出在第515页。[②]这一年郑师已经88岁高龄了。郑师记忆力之惊人如此。

对于现代学术史，郑师既有家学，又是亲历者，同时接触1949年前后的几代史学家，博洽多闻，惊人的记忆力，这些条件使郑师积累了极为丰富的学界掌故。郑天挺先生遗留的数十年日记和大量往来书信，更是学术史研究的资料宝库。《郑天挺西南联大日记》出版后，即被评价为研究西南联大校史、近代学术史、教育史、文化史、社会史、经济史、抗战史等领域的珍贵史料。郑师所写回忆师友诸文对郑老日记信札多有引

---

① 郑师自述，见董耀会主编，北大人编辑部编：《北大人》，书目文献出版社1993年4月版，第808页。

② 郑天挺：《郑天挺西南联大日记》，2018年1月第1版，2018年1月第1次印刷。此第1次印刷页码与2019年6月第3次印刷后各印次不同。

用，不但内容翔实可靠，还提供了很多不为人知的史实。郑师《陈寅恪与郑天挺》发表后，有学者即认为此文"提供的却都是'干货'，隐隐看得出背后应该有一个可靠的'资料库'"，《郑天挺西南联大日记》出版后，作者才明白此文的"资料库"就是已刊和未刊的郑氏日记。[①]同时具备这些条件，在当代学界实属凤毛麟角。

郑师发表过一些郑天挺先生生平、学术成就以及郑老交游的文章。郑师曾跟我说过，郑老去世后，应杂志约请写过几篇纪念郑老的文章，后来又应杂志和会议邀请，写过有关郑老学术和郑老友人的文章。但郑师并未发表过其他学术掌故文章。有关自述性回忆文章，也只发表过四篇。最早是《我培养研究生的几点体会》，是1991年应南开大学研究生院约请所写。[②]2004年为南开大学建校85周年，学校编辑出版纪念丛书，郑师应校史办邀请，撰写了学术自述《治史五十年，弹指一挥间》。[③]这两篇文章实系学校指派的任务。后应《民间影像》编辑部约稿，撰写发表《难忘的一九四五年》、《我在北

① 张求会：《评〈郑天挺西南联大日记〉：陈寅恪的"西南联大时期"》，"澎湃新闻"2018年3月7日，https://baijiahao.baidu.com/s?id=1594250695987940726&wfr=spider&for=pc，2022年10月8日下载。
② 收入南开大学编《名师高徒：研究生培养经验谈》，南开大学出版社1991年版。此书暂时未能找到，因其印数极少，图书馆亦未有收藏，故此文未能收入本书。
③ 收入南开大学校史研究室《南开学人自述》编辑组编《南开学人自述》第二卷，南开大学出版社2004年12月版。

大史学系经历的院系调整》两文。[①]上文提到的孙卫国兄访谈《明代政争探源——访郑克晟先生》一文，则是2018年《中国史研究动态》杂志的约请。

虽然冯尔康老师"屡次建言"郑师撰写学林故实，我与孙卫国兄也多次建议，并建议郑师撰写回忆录，但郑师对写学林掌故并不积极，对回忆录更是淡泊，总说自己就是普通人，人生平淡，没有什么可写。2001年为郑师北大入学五十周年，年底同学陈惠民建议郑师回忆当时情况，郑师遂写《初入北大》，亦仅存于郑师日记，并未发表。2017年孙卫国兄与我商量为郑师做口述自传，我亦提供一些拙见，遂草拟"口述自传提纲"。兹将提纲录之于此：

说明： 提纲尽可能具体、细致和全面，以收集丰富的素材，供整理时取舍。口述中涉及的人名、地名及其他专名须当场标记。

一、身世

背景：祖籍、乡梓、先辈

家境：房屋、收入、生计、日常生活

家庭：父母、兄弟姐妹、其他重要的亲友、1949年后的变

---

① 《难忘的一九四五年》一文因《民间影像》迟迟未出版，先发表于台湾《传记文学》第108卷第2期（2016年2月）；后收录于《民间影像》编辑部编《我的1945：抗战胜利回忆录》，同济大学出版社2017年8月版；《我在北大史学系经历的院系调整》，发表于《民间影像》第九辑，同济大学出版社2019年1月版。

故（土改等）

环境：生长地的风土人情、1949年前后北京的印象

郑老的影响

二、早年经历

童年生活：出生、记忆深刻的事情

发蒙读书：时间、学校、老师、同学、课本、上课、下学、学习方式、课外阅读、对后来的意义

中学：时间、学校、老师、同学、上下课、喜欢和擅长的科目、影响最大的书、影响最大的老师、记忆最深的事

抗日战争时期：北平情况、百姓生活、抗战胜利

课外活动、业余爱好

三、大学期间

1949年：当时的感受、后来的记忆、对人生道路的影响

高考：高考科目、时间、录取比例

郑老的影响：专业的选择、平时的言传身教

大学入学：大学校园、同班同学多少、来源、入学教育

大学学习：课程科目、专业方向、个人兴趣、读书范围

大学老师：任课老师、班主任、系主任及相关老师

大学活动：政治活动、集体活动、班级活动、劳动

毕业分配：去向、分配工作的标准、同学们以后的命运

傅同钦老师

四、科学院历史所——初期研究

历史所的氛围：五十年代的历史所、"三反""五反"运

动、"反右"运动

王毓铨先生的影响

专业：兴趣的确定、选题、第一篇文章

对学科的观察：当时史学界的情况、大家关注的问题、政治与学术、学术权力、中国史与明清史研究的情况

职称评定：评职称的要求、申请者的心态、评定办法

五、初到南开

来南开的原因、调来前对南开的印象

郑天挺先生的情况：郑老来南开的原委、郑老在南开的情况

报到：时间、从哪里来、谁接待的、对天津的印象、对南开的印象、生活、工资、住房、伙食

工作：分配教学任务、教材、备课、第一堂课、后来担负的课程、讲课的感受、其他工作、系领导、校领导、对当时历史学科的印象

六、政治运动与"文革"

政治运动："社教"、"四清"

"文革"：对1966年的印象、南开的运动、天津的运动、师生的反应和态度、教学和研究的情况、个人是否受到冲击、印象深刻的事情

郑老在"文革"中的情况、个人与家庭在"文革"中的情况

南开的造反派情况、1971年林彪事件前后的变化

转折的年代：对1976年的记忆、听到"四人帮"被抓的感

受、对改革开放初期的印象、校园的变化

七、明清史领域的研究

原因与兴趣

参与《明史》点校

南开明清史研究的发展沿革

明清史教师进修班

第一届明清史国际学术讨论会、第二届明清史国际学术讨论会

研究工作

八、《明代政争探源》的写作与明史研究

研究领域：为什么选择这个课题、研究的路径、主要的学术见解、论著写作和发表中的趣事

学林同道的影响与交流

九、国内外的学术交流

国内学术会议情况：地点、重要代表、主要印象、学术交流的评价

海外交流：荷兰、德国、日本、韩国以及与我国香港台湾地区的学术交流

荷兰会议情况、对欧洲的印象

香港会议：香港学者、会议情况、交流情况、香港印象

赴美访问：时间、赴美准备、行程、落脚的学校、接待的学者、文化和生活的适应、研究工作（课题、资料）、与美国学者的交流、回国、收获和体会

美国印象：美国风光、美国社会、美国人、美国史学

十、师友印象

郑天挺先生的影响与评价、邓嗣禹来访

傅同钦教授

北大师友：向达、张政烺、邓广铭、余逊、许大龄、商鸿逵、徐苹芳、曹贵林、王天有、徐凯等

历史所师友：王毓铨、白寿彝、杨向奎、何龄修、张显清、刘重日、陈祖武、万明等

南开师友：冯文潜、雷海宗、吴廷璆、杨翼骧、杨志玖、王玉哲、林树惠、杨生茂、魏宏运、王敦书、冯尔康、陈生玺、冯承柏、傅贵九、刘泽华、陈志远、王鸿江、白新良、汪茂和、林延清等

学林同道：李洵、薛虹、顾诚、魏千志、梁希哲、孟昭信等

十一、研究生培养

学位点：博士点的申报、郑天挺先生招生和培养学生的情况、硕士点早期的招生情况、研究生的课程和学习情况

指导学生：硕士生的情况、对学生的印象、培养研究生的经验和教训

十二、古籍所所长任上

古籍所的沿革：成立缘起、发展演变

所长任内：担任所长的背景、主要工作、印象深刻的事情、与学校和历史系的关系、卸任

《清文海》项目的情况

十三、全国高校古委会与中国明史学会

高校古委会的成立：背景、创办的情况、南开所起的作用、参与的工作

明史学会的情况、相关的学术会议、与明史学界的交往

十四、退休

退休的情况：时间、学校的沟通、当时的心情

退休后的生活：著述、随笔、读书

十五、业余爱好

娱乐：小说、电影、电视

体育：喜好的运动、关心的运动

十六、生活和史学感悟

生活：回顾平生的感慨、对社会变迁的观察、对生活的态度、养生之道

史学：如何做好历史研究、历史学的价值和意义

如果能按这个提纲做成口述自传，可以想见，不仅是郑师个人传记，亦必有多方面的学术史价值，诸如北大校史、历史研究所所史、南开校史、1949年以来的高校教学科研状况、明清史研究学术史以及一些学者的生平事迹，等等。但郑师对此兴致不高，又有些客观原因，访谈只做了三次，没有全部完成，甚为可惜。我和孙卫国兄几年前早就建议郑师将回忆师友

文章汇集出版，郑师一直不同意，2020年同意又复反对，去年郑师才最后同意出版，并提供了日记中《初入北大》和一些回忆师友的文稿。郑师不愿意撰写回忆录，不同意出版回忆师友文集，一方面是自谦，另方面是由于谨慎和顾虑。对于经历了那个时代的人们，这亦不难理解。

承郑师错爱和信任，命我编辑这部书稿。我主要做了六方面的工作。一是整合，有的文章曾在不同杂志发表，或发表后为其他书刊收录，有详略不同。如郑师先后应《晋阳学刊》编辑部和《文献》编辑部约稿，撰写《郑天挺传略》；1998年发表《郑天挺与北京大学》①，收入《我的父辈与北京大学》时改题为《风风雨雨三十年——郑天挺与北京大学》，内容和篇幅有较多增加②，收入《郑天先生挺学行录》又有增补③，但三个文本仍各有不同。与此相关的还有《"七七事变"时的北京大学——忆先父郑天挺先生》一文④。又如《忆张苑峰师二三事》发表于《想念张政烺》一书⑤，但在日记中还有《忆张苑峰师第一次讲课》（2002年7月10日写）、《忆张政烺先生的第一堂课》（2011年12月4日上午写）等文字，有一些张先生事迹不见于此文。余逊（字让之，1905—1974）先生和裴文中（字明华，1904—1982）先生的事迹，亦有几处记述。对于这种情况，尽量吸收不同内容，以多保留一些学林

---

① 刊于《北京大学学报》（哲学社会科学版）1998年第3期。

② 钱理群、严瑞芳编，北京大学出版社2006年11月版。

③ 封越健、孙卫国编，中华书局2009年7月版。

④ 刊于《传记文学》（台湾）第74卷第6期，1999年6月。

⑤ 张世林主编，新世界出版社2015年3月版。

轶事。二是编辑，主要是郑师日记中的《初入北大》和回忆师友等手稿，因郑师并未考虑发表，书写较为随意，我稍做了一些文字编辑，但以保持郑师文字原意为原则。三是编排，按文章内容分为四辑。第一辑十九篇，回忆郑天挺先生生平、学术及交游，皆已发表，其中交游部分按郑老师友年齿排列。第二辑二十六篇回忆师友，亦按师友年齿排列，有五篇曾发表过；其中《谈杨翼骧先生》是2018年4月南开大学历史学院为纪念杨翼骧（字子昂，1918—2003）先生一百周年诞辰所做口述访谈，由孙卫国兄采访，博士生顾少华整理，标题是我所拟；其余均据手稿整理。第三辑为生平回忆十篇，有三篇曾经发表，其余均据手稿整理。《初入北大》中原有《忆余逊先生》、《裴文中讲演》两节，则与其他回忆余先生和裴先生的文字合并，移至第二辑。《谈家世和学生生活》系2017年孙卫国兄所作访谈，我稍加整理，并拟定标题。这一辑最后附录卫国兄对郑师的访谈《明代政争探源——访郑克晟先生》。第四辑为六篇小掌故，亦根据手稿整理。四是整理注释。郑师原文有文中注者，统一改为页下注，注释信息有缺者，予以补全；并新加了少量注释，为与郑师原注区别，加"编者注"字样。五是根据文稿内容选配图片，图片包括照片和文稿信函等手迹。但由于掌握的图片有限，有的文章没有找到相应配图。由于对相关情况了解有限，有些图片未能标注时间、地点，有些照片中的人物亦未能一一标明。六是因本书涉及众多郑师家人亲属，为便于读者明了其中关系，我与郑师外甥女黄培大姐、外甥黄圻大哥一起编制了"郑天挺家族谱系图（部分）"、"梁陆张郑董五家亲属关系图（部分）"。遗憾的是，由于涉及人物众多，年代久远，资料缺少，这两幅图未能收录所有家人亲属，收录的人物姓名、行辈亦难免有差错。因本书并非郑师有计划的写作，各文系不同时间分别撰写，部分文章内容有交集，难免有重复之处，不便删去，故保持原样。

本书收录了三个附录。附录一为师母傅同钦教授文稿，包括三篇回忆文章和五首诗稿，其中四首诗稿未发表过。师母与郑师为大学同班同学，工作后在中国科学院历史所及南开大学历史系又同事。傅师原从事明史研究，1980年南开大学历史系博物馆专业创办之初，即任博物馆学教研室副主任并主持工作（主任为王玉哲教授），为南开博物馆专业开创元老。附录二为郑师大姐郑雯（1923—1946）的译文和书信。1946年7月郑雯女士不幸遇难后，家人制作了一册《郑雯纪念册》，粘贴郑雯女士的照片、译文和书信，以为纪念。郑师为了纪念大姐，拟在本书收录这些译文和书信。三篇译文原系剪报粘贴，仅有《义大利俘虏回家》一文标注发表时间"34-2-11"即1945年2月11日，我查出各文原发表报纸信息予以注明。《纪念册》译文顺序并非按照发表时间，亦仍照原来顺序。《纪念册》粘贴有郑雯女士书信七通，按顺序粘贴为致父亲一通，妹妹郑晏三通，弟弟郑克昌一通，弟弟郑克晟、郑克扬一通，弟弟郑克扬一通。此外，郑师家中另找到七通郑雯女士书信，遂一并收入本书。全部书信则按写信时间排列。笔者读了这些书信，深觉发表出来不仅是家人的纪念，亦有多方面的史料价值。附录三为郑天挺先生与弟弟郑庆珏（字少丹，1904—1945）先生撰写并印行的《长乐郑叔忱先生行述配陆夫人事略》，我所见为原书照片，读后觉得这份材料不仅有助于了解郑师家世，亦是研究清末知识分子的史料，《陆夫人事略》更是研究晚清女学的宝贵资料①，故自作主张，将之收入本书，并试作分段标点。

本书编辑过程中，凡有疑难，随时向孙卫国兄请教商酌，卫国兄助力甚多。卫国兄门下雷雨晴、李昕洋同学将大部分已发表文章及部分手稿转录为Word文档。书名和每辑小标题系同门顾颖教授所拟，颇为贴切典雅。郑师为院系调整后迁到燕园的首届北大学生，1963年调到南开大学后，一直工作生活在南开园。书名中的"未名湖"和"新开湖"分别为燕园北大和南开校内的人工湖。人们熟知的"未名湖"为燕园北大标志性景观。"新开湖"位于南开大学八里台校区，开挖于1954年，据说定名"新开湖"，一者是指新开挖的湖，二者又有新的南开的意思。郑师次子郑泰兄和外甥女黄培大姐提供不少照片。黄培大姐还整理了"郑天挺家人的人物关系"。黄培大姐之弟黄圻大哥提供"梁氏、陆氏、张氏、郑氏家族亲戚关系图谱"电子版，并告知许多郑氏家族亲友的轶事。郑师手稿《一位精力过人、学识丰富的史学家——怀念向觉明师》系墨笺楼商城2022年9月23—26日拍卖于孔夫子网②，承国家方志馆的和卫

---

① 参见夏晓虹《晚清北京女学人物发覆》，刊于《北京社会科学》2020年第7期。

② 墨笺楼商城同时拍卖了十余篇回忆纪念向达先生的手稿，均系北京大学陈玉龙教授旧藏。陈玉龙教授与阎文儒先生合编《向达先生纪念论文集》，该书编后记写于1981年秋，称"穷两年之功、勉成斯编"，其时出版困难，至1986年才由新疆人民出版社出版。《向达先生纪念论文集》所收全系学术论文，估计当时尚有出版回忆纪念向达先生生平及学术成就文集之意，故约请向达先生友人及弟子撰写相关文章，但后来未能出版。其中绝大多数为沙知编《向达学记》（生活·读书·新知三联书店2010年6月版）所未收。

国研究员提供该文照片，得以收入本书（此文原稿郑师家中亦已无存）。谨此一并致谢。尤为感谢者，中华书局副总编辑俞国林先生慨然同意本书出版，责任编辑白爱虎先生在最短时间内精心编校。书中不当之处，自系我学力不逮做事粗疏所致。

这篇编后记已经颇为冗长，最后以我记忆较清楚的郑师跟我谈过而未写出的三件学林轶事，结束本文。

郑师在北大上学时，有次去邓广铭（字恭三，1907—1998）先生家里拜访，遇到宋史专家聂崇岐（字筱山，又作筱珊，1903—1962）先生。聂先生极为傲慢，"傲慢极了！"郑师毕业到中国科学院历史研究所第二所工作后，再去拜访邓先生，又遇到聂先生，这次聂先生极为客气，"客气极了！"聂先生前后两次态度反差如此之大，令郑师十分不解。后来问父亲郑天挺先生，郑老说，因为你原来是学生，现在跟他是同事了。聂先生时在中国科学院历史研究所第三所工作。此事郑师跟我说过两次。

1978年10月，旅美华人历史学家邓嗣禹（字持宇，1905—1988）先生回国，先至上海，复由北京至天津南开大学拜访郑天挺先生，请教关于明清农民运动及与秘密社会之关系问题。此时"文化大革命"结束不久，邓先生第一次到天津，人生地疏，又系洋人装束，在天津火车站遭到警察盘查。当天下午邓先生即回北京，郑天挺先生在天津站一饭馆宴请送别邓先生，郑师等人作陪。邓先生非常小心地低声说："这里我能说话吗？"显然心有余悸。此后邓先生与郑老还有一些联系交往。我曾建议郑师将这些事写出，实为"文革"刚结束后中外交流的生动资料。可惜郑师并未写出，我曾想自己动笔，但并非亲身经历，完全没有那种感觉，最终未能写出。

梁承邺（1938—2020）老师在《无悔是书生：父亲梁方仲实录》一书中记述，梁方仲（原名梁嘉官，1908—1970）先生1965年10月30日有天津之行。"在南开，父亲（梁方仲先生）等与历史系的郑天挺、杨志玖等晤面，并加上冯尔康、郑克晟等几位当时的青年教师一起，开了一个小型座谈会。还与南开经济研究所的同仁开了一个专就汉冶萍公司问题的座谈会。"[①]2019年9月9日我去看望郑师时，专门向郑师问起这件事。郑师回忆说梁先生去天津实际上是看望陈序经（字怀民，1903—1967）先生，本来当天下午就要走，但陈序经夫人极其热情，一再挽留，于是梁先生一行遂留下。当时郑天挺先生在北京编高校教材，梁先生在北京已经见过郑先生，在南开没有再见到郑先生。南开历史系有《明实录》卡片，当天晚上梁先生找郑师看《明实录》卡片。郑师对梁先生说"久仰久仰"，梁先生非常高兴，因1949年后很久没有年轻人对老先生用这样的敬辞了。次日上午与南开历史系和经济系的老师座谈，当时大多数老师都去参加"四清"，参加座谈人不多，加上梁先生一行3人总共只有10个人左右，南开历史系有杨志玖（字佩之，1915—2002）先生和郑师等，经济系有熊性美（1926—2015）先生等，座谈主要是熊先生介绍在塘沽的调查。杨志玖先生问陈寅恪（1890—1969）先生在做什么研究，梁先生说在研究柳如是。冯尔康老师有没有参加座谈，郑师不能确定，似乎觉得是没有参加。梁先生还问起

---

① 梁承邺：《无悔是书生——父亲梁方仲实录》，中华书局2016年3月版，2018年10月第二次印刷，第336页。

南开经济系的经济地理学家鲍觉民（1909—1994）先生，因鲍先生曾与梁先生同船去英国，郑师就去告知鲍先生，鲍先生到招待所与梁先生见了一面。我于9月16日晚上将郑师所谈情况通过微信发给梁老师，梁老师次日中午回复，说："郑克晟老师所提供的回忆很有价值，当可帮助我修补拙稿时参考使用，他提供了我早先某些不知的信息。至于个别似有出入的地方，我会再核对材料的。"并表示感谢。此后我陆续给梁老师提供了一些梁方仲先生佚文，并就中央研究院社会科学研究所等事，与梁老师在微信上还有一些交流，但梁老师没有提到对郑师所谈情况是否有过核实。不幸的是次年3月初梁老师因脑梗而一直处于昏迷状态，7月8日去世了。

借此机会，将以上三事补缀于此，以飨学林，并纪念梁承邺老师。

受业　封越健　谨辞
2022年10月10日
于中国社科院经济所

2022年12月25日19点38分恩师不幸因病仙逝。受业无状，未能及早完成本书整理，致恩师未能获见本书出版，悔恨无及矣！谨此痛悼恩师！

2022年12月26日又记